王蘧常文集

吳曉明 王興孫 主編

第五册

中國歷代思想家傳記匯詮
（三）

王蘧常 主編

復旦大學出版社

本書由上海文化發展基金會資助出版

唐

吉　藏（549—623）

　　釋吉藏，俗姓安，本安息人也[1]。祖世避仇，移居南海，因遂家於交、廣之間[2]，後遷金陵而生藏焉。年在孩童，父引之見於真諦[3]，仍乞銘之。諦問其所懷，可為"吉藏"，因遂名也。歷世奉佛，門無兩事。父後出家，名為道諒，精勤自拔，苦節少倫。乞食聽法，以為常業。每日持鉢將還，跣足入塔，遍獻佛像，然後分施，方始進之。乃至涕唾便利，皆先以手承取，施應食衆生，然後遠棄，其篤謹之行初無中失。諒恒將藏聽興皇寺道朗法師講[4]，隨聞領解，悟若天真。

【注】

〔1〕安息，西域諸國之一，今伊朗高原東北部。

〔2〕交，交趾。廣，廣州。

〔3〕真諦（499—569），意譯"波羅末陀"；亦名"拘羅那陀"，意譯"親依"。本西天竺優禪尼國人，婆羅門種姓。羣藏廣部，罔不厝懷，藝術異能，遍素精練。梁大同十二年（546）到達南海，太清二年（548）始屆建康。後因兵饑相接，轉徙各地，隨方翻譯講習。前後譯有《金光明經》、《仁王般若經》、《彌勒下生經》、《中論》、《攝大乘論》、《唯識論》、《婆藪盤豆法師傳》等四十九部一百四十二卷（見《開元釋教錄》卷六、卷七）。《續高僧傳》卷一有傳。

〔4〕道朗(507—581),即法朗,俗姓周氏,徐州沛郡沛(今江蘇沛縣東)人。年二十一於青州出家,游學揚州,就大明寺寶誌受諸禪法,兼聽此寺象律師講律本文,從南澗寺仙師學《成實論》,從竹澗寺靖公學《毗曇》。又到攝山止觀寺從僧詮學《大智度論》、《中論》、《百論》、《十二門論》等。陳武帝永定二年(558)奉敕入京住興皇寺,弘揚"三論"之學。著名的弟子有慧哲、智炬、明法師、吉藏等。《續高僧傳》卷七有傳。

年至七歲,投朗出家。採涉玄猷,日新幽致。凡所咨稟,妙達指歸。論難所標,獨高倫次。詞吐贍逸,弘裕多奇。至年十九,處衆覆述,精辯鋒遊,酬接時彥,綽有餘美。進譽揚邑,有光學衆。具戒之後,聲聞轉高。陳桂陽王欽其風采,吐納義旨,欽味奉之。

隋定百越[1],遂東遊秦望[2],止泊嘉祥[3],如常敷引。禹穴成市[4],問道千餘,志存傳燈[5],法輪相繼[6]。開皇末歲,煬帝晉蕃,置四道場,國司供給,釋、李兩部,各盡搜揚。以藏名解著功,召入慧日,禮事豐華,優賞倫異。王又於京師置日嚴寺,別教延藏往彼居之,欲使道振中原,行高帝壤。既初登京輦,道俗雲奔,見其狀則傲岸出羣,聽其言則鐘鼓雷動。藏乃遊諸名肆,薄示言蹤,皆掩口杜辭,尠能其對。然京師欣尚,妙重《法華》,乃因其利,即而開剖。

【注】

〔1〕百越,今浙江、福建一帶。

〔2〕秦望,與地處西北的秦國相對的東南地區,古越國一帶。

〔3〕嘉祥,寺名,在會稽(今浙江紹興)。

〔4〕禹穴,大禹陵,紹興城稽山門外。
〔5〕傳燈,佛教以燈喻佛法,謂佛法能像燈一樣照破世界"冥暗"。傳燈即傳法。
〔6〕法輪,亦是佛法的喻稱,以佛法能摧破衆生煩惱邪惡,如轉輪王轉動"輪寶"(戰車)摧破山嶽巖石一樣,故名。

　　時有曇獻禪師[1],禪門鉦鼓,樹業光明,道俗陳迹,創首屈請,敷演會宗。七衆聞風[2],造者萬計,隘溢堂宇,外流四面,乃露縵廣筵,猶自繁擁。豪族貴遊,皆傾其金貝,清信道侶,俱慕其芳風。藏法化不窮,財施填積,隨散建諸福田[3],用既有餘,乃充十無盡藏[4],委付曇獻,資於悲敬[5]。逮仁壽年中,曲池大像舉高百尺,繕修乃久,身猶未成。仍就而居之,誓當構立。抽捨六物[6],并託四緣[7],旬日之間,施物連續。即用莊嚴,峙然高映。故藏之福力,能動物心,凡有所營,無非成就。

【注】

〔1〕曇獻,《續高僧傳》無專傳,卷二十九釋德美傳附見有名曇獻者:"又京邑沙門曇獻者,亦以弘福之業,功格前賢。身令成範,衆所推揖,所造福業,隨處成焉。故光明寶閣,冠絕寰中,慈悲佛殿。時所驚異。人世密爾,故不廣焉。"或即本傳所說的曇獻。
〔2〕七衆,指比丘、比丘尼(以上男女受具足戒者)、式又摩那(沙彌尼學六法者)、沙彌、沙彌尼(以上男女受小戒者)、優婆塞、優婆夷(以上是在家男女受五戒者)。
〔3〕福田,指供養父母師長、佛法僧三寶和貧窮困苦之人。以此事

猶如農夫播種田畝,必獲福報,而名之。

〔4〕十無盡藏,指信藏、戒藏、慚藏、愧藏、聞藏、施藏、慧藏、念藏、持藏、辯藏,而以收藏財施的施藏爲主要內容。

〔5〕悲敬,悲田和敬田。悲田,指供施貧窮困苦之人。敬田,指供養佛、法、僧三寶。

〔6〕六物,戒律中規定比丘必蓄的大衣、中衣、下衣、鐵鉢、坐具、漉水囊。

〔7〕四緣,因緣、等無間緣、所緣緣、增上緣。

　　隋齊王暕夙奉音猷,一見欣至,而未知其神府也,乃屈臨第,并延論士。京輦英彥,相從前後,六十餘人,並已陷折前鋒,令名自著者,皆來總集。藏爲論主,命章陳曰:"以有怯之心,登無畏之座。用木訥之口,釋解頤之談。"如此數百句。王顧學士傅德充曰:"曾未延鋒禦寇,止如向述,恐罕追斯蹤。"充曰:"動言成論,驗之今日。"王及僚友,同嘆稱美。時沙門僧粲[1],自號三國論師,雄辯河傾,吐言折角,最先徵問,往還四十餘番。藏對引飛激,注贍滔然,兼之間施體貌,詞彩鋪發,合席變情,赧然而退。於是芳譽更舉,頓爽由來。王謂未得盡言,更延兩日,探取義科,重令豎對,皆莫之抗也。王稽首禮謝,永歸師傅,并賮吉祥麈尾,及諸衣物。

【注】

〔1〕僧粲(529—613),姓孫氏,汴州陳留人。幼年出家,以游學爲務,履河北、江南、東西關隴等地,涉北齊、陳、北周三國。開皇十年敕住大興善寺,十七年補爲隋代佛教學派"二十五衆"中

的第一摩訶衍匠。著有《十種大乘論》和《十地論》二卷。《續高僧傳》卷九有傳。

晚以大業初歲,寫二千部《法華》。隋歷告終,造二十五尊像,捨房安置。自處卑室,昏曉相仍,竭誠禮懺[1]。又別置普賢菩薩像[2],帳設如前,躬對坐禪[3],觀實相理。鎮累年紀,不替於兹。

【注】
[1] 禮懺,禮拜佛菩薩,懺悔所造的罪業。
[2] 普賢菩薩,與文殊師利、觀音、地藏菩薩,爲中國佛教四大菩薩。普賢,梵文音譯爲"三曼多跋陀羅",意譯亦作"遍吉"。釋迦牟尼佛的右脅侍,專司"理"德,與專司"智慧"的左脅侍文殊並稱,四川峨嵋山傳爲其顯靈説法的道場。
[3] 坐禪,指坐而修禪。禪,梵語"禪那"的略稱,意譯"思惟"、"静慮",用來息慮凝心,究明心性的方法。

及大唐義舉,初屆京師,武皇親召釋宗[1],謁於虔化門下。衆以藏機悟有聞,乃推而敍對,曰:"惟四民塗炭,乘時拯溺,道俗慶賴,仰澤穹昊。"武皇欣然,勞問勤勤,不覺影移。語久,別敕優矜,更殊恒禮。武德之初,僧過繁結,置十大德[2],綱維法務[3],宛從物議,居其一焉。實際、定水,欽仰道宗,兩寺連請,延而住止,遂通受雙願,兩以居之。

【注】
[1] 釋宗,佛教僧徒。

〔2〕十大德，十名高僧。
〔3〕綱維法務，管理佛教事務。

　　齊王元吉，久挹風猷，親承師範，又屈住延興，異供交獻。藏任物而赴，不滯行藏，年氣漸衰，屢增疾苦，敕賜良藥，中使相尋。自揣勢極難瘳，懸露非久，乃遺表於帝曰："藏年高病積，德薄人微，曲蒙神散，尋得除愈。但風氣暴增，命在旦夕，悲戀之至，遺表奉辭。伏願久住世間，緝寧家國，慈濟四生[1]，興隆三寶[2]。"儲后諸王，並具遺啓，累以大法。至於清旦，索湯淋浴，著新淨衣，侍者燒香，令稱佛號[3]。藏跏坐儼思，如有喜色，齋時將及，奄然而化，春秋七十有五，即武德六年五月也[4]。遺命露骸，而色逾鮮白。有敕慰賻，令於南山覓石龕安置[5]。東宮以下諸王公等，並致書慰問，并贈錢帛。

【注】
〔1〕四生，指胎生、卵生、濕生、化生。胎生、卵生、濕生指一切有生命的動物和昆蟲，化生指無所依託而借業力產生的諸天、餓鬼及地獄。被佛教認爲是六道衆生的四種形態。
〔2〕三寶，佛、法、僧。
〔3〕稱佛號，念佛方法之一。佛教謂口稱佛的名號，誦念不已，可獲解脫，死後往生佛國。
〔4〕武德六年，公元623年。
〔5〕石龕，安置屍體的石棺。

　　今上初爲秦王，偏所崇禮，乃通慰曰："諸行無常[1]。

藏法師道濟三乘[2],名高十地[3],惟懷弘於般若,辯囿包於解脱,方當樹德浄土[4],闡教禪林[5],豈意湛露晞晨,業風飄世[6],長辭柰苑[7],遽掩松門。兼以情切緒言,見存遺旨,迹留人往,彌用淒傷。"乃送於南山至相寺。時屬炎熱,坐於繩床,屍不摧臭,跏趺不散。弟子慧遠,樹續風聲,收其餘骨,鑿石瘞於北巖,就而碑德。

【注】

[1] 諸行無常,世界萬有變化無常。與"諸法無我"(一切現象皆因緣和合,没有獨立的實體)、"涅槃寂滅"(超脱生死輪回,進入涅槃境界)構成"三法印",即是否是佛教理論的三個標誌。

[2] 三乘,指聲聞(聽聞佛陀言教而覺悟的得道者)、緣覺(自悟十二因緣之理,而不從他聞的得道者)、菩薩(修持大乘六度,求得無上智慧,利益衆生,於未來成就佛果的得道者)。謂引導衆生獲得解脱的三種方法和途徑。

[3] 十地,亦譯"十住",指佛教修行過程的十個階次。有三乘共修的"十地"和大乘菩薩獨修的"十地"之分。大乘菩薩的"十地"是:歡喜地、離垢地、發光地、焰勝地、難勝地、現前地、遠行地、不動地、善慧地、法雲地。

[4] 浄土,亦稱"浄刹"、"浄界"、"浄國"、"佛國",大乘佛教謂佛所居的世界,與世俗衆生居住的"穢土"、"穢國"相對。

[5] 禪林,僧徒居住的園林。後專指禪僧居住的地方。

[6] 業,音譯"羯磨",意爲造作。分爲身業、口業、意業,泛指一切身心活動。佛教以善惡之業,能使人轉而輪回三界,故稱之爲"業風"。

[7] 柰苑,梵音"菴羅",即佛説《維摩經》的菴羅樹園。

初,藏年位息慈[1],英名馳譽,冠成之後[2],榮扇逾遠。貌像西梵,言寔東華。含嚼珠玉,變態天挺,剖斷飛流,殆非積學。對晤帝王,神理增其恆習;決滯疑議,聽衆忘其久疲。然而愛狎風流,不拘檢約,貞素之識,或所譏焉。加又縱達論宗,頗懷簡略,御衆之德,非其所長。在昔陳、隋廢興,江陰陵亂[3],道俗波迸,各棄城邑,乃率其所屬往諸寺中,但是文疏,並皆收聚,置於三間堂內。及平定後,方洮簡之[4],故目學之長[5],勿過於藏,注引宏廣,咸由此焉。講三論一百餘遍[6],《法華》三十餘遍,《大品》、《智論》、《華嚴》、《維摩》等各數十遍,並著玄疏[7],盛流於世。及將終日,制《死不怖論》,落筆而卒。詞云:"略舉十門,以爲自慰。夫含齒戴髮,無不愛生而畏死者,不體之故也。夫死由生來,宜畏於生,吾若不生,何由有死? 見其初生,即知終死。宜應泣生,不應怖死。"文多不載。慧遠依承侍奉,俊悟當時,敷傳法化,光嗣餘景。末投迹於藍田之悟真寺,時講京邑,亟動衆心,人世即目,故不廣敍。

【注】

〔1〕息慈,梵語沙彌的舊譯,意爲初入佛門,息世情,行慈濟。
〔2〕古禮男子年二十而加冠。冠成之後,亦即年二十出家人受具戒以後。
〔3〕江陰,江南。
〔4〕洮簡,挑揀。
〔5〕目學,書目之學。
〔6〕三論,指龍樹的《中論》四卷、《十二門論》一卷和提婆的《百論》

二卷。姚秦弘始十一年(409)，鳩摩羅什譯。前二論主要是批判小乘，特別是一切有部的學説，宣揚大乘中觀宗"緣生性空"、"八不中道"等思想，後一論主要是破斥當時的"外道"。此三論爲吉藏創立的三論宗所依據的主要經典。

〔7〕吉藏的注疏撰作，據統計有三十八部百餘卷。現存的有：《華嚴游意》一卷、《法華經游意》二卷、《法華經玄論》十卷、《法華經義疏》十二卷、《法華經統略》六卷、《大品游意》一卷、《大品經義疏》十卷、《金剛經義疏》四卷、《仁王經義疏》六卷、《維摩經義疏》六卷、《維摩經略疏》五卷、《净名玄論》八卷、《涅槃經游意》一卷、《勝鬘經寶窟》六卷、《無量壽經義疏》一卷、《觀無量壽經義疏》一卷、《金光明經疏》一卷、《彌勒經游意》一卷、《法華論疏》三卷、《中論疏》二十卷、《十二門論疏》十二卷、《百論疏》十二卷、《三論玄義》一卷、《大乘玄論》五卷、《三論略章》一卷、《二諦章》三卷、《二諦義》三卷。已佚的有：《法華經科文》二卷、《法華新撰疏》六卷、《法華玄談》一卷、《大品經略疏》四卷、《涅槃經疏》十四卷、《盂蘭盆經疏》一卷、《中論略疏》一卷、《中論玄》一卷、《十二門論略疏》一卷、《三論序疏》一卷、《八科章》一卷。

選自《續高僧傳》卷十一《義解篇七》

成 玄 英（唐初）

　　道士成玄英注《老子道德經》二卷，又《開題序訣義疏》七卷。注《莊子》三十卷，《疏》十二卷。

　　玄英，字子實，陝州人[1]，隱居東海[2]。貞觀五年，召至京師。永徽中[3]，流郁州[4]。書成，道王元慶遣文學賈鼎就授大義[5]，嵩高山人李利涉爲序。惟《老子注》、《莊子疏》著錄。

【注】

[1] 陝州，州名，治所在陝縣（在河南省）。
[2] 東海，郡名，治所在朐山（今江蘇省東海縣）。
[3] 永徽（650—655），唐高宗李治年號。
[4] 郁州，即郁洲，古洲名。在今江蘇連雲港市東一帶大海中，清時因海岸擴張，始和大陸相連。洲上有山，即今之雲臺山。
[5] 道王元慶，唐高祖李淵之子。文學，官名，爲太子及諸王屬官。"授"，當作受。

選自《新唐書》卷五十九《藝文志》

玄　奘 (596—664)

　　釋玄奘,本名禕,姓陳氏,漢太丘仲弓之後也,子孫徙於河南,故今爲洛州緱氏人焉[1]。祖康,北齊國子博士[2]。父慧,早通經術,長八尺,明眉目,拜江陵令[3],解纓而退,即大業末年[4],識者以爲剋終隱淪之候故也[5]。兄素,出家,即長捷法師也。容貌堂堂,儀局瓌秀,講釋經義,聯班羣伍,住東都净土寺[6]。以奘少罹窮酷,攜以將之,日授精理,旁兼巧論。

【注】

〔1〕太丘,漢武帝時爲敬丘侯國,東漢明帝改爲太丘,故城在今河南永城縣西北。仲弓,陳寔(104—187)字,東漢桓帝時爲太丘長,《後漢書》卷六二有傳。洛州,今河南偃師市。關於玄奘的生年,共有十一説之多,今據郭元興《玄奘法師生年考證》,取六十九歲之説。

〔2〕北齊,北朝之一(550—577)。國子博士,國子寺教授官。國子寺,北齊的教育管理機構和最高學府。

〔3〕江陵,縣名,屬湖北省。

〔4〕大業,隋煬帝楊廣年號(605—618)。

〔5〕隱淪,指隱居、隱居之人。

〔6〕瓌秀,謂風姿逸秀。瓌,同"瑰"。聯班,位次相並。東都,洛陽。隋唐都長安,以洛陽爲東都。

年十一,誦《維摩》、《法華》。東都恒度,便預其次[1]。自爾卓然梗正,不偶朋流,口誦目緣,略無閑缺。睹諸沙彌劇談掉戲[2],奘曰:"經不云乎,夫出家者爲無爲法[3],豈復恒爲兒戲?可謂徒喪百年。"且思齊之懷[4],尚鄙而不取,拔萃出類,故復形在言前耳。時東都慧日盛弘法席,《涅槃》、《攝論》,輪馳相係[5]。每恒聽受,昏明思擇。僧徒異其欣奉,美其風素,愛敬之至,師友參榮。大衆重其學功,弘開役務。時年十五,與兄住淨土寺,由是專門受業,聲望逾遠。

【注】

[1] 東都恒度便預其次,據《大慈恩寺三藏法師傳》卷一,朝廷有敕於洛陽度僧二十七名,玄奘因年幼不在限内,爲大理卿鄭善果破格取之。時在隋大業三年(607),玄奘年十二歲。

[2] 沙彌,七歲以上二十歲以下受過十戒的出家男子。劇談掉戲,鼓動口舌,空言戲論。

[3] 無爲法,涅槃異名。爲出家者追求的最高解脱境界。

[4] 思齊之懷,即見賢思齊的胸懷。

[5] 據《大慈恩寺三藏法師傳》卷一,時玄奘在淨土寺從景法師學《涅槃經》,從嚴法師學《攝大乘論》。《攝大乘論》,古印度瑜伽行派創始人無著(4—5世紀)著,該書是對《大乘阿毗達磨經》(未傳入中國)的《攝大乘品》的解釋論述。對比小乘,闡述大乘教義,着重宣傳瑜伽行派的觀點。後由玄奘重譯。玄奘譯本之外,尚有陳真諦和北魏佛陀扇多二個譯本。

大業餘曆,兵饑交貿,法食兩緣,投庇無所。承沙門道基化開井絡[1],法俗欽仰,乃與兄從之。行達長安,住莊嚴寺。又非本望,西踰劍閣[2]。既達蜀都,即而聽受《阿毗曇論》[3]。一聞不忘,見稱昔人,隨言鏡理,又高倫等。至於《婆沙》廣論,《雜心》玄義[4],莫不鑿窮巖穴,條疏本干。然此論東被,弘唱極繁,章鈔異同,計逾數十,皆蘊結胸府,聞持自然。至於得喪筌旨[5],而能引用無滯,時皆訝其憶念之力終古罕類也。基每顧而嘆曰:"余少遊講肆多矣,未見少年神悟若斯人也。"席中聽侶,僉號英雄,四方多難,總歸綿、益[6]。相與稱贊,逸口傳聲。

【注】

〔1〕道基(? —637),《續高僧傳》卷十四有傳。井絡,星宿名,此指蜀地。
〔2〕劍閣,棧道名,在今四川劍閣東北大、小劍山之間。相傳爲諸葛亮所修築,是川陝間的主要通道。
〔3〕《阿毗曇論》,即《阿毗曇毗婆沙論》,北涼浮陀跋摩譯。系統闡述説一切有部理論主張的著作。
〔4〕《婆沙》,即《阿毗曇毗婆沙論》;《雜心》,《雜阿毗曇心論》。《毗婆沙論》的略本。
〔5〕得喪筌旨,指得意忘言,得魚忘筌。《莊子·外物》:"筌者所以在魚,得魚而忘筌;蹄者所以在兔,得兔而忘蹄;言者所以在意,得意而忘言。"
〔6〕僉,皆,衆。綿、益,綿州、益州,在今四川成都地區。

又僧景《攝論》、道振《迦延》,世號難加,人推精覈,皆師承宗據,隅陬明銓[1]。昔來《攝論》,十二住義,中表銷釋,十有二家[2],講次誦持,率多昏漠。而奘初聞記録,片無差舛,登座敘引,曾不再緣,須便爲述,狀逾宿構。如斯甚衆,不可殫言。

　　武德五年[3],二十有一,爲諸學府,雄伯沙門[4]。講揚《心論》,不窺文相,而誦注無窮。時曰神人,不神何能此也!

【注】

〔1〕僧景《攝論》,《玄奘法師行狀》作"寶暹《攝論》、道基《毗曇》"。《迦延》,即《阿毗曇八犍度論》,迦㫋延作、前秦僧伽提婆譯,是説一切有部的基本論書。後由玄奘重譯,名爲《阿毗達磨發智論》。隅隩,偏僻隱奧。隅,角落。隩,深,通"奧"。
〔2〕中表銷釋,中外注解。表,邊遠。
〔3〕武德,唐高祖李淵年號(618—626)。
〔4〕雄伯,雄霸。伯,通"霸"。

　　晚與兄俱住益南空慧寺,私自惟曰:"學貴經遠,義重疏通;鑽仰一方,未成探賾。"有沙門道深,體悟《成實》,學稱包富,控權敷化,振綱趙邦;憤發内心,將捐巴蜀[1]。捷深知其遠量也,情顧勤勤,每勸勉之,而正意已行,誓無返面。遂乃假緣告别,間行江硤[2],經途所及荆、揚等州,訪逮道鄰,莫知歸詣。便北達深所,委參勇鎧,素襲嘉問,縱洽無遺。終始十月,資承略盡,時燕、趙學侶,相顧逢秋,後發前至,抑斯人也。

【注】

〔1〕《成實》,《成實論》,由小乘空宗走向大乘空宗的一部相當重要的過渡著作。趙邦,即趙州,今河北趙縣。巴蜀,巴郡和蜀郡,包括今四川省和重慶市。

〔2〕江硤,長江三峽。硤,山峽。

　　沙門慧休,道聲高邈,行解相當,夸罩古今,獨據鄴中[1],昌言傳授,詞鋒所指,海内高尚,又往從焉。不面生來,相逢若舊,去師資禮,事等法朋。偏爲獨講《雜心》、《攝論》,指摘纖隱,曲示綱猷[2],相續八月,領酬無猒。休又驚異絶嘆,撫掌而嗟曰:"希世若人,爾其是也。"沙門道岳,宗師《俱舍》,闡弘有部,包籠領袖,吞納喉襟,揚業帝城[3],來儀羣學,乃又從焉。創迹京都,詮途義苑。沙門法常[4],一時之最,經論教悟,其徒如林。奘乃一舉十問,皆陳幽奥,坐中杞梓,拔思未聞,由是馳譽道流,擅聲日下[5]。沙門僧辯,法輪論士[6],機慧是長,命來連坐,吾之徒也。但爲《俱舍》一論,昔所未聞,因爾服膺,曉夕諮請。岳審其殷至,慧悟霞明,樂説不窮,任其索隱,覃思研採,晬周究竟[7]。沙門玄會[8],匠剖《涅槃》,删補舊疏,更張琴瑟,承斯令問,親位席端,諮質遲疑,渙然袪滯。

【注】

〔1〕慧休(? —629),《續高僧傳》卷二十九有傳。鄴,鄴郡,唐天寶元年(742)改相州置,治所在今河南安陽市。

〔2〕綱猷,綱要,法則。猷,道,法則。

〔3〕道岳(568—636),《續高僧傳》卷十三有傳。《俱舍論》,世親作。爲小乘向大乘過渡之作,基本反映當時流行於迦温彌羅(今克什米爾)的説一切有部關於世界、人生和修行的主要學説。帝城,唐都長安。

〔4〕法常(567—645),《續高僧傳》卷十五有傳。

〔5〕杞梓,指杞和梓兩種優質木材,用以比喻優秀人才。擅聲,同"擅名",大有名望。

〔6〕僧辯(568—642),《續高僧傳》卷十五有傳。法輪,轉法輪,宣講佛法。

〔7〕覃思,深思之意。晬周,嬰兒滿百日或周歲曰晬,此指費時不多。

〔8〕玄會(582—640),《續高僧傳》卷十五有傳。

　　僕射宋公蕭瑀,敬其脱穎,奏住莊嚴。然非本志,情栖物表[1]。乃又惟曰:"余周流吴、蜀,爰逮趙、魏,末及周、秦。預有講筵,率皆登踐。已布之言令,雖藴胸襟;未吐之詞宗,解籤無地。若不輕生殉命,誓往華胥,何能具覿成言[2],用通神解;一覿明法,了義真文,要返東華,傳揚聖化;則先賢高勝,豈決疑於彌勒[3];後進鋒穎,寧輟想於《瑜伽》耶[4]?"時年二十九也。遂厲然獨舉,詣闕陳表,有司不爲通引。頓迹京輦,廣就諸蕃遍學書語[5],行坐尋授,數日便通。側席面西,思聞機候。會貞觀三年,時遭霜儉,下敕道俗隨豐四出[6]。幸因斯際,徑往姑臧,漸至燉煌[7],路由天塞。裹糧弔影,前望悠然,但見平沙,絶無人徑。迴遑委命[8],任業而前。展轉因循,達高昌境[9]。

【注】

〔1〕僕射,官名,唐初爲尚書省長官,與中書令、侍中間爲宰相。物表,猶言物外。

〔2〕華胥,寓言中的理想國。《列子・黃帝》:"(黃帝)晝寢而夢,游於華胥氏之國……其國無帥長,自然而已;其民無嗜欲,自然而已;不知樂生,不知惡死,故無殀殤;不知親己,不知疎物,故無愛憎;不知背逆,不向向順,故無利害。"此處指印度。覲,相見。

〔3〕彌勒,佛教傳説,從佛受記(預言)將繼承釋迦佛位爲未來佛("當佛")的菩薩,居於兜率天内院。

〔4〕《瑜伽》,《瑜伽師地論》的略稱,亦稱《十七地論》,無著造。全書論述眼、耳、鼻、舌、身、意六識的自性及其所依,禪觀漸次發展過程中的精神境界,以及修行瑜伽禪觀的各種果位,是大乘佛教瑜伽行派和法相宗所依的根本論書。

〔5〕頓迹,停留,止息。蕃,通"番",附屬。《周禮・秋官・大行人》:"九州之外,謂之蕃國。"此指外國僑民。

〔6〕霜儉,霜災引起歉收。儉,歲歉。隨豐四出,到豐收地區就食。

〔7〕姑臧,古縣名,治所在今甘肅武威。燉煌,即"敦煌",在今甘肅省。

〔8〕迴遑,惘然,猶彷徨。委命,聽任命運支配。

〔9〕高昌,古城國名,轄境在今新疆吐魯番盆地一帶。境内多漢魏以來屯戍西域的漢人後裔,語言風俗、制度與中原大同小異。

初,奘在涼州講揚經論[1],華夷士庶,盛集歸崇,商客通傳,預聞蕃城。高昌王麴文泰,特信佛經,復承奘告將遊西鄙,恒置郵馹,境次相迎。忽聞行達,通夕立候。王母妃屬,執炬殿前。見奘苦辛,備言意故,合宮下淚,驚異希有。延留夏坐[2],長請開弘。王命爲弟,母命爲子,殊禮厚供,日時恒至。乃爲講《仁王》等經及諸機教[3],道俗係戀,並願長留。奘曰:"本欲通開大化,遠被家國,不辭賤命,忍死西奔,若如來語,一滯此方,非唯自虧發足,亦恐都爲法障。"乃不食三日,斂見極意,無敢措言。王母曰:"今與法師一遇,並是往業因緣,脱得果心東返,願重垂誠誥。"遂與奘手傳香信,誓爲母子。麴氏流泪,執足而別。仍敕殿中侍郎,賷綾帛五百疋、書二十四封,并給從騎六十人,送至突闕葉護牙所[4],以大雪山北六十餘國皆其部統,故重遣達奘,開前路也。

【注】

〔1〕涼州,唐時轄境在今甘肅永昌以東、天祝以西一帶。

〔2〕夏坐,亦稱"雨安居"、"夏安居"。在印度雨期的三個月(約五月至八月)裏,僧人在寺内坐禪修學,接受供養。在中國,安居期在陰曆四月十六日至七月十五日。

〔3〕《仁王》,即《仁王護國般若波羅蜜經》。謂受持講説此經則七難不起、災害不生、萬民豐樂。故古來以之爲護國三部經之一,公私皆爲禳禍祈福讀誦之。

〔4〕突闕葉護牙所,即西突厥葉護衙所。隋開皇二年(582)突厥部落分裂,東突厥遷居漠南,於唐貞觀四年(630)亡;西突厥有今新疆和中亞大部地區,唐高宗顯慶四年(659)因其撓唐,爲唐所破。葉護,汗國官名,地位僅次于可汗,其職世襲。牙所,指葉護設衙之所,一説在碎葉城(位於今吉爾吉斯斯坦的托克馬克城西南)。

初至牙所,信物倍多,異於恒度,謂是親弟,具以情告,終所不信,可汗重其賄賂[1],遣騎前告所部諸國,但有名僧勝地,必令奘到。於是連騎數十,盛若皇華。中途經國,道次參候,供給頓具,倍勝於初。

【注】
[1] 可汗,又稱大汗、合罕,公元4世紀後北亞游牧民族的汗國首領。

　　自高昌至於鐵門[1],凡經一十六國。人物優劣,奉信淳疏,具諸圖傳。其鐵門也,即鐵門關。漢之西屏,入山五百,旁無異路,一道南出,險絕人物,左右石壁,竦立千仞,色相如鐵,故因號焉。見漢門扉,一豎一卧,外鐵裹木,加懸諸鈴,必掩此關,寔惟天固。

【注】
[1] 鐵門,古關名,在今烏茲別克斯坦南部傑爾賓特之西,爲古代中亞交通要隘。

　　南出斯門,土田温沃,花果榮茂,地名覩貨羅也[1]。縱千餘里,廣三千餘,東拒蔥嶺[2],西接波斯,南大雪山,北據鐵門,縛芻大河,中境西流,即經所謂博叉河也[3]。其境自分爲二十七國,各有君長,信重佛教。僧以十二月十六日,安居坐其春分,以斯時濕熱雨多故也。

【注】
〔1〕覩貨羅,即吐火羅。唐初,凡鐵門至北印度邊境,即今阿富汗自大雪山(興都庫什山)以北,阿姆河以南,總稱爲吐火羅,爲伊朗文化與印度文化的混合地區。玄奘到達時已分裂爲二十七國。
〔2〕蔥嶺,舊對帕米爾高原和崑崙山、喀喇崑崙山脈西部諸山的總稱。
〔3〕波斯,即伊朗。大雪山,古代印度人和中亞南部人對喜馬拉雅、興都庫什諸山的總稱。縛芻大河,即阿姆河。

又前經國,凡度十三,至縛喝國[1],土地華博,時俗號爲小王舍城,國近葉護南牙也[2]。突厥常法,夏居北野,花草繁茂,放牧爲勝;冬處山中,用遮寒厲:故有兩牙。王都城外,西南寺中,有佛澡罐,可容斗許,及佛掃帚并以佛牙,守護莊嚴,殆難瞻覩。奘爲國使,躬事頂戴。西北不遠,有提謂、波利兩城[3]。建塔表靈,即爰初道成,獻麨長者之本邑髮爪塔也[4]。

【注】
〔1〕縛喝國,大夏故地,今阿富汗北部馬扎爾謝里夫以西的巴爾赫。
〔2〕王舍城,古印度摩揭陀國都城,在今印度比哈爾邦巴特那附近。葉護南牙,西突厥葉護以縛喝爲南牙,而以昆都斯(活國)爲北牙。
〔3〕提謂,今低瓦里城。波利,今塔列爾城。
〔4〕獻麨長者,古印度二商人在釋迦牟尼成道後曾獻麨蜜,並信奉

佛法。本邑，即此二商人所居的提謂城和波利城。

又東南行大雪山中七百餘里，至梵衍國[1]。僧有數千，學出世部[2]，王城北山有立石像，高百五十尺。城東臥佛長千餘尺，並精舍重接，金寶莊校，晃曜人目，見者稱嘆。又有佛齒舍利，劫初緣覺齒長五寸許[3]，金輪王齒長三寸許[4]，并商那和修鉢及九條衣絳色猶存[5]。

【注】
[1] 梵衍國，今阿富汗的喀布爾西北的巴米揚。
[2] 出世部，即說出世部，佛教部派之一。釋迦逝後二百年從大衆部分出，據《異部宗輪論述記》，與說一切有部主張"諸法實有"相反，認爲"世間法但有假名，都無實體"，唯有"出世之法"才是真實的。
[3] 劫初，佛教分每一大劫爲成、住、壞、空四個時期。初期的成劫是世界與有情產生時期。緣覺，亦稱獨覺，"自覺不從他聞"，觀悟十二因緣之理而得道。與聲聞合稱"二乘"。
[4] 金輪王，四種轉輪王（金銀銅鐵）之一，統治四大部洲。
[5] 商那和修，阿羅的漢名，阿難之弟子，禪宗傳法藏之第三祖。傳說他出生時以麻衣裹身從母胎而出，衣隨身長，待出家受具足戒後即變爲九條衣。

又東山行至迦畢試國[1]，奉信彌勝，僧有六千，多大乘學。其王歲造銀像，舉高丈八，延請遐邇，廣樹名壇。國有如來爲菩薩時齒，長可寸餘。又有其髮，引長尺餘，放還螺旋。自斯地北，民雜胡戎，制服威儀，不參大夏，名爲邊國蜜利車類,唐言譯之,垢濁種也。

【注】

〔1〕迦畢試國,轄境包括今阿富汗全部及葛爾班得和彭赤什爾兩河流域,都城在今阿富汗葛爾班得與彭赤什爾兩河交匯附近的貝格拉木地方。

又東南七百,至濫波國[1],即印度之北境矣。言印度者,即天竺之正名,猶身毒、賢豆之訛號耳。論其境也,北背雪山[2],三陲大海,地形南狹,如月上絃,川平廣衍,周九萬里,七十餘國,依止其中。時或乖分,略地爲國,今則盡三海際,同一王命。又東雪山至那伽羅曷國,即布髮掩泥之故地也[3]。詳諸經相,意有疑焉,何則?討尋《本事》,乃在賢劫已前[4],蓮華、定光,名殊三佛,既非同劫,頻被火災,何得故處,今猶泥濕?若以爲虛,佛非妄語,如彼諸師,各陳異解。有論者言,此實本地,佛非妄也。雖經劫壞,本空之處,願力莊嚴,如因事也。並是如來流化,斯迹常存,不足怪矣。故其勝地,左則標樹諸窣堵波[5],即靈塔之正名;猶偷婆、斗藪婆之訛號耳。阿育王者[6],此號無憂,恨不覩佛,興諸感戀,繼是聖迹,皆起銘記,故於此處爲建石塔,高三十餘丈,又有石壁佛影,蹈迹衆相,皆豎標記,並如前也。

【注】

〔1〕濫波國,位於今喀布爾河以北、阿陵迦爾與庫那爾兩河之間的

〔2〕雪山,指今喜馬拉雅山脈及興都庫什山脈。
〔3〕那伽羅曷國,《大唐西域記》作"那揭羅喝國",今阿富汗東北部的賈拉拉巴德地區。布髮掩泥,釋迦牟尼佛本生故事。據《瑞應經》,釋迦牟尼在因行中第二阿僧劫滿時逢燃燈佛出世,買五莖蓮花獻花,又見地泥濘,解皮衣覆地,不足,乃解髮佈地,使佛蹈之而過。佛因授記曰:是後九十一劫,名賢劫,汝當作佛,號釋迦文如來。
〔4〕《本事》,佛教把一切經分爲十二種類,《本事》即爲其中之一,説佛過去世行業事歷之經文。賢劫,佛教謂過去之住劫,名爲莊嚴劫;未來之住劫,名爲星宿劫;賢劫爲現在之住劫。
〔5〕窣堵波,意爲"方墳"、"圓冢"、"靈廟"、"高顯處"等。供奉和安置舍利、經文和各種法物。漢地稱塔。
〔6〕阿育王(?—前232),意譯"無憂王"、"天愛喜見王"。印度摩揭陀國孔雀王朝第三代國君,即位後統一全印度,立佛教爲國教。據傳在位時(前273—前232)建八萬四千寺塔,舉行佛經第三次結集,並派傳教師去四方傳佈佛教。

　　城南不遠,醯羅城中[1],有佛頂骨,周尺二寸,其相仰平,形如天蓋。佛髑髏蓋如荷葉盤,佛眼圓睛,狀如柰許,澄净皎然。有佛大衣,其色黄秀,佛之錫杖,以鐵爲環,紫檀爲笴,此五聖迹,同在一城。固守之務,如傳國寶。此近突厥,昔經侵奪,雖至所在,還潛本處,斯則赴緣隱顯,未在兵威。奘奉覿靈相,悲淚横流,手撥末香,親看體狀,倍增欣悦。即以和香,印其頂骨,覩有嘉瑞,又增悲慶[2]。

【注】

〔1〕醯羅城,一名佛頂骨城。

〔2〕據《大慈恩寺三藏法師傳》卷二載,欲知罪福相者,磨香末爲泥,以帛練裹,隱於佛頂骨上,隨其得以定吉凶。玄奘印得菩提樹像,表有菩提之分。

近有北狄大月支王[1],欲知來報,以香取相,乃示馬形,甚非所望。加諸佈施,積功懺悔,又以香取,現師子形,雖位獸王,終爲畜類。情倍歸依,又加施戒,乃現人天,方還本國。故其俗法,見五相者相一金錢[2],取其相者酬金七錢。俗利其寶,用充福物,既非僧掌,固守彌崇,無論道俗,必先酬價。奘被王命,觀覩具周,旁國諸僧承斯榮望,同來禮謁。

【注】

〔1〕大月支,原居我國敦煌、祁連山一帶,漢文帝時(前176或前174),被匈奴打敗,西遷至今阿姆河地區,征服大夏,佔有整個阿姆河、錫爾河流域。後分裂爲休密、雙靡、貴霜、肸頓、都密五部翕侯。公元1世紀中葉,貴霜翕侯兼併其他四部,建立貴霜王朝。

〔2〕五相者相,五相是:一通達菩提心,二修菩提心,三成金剛心,四證金剛身,五佛身圓滿。

又東山行至健馱邏國[1],佛寺千餘,民皆雜信。城中素有鉢廟,衆事莊嚴。昔如來鉢經於此廟,乃數百年,今移波斯王宮供養。城東有迦膩王大塔[2],基周里半,佛骨舍利,一斛在中,舉高五百餘尺,相輪上下二十五重。天火三災,今正營構。即世中所謂雀離浮圖是也[3]。元魏靈太后胡氏,奉信情深,遣沙門道生等[4],賷大旛長七百餘尺,往彼掛之,脚纔及地,即斯塔也。亦不測雀離名生所由。左側諸迹,其相極多,近則世親、如意造論之地[5],遠則舍於千眼,睒奉二親,檀特名山,達拏本迹[6];仙爲女亂,佛化鬼母[7],並在其境。皆無憂王爲建石塔,高者數百餘尺,立標記焉。

【注】

[1] 健馱邏國,亦譯健陀羅,今喀布爾河下游流域,白沙瓦和拉瓦爾品第地區,其都城布路沙布羅,即今巴基斯坦的白沙瓦。

[2] 迦膩王大塔,迦膩色迦王所造之塔。迦膩色迦王(約78—120,一說144—170),大月氏貴霜王國國王。以北起阿姆河,南至印度河上游的國土爲基地,進而征服北印度恒河流域,把東至貝拿勒斯,南至納巴達河的整個北印度地區都納入貴霜版圖。曾舉行佛經第四次結集。扶持佛教,建寺塔甚多。

[3] 雀離浮圖,佛塔名。雀離,梵語,義爲頂上三叉戟。塔內佛事,悉是金玉,千變萬化,難得而稱。

[4] 元魏靈太后,即北魏宣武帝之后胡氏。孝明帝(516—528年在位)即位不久,胡氏即臨朝稱制,奉佛頗力。遣沙門道生等,據《洛陽伽藍記》卷五載,孝明帝神龜元年(518),胡太后詔遣沙門慧生使西域,採求佛經。道生疑爲慧生之誤。

[5] 世親(4—5世紀),古印度大乘佛教瑜伽行派創始人之一。先於說一切有部出家,後從其兄無著遍學大乘教義,並廣著大乘論著。

[6] 舍於千眼,佛教本生故事。言釋迦佛昔行菩薩道時,樂行惠

施,於此國千生爲王,即千生舍眼。檀特名山達拏本迹,爲釋迦佛前身之一須大拏太子修菩薩行之處。《須大拏經》曰:"如來往昔爲葉波國太子,好施。應敵國來求而與以國寶白象,父王怒,放之檀特山。太子攜一妃二子至山中,後復施之於婆羅門。"

〔7〕仙爲女亂,昔有五百仙人,見國王之婇女因發欲心而失神通。佛化鬼母,據《鬼子母經》等載,昔有鬼母,爲五百鬼子求食而噉人之子,後爲佛度化,成爲護法神。

　　自北山行達烏長那國[1],即世中所謂北天竺烏長國也。其境周圍五千餘里,果實充備,爲諸國所重,傳云即昔輪王之苑囿也[2]。僧有萬餘,兼大乘學,王都四周,多諸古迹:忍仙佛躅,半偈避魑,析骨書經,割肉代鴿,蛇藥護命,血飲夜叉,如斯等相,備列其境[3]。各具瞻奉,情倍欣欣。城之東北,減三百里,大山龍泉名阿波邏,即信度河之本源[4]。西南而流,經中所謂辛頭河也。王都東南,越山逆河,鐵橋棧道,路極懸險,千有餘里,至極大川,即古烏仗之王都也[5]。中有木慈氏像,高百餘尺,即末田地羅漢,將諸工人三返上天方得成者[6],身相端嚴,特難陳説。還返烏仗,南至呾叉始羅國,具見伊羅鉢龍所住之池,月光抉目之地,育王標塔,舉高十丈,北有石門,殊極高大,崇竦重山,道由中過,斯又薩埵捨身處也[7]。

【注】

〔1〕烏長那國,《大唐西域記》作"烏仗那國",今巴基斯坦的斯瓦特邦。

〔2〕輪王,又稱轉輪王,古印度神話中的聖王,因手持輪寶降伏四方而得名。此指曾統一全印度的阿育王。
〔3〕忍仙佛,釋迦佛於因位時曾爲忍辱仙,修忍辱之行,爲歌利王支分其身。半偈避讎,釋迦佛前生曾爲向羅刹求聞後半偈而捨身。析骨書經,釋迦昔修菩薩行,爲聞正法,析骨書寫佛經。割肉代鴿,釋迦前生曾爲尸毗迦王,爲求佛果,割身餵鷹,以代鴿命。蛇藥護命,釋迦前生曾爲帝釋,時遭饑歲,疫疾流行,帝釋化爲大蟒蛇,僵屍川谷,供飢民割取療飢瘆疾。血飲夜叉,釋迦前生曾爲慈力王,以刀刺身血以飼五夜叉。以上俱見《大唐西域記》卷三。
〔4〕信度河,即印度河。
〔5〕千有餘里,《大慈恩寺三藏法師傳》作"十餘里"。古烏仗之王都,烏仗那國舊都達麗羅川。
〔6〕慈氏,即彌勒。末田地,比丘名,阿難弟子,將佛教傳至罽賓。工人三返上天,據《大唐西域記》,末田地以神通力,將匠人昇上兜率天使觀彌勒,往來三番,彌勒像乃成。
〔7〕呾叉始羅國,其都城位於今哈桑阿卜多爾,在今巴基斯坦拉瓦爾品第之北。伊羅鉢龍,據《佛本行集經》卷三十一,伊羅鉢王因生前不信釋迦佛禁戒,損傷伊羅樹葉,命終而受龍身。月光,釋迦佛前生曾作月光王,施頭於婆羅門。薩埵捨身,釋迦佛前生之一摩訶薩埵王子曾捨身飼餓虎。

　　自此東南,山行險阻,經一小國,度數鐵橋,減兩千里,至迦濕彌羅國,即此俗常傳罽賓是也[1]。莫委罽賓由何而生,觀其圖域,同罽賓耳。本是龍海,羅漢取之引眾而住通三藏也[2]。故其國境四面負山,周七千餘里,門徑狹迳。僧徒五千，多學小乘，國有大德名僧匠，奘就學《俱舍》、《順正理》、《因明》、《聲明》及《大毗婆沙》。王憨遠至，給書手十人供給寫之。有佛牙長可寸餘，光如白雪，自濫波至此，繞山諸國，形體鄙薄，俗習胡蕃，雖預五方[3]，非印度之正境也，以住居山谷，風雜諸邊。

【注】
[1] 迦濕彌羅國，在今克什米爾地區，都城在今斯利那加。罽賓，古西域國名，所指地域因時代而異，漢代在今喀布爾河下游及克什米爾一帶，隋唐兩代則位於今阿富汗東北一帶。
[2] 龍海，據《大慈恩寺三藏法師傳》卷二，其國先是龍池。羅漢，即末田地，他教化龍王舍池立五百伽藍，召諸賢聖於中住止。住通三藏，健陀羅國迦膩色迦王曾於此舉行佛教第四次結集。
[3] 五方，東西南北中，此指印度全境。

自此南下，通望無山，將及千里，至磔迦國[1]，土據平川，周萬餘里，兩河分注，卉木繁榮。於時徒伴二十餘人，行大林中，遇賊劫掠，纔獲命全，入村告乞，乃達東境。大林有婆羅門[2]，年七百歲，貌如三十，明《中》、《百論》及外道書[3]，云是龍猛弟子[4]，乃停一月學之。又東至那僕底國[5]，就調伏光法師學《對法》、《顯宗》、《理門》等論[6]。又東詣那伽羅寺，就月冑論師學《眾事分婆沙》[7]。又東至祿勒那國[8]，就闍那崛多大德學經部《婆沙》[9]，又就蜜多犀那論師學薩婆多部《辯真論》[10]。

【注】

〔1〕磔迦國,國境相當於今巴基斯坦的旁遮普西部地區,其都城即今阿薩路爾。
〔2〕婆羅門,意爲"清净"。印度的第一種姓,爲古印度一切知識的壟斷者。
〔3〕外道書,此指婆羅門教經典《吠陀》等書。外道,佛教指佛教之外的宗教、哲學派別。
〔4〕龍猛,即龍樹。
〔5〕那僕底,國境在今印度北境的費羅兹普爾地方。
〔6〕調伏光,曾爲北印度王子,作有《五蘊論釋》、《唯識三十論釋》。《對法》,即《對法論》,《阿毗達磨雜集論》之異名。《顯宗》,《阿毗達磨藏顯宗論》之略稱。《理門》,《因明正理門論》之略名。
〔7〕那伽羅寺,在闍爛達羅國(今印度西北境的賈朗達爾一帶)。《衆事分婆沙》,即後由玄奘譯出的《阿毗達磨品類足論》。
〔8〕禄勒那國,《大唐西域記》作"窣禄勤那",在今印度北部羅塔克以北地區。
〔9〕經部《婆沙》,經量部的根本論書,現已不存。經量部,佛教部派之一。釋迦逝後四百年初從説一切有部分出,從《阿含經》爲量(準則)建立自己的學説,故名。爲大乘唯識學派的理論先驅。
〔10〕蜜多犀那,《辯真論》作者德光的弟子,時年九十。薩婆多部,即説一切有部。

漸次東南,路經六國,多有遺迹。育王標塔高二十丈者,其數不少。中有末免羅國[1],最饒蹤緒,城東六里有一山寺,昔烏波毱多,唐言近護,即五師之一也[2],是其本住所建。北巖石室高二十餘丈,廣三十步,其側不遠,復有獼猴墮坑處,四佛經行處,賢聖依住處[3],靈相衆矣。

【注】

[1] 末免羅國,《大唐西域記》作"秣兔羅",今印度北方邦的馬土臘。
[2] 五師,佛滅後傳佈佛教的五位法師:摩訶迦葉、阿難、末田地、商那和修、烏波毱多。
[3] 獼猴墮坑,《大唐西域記》卷四:"在昔如來行經此處,時有獼猴,持蜜奉佛,佛令水和,普徧大衆,獼猴喜躍,墮坑而死,乘兹福力,得生人中。"四佛,過去四佛。賢聖依住處,指舍利子、没特伽羅子等釋迦牟尼千二百五十弟子習定之處。

又東南行,經於七國,至劫比他國[1],俗事大自在天[2],其精舍者高百餘尺,中有天根[3],形極偉大,謂諸有趣由之而生,王民同敬,不爲鄙恥。諸國天祠,率置此形,大都異道,乃有百數,中所高者,自在爲多。有一大寺,五百僧徒,淨人、僕隸,乃有數萬[4],皆宅其寺側。中有三道階,南北而列,即佛爲母,忉利安居,夏竟下天,帝釋之所作也[5]。寶階本基,淪没並盡。後王仿之,在其故地,猶高七十餘尺。育王爲建石柱,高七丈餘,光淨明照,隨人罪福,影現其中。旁有賢劫四佛經行石基[6],長五十許步,高於七尺,足蹈所及,皆有蓮華文生焉。

【注】

[1] 劫比他國,今印度北方的薩姆基薩。

〔2〕大自在天,即婆羅門教主神之一濕婆,爲毁滅、苦行、舞蹈之神。表示生殖能力的男性生殖器"林伽"被認爲是他的象徵,受到教徒的崇拜。天根,

〔3〕即林伽。

〔4〕净人,奉侍比丘僧之俗人。

〔5〕《大唐西域記》卷四:"伽藍大垣内有三寶階,南北列,東面下,是如來自三十三天降還所也。昔如來起自勝林,上昇天宮,居善法堂,爲母説法,過三月已,將欲下降。天帝釋乃縱神力,建立寶階,中階黄金,左水精,右白銀。"

〔6〕賢劫四佛,賢劫第九減劫中的拘留孫佛、拘那含牟尼佛、迦葉佛、釋迦牟尼佛。

  國西北不遠二百許里,至羯若鞠闍國,唐言曲女城也[1]。王都臨殑伽河,即恒河之正名矣,源從北來,出大雪山。其土邪正雜敬,僧徒盈萬。多諸聖迹:四佛行坐處,七日説法處,佛牙髮爪等塔,精舍千餘,名寺異相,多臨河北。奘於此國學《佛使》、《日胄》二《毗婆沙》於毗耶犀那三藏所,經於三月。王號戒日[2],正法治世將五十載。言戒日者,謚法之名,此方薨後量德以贈,彼土初登即先薦號,以滅後美之,徒虚名耳,今猶御世。統五印度,初治邊陲,爲小國也。先有室商佉王[3],威行海内,酷虐無邊,劉殘釋種[4],拔菩提樹,絕其根苗,選簡名德三百餘人坑之,餘者並充奴隸。戒日深知樹於禍始也,與諸官屬至菩提坑,立大誓曰:"若我有福,統臨海内,必能崇建佛法,願菩提樹從地而生。"言已尋視,見菩提萌坑中上踴,遂迴兵馬

往佉所,威福力故,當即除滅。所以抱信誠篤,倍發由來,還統五方,象兵八萬,軍威所及,並藉其力。素不血食,化境有羊,皆贖施僧,用供乳酪。五年一施,傾其帑藏,藏盡還蓄,時至復行,用此爲常。有犯王法乃至叛逆罪應死者,遠斥邊裔,餘者懲罰,蓋不足言。故諸國中多行盜竊,非假伴援,不可妄進。又東南行二千餘里,經於四國,順殑伽河側,忽被秋賊須人祭天[5],同舟八十許人悉被執縛,唯選奘公,堪充天食,因結壇河上,置奘壇中,初便生饗,將加鼎鑊。當斯時也,取救無援,注想慈尊彌勒如來及東夏住持三寶[6],私發誓曰:"余運未絕,會蒙放免,必其無遇,命也如何?"同舟一時悲啼哭號,忽惡風四起,賊船而覆沒,飛沙折木,咸懷恐怖,諸人又告賊曰:"此人可愍,不辭危難,專心爲法,利益邊陲,君若殺之,罪莫大焉。寧殺我等,不得損他。"衆賊聞之,投刃禮愧,受戒悔失,放隨所往。

【注】

〔1〕羯若鞠闍國,在今印度中部卡瑙季。曲女城,據《大唐西域記》卷五,原名拘蘇摩補羅,義爲花宮,後因仙人不滿於國王配以稚女,施惡咒使九十九女皆曲腰,乃改名爲曲女城。

〔2〕戒日(590—647),古印度曷利沙帝國即"羯若鞠闍國"國王。公元606至647年在位期間,統一北印度,遷都曲女城,建立嚴格的行政管理和刑法制度。虔信印度教,亦大力支持佛教。

〔3〕室商佉王,又作設賞迦王,東印度羯羅拏蘇伐剌那國國王。曾誘殺戒日王之兄王增,後爲戒日王所滅。

〔4〕劉,殺戮,征服。
〔5〕忽被秋賊須人祭天,《大慈恩寺三藏法師傳》卷三:"彼羣賊素事突伽天神,每於秋中覓一人質狀端美,殺取肉血用以祠之,以祈嘉福。"
〔6〕住持三寶,佛滅後住於世間者:一爲佛寶,即木佛畫像;二爲法寶,即三藏文句;三爲僧寶,即剃髮染衣者。

達憍償彌〔1〕,外道殷盛。王都城中有佛精舍,高六十尺,中有檀像,即昔優田大王造之〔2〕,仿在天之影也〔3〕,其側龍窟〔4〕,聖迹多矣。

【注】
〔1〕憍償彌,《大唐西域記》作"憍賞彌國"。其都城相當於今恒河與朱術那河交匯處附近之柯薩姆。
〔2〕優田大王,又稱優填王,鄔陀衍那王,拘睒彌國王名。
〔3〕仿在天之影,傳説釋迦昇忉利天爲母説法時,優田王請没特迦羅子,接工人上天宮親觀其相,用牛頭旃檀雕成佛像。
〔4〕龍窟,傳説釋迦佛降伏毒龍之處。

又東北千餘里,至室羅伐悉底國〔1〕,即舍衛舍婆提之正名也。周睇荒毁,才有故基,斯匿治宮、須達故宅〔2〕,趾墟存焉。城南五里,有逝多林,即祇陀園也〔3〕,勝軍王臣善施所造。今寺頽減,尚有石柱,舉高七丈,育王標樹邊有塼室一區,中安如來爲母説法像,自餘院宇湮没蕩盡。但有佛洗病比丘處、目連舉身子洗衣處、佛僧常汲故井處、外道陰謗殺淫女處、佛異論處、身子捔處、瑠璃没處、得眼林處[4],迦葉波佛本生地,諸如上處,皆建石塔,並無憂王之所造也。寺東不遠,三大深坑,即調達、瞿波、戰遮女人所没之處[5],坑極深邃,臨望無底。自古及今,大雨洪注,終無溢滿。

【注】

〔1〕室羅伐悉底國,即舍衛國。原爲憍薩羅國都城名,爲區别於南部另一憍薩羅國,乃以城名代替國名。在今印度西北部拉普地河南岸。

〔2〕斯匿,亦稱波斯匿(意爲"勝軍")王,中印度拘薩羅國國王,佛教信徒和支持者,與釋迦牟尼同年生,同年死。須達,又作須達多、蘇達多,意譯"善施"。拘薩羅給孤獨長者之本名。

〔3〕祇陀園,相傳釋迦牟尼成佛後,給孤獨長者用大量金錢購置波斯匿王太子祇陀在舍衛城南的花園,建築精舍,作爲釋迦在舍衛國居住説法的場所。又稱"祇樹給孤獨園"。

〔4〕佛洗病比丘,昔釋迦牟尼爲患病比丘按摩盥洗。外道陰謗殺淫女,婆羅門教徒誘雇淫女到釋迦處聽法,旋殺之,埋屍祇陀園樹側,企圖陷害釋迦。佛異論處,昔釋迦與諸外道論議處。身子搪處,《大唐西域記》卷六:"善施長者買逝多太子園,欲爲如來建立精舍,時尊者舍利子隨長者而贍揆,外道六師求角神力,舍利子隨事攝化,應物降伏。"身子,即釋迦十大弟子之一舍利子,又稱舍利弗。得眼林,昔五百强盜被勝軍王抉去其眼,求告釋迦遂得復明。投棄之拐杖,植根成林。

〔5〕調達,《大唐西域記》作"提婆達多"。欲以毒藥害佛,生身陷入地獄。瞿波,又作"瞿伽梨比丘",因毁謗佛而入地獄。戰遮女人,婆羅門女,因謗佛與其私通,生身陷入地獄。

又東將七百里,至劫毗羅伐窣堵國,即迦毗羅衛,净飯王所治之都也[1]。空城十餘,無人栖住,故宮甎城,周十五里,荒寺千餘,惟宮中一所在焉。王寢殿基上有銘塔,即如來降神之處也[2]。彼有説云五月八日神來降者,上座部云十五日者,與此方述,微復不同,豈有異耶?至如東夏所尚,素王爲聖,將定年算,前達尚迷,況復歷有三代,述時紀號,猶自差舛。顧惟理越情求,赴機應感,皆乘權道,適變爲先,豈以常人之耳目,用通於至極也?城之南北有過去二佛生地諸塔[3],育王石柱銘記甚多。都城西北數百千塔,並是瑠璃所誅諸釋[4],既是聖者,後人爲造。當斯時也,有四釋子,忿其見逼,不思犯戒,出外拒軍,瑠璃遂退。後還本國,城中不受,告曰:"吾爲法種,誓不行師,汝退彼軍,非吾族也。"既被放斥,遠投諸國,本是聖胤,競宗樹之,今烏仗、梵衍等王,並其後也[5]。城東百里,即是如來生地之林[6],今尚存焉。或有説者三月八日,上座部云十五日也,此土諸經咸云四月八日。斯亦感見之機,異計多耳。

【注】

[1] 劫毗羅伐窣堵國,即迦毗羅衛,在今尼泊爾南部提羅拉科特附近,一説在今印度北部的尼泊爾特賴。净飯王,釋迦牟尼生父。

[2] 如來降神,釋迦牟尼以菩薩身降生母胎的神話。

[3] 過去二佛,《大唐西域記》記爲迦羅迦村馱佛和迦諾迦牟尼佛,即賢劫七佛中的拘留孫佛與拘那含牟尼佛。

〔4〕瑠璃,《大唐西域記》作毗盧擇迦王,波斯匿王之子,釋種婢女所生。爲報昔受釋種羞辱之仇,即位後興兵殺戮釋種。

〔5〕《大唐西域記》卷六:"四人被逐,北趣雪山。一爲烏仗那國王,一爲梵衍那國王,一爲呬摩呾羅國王,一爲商彌國王。"

〔6〕如來生地之林,釋迦牟尼誕生地臘伐尼林。

又東七百里,方至拘尸[1],中途諸異,略不復紀。創達此城,不覺五情失守,崩踴躄地,頃之顧盻,但見荒城頹襖,純陀宅基[2],有標誌耳。西北四里,河之西岸,即婆羅大林[3],周帀輪徑,四十餘里,中央高竦,即涅槃地,有一甎室,臥像北首。旁施塔柱,具書銘記,而諸説混淆,通列其上,有云二月十五日入涅槃者,或云九月八日入涅槃者,或云自彼至今過千五百年者,或云過九百年者。城北渡河,即焚身地[4],方二里餘,深三丈許,土尚黄黑,狀同焦炭,諸國有病,服其土者無不除愈,故其焚處致有坑耳。其側復有現足、分身、雉、鹿諸塔[5],並具瞻已。

【注】

〔1〕拘尸,即拘尸那揭羅國,在今印度北部戈拉克普爾東面的卡西亞地方,一説在今尼泊爾首都加德滿都以東地方。

〔2〕純陀,又作"准陀",拘尸那揭羅城工巧師之子。傳説釋迦自此人受最後之供養。

〔3〕婆羅大林,釋迦牟尼寂滅之所。

〔4〕焚身地,釋迦牟尼寂滅後焚身之處。

〔5〕現足,釋迦牟尼入殮後爲奔喪的大迦葉示現雙足。分身,釋迦火化後,諸國八分舍利。雉塔,釋迦佛前生之一爲雉,奮力救

森林大火，又稱救火窣堵波。鹿塔，釋迦佛前生之一爲鹿，爲救羣獸，身據湍流之中，讓避逃森林火災的羣獸從其身上踐過，力竭而死，諸天收遺骸起塔。以上俱見《大唐西域記》卷六。

又西南行大深林中七百餘里，達婆羅痆斯國[1]，即常所謂波羅奈也，城臨殑伽。外道殷盛，乃出萬計，天寺百餘，多遵自在。僧徒三千，並小乘正量部也[2]。王都東北波羅奈河之西，塔柱雙建，育王所立，影現佛像，覩者興敬。度河十里即鹿野寺也[3]，周閒重閣，望若仙宮，僧減二千，皆同前部，佛事高勝，諸國最矣。中有轉法輪像，狀如言説，旁樹石柱，高七十餘尺，内影外現，衆相備矣。斯即如來初轉法處[4]，其側復有五百獨覺塔[5]、三佛行座處。寺中銘塔聖迹極多，乃有數百，又有佛所浴池、浣衣、浣器之水，皆有龍護。曝衣方石，鹿王迎佛之地[6]，並建石塔，動高三百餘尺，相甚弘偉，故略陳耳。

【注】

[1] 婆羅痆斯國，其國都城在今印度北部恒河左岸的瓦臘納西。
[2] 正量部，佛教部派之一。釋迦逝後三百年從上座部的犢子部分出，因自稱其説正確無誤，故名。
[3] 鹿野寺，又稱鹿野伽藍，建在釋迦牟尼成道後最初説法的鹿野苑上。
[4] 初轉法輪，釋迦成道後，到鹿野苑首次説法，度憍陳如等五比丘，宣講四諦、八正道等基本教義，被稱爲初轉法輪。
[5] 五百獨覺，獨覺即緣覺。獨自修行，於無佛之世自己覺悟而離

生死者,謂之獨覺。有麟角與部行二種,五百獨覺屬後一類。
〔6〕鹿王迎佛,佛教本生故事。釋迦者爲鹿王,與國王相約,日輸一鹿供王充膳,爲救一懷孕母鹿,自以身代。國王受感,遂施林於鹿。

順河東下,減於千里,達吠舍釐[1],即毗舍離也。露形異術[2],偏所豐足,國城舊基,周七十里,人物寡鮮,但爲名地,其中説《净名經》處,寶積、净名諸故宅處,身子證果處,姨母滅度處,七百結集處,阿難分身處[3],此之五處,各建勝塔,標示後代。

【注】
〔1〕毗舍離,在今印度比哈爾邦穆查發浦爾。
〔2〕露形,指耆那教徒"天衣派",漢譯佛典中稱"裸形外道"、"無慚外道"等。認爲耆那教徒不應有私財,連衣服也不能有,只能以天爲衣。
〔3〕寶積,毗舍離城之長者子,以七寶獻佛,請問菩薩净土之行。净名,即維摩詰居士。姨母,釋迦牟尼的姨母摩訶波闍波提,曾撫養釋迦成人,後隨釋迦出家,成爲第一個尼僧。七百結集,釋迦逝後一百年,以耶舍爲首的諸長老比丘在毗舍離城召集七百比丘,審定律藏,史稱第二次結集。阿難分身,《大唐西域記》卷九:"昔尊者(阿難)將寂滅也。去摩揭陀國,趣吠舍釐城。兩國交争,欲興甲兵,尊者傷愍,遂分其身。"阿難,釋迦牟尼堂弟,爲釋迦十大弟子之一。

自斯東北二千餘里,入大雪山,至尼波羅國[1]。純信於佛，僧有二千，大小兼學。城東有池，中有天金，光浮水上，古老傳云：彌勒下生，用爲首飾，或有利其寶者，夜往盜之，但見火聚騰焰，都不可近，今則沉深，叵窮其底，水又極熱，難得措足。唐國使者，試火投之，焰便踊起，因用煮米，便得成飯。其境北界即東女國，與吐蕃接境[2]，比來國命往還，率由此地，約指爲語。唐梵相去一萬餘里，自古迴邅，致途遠阻。

【注】

〔1〕尼波羅國，即尼泊爾。據近人考證，玄奘並未親歷其境，關於此國的簡單記述，是得自弗栗恃（今賈伊那加爾）的傳聞。參見周連寬《大唐西域記史地研究叢稿》第156頁。

〔2〕東女國，唐時西羌的一支，以女子爲首領，在今四川西北、青海東南一帶。吐蕃，中國古代藏族政權名，公元7至9世紀時在青藏高原建立。

又從梵吠舍南濟殑伽河達摩揭陀國[1]，即摩竭提之正號也。其國所居，是爲中印度矣。今王祖胤，繼接無憂，無憂即頻毗娑羅之曾孫也[2]，王即戒日之女婿矣。今所治城，非古所築，殑伽南岸有波吒釐城，周七十里，即經所謂華氏城也。王宮多花，故因名焉。昔阿育王自離王舍，遷都於此，左側聖所，其量彌繁。城之西南四百餘里，度尼連禪河至伽耶城，人物希少，可千餘家。又行六里，有伽耶山，自古諸王所登封也。故此一山，世稱名地，如來應俗，就斯成道，頂有石塔，高百餘尺，即《寶雲》等經所說之處，周迴四十里内,聖迹充滿,山之西南即道成處,有金剛座,周百餘步,其地則今所謂菩提寺是也。寺南有菩提樹,高五丈許,繞樹周垣,壘甎爲之,輪迴五百許步,東門對河,北門通寺,院中靈塔,相狀多矣。如來得道之日,互説不同,或云三月八日及十五日者。垣北門外大菩提寺,六院三層,墻高四丈,皆甎爲之。師子國王,買取此處,興造斯寺,僧徒僅千,大乘上座部所住持也[3]。有骨舍利,狀人指節,肉舍利者,大如真珠。彼土十二月三十日,當此方正月十五日,世稱大神變月,若至其夕,必放光瑞,天雨奇花,充滿樹院。奘初到此,不覺悶絶,良久蘇醒,歷覩靈相。昔聞經説,今宛目前,恨居邊鄙,生在末世,不見真容,倍復悶絶。旁有梵僧,就地接撫,相與悲慰,雖備禮謁,恨無光瑞,停止安居,迄於解坐。彼土常法,至於此時,道俗千萬,七日七夜,競伸供養,凡有兩意,謂覩光相及希樹葉。每年樹葉,恰至夏末,一時飛下,通夕新抽,與故齊等。時有大乘居士,爲奘開釋《瑜伽師地》,爾夜對講,忽失燈明,又觀所珮珠瑶瓔珞,不見光采,但有通明晃朗,内外洞然,而不測其由也。怪斯所以,共出草廬,望菩提樹,乃見有僧,手擎舍利,大如人指,在樹基上遍示大衆,所放光明,照燭天地。於時衆鬧,但得遙禮,雖目覩瑞,心疑其火,合掌虔跪,乃至明晨,心漸萎頓,光亦歇滅。居士問曰:"既覩靈瑞,心無疑耶?"奘具陳意。居士曰:"余之昔疑,還同此也,其瑞既現,疑自通耳。余見菩提樹葉如此白楊。具以問之。"奘曰:"相狀略同,而扶疏茂盛,少有異也。"於此寺東望屈屈吒播陀山,即經所謂雞足山也。直上三峰,狀如雞足,因取號焉。去菩提寺一百餘里，頂樹大塔，夜放神炬，光明通照，即大迦葉波寂定所也[4]。路極梗澀，多諸林竹，師子虎象，縱橫騰倚，每思登踐，取進無由，奘乃告王，請諸防援，蒙給兵三百餘人，各備鋒刃，斬竹通道，日行十里。爾時彼國聞奘往山，士女大小，數盈十萬，奔隨繼至，共往雞足，既達山阿，壁立無路，乃縛竹爲梯，相連而上，達山頂者三千餘人。四睇欣然，轉增喜踊，具覩石罅，散花供養。

【注】

〔1〕吠舍，即毗舍離。摩揭陀國，今印度比哈爾邦南部，都城華氏城，即今比哈爾邦首府巴特那。

〔2〕頻毗娑羅，又稱瓶沙王，佛在世時摩揭陀國王，爲其逆子阿闍世王幽死。

〔3〕師子國，斯里蘭卡的古稱。大乘上座部，據《大唐西域記》卷八："此伽藍多執師子國僧也。"又據《大慈恩寺三藏法師傳》卷四，"其國……遵行大乘及上座部教"。上座部，佛教部派之一。公元前3世紀從印度傳入斯里蘭卡等地，後稱"南傳上座部"，至今仍盛行。

〔4〕大迦葉波寂定所，據《大唐西域記》卷九等記載，釋迦牟尼佛寂後，大迦葉持釋迦袈裟入雞足山入定，須待彌勒出世方出。大迦葉波，即大迦葉，釋迦十大弟子之首。

自山東北百有餘里，至佛陀伐那山，有大石室，佛曾遊此，天帝就石涂香以供[1]，行至其處，今猶郁烈。不遠山室，可受千人，如來三月於中坐夏，壘石爲道，廣二十步，長五里許,即頻毗娑羅修覲上山之所由也。

【注】

〔1〕天帝,亦稱"天帝釋"、"帝釋天",佛教護法神之一。稱其爲忉利天(即三十三天)之主,居須彌山頂之善見城。

又東六十里,便至矩奢揭羅補羅古城,唐言茅城,多出香茅,故因名也。其城即摩揭陀之正中,經本所謂王舍城者是矣〔1〕。崇山四周,爲其外郭,上如堞埒〔2〕,皆甎爲之,西通小徑,北辟山門,廣長從狹,周輪百五十里,其中宮城周三十餘里,内諸古迹,其量復多。宮之東北可十五里,有姞栗陀羅矩吒山,即經所謂耆闍崛山者是也,唐言鷲峰之臺,於諸山中最高,顯映奪接,山之陽,佛多居住,從下至頂,編石爲階,廣十餘步,長六里許,佛常往來於斯道也。歷觀崖岫,備諸古迹,不可勝紀,廣如圖傳。

【注】

〔1〕王舍城,古印度摩揭陀國都城,瓶沙王曾在此建都,在今印度比哈爾邦底賴耶附近。周圍有靈鷲等五山,是釋迦牟尼傳教中心地之一。
〔2〕堞埒,城墻上的小墙。

山城北門强一里許,即迦蘭陀竹園,精舍石基,東户甎室,今仍現在,自園西南六里許,南山之陰大竹林中有石室焉,即大迦葉波與千無學,結集經教所託之地〔1〕。

【注】

〔1〕迦蘭陀竹園精舍，即竹林精舍。相傳釋迦在王舍城宣説佛法時，皈依佛教的迦蘭陀長者獻出竹園，由瓶沙王修建精舍，施與釋迦。與舍衛城的祇園精舍並稱爲佛教最早的兩大精舍。無學，即阿羅漢，小乘佛教修行的最高果位，謂盡斷三界見、修二惑，已至修學的頂端。結集經教，相傳釋迦逝世的當年，由弟子迦葉召集五百比丘在王舍城七葉窟共同憶誦確定佛教經典，稱第一次結集。

又西二十餘里，即大衆部結集處也[1]。山城之北可五里許，至曷羅闍姞利呬城，唐言新王舍也，餘傳所稱者是矣。

【注】

〔1〕大衆部結集，在迦葉召集五百比丘舉行第一次結集（稱上座部結集）同時，有數百千比丘没有參加迦葉結集而另行結集。因此結集，凡聖同會，因而謂之大衆部。

又北三十餘里，至那爛陀寺，唐言施無厭也，贍部洲中寺之最者[1]，勿高此矣。五王共造[2]，供給倍隆，故因名焉。其寺都有五院，同一大門，周閒四重，高八丈許，並用甎壘，其最上壁，猶厚六尺，外郭三重，墻亦甎壘，高五丈許，中間水繞，極深池塹，備有花畜，嚴麗可觀。自置已來，防衛清肅，女人非濫，未曾容隱。常住僧衆四千餘人，外客道俗，通及邪正，乃出萬數，皆周給衣食，無有窮竭，故復號寺爲施無厭也。中有佛院，備諸聖迹。精舍高者二十餘丈,佛昔於中四月説法。又有精舍高三十餘丈,中諸變態,不可名悉。置立銅像,高八丈餘,六層閣盛,莊嚴綺飾,即戒日之兄滿冑王造也。又有鍮石精舍,高可八丈,戒日親造,雕裝未備,日役千功。彼國常法,欽敬德望,有諸論師知識清遠,王給封户,乃至十城,漸降量賞,不減三城,其寺現在受封大德三百餘人,通經已上,不掌僧役,重愛學問,咨訪異法,故烏耆已西[3],被於海内,諸出家者皆多義學,任國追隨,都無隔礙。王雖守國,不敢遮障,故彼學徒,博聞該贍。奘歷諸國,風聲久遠,將造其寺,衆差大德四十人,至莊迎宿,莊即目連之本村也[4]。明日食後,僧二百餘、俗人千餘,擎輿幢蓋香花來迎,引入都會,與衆相慰問訖,唱令住寺,一切共同。又差二十人,引至正法藏所,即戒賢論師也[5],年百六歲,衆所仰重,故號正法藏,博聞强識,内外大小一切經書,無不通達,即昔室商佉王所坑之者,爲賊擎出,潛淪草莽,後興法顯,道俗所推,戒日增邑十城,科税以入,賢以税物成立寺廟。奘禮讚訖,並命令坐。問從何來,答:"從支那國來[6],欲學《瑜伽》等論。"聞已啼泣,召弟子覺賢説以舊事,賢曰:"和尚三年前,患困如刀刺,欲不食而死,夢金色人曰:汝勿厭身,往作國王,多害物命,當自悔責,何得自盡?有支那僧來此學問,已在道中,三年應至。以法惠彼,彼復流通,汝罪自滅。吾是曼殊室利[7],故來相勸,和尚今損。"正法藏問:"在路幾時?"奘曰:"出三年矣。"既與夢同,悲喜交集。禮謝訖。寺素立法,通三藏者員置十人,由來闕一,以奘風問[8],便處其位。日給上饌二十盤,大人米一升,檳榔、豆蔻、龍腦、香乳、酥蜜等，净人四、婆羅一、行乘象輿，三十人從。大人米者，粳米也，大如烏豆，飯香百步，惟此國有，王及知法者預焉。故此寺通三藏者給二十盤，即二十日。漸減通一經者，猶給五盤，五日。過此已後，便依僧位。

【注】

〔1〕那爛陀寺，在今印度比哈爾邦巴臘貢地方。贍部洲，即南贍部洲，舊譯"南閻浮提"，四大部洲之一，爲人類所居之地。

〔2〕五王共建，《大慈恩寺三藏法師傳》卷三："佛涅槃後，此國先王鑠迦羅阿迭多(此言帝日)敬戀佛故，造此伽藍。王崩後，其子佛陀毱多王(此言覺密)纂承鴻業，次南又造伽藍。至子恒他揭多王(此言如來)，次東又造伽藍。至子婆羅阿迭多(此言幼日)，次東北又建伽藍。後見聖僧從此支那國往赴其位，心生歡喜，捨位出家。其子伐闍羅(此言金剛)嗣位，次北又建伽藍。"

〔3〕烏耆，即焉耆，《大唐西域記》作"阿耆尼國"，古西域國名。圓都在員渠城(今新疆焉耆西南四十里城市附近)。

〔4〕目連，即目犍連，摩揭陀國王舍城郊人，屬婆羅門種姓。皈依釋迦牟尼後，爲其"十大弟子"之一。

〔5〕戒賢(6至7世紀)，古印度大乘瑜伽行派論師。出身東印度三摩呾吒國(今孟加拉國達卡地區)的王族，屬婆羅門種姓。到那爛陀寺投護法出家，曾代其師與外道辯論獲勝，名高當世，被國王崇信。長期主持那爛陀寺，弘傳唯識教義。依《解深密經》、《瑜伽師地論》等，把佛教判爲有、空、中三時，主張五種姓說，玄奘把此理論傳入中國。

〔6〕支那，古代印度、希臘和羅馬等地人對中國的稱呼，或以爲是

秦國的"秦"字對音。
〔7〕曼殊室利,即文殊師利,略稱文殊。釋迦牟尼佛的左脅侍,專司"智慧",常與司"理"的右脅侍普賢並稱。
〔8〕風問,風雅高名。

便請戒賢講《瑜伽論》,聽者數千人,十有五月方得一遍,重爲再講,九月方了。自餘《順理》、《顯揚》、《對法》等並得諮禀,然於《瑜伽》偏所鑽仰。經於五年,晨夕無輟,將事博義,未忍東旋。賢誡曰:"吾老矣,見子殉命求法,經途十年方至,今日不辭朽老,力爲伸明。法貴流通,豈期獨善?更參他部,恐失時緣,智無涯也,惟佛乃窮,人命如露,非旦則夕,即可還也。"便爲裝行調,付給經論。奘曰:"敢聞命矣。"意欲遍巡諸國,還途北指,以高昌昔言不得違也。

便爾東行大山林中,至伊爛拏國[1],見佛坐迹,入石寸許,長五尺二寸,廣二尺一寸,旁有瓶迹,没石寸許,八出花文,都似新置,有佛立迹,長尺八寸,闊強六寸。又東南行,路經五國,將四千里,至三摩呾吒國,濱斥大海,四佛曾遊,見青玉像,舉高八尺。自斯東北,山海之中,凡有六國,即達林邑[2],道阻且長,兼多瘴癘,故不遊踐。又從西行,將二千里,達揭羅拏國,邪正兼事,別有三寺,不食乳酪,調達部也[3]。又西南行七百餘里,至烏荼國[4],東境臨海,有發行城,多有商侶停於海次。南大海中有僧伽羅國[5],謂執師子也。相去約指二萬餘里,每夜南望,見彼國中佛牙塔上寶珠光明,騰焰暉赫,現於天際。又西南行,具經諸國,並有異迹。

【注】

〔1〕伊爛拏國，《大唐西域記》作"伊爛拏鉢伐多國"，在今印度比哈爾邦的孟吉爾地區。

〔2〕林邑，《大唐西域記》作摩訶瞻波國，即占城，故地在今越南中南部。

〔3〕揭羅拏國，《大唐西域記》作"羯羅拏蘇伐剌那國"，都城在今印度東北部之巴拉布姆地區及其附近。調達，即提婆達多，釋迦牟尼的堂弟。據《大唐西域記》卷六載，因陰謀毒害釋迦，生陷地獄。

〔4〕烏荼國，在今印度奧里薩，首府爲今之賈玆普拉。

〔5〕僧伽羅國，即斯里蘭卡。

可五千里，至憍薩羅國[1]，即南印度之正境也。崇信佛法，僧徒萬許，其土寬廣，林野相次。王都西南三百餘里有黑峰山，昔古大王爲龍猛菩薩造立斯寺，即龍樹也。其寺上下五重，鑿石爲之，引水旋注，多諸變異，沿波方達，令淨人固守，罕有登者，龕中石像，形極偉大。寺成之日，龍猛就山，以藥塗之，變成紫金，世無等者。又有經藏，夾縛無數，古老相傳，盡初結集，並現存在。雖外佛法，屢遭誅殄，而此一山，住持無改。近有僧來，於彼夏坐，但得讀誦，不許持出。具陳此事。但路幽阻，難可尋問。又復南行七千餘里，路經五國，並有靈迹。至秣羅矩吒國[2]，即贍部最南濱海境也，山出龍腦香焉。旁有巖頂，清流繞旋，二十許币，南注大海，中有天宮，觀自在菩薩常所住處，即觀世音之正名也。臨海有城，古師子國，今入海中，可三千餘里,非結大伴則不可至,故不行也。

【注】
〔1〕憍薩羅國,亦稱南憍薩羅,在今印度那格普爾一帶。
〔2〕秣羅矩吒國,在達羅毗荼國(今那伽帕塔姆)之南三千餘里。據《大慈恩寺三藏法師傳》卷四云:"自此國界三千餘里,聞有秣羅矩吒。"既云"聞有",則非玄奘親歷之地可知。

　　自此西北四千餘里,中途經國,具諸神異,達摩訶剌他國[1],其王果勇威英自在,未賓戒日[2]。寺有百餘,僧徒五千,大小兼學,東境山寺,羅漢所造,有大精舍,高百餘尺,中安石像,長八丈許,上施石蓋,凡有七重,虛懸空中,相去各三尺許,禮謁見者無不嘆訝斯神也。自此因循,廣求聖迹,至鉢伐多國[3],有數名德,學業可遵,又停二年。學正量部《根本論》、《攝正法論》、《成實論》等。便東南還那爛陀,參戒賢已,往杖林山勝軍論師居士所,其人剎利種[4],學通內外五明數術[5],依林養徒,講佛經義,道俗歸者,日數百人。諸國王等亦來觀禮,洗足供養,封賞城邑。奘從學《唯識決擇論》、《意義論》、《成無畏論》等,首尾二年。夜夢寺內及林外邑,火燒成灰,見一金人告曰:"却後十年,戒日王崩,印度便亂,當如火蕩。"覺已,向勝軍說之,奘意方決,嚴具東還。及永徽之末[6],戒日果崩,今並饑荒,如所夢矣。

【注】
〔1〕摩訶剌他國,《大唐西域記》作"摩訶剌侘國",今印度中西部的

馬哈拉施特拉邦,都城位於那西克或其附近。
〔2〕賓,臣伏。
〔3〕鉢伐多國,《大唐西域記》作鉢伐多羅國,在今印度旁遮普邦境內,一說在今克什米爾的查謨地方。
〔4〕刹利種,即刹帝利種姓。
〔5〕五明,五種學問。(1)聲明,聲韻學和語文學;(2)工巧明,即工藝、技術、曆算之學等;(3)醫方明,醫藥學;(4)因明,相當於邏輯學;(5)内明,即佛學。
〔6〕永徽,唐高宗李治年號(650—655)。

　　初,那爛陀寺大德師子光等,立《中》、《百》論宗,破《瑜伽》等義,奘曰:"聖人作論,終不相違,但學者有向背耳。"因造《會宗論》三千頌[1],以呈戒賢諸師,咸稱善。先有南印度王灌頂師[2],名般若毱多,明正量部,造《破大乘論》七百頌。時戒日王討伐至烏荼國,諸小乘師保重此論,以用上王,請與大乘師決勝。王作書與那爛陀寺,可差四僧善大小内外者詣行宫所在,擬有論議。戒賢乃差海慧、智光、師子光及奘爲四,應命將往。未發間,有順世外道來求論難[3],書四十條義懸於寺門,若有屈者,斬首相謝。彼計四大爲人物因,旨理沈密,最難徵覈,如此陰陽,誰窮其數,此道執計,必求拹抉。彼土常法,論有負者,先令乘驢,屎瓶澆頂,公於衆中,形心折伏,然後依投,永爲皂隸。諸僧同疑,恐有歉負,默不陳對。奘停既久,究達論道,告衆請對,何得同恥。各立旁證,往復數番,通解無路,神理俱喪,溘然潛伏[4]。預是釋門,一時騰踴,彼既屈已,請依先約。奘曰:"我法弘恕,不在刑科,稟受我法,如奴事主。"因將向房,遵正法要。彼烏荼論,又別訪得。尋擇其中,便有謬濫,謂所伏外道曰:"汝聞烏荼所立義不?"曰:"彼義曾聞,特解其趣。"即令説之,備通其要。便指纖芥,申大乘義破之,名《制惡見論》千六百頌[5],以呈戒賢等師,咸曰:"斯論窮天下之勍寇也[6],何敵當之?"

【注】

〔1〕《會宗論》,玄奘未翻譯出來,今已佚。

〔2〕灌頂,印度古代國王即位的一種儀式,國師以"四大海之水",灌於國王頭頂,表示祝福。佛教密宗仿傚此法,於僧人嗣阿闍梨位時,設壇舉行灌頂儀式。

〔3〕順世外道,佛教對順世派的貶稱,意謂隨順世間的旁門外道。該派主張世界由地水火風四種物質元素組成,否認有脱離身體的靈魂("我")以及死後世界、輪迴、報應、解脱等。

〔4〕玄奘辯論的方法是先歷舉各外道的主旨,然後舉論派哲學破之,據《大慈恩寺三藏法師傳》卷四:"今破數論所立,如汝二十五諦中我之一種是別性,餘二十四展轉同爲一體,而自性一種以三法爲體,爲薩埵剌闍答摩。此三展轉合成大等二十三諦,二十三諦一一皆以三法爲體。若使大等一一皆攬三成,如衆如林,即是其假,如何得言一切是實?又此大等,各以三成,即一是一切,若一則一切,則應一一皆有一切作用。既不許然,何因執三爲一切體性?又若一則一切應口眼等根,即是大小便路,又一一根有一切作用,應口耳等根聞香見色。若不爾者,何得執三爲一切法體,豈有智人而立此義?又自性既常,應如我體,何能轉變作大等法?又所計我其性若常,應如自

性,不應是我。若如自性,其體非我,不應受用二十四諦。是則我非能受,二十四諦非是所受,既能所俱無,則諦義不立。"

〔5〕《制惡見論》,今已佚。或謂《真唯識量》係此論之別本。
〔6〕勍寇,強敵。勍,強,勁。

奘意欲流通教本,乃放任開正法,遂往東印度境迦摩縷多國[1],以彼風俗並信異道,其部衆乃有數萬[2]。佛法雖弘,未至其土。王事天神,愛重教義。但聞智人,不問邪正,皆一奉敬其人。創染佛法,將事弘闡,故往開化。既達於王,嘆奘勝度,神思清遠,童子王聞[3],欣得面款,遣使來請,再三乃往。既至相見,宛若舊遊。言議接對,又經晦朔[4],於時異術雲聚,請王決論。言辯纔交,邪徒草靡,王加崇重,初開信門,請問諸佛何所功德?奘贊如來三身利物[5],因造《三身論》三百頌以贈之。王曰:"未曾有也。"頂戴歸依,此國東境接蜀西蠻,聞其途路,兩月應達。

【注】

〔1〕迦摩縷多國,《大唐西域記》作"迦摩縷波國",今印度阿薩姆邦。
〔2〕異道,《大唐西域記》卷十:"宗事天神,不信佛法。……天祠數百,異道數萬。"
〔3〕童子王,即迦摩縷多國王拘摩羅。拘摩羅,意爲"童子"。
〔4〕經晦朔,經月餘。
〔5〕三身,亦稱"三佛",指三種佛身。有種種説法,法相宗的三身説,據《成唯識論》卷十等載:(1)"自性身",指法界、法性,亦即法身。(2)"受用身",有二種:"一自受用",指佛纍劫積德所得之

永恒不滅、能使自己受用"廣大法樂"之色身,亦即報身;"二他受用",指佛"爲住十地諸菩薩現大神通",令其"受用大乘法樂"之"功德身",亦稱"勝應身"。(3)變化身,指佛爲度脱衆生,隨三纍六道之不同狀況和需要而現之身,亦稱"劣應身"。

於時戒日王臣告曰:"東蕃童子王所有支那大乘天者,道德弘被,彼王所重,請往致之。"其大乘天者,即印度諸僧美奘之目也。王曰:"我已頻請,辭而不來,何因在彼?"即使語拘摩羅王,可送支那法師來共會祇羅國[1]。童子王命象軍一萬,方船三萬,與奘泝殑迦河以赴戒日,戒日與諸官屬百餘萬衆,順河東下,同集羯朱祇羅國。初見頂禮[2],鳴足盡敬,散花設頌,無量供已,曰:"弟子先請,何爲不來?"答:"以聽法未了,故此延命。"又曰:"彼支那國有《秦王破陣樂》歌舞曲[3],秦王何人,致此歌詠?"奘曰:"即今正國之天子也。是大聖人,撥亂反正,恩霑六合,故有斯詠。"王曰:"故天縱之爲物主也[4]。"乃延入行宫,陳諸供養。乃述《制惡見論》,顧謂門師曰:"日光既出,螢燭奪明,師所寶者,他皆破訖,試救取看。"小乘諸僧無敢言者。王曰:"此論雖好,然未廣聞,欲於曲女城大會,命五印度能言之士,對衆顯之,使邪從正,捨小就大,不亦可乎?"是日發敕普告天下,總集沙門、婆羅門、一切異道,會曲女城。自冬初泝流,臘月方到。爾時四方翕集,乃有數萬,能論義者數千人,各擅雄辯,咸稱克敵。先立行殿,各容千人,安像陳供香花音樂,請奘昇座,即標舉論宗,命衆徵覈,竟十八日無敢問者。王大嗟賞,施銀錢三萬,金錢一萬,上氎一百具[5]。仍令大臣執奘袈裟巡衆唱言："支那法師論勝,十八日來無敢問者,並宜知之。"於時僧衆大悦曰："佛法重興。乃令邊人權智若此[6]。"便辭東歸。王重請住觀七十五日,大施場相,事訖辭還。王敕所部,遞送出境,並施青象金銀錢各數萬。戒日、拘摩羅等十八大國王,流泪執别。奘便辭而不受,以象形大,日常料草四十餘圍,餅食所須又三斛許。戒日又敕令諸屬國隨到供給,諸僧勸受象施,皆曰："斯勝相也,佛滅度來,王雖崇敬,種種布施,未聞以象用及釋門。象爲國寶,今既見惠,信之極矣。"因即納象,而反錢寶。然其象也,其形圓大,高可丈三,長二丈許,上容八人,并諸什物、經像等具,並在其上,狀如重堵,相似空行,雖逢奔逸而安隱不墜,瓶水不側。緣國北旋出印度境,戒日威被,咸蒙供侍。

【注】

〔1〕祇羅國,即羯朱祇羅國,《大唐西域記》作"羯朱嗢祇羅國",今印度恒河以北的拉傑馬哈爾地方。

〔2〕頂禮,跪地以頭承尊者的足,爲佛教徒的最敬禮。

〔3〕《秦王破陳樂》,唐舞名。唐初有《秦王破陳樂曲》,至貞觀七年太宗制《破陳樂舞圖》,後令魏徵、虞世南等改制歌詞,更名《七德之舞》。

〔4〕天縱,天所放任,意謂上天所賦予。

〔5〕上氎,上等氎衣。氎,細棉布。

〔6〕權智,即方便智,與"實智"相對。《大乘義章》卷十九:"知於一乘真實之法名爲實智,了知三乘權化之法名方便智。"

入卑利國[1],山川相半,沃壤豐熟,僧徒數萬,並學大乘。東北山行,過諸城邑,上大雪山[2],及至其頂,諸山並下,又上三日,達最高嶺。南北通望,但見橫山各有九重,過斯已往,皆是平地。雖有小山,孤斷不續,唯斯一嶺,蔓延高遠。約略爲言,贍部一洲,山叢斯地,何以知耶?至如西境波斯,平川渺漫,東尋嵬崿,莫有窮蹤,北則橫野蕭條,南則印度皋衍,即經所謂香山者也[3]。達池幽邃,未可尋源,四河所從,皆由斯出[4]。《爾雅》所謂崑崙之墟,豈非斯耶?案諸《禹貢》[5],河出磧石,蓋局談其潛出處耳。張騫尋之[6],乃遊大夏[7],固是超步所經[8],猶不言其發源之始,斷可知矣。

【注】

[1] 卑利國,《大唐西域記》作"佛栗恃薩儻那國",在今阿富汗境内喀布爾河上流地區。

[2] 大雪山,即興都庫什山。最高嶺,《大唐西域記》作"婆羅犀那大嶺",即卡瓦克山隘。

[3] 嵬崿,山崖高峻雄偉貌。崿,山崖。皋衍,平坦展延。香山,今喜馬拉雅山。

[4] 達池,即阿耨達池,《大唐西域記》作"阿那婆答多池"。四河,殑伽河、信度河、縛芻河、徙多河。

[5] 《禹貢》,《尚書》中的一篇,我國最早的一部地理著作。

[6] 張騫(? —前114),西漢漢中成固(今陝西城固)人。漢武帝建元二年(前139),奉漢武帝命出使大月氏,親歷大宛、康居和大月氏、大夏等地。元狩四年(前119),又奉命出使烏孫,並派副使出使大宛、康居、大夏、安息等地。

〔7〕大夏，即吐火羅。地在興都庫什山與阿姆河上游之間（今阿富汗北部）。
〔8〕超，即班超（32—102）。東漢名將，在西域活動達三十一年。

奘引從前後，自勒行衆，沿嶺而下，三日至地，達覩貨羅故都邑，山行八百，路極艱險，寒風切骨，到於活國[1]。中途所經，皆屬北狄，而此王者，突厥之胤，統管諸胡，總御鐵門以南諸小國也。自此境東，方入葱嶺，嶺據贍部洲中，南接雪山，北至熱海[2]，東漸烏鎩[3]，西極波斯，縱廣結固，各數千里。冬夏積雪，冰嚴崖險，過半已下，多出山葱，故因名焉。昔人云：葱嶺停雪，即雪山也。今親目驗，則知其非。雪山乃居葱嶺已南，東西亘海，南望平野，北達叢山，方名葱嶺。

【注】
〔1〕覩貨羅故都邑，即安呾羅縛，今阿富汗東北境的安達拉伯。活國，今阿富汗境內之昆都斯。
〔2〕熱海，即大清池，今吉爾吉斯斯坦伊塞克湖。
〔3〕烏鎩，今新疆喀什地區的英吉沙爾縣。

又東山行，經於十國，二千餘里，至達摩悉鐵帝國[1]，境在山間，東西千六百里，南北極廣。不逾四五里許，臨縛芻河，從南而來，不測其本。僧寺十餘，有一石像，上施金銅圓蓋，人有旋繞，蓋亦隨轉，豈由機巧，莫測其然。

【注】
〔1〕達摩悉鐵帝國，其地望學者論説甚繁，一般作今塔吉克斯坦南

部的瓦汗地區。

又東山行,近有千里,達商彌國[1],東至大川[2],廣千餘里,南北百餘里,絕無人住。川有龍池,東西三百,南北五十,其池正在大葱嶺內,贍部洲中最高地也。何以明之?池出二河,其西流者至達摩悉鐵國,與縛芻河合,自此以西,水皆西流,其東流者至佉沙西界,與徙多河合[3],自此以東,水皆東流,故分二河,各注兩海,故知高也。池出大鳥,卵如斗許,案條支國大卵如甕[4],豈非斯耶?

【注】

[1] 商彌國,據瓦特斯等考證,玄奘未親歷此國。
[2] 大川,即波謎羅川,今帕米爾河。高原有天池,即今卡拉庫爾湖。
[3] 佉沙國,今新疆喀什地區喀什市、疏勒縣、疏附縣一帶。徙多河,古水名。古代印度傳說中以爲地面各大河流都是從雪山(特指今喜馬拉雅山西部一帶)四向分流,山北流出的一條就是徙多河。後來隨着中西交通的發展,又把徙多河用來稱呼今葉爾羌河和塔里木河,並誤認它是黃河上游。
[4] 條支國,在今伊拉克境內。

又東五百至朅盤陀國[1],北背徙多河,即經所謂悉陀河也,東入鹽澤,潛於地中,湧於積石,爲東夏河矣。其國崇信佛法,城之東南三百餘里,大崖兩室,各一羅漢,現入滅定[2],七百餘年,鬚髮漸長,互近諸僧,年別爲剃。

【注】

〔1〕竭盤陀國，今新疆喀什地區的塔什庫爾干縣。
〔2〕滅定，即滅盡定，又名滅受想定，二無心定之一。滅盡六識心，心所而不使起，入於此定，達四無色天的非想非非想天。

又東千餘里，方出葱嶺，至烏鎩國，城臨徙多，西有大山，崖自崩墜，中有僧焉，瞑目而坐，形甚奇偉，鬚髮下垂，至於肩面。問其委曲，乃迦葉佛時人矣，近重崩崖，没於山内。奘至斯國，與象別行，先渡雪河，象晚方至。水漸泛漲，不悉山道，尋嶺直下，牙衝岸樹，象性兇獷，反拔却頓，因即致死。悵恨所經，已越山險，將達平壤，不果祈願。

東過疏勒，乃至沮渠[1]，可千餘里。同伴五百，皆共推奘爲大商主，處位中營，四面防守。且至沮渠一國，素來常鎮十部大經，各十萬偈，如前所傳，國寶護之，不許分散。今屬突厥。南有大山，現三羅漢入滅盡定。

【注】

〔1〕沮渠，即斫句迦國，在今新疆喀什地區的喀拉里克。

東行八百，達于遁國[1]，地惟沙壤，寺有百餘，僧徒五千，並大乘學。城西山寺，佛曾遊踐，有大石室，羅漢入定，石門封掩。

【注】

〔1〕于遁，即于闐，今新疆和田。

初，奘既度葱嶺，先遣侍人，齎表陳露達國化也。下敕流問，令早相見。行達于闐，以象致死，所齎經像交無運致。又上表請，尋下別敕，令于闐王給其鞍乘，既奉嚴敕，駝馬相運，至於沙洲[1]。又蒙別敕，計其行程酬雇價直，自爾乘傳二十許乘，以貞觀十九年正月二十四日，屆於京郊之西。道俗相趨，屯赴闐闠[2]，數十萬衆如值下生。將欲入都，人物喧擁，取進不前，遂停別館。通夕禁衛，候備遮斷，停駐道旁。從故城之西南，至京師東雀街之都亭驛，二十餘里，列衆禮謁，動不得旋。於時駕幸洛陽，奘乃留諸經像，送弘福寺，京邑僧衆競列幢帳，助運莊嚴，四部喧嘩，又倍初至。當斯時也，復感瑞雲現於日北，團圓如蓋，紅白相映，當於像上，顯發輪光，既非繞日，同共嗟仰。從午至晡，像入弘福，方始歇滅。致使京都五日，四民廢業，七衆歸承[3]。當此一期，傾仰之高，終古罕類也。奘雖逢榮問，獨守館宇，坐鎮清閒，恐陷物議，故不臨對。及至洛濱[4]，特蒙慰問，并獻諸國異物，以馬馱之，別敕引入深宮之內殿，面奉天顏，談敍真俗，無爽帝旨，從卯至酉，不覺時延，迄於閉鼓。上即事戎旃，問罪遼左[5]，明旦將發，下敕同行。固辭疾苦，兼陳翻譯。不違其請，乃敕京師留守梁國公房玄齡[6]，專知監護，資備所須，一從天府[7]。

【注】

〔1〕沙洲，今敦煌。

〔2〕屯赴闐闠，塞街填巷。屯赴，疑即"屯邅"，難行不進貌。闐闠，充塞街巷。闠，夾室。此指自朱雀街至弘福寺數十里街巷。

〔3〕四民，士、農、工、商。七衆，比丘、比丘尼、式叉摩那、沙彌、沙彌尼、優婆塞、優婆夷。

〔4〕洛濱，即洛陽，地跨洛水南北。

〔5〕戎斾，軍旗。借喻軍旅、主帥。遼左，遼東的別稱。

〔6〕房玄齡(579—648)，貞觀元年(627)爲中書令。後任尚書左僕射，監修國史。長期執政，與杜如晦、魏徵等同爲唐太宗的重要助手。後封梁國公。

〔7〕天府，皇家的倉庫。

　　初，奘在印度，聲暢五天，稱述支那人物爲盛。戒日大王并菩提寺僧，思聞此國，爲日久矣。但無信使，未可依憑。彼土常傳，贍部一洲，四王所治：東謂脂那主，人王也；西謂波斯主，寶王也；南謂印度主，象王也；北謂獫狁主[1]，馬王也。皆謂四國藉斯以治，即因爲言。奘既安達，恰述符同。戒日及僧，各遣中使，賫諸經寶，遠獻東夏，是則天竺信命自奘而通，宣述皇猷之所致也。使既西返，又敕王玄策等二十餘人，隨往大夏，并贈綾帛千有餘段，王及僧等數各有差。并就菩提寺僧召石蜜匠[2]，乃遣匠二人僧八人，俱到東夏，尋敕往越州[3]，就甘蔗造之，皆得成就。先是，菩提寺僧三人送經初至[4]，下敕普請京城設齋，仍於弘福譯《大嚴》等經。不久之間，奘信又至，乃敕且停，待到方譯。

【注】

〔1〕獫狁，我國古代北方少數民族名，也作"獵狁"。《史記·匈奴列傳》："匈奴，其先祖夏后氏之苗裔也，曰淳維。唐、虞以上有

山戎、獫狁、葷粥,居於北蠻,隨畜牧而轉移。"
〔2〕石蜜,冰糖。
〔3〕越州,今浙江紹興一帶。
〔4〕菩提寺僧三人送經,《大慈恩寺三藏法師傳》卷七:"夏五月乙卯,中印度國摩訶菩提寺大德智光、慧天等致書於法師。……使同寺沙門法長將書,並賚讚頌及氎兩端,揄揚之心甚厚。"據楊廷福《玄奘繫年考略》,此事當在永徽四年(653)。

主上虛心企仰,頻下明敕,令奘速至,但爲事故留連,不早程達。既見洛宮,深沃虛想,即陳翻譯,搜擢賢明。上曰:"法師唐梵具贍,詞理通敏,將恐徒揚仄陋,終虧聖典。"奘曰:"昔者二秦之譯[1],門徒三千,雖復翻傳,猶恐後代無聞,懷疑乖信,若不搜舉,同奉玄規,豈以褊能,妄參朝委?"頻又固請,乃蒙降許。帝曰:"自法師行後,造弘福寺,其處雖小,禪院虛静,可爲翻譯。所須人物吏力,並與玄齡商量,務令優給。"既承明命,返迹京師,遂召沙門慧明、靈潤等,以爲證義;沙門行友、玄賾等,以爲綴輯;沙門智證、辯機等,以爲録文;沙門玄模,以證梵語;沙門玄應,以定字僞。其年五月,創開翻譯《大菩薩藏經》二十卷,余爲執筆,并刪綴詞理,其經廣解六度、四攝、十力、四畏、三十七品諸菩薩行,合十二品,將四百紙。又復旁翻《顯揚聖教論》二十卷,智證等更迭録文,沙門行友詳理文句,奘公於論重加陶練。次又翻《大乘對法論》一十五卷[2],沙門玄賾筆受,微有餘隙。又出《西域傳》一十二卷[3],沙門辯機親受。時事連紲,前後兼出《佛地》、《六門》、《神咒》等經[4],都合八十許卷。自前代已來所譯經教，初從梵語倒寫本文，次乃迴之，順同此俗，然後筆人觀理文句，中間增損，多墜全言。今所翻傳，都由奘旨，意思獨斷，出語成章，詞人隨寫，即可披玩。尚賢吳、魏所譯諸文[5]，但爲西梵所重，貴於文句鉤鎖，聯類重沓，布在唐文，頗居繁複。故使綴工專司此位，所以貫通詞義，加度節之，銓本勒成，秘書繕寫。

【注】

〔1〕二秦之譯，指鳩摩羅什之譯經。鳩摩羅什（344—413）以前秦太安元年（385）至涼州，後秦弘始三年（401）爲姚興迎至長安，歷經二朝，故稱二秦。
〔2〕《大乘對法論》，又名《大乘阿毗達磨雜集論》。
〔3〕《西域傳》，即《大唐西域記》，玄奘口述，辯機執筆。
〔4〕《佛地》，即《佛地經論》。《六門》，即《六門陀羅尼經》。《神咒》，即《不空羂索神咒心經》和《十一面神咒心經》。
〔5〕吳、魏所譯，指漢末三國時期安世高、支婁迦讖、支謙、康僧會等人所譯佛經。

於時駕返西京，奘乃表上，並請序題。尋降手敕曰："法師夙標高行，早出塵表；泛寶舟而登彼岸，搜妙道而辟法門；弘闡大猷，蕩滌衆累；是以慈雲欲卷，舒之廕四空；慧日將昏，朗之照八極。舒朗之者，其惟法師乎？朕學淺心拙，在物猶迷，況佛教幽微，豈敢仰測？請爲經題，非己所聞，其新撰《西域傳》者，當自披覽。"

及西使再返，敕二十餘人隨往印度，前來國命，通議中書[1],敕以異域方言,務取符會,若非伊人,將淪聲教,故諸信命並資於奘,乃爲轉唐言,依彼西梵,文詞輕重,令彼讀者尊崇東夏。尋又下敕,令翻《老子》五千言爲梵言,以遺西域。奘乃召諸黃巾[2],述其玄奧,領疊詞旨,方爲翻述。道士蔡晃、成英等[3],競引《釋論》、《中》、《百》玄意,用通道經。奘曰:"佛道兩教,其致天殊,安用佛言用通道義?窮覈言迹,本出無從。"晃歸情曰:"自昔相傳,祖憑佛教,至於三論,晃所師遵,準義幽通,不無同會,故引解也。如僧肇著論,盛引《老》、《莊》,猶自申明,不相爲怪。佛言似道,何爽綸言?"奘曰:"佛教初開,深文尚擁,《老》談玄理,微附佛言,《肇論》所傳,引爲聯類,豈以喻詞而成通極。今經論繁富,各有司南,《老》但五千,論無文解,自餘千卷,多是醫方,至如此土賢明何晏、王弼、周顒、蕭繹、顧歡之徒[4],動數十家,注解《老子》,何不引用?乃復旁通釋氏,不乃推步逸蹤乎?"既依翻了,將欲封勒。道士成英曰:"《老》經幽邃,非夫序引,何以相通?請爲翻之。"奘曰:"觀《老》治身治國之文,文詞具矣。叩齒咽液之序,其言鄙陋,將恐西聞異國,有愧鄉邦。"英等從事聞諸宰輔,奘又陳露其情,中書馬周曰[5]:"西域有道如《老》、《莊》不?"奘曰:"九十六道並欲超生,師承有滯,致淪諸有[6]。至如順世四大之術[7],冥初六諦之宗[8],東夏所未言也。若翻《老》序,則恐彼以爲笑林。"遂不譯之。

【注】

[1] 中書,即中書省。唐代,中書與門下、尚書三省同爲中央行政

總匯,由中書決定政策,通過門下,然後交尚書執行。

〔2〕黃巾,指道士。傳說黃帝服黃衣戴黃冕,後漢初期道教推崇黃老,故冠服尚黃,以後相沿成習。

〔3〕成英,即成玄英,本書有傳。

〔4〕何晏(?—249)、王弼(226—249),均爲曹魏玄學家,本書有傳。周顒,字彥倫,生卒年不可詳考,約死於485年左右,汝南安城(在河南原武縣東南)人。《南齊書》有傳,稱他"泛涉百家,長於佛理,著《三宗論》"。蕭繹(508—554),即梁元帝,著有《周易講疏》、《老子講疏》、《金縷子》等,後人輯有《梁元帝集》。顧歡,道教學者,本書有傳。

〔5〕中書,即中書令,官名,掌中央機要、發佈政令。馬周(601—648),字賓王,博州在平(今屬山東)人,累官至中書令。新、舊《唐書》有傳。

〔6〕九十六道,即九十六種外道。六師(富蘭那迦葉、末伽梨拘賒梨子、刪闍夜毗羅胝子、阿耆多翅舍欽婆羅、迦羅鳩馱迦旃延、尼犍陀若提子)各有十五弟子,合成九十。再加六師,謂之九十六外道。外道,於佛教外立道者,爲邪法而在真理之外者。佛敎以此貶稱敎外一切宗敎、哲學派別。諸有,即受生死果報的衆生世界。

〔7〕順世四大之術,順世派所謂世界由四大元素(地、水、火、風)組成的學說。順世派,古代印度哲學學派。認爲世界由四大構成,否認有脫離身體的靈魂("我")以及死後世界、輪迴、報應、解脫等,反對祭祀和苦行。

〔8〕冥初六諦之宗,數論派和勝論派的學說。冥初,數論師立二十五諦,第一名冥諦(自性),以冥諦爲萬事萬物之元初,故謂之冥諦。六諦,即勝論師所立之六"句義",將整個世界分析爲實(存在物)、德(屬性)、業(作用)、同、異、合(事物間的關係)等六"句義"。

奘以弘贊之極,勿尚帝王,開化流布,自古爲重。又重表曰:"伏奉墨敕,猥垂獎喻,祗奉綸言,精守振越。玄奘業尚空疏,謬參法侶,幸屬九瀛有截,四表無虞[1],憑皇靈以遠征,恃國威而訪道,窮遐冒險,雖勵愚誠,纂異懷荒,實資朝化。所獲經論,奉敕翻譯,見成卷軸,未有詮序。伏惟陛下睿思雲敷,天華景爛,理包繫象[2],調逸咸英,跨千古以飛聲,掩百王而騰實。竊以神力無方,非神思不足詮其理;聖教玄遠,非聖藻何以序其源?故乃冒犯威嚴,敢希題目,宸睠沖邈[3],不垂矜許,撫躬累息,相顧失圖。玄奘聞,日月麗天,既分暉於戶牖,江河紀地,亦流潤於巖涯。雲和廣樂,不秘響於聾昧;金璧奇珍,豈韜彩於愚瞽?敢緣斯理,重以干祈,伏乞雷雨曲垂,天文俯照,配兩儀而同久,與二曜而俱懸。然則鷲嶺微言,假神筆而弘遠;雞園奧義,託英詞而宣暢[4]。豈止區區梵衆獨荷恩榮,亦使蠢蠢迷生方超塵累而已[5]。"

【注】

〔1〕九瀛,海外。《論衡·談天》:"九州之外,更有瀛海。"四表,四方極遠之處。

〔2〕繫象,《周易》中《繫辭》和《象傳》的合稱。

〔3〕宸睠沖邈,皇恩浩蕩。宸睠,帝王的恩寵。

〔4〕鷲嶺,即靈鷲山。雞園,《大唐西域記》卷八作"屈屈吒阿濫摩",在摩揭陀國波吒釐子城,爲阿育王所建。微言、奧義均指佛陀說教。

〔5〕梵衆,修梵行之徒衆,即僧侶。迷生,迷於生死流中的衆生。

表奏之日，敕遂許焉。謂駙馬高履行曰："汝前請朕爲汝父作碑，今氣力不如昔，願作功德，爲法師作序。不能作碑，汝知之。"貞觀二十二年幸玉華宮，追奘至，問："翻何經論？"答："正翻《瑜伽》。"上問："何聖所作？明何等義？"具答已。令取論自披閱，遂下敕，新翻經論寫九本，頒與雍、洛、相、兗、荆、揚等九大州[1]。奘又請經題，上乃出之，名《大唐三藏聖教序》，於明月殿，命弘文館學士上官儀[2]，對羣僚讀之。其詞曰："蓋聞二儀有象，顯覆載以含生；四時無形，潛寒暑以化物。是以窺天鑒地，庸愚皆識其端；明陰洞陽，賢哲罕窮其數。然而天地包乎陰陽而易識者，以其有象也；陰陽處乎天地而難窮者，以其無形也。故知象顯可徵，雖愚不惑；形潛莫覩，在智猶迷。況乎佛道崇虛，乘幽控寂，弘濟萬品，典御十方？舉威靈而無上，抑神力而無下；大之則彌於宇宙，細之則攝於毫釐。無滅無生，歷千劫而不古；若隱若顯，運百福而長今。妙道凝玄，遵之莫知其際；法流湛寂，挹之莫測其源。故知蠢蠢凡愚，區區庸鄙，投其旨趣，能無疑惑者哉？然則大教之興，基乎西土，騰漢庭而皎夢[3]，照東域而流慈。昔者分形分跡之時，言未馳而成化；當常現常之世，民仰德而知遵。及乎晦影歸真，遷儀越世：金容掩色，不鏡三千之光；麗象開圖，空端四八之相[4]。於是微言廣被，拯含類於三塗；遺訓遐宣，導羣生於十地[5]。然而真教難仰，莫能一其指歸；曲學易遵，邪正於焉紛糺[6]。所以空有之論，或習俗而是非；大小之乘，乍沿時而隆替。有玄奘法師者，法門之領袖也。

幼懷貞敏，早悟三空之心；長契神情，先包四忍之行[7]。松風水月，未足比其清華；仙露明珠，詎能方其朗潤。故以智通無累，神測未形，超六塵而迥出，隻千古而無對。凝心内境，悲正法之陵遲；棲慮玄門，慨深文之訛謬。思欲分條析理，廣彼前聞；截僞續真，開茲後學。是以翹心淨土，往遊西域，乘危遠邁，杖策孤征。積雪晨飛，途間失地；驚砂夕起，空外迷天。萬里山川，撥烟霞而進影；百重寒暑，躡霜雨而前蹤。誠重勞輕，求深願達，周遊西宇，十有七年，窮歷道邦，詢求正教，雙林八水，味道餐風，鹿苑鷲嶺，瞻奇仰異。承至言於先聖，受真教於上賢。探賾妙門，精窮奧義。一乘五律之教，馳驟於心田；八藏三篋之文[8]，波濤於口海。爰自所歷之國，總將三藏要文，凡六百五十七部，譯布中夏，宣揚勝業。引慈雲於西極，注法雨於東垂。聖教缺而復全，蒼生罪而還福。濕火宅之乾焰，共拔迷塗；朗愛水之昏波，同臻彼岸。是知惡因業墜，善以緣昇，昇墜之端，惟人所託。譬夫桂生高嶺，零露方得泫其華；蓮出淥波，飛塵不能污其葉。非蓮性自潔而桂質本貞，良由所附者高則微物不能累，所憑者淨則濁類不能沾。夫以卉木無知，猶資善而成善，況乎人倫有識，不緣慶而求慶？方冀茲經流施，將日月而無窮；斯福遐敷，與乾坤而永大。"百寮稱慶。

【注】

[1] 九州，雍、洛、并、兗、相、荆、揚、涼、益。

[2] 弘文館學士，唐武德四年(621)門下省設修文館，九年改爲弘

文館。館置學士,掌管校正圖書、教授生徒,並參議朝廷制度禮儀的沿革。

〔3〕騰漢庭而皎夢,《後漢書·西域傳》:"世傳明帝夢見金人長大,項有光明,以問羣臣。或曰:'西方有神。名曰佛,其形長丈六尺,而黄金色。'帝於是遣使天竺,問佛道法,遂於中國圖畫形象焉。"

〔4〕四八之相,即佛之三十二相。據傳釋迦牟尼佛有三十二相,七十二好。

〔5〕含類,有情之生物。三塗,地獄、餓鬼、畜生三道。十地,菩薩修行的十個階次。

〔6〕紛糺,即紛糾,指混淆。

〔7〕三空,空、無相、無願三解脱門。此三者共明空理,故曰三空。又稱三佈施行,即受者、施者、佈施物三相之空。四忍,據《思益經》,菩薩有四法,出毀禁之罪,一得無生忍,二得無滅法忍,三得因緣忍,四得無住忍。

〔8〕五律,即五部律。佛滅後百年,優婆毱多門下五弟子同時傳五部律法:一、曇無德部,傳至中土即四分律;二、薩婆多部,中土名十誦律;三、彌沙塞部,律本名五分律;四、迦葉遺部,戒本傳譯曰解脱戒經;五、婆粗富羅部,律本未傳。八藏,八萬四千法藏之略稱。三篋,即經律論三藏。

奘表謝曰:"竊聞六爻深賾,局於生滅之場;百物正名,未涉真如之境。猶且遠徵羲冊[1],覿奥不測其神;遐想軒圖,歷選並歸其美。伏惟皇帝陛下玉毫降質,金輪御天,廓先王之九州,掩百千之日月,廣列代之區域,納恒沙之法界,遂使給園精舍並入提封,貝葉靈文咸歸册府[2]。玄奘往因振錫,聊謁崛山[3]。經途萬里,怙天威如咫尺;匪乘千葉[4],詣雙林如食頃。搜揚三藏,盡龍宮之所儲;研究一乘,窮鷲嶺之遺旨。並已載於白馬,還獻紫宸。尋蒙下詔,賜使翻譯。玄奘識乖龍樹,謬忝傳燈之榮;才異馬鳴,深愧瀉瓶之敏[5]。所譯經論,紕舛尤多。遂荷天恩,留神構序,文超象繫之表,若聚日之放千光;理括衆妙之門,同惠雲之濡百草。一音演說[6],億劫罕逢。忽以微生,親承梵響,踴躍歡喜,如聞授記[7]。"

【注】

〔1〕羲册,即《易經》。《易》八卦相傳爲伏羲所作。伏羲,傳說的上古三皇之一。

〔2〕給園,即祇樹給孤獨園。提封,指管轄的封疆。貝葉,印度貝多羅樹的葉子。用水漚後可以代紙,古代印度人多用以寫佛經,後因稱佛經爲"貝葉經"。册府,亦作"策府",古時帝王藏書之所。

〔3〕崛山,耆闍崛山之略,即鷲峰山。

〔4〕千葉,千世。

〔5〕瀉瓶,瀉水之瓶。比喻說法傳道,也指說法傳道的人或地。

〔6〕一音,佛教稱佛說法的音爲一音。

〔7〕授記,佛對發心修行的人授與將來成果作佛的預記。

表奏之日,尋下敕云:"朕才謝珪璋,言慚博達,至於內典,尤所未閑。昨製序文,深爲鄙拙。惟恐穢翰墨於金簡,標瓦礫於珠林。忽得來書,謬承褒贊,循躬省慮,彌益厚顏。善不足稱,空勞致謝。"又重表謝,敕云:"朕性不讀經,兼無才智，忽製論序，翻污經文。具覽來言，枉見褒飾。愧逢虛美，唯益真慚。"自爾朝宰英達，咸申擊贊，釋宗弘盛，氣接成陰。

皇太子述上所作《三藏聖教序》曰[1]："夫顯揚正教，非智無以廣其文；崇闡微言，非賢莫能定其旨。蓋真如聖教者，諸法之玄宗，衆經之軌躅也[2]。綜括宏遠，奧旨遐深。極空有之精微，體生滅之機要。詞茂道曠，尋之者不究其源；文顯義幽，履之者莫測其際。故知聖慈所被，業無善而不臻；妙化所敷，緣無惡而不剪。開法網之綱紀，弘六度之正教，拯羣有之塗炭，啓三藏之秘扃。是以名無翼而長飛，道無根而永固。道名流慶，歷遂古而鎮常，赴感應身，經塵劫而不朽。晨鐘夕梵，交二音於鷲峰；慧日法流，轉雙輪於鹿苑。排空寶蓋，接翔雲而共飛；莊野春林，與天花而合彩。伏惟皇帝陛下，上玄資福，垂拱而治八荒；德被黔黎，斂衽而朝萬國。恩加朽骨，石室歸貝葉之文；澤及昆蟲，金匱流梵說之偈[3]。遂使阿耨達水通神甸之八川，耆闍崛山接嵩、華之翠嶺。竊以法性凝寂，靡歸心而不通；智地玄奥，感懇誠而遂顯。豈謂重昏之夜，燭慧炬之光，火宅之朝，降法雨之澤？於是百川異流，同會於海，萬區分義，總成乎實，豈與湯武校其優劣，堯舜比其聖德者哉？玄奘法師者，夙懷聰令，立志夷簡，神清髫齔之年，體拔浮華之世，凝情定室，匿迹幽巖，栖息三禪，巡遊十地。超六塵之境，獨步迦維[4]；會一乘之旨，隨機化物。以中華之無質，尋印度之真文。遠涉恒河，終期滿字[5]；頻登雪嶺，更獲半珠。問道往還，十有七載，備通釋典，利物爲心。以貞觀十九年二月六日，奉敕於弘福寺翻譯聖教要文，凡六百五十七部。引大海之法流，洗塵勞而不竭；傳智燈之長焰，皎幽闇而恒明。自非久植勝緣，何以顯揚斯旨？所謂法相常住，齊三光之明；我皇福臻，同二儀之固。伏見御制衆經論序，照古騰今，理含金石之聲，文抱風雲之潤。治輒以輕塵足岳，墜露添流。略舉大綱，以爲斯記。"自此常參內禁，扣問沈隱，翻譯相續，不爽法機。敕賜雲衲一領[6]，妙絕古今。又敕天下，寺度五人，維持聖種，皆其力也。

【注】
〔1〕皇太子，即李治，唐太宗第九子。
〔2〕軌躅，即軌躅。車行之迹，喻法則，規範。
〔3〕金匱石室，古保存書契之所。《史記·太史公自序·索隱》："案，石室、金匱皆國家藏書之處。"
〔4〕迦維，即迦毗羅衛。
〔5〕滿字，梵字之摩多與體文各別，未成全字，謂之半字；摩多體文相合則成滿字。《涅槃經》以此半滿二字譬小乘經與大乘經。
〔6〕雲衲，雲水之衲。雲水，即行脚僧。

　　冬十月，隨駕入京，於北闕造弘法院[1]，鎮恒在彼。初，於曲池爲文德皇后造慈恩寺[2]，追獎令住，度三百人。有令寺西北造翻經院，給新度弟子一十五人。弘福舊處仍給十人。今上嗣籙[3]，素所珍敬，追入優問，禮殊恒秩。永徽二年[4]，請造梵本經臺，蒙敕賜物，尋得成就。又追入內，於修文殿翻《發智》等論，降手詔飛白書，慰問優洽。

顯慶元年正月,爲皇太子於慈恩設大齋[5]。朝宰總至,黃門郎薛元超、中書郎李義府曰[6]:"譯經佛法之大,未知何德以光揚耶?"奘曰:"公此之問,常所懷矣。譯經雖位在僧,光價終憑朝貴。至如姚秦鳩摩羅什,則安成侯姚嵩筆受;元魏菩提流支,則侍中崔光錄文;貞觀初波頗初譯,則僕射蕭瑀、太府蕭璟、庶子杜正倫等[7],監閱詳定。今並無之,不足光遠。又大慈恩寺,聖上切風樹之哀[8],追造壯麗,騰實之美,勿過碑頌,若蒙二公爲致言,則不朽之迹,自形於今古矣。"便許之。明旦遣給事宣敕云[9]:"所須官人、助翻者已處分訖,其碑朕自作。"尋敕:"慈恩翻譯,文義須精,宜令左僕射于志寧、中書令來濟、禮部許敬宗、黃門侍郎薛元超、中書郎李義府等,有不安穩,隨事潤色。若須學士,任追三兩人。"及碑成,請神翰自書,蒙特許,克日送寺。京寺咸造幢蓋,又敕王公已下太常九部及兩縣伎樂[10],車徒千餘乘,駐弘福寺。上居安福門,俯臨將送,京邑士女列於道側,自北之南二十餘里,充刃衢街,光俗興法無與儔也。又賜山水納[11],妙勝前者,并以服玩百有餘件。

【注】

〔1〕北闕,喻帝王宮禁。此指紫微殿。

〔2〕曲池,在宮城南晉昌里,今陝西西安市和平門外。

〔3〕今上嗣籙,指高宗李治嗣位,作者道宣(596—667)撰寫本傳時,正當高宗年間(650—684)。

〔4〕永徽,唐高宗李治年號(650—655)。

〔5〕顯慶,唐高宗年號(656—661)。皇太子,即後爲中宗的李顯。

〔6〕朝寀，朝官。寀，采地，同僚。黄門郎，黄門侍郎、給事黄門侍郎的省稱。黄門，黄門省，唐門下省的别稱。中書郎，即中書侍郎，中書令的副職。

〔7〕菩提流支，北印度僧人。北魏永平元年（508）至東魏天平二年（535）的二十多年中，在洛陽和鄴（今河北臨漳）先後譯出佛教經論共三十九部一百二十七卷。《續高僧傳》卷一有傳。侍中，秦漢時爲丞相屬官，北魏時權勢相當於宰相，唐代爲門下省長官。波頗（565—633），中印度僧人，唐初住興善寺，譯《大莊嚴經論》等經。傳見《續高僧傳》卷三。太府，官名，掌庫藏財物。庶子，官名，爲太子官屬，唐代設左右春坊，以左右庶子隸之，以比侍中、中書令。

〔8〕風樹之哀，喪母之痛。慈恩寺爲高宗當太子時爲追念其母文德皇后而造。風樹，典出《韓詩外傳》卷九："樹欲静而風不止，子欲養而親不待也。"後以"風樹"喻父母不得夕奉養。

〔9〕給事，即給事中，唐代門下省之要職，掌駁正政令之違失。

〔10〕太常九部及兩縣伎樂，《大慈恩寺三藏法師傳》卷七："十二月戊辰，又敕太常卿江夏王道宗將九部樂，萬年令宋行質、長安令裴方彦各率縣内音聲，及諸寺幢帳，並使務極莊嚴。"太常，即太常寺卿。九卿之一，掌宗廟禮儀，兼掌選拔博士。

〔11〕山水納，原作糞掃衣而作之，以示節儉，後裁剪繒綵，刺綴花紋，號山水納。各鬬新奇，已失節儉之本義。

　　顯慶二年，駕幸洛陽，預從，安置東都積翠宮，召入大内麗日殿，翻《觀所緣》等論。又於明德宫翻《大毗婆沙》等論。奘少離桑梓，白首言歸，訪問親故，零落殆盡。惟有一姊，迎與相見。訪以墳壟，旋殯未遷，便卜勝地，施塋改葬。

其少室山西北,緱氏故縣東北,遊仙鄉控鶴里鳳凰谷,即奘之生地也。不遠有少林寺,即魏孝文所立,是翻《十地》之所[1],意願栖託,爲國翻譯。蒙手敕云:"省表,知欲晦迹巖泉,追林、遠而架往;託慮禪寂,軌澄、什以標今[2]。仰挹風徽,實所欽尚。朕業空學寡,靡究高深。然以淺識薄聞,未見其可。法師津梁三界,汲引四生,智皎心燈,定凝意水。非情塵之所曀,豈識浪而能驚[3]?然以道德可居,何必太華疊嶺[4]?空寂可舍,豈獨少室重巒?幸戢來言,勿復陳請。即市朝大隱[5],不獨貴於昔賢,見聞弘益,更可珍於即代。"遂因寢言。

【注】

[1] 魏孝文,即北魏孝文帝元宏,公元471—499年在位。太和十九年(495)爲印度僧人跋陀(亦稱佛陀)居住傳法而建少林寺。翻《十地》之所,據《續高僧傳·菩提流支傳》等載,菩提流支與中天竺僧人勒那摩提、北天竺僧人佛陀扇多於洛陽太極紫庭翻譯《十地經論》,從北魏宣武帝永平元年(508)開始,四年譯畢。

[2] 林、遠,即東晉名僧支道林和慧遠。架,《大慈恩寺三藏法師傳》作"駕"。澄、什,即北朝名僧佛圖澄和鳩摩羅什。

[3] 曀,《大慈恩寺三藏法師傳》作"翳"。而,《大慈恩寺三藏法師傳》作"之"。

[4] 太華,即華山。

[5] 即,《大慈恩寺三藏法師傳》作"則"。

顯慶三年,下敕爲皇太子造西明寺成。令給上房僧十人以充侍者。有《大般若》者,二十萬偈,此土八部咸在其中。不久下敕,令住玉華[1],翻經供給,一準京寺,遂得託靜,不爽譯功。以顯慶五年正月元日,創翻大本。至龍朔三年十月末了[2],凡四處十六會說[3],總六百卷,般若空宗,此爲周盡。於間又翻《成唯識論》、《辯中邊論》、《唯識二十論》、《品類足論》等,至十一月表上此經,請制經序,於蓬萊宮通事舍人馮義宣敕許之[4]。

【注】

[1] 玉華,玉華寺,在長安附近。

[2] 龍朔,高宗年號(661—663)。

[3] 四處,按所傳佛陀說法處所王舍城的鷲峰山、給孤獨園、他化自在天王宮、王舍城竹林精舍分類,相當四集。十六會,其中第一、三、五、十一、十二、十三、十四、十五、十六會,合四百八十一卷,是玄奘新譯;其他各會屬重譯。會,相當於編。

[4] 通事舍人,官名,掌呈遞奏章、傳達皇帝旨意等事。

奘生常以來,願生彌勒,及遊西域,又聞無著兄弟皆生彼天,又頻祈請,咸有顯證,懷此專至,益增翹勵。後至玉華,但有隙次,無不發願生覩史多天見彌勒佛[1]。

【注】

[1] 覩史多天,即兜率天。

自《般若》翻了,惟自策勤,行道禮懺。麟德元年[1],告翻經僧及門人曰:"有爲之法,必歸磨滅,泡幻形質,何得久停？行年六十五矣，必卒玉華。於經論有疑者，今可速問。"聞者驚曰："年未耆耄，何出此言？"報曰："此事自知。"遂往辭佛，先造俱胝十億像所[2]，禮懺辭別。有門人外行者，皆報"好去。今與汝別，亦不須來，來亦不見"。至正月九日告寺僧曰："奘必當死。經云此身可惡，猶如死狗。奘既死已，勿近宮寺，山靜處埋之。"因既臥疾，開目閉目，見大蓮花鮮白而至。又見偉相，知生佛前，命僧讀所翻經論名目已，總有七十三部一千三百三十卷。自懷欣悦，總召門人、有緣並集云[3]："無常將及[4]，急來相見。"於嘉壽殿，以香木樹菩提像骨，對寺僧門人辭訣，並遺表訖，便默唸彌勒，令傍人稱曰："南謨彌勒、如來應正等覺[5]，願與含識速奉慈顏，南謨彌勒、如來所居内衆，願舍命已必生其中。"至二月四日，右脅累足，右手支頭，左手胅上，鏗然不動。有問何相？報曰："勿問，妨吾正念。"至五日中夜，弟子問曰："和尚定生彌勒前不？"答曰："決定得生。"言已氣絶神逝。迄今兩月，色貌如常。又有冥應[6]，略故不述。又下敕："葬日聽京城僧尼幢蓋往送。"於是素蓋素幢，浮空雲合，哀筘哀梵，氣遏人神。四俗以之悲涼，七衆惜其沈没。乃葬於白鹿原四十里中，皂素彌滿[7]。其塋與兄捷公相近，苕然白塔，近燭帝城。尋下別敕，令改葬於樊川[8]，與州縣相知供給吏力。乃又出之，衆咸嘆異。經久埋瘞，色相如初，自非願力所持，焉能致此？

【注】

〔1〕麟德，高宗年號（664—665）。

〔2〕俱胝,又言俱致,數名。《華嚴疏鈔》卷十三上:"俱胝相傳釋有三種:一者十萬,二者百萬,三者千萬。"
〔3〕有緣,有緣於佛道者。
〔4〕無常,世間一切之法,生滅遷流,剎那不住,謂之無常。此指死亡。
〔5〕南謨,即南無。敬禮,歸命之意。應正等覺,應與正遍知,佛十號中第二號與第三號。應爲應供(阿羅漢)之略,正遍知又曰正等覺。
〔6〕冥應,詳見《大慈恩寺三藏法師傳》卷十。
〔7〕白鹿原,地名,在陝西藍田西灞、浐二水之間。皂素,即緇素。緇,黑衣,指僧人;素,白衣,指在家信徒。
〔8〕樊川,水名,在今陝西長安縣南。

　　余以暗昧,濫沾斯席,與之對晤,屢展炎涼[1]。聽言觀行,名實相守。精厲晨昏,計時分業。虔虔不懈,專思法務。言無名利,行絕虛浮。曲識機緣,善通物性。不倨不諂,行藏適時。吐味幽深,辯開疑議。寔季代之英賢[2],乃佛宗之法將矣。且其發蒙入法,特異常倫,聽覽經論,用爲恒任。既周行東夏,挹酌諸師,披露肝膽,盡其精義,莫不傾倒林藪[3],更新學府,遂能不遠數萬,諮求勝法,誓舍形命,必會爲期。發趾張掖,途次龍沙[4],中途艱險,身心僅絕。既達高昌,倍光來價,傳國祖送,備閱靈儀。路出鐵門、石門,躬乘沙嶺、雪嶺,歷天險而志逾慷慨,遭兇賊而神彌厲勇。兼以歸稟正教,師承戒賢,理遂言揚,義非再授,廣開異論,包藏胸臆,致使梵侶傾心,不匱其法。又以《起信》一論[5],文出馬鳴,彼土諸僧思承其本,奘乃譯唐爲梵,通布五天,斯則法化之緣,東西互舉。又西華餘論,深尚聲明[6],奘乃卑心請決,隨授隨曉,致有七變其勢,動發異蹤,三循廣論[7],恢張懷抱,故得施無厭寺三千學僧皆號智囊[8],護持城塹。及覩其脣吻,聽其詞義,皆彈指讚嘆斯何人也。隨其遊歷,塞外海東百三十國,道俗邪正承其名者,莫不仰德歸依。更崇開信,可以家國增榮,光宅惟遠,獻奉歲至,咸奘之功。若非天挺英靈,生如聖授,何能振斯鴻緒,導達遺蹤？前後僧傳往天竺者,首自法顯、法勇,終於道邃、道生[9],相繼中途,一十七返,取其通言華梵,妙達文筌,揚導國風,開悟邪正,莫高於奘矣。恨其經部不翻,猶涉過半,年未遲暮,足得出之,無常奄及,惜哉!

【注】

〔1〕炎涼,猶寒暄。彼此寒暄稱爲敍炎涼。
〔2〕季代,末代,衰也。
〔3〕挹酌,吸取。挹,舀,酌取。林藪,山林水澤之間,指隱居的地方。
〔4〕張掖,在今甘肅境內。龍沙,《後漢書・班超傳贊》:"定遠慷慨,專功西遐,坦步蔥、雪,咫尺龍沙。"李賢注:"蔥嶺、雪山、白龍堆沙漠也。"後泛指塞外沙漠之地。
〔5〕《起信》,即《大乘起信論》。
〔6〕聲明,古代印度學者所研究的五明之一,近於語言學中的訓詁和詞彙學。
〔7〕三循廣論,指玄奘連聽戒賢講三遍《瑜伽師地論》。
〔8〕施無厭寺,即印度那爛陀寺。
〔9〕法顯(?—約422),東晉僧人。晉隆安三年(399),西行求法,歷經印度、斯里蘭卡等國,於義熙十年(414)回國。著有《佛國

記》(亦名《法顯傳》)等。法勇,於法顯西行後四年,隨智猛等一行十五人結隊西遊。自姚秦弘始六年(403)出發,至劉宋元嘉十四年(437),僅智猛與曇纂二人回歸。道邃,北齊僧人,武平六年(575),與寶暹、僧曇等十人往西域取經,至隋世始攜梵本二百六十部以歸(見《續高僧傳·闍那崛多傳》)。道生,參見前注。

選自《續高僧傳》卷四《譯經篇》

吕　才（約 600—665）

吕才，博州清平人也[1]。少好學，善陰陽方伎之書。貞觀三年，太宗令祖孝孫增損樂章，孝孫乃與明音律人王長通、白明達遞相長短。太宗令侍臣更訪能者，中書令溫彦博奏才聰明多能[2]，眼所未見，耳所未聞，一聞一見，皆達其妙，尤長於聲樂，請令考之。侍中王珪、魏徵又盛稱才學術之妙[3]，徵曰："才能爲尺十二枚，尺八長短不同，各應律管，無不諧韻。"太宗即徵才，令直弘文館[4]。太宗嘗覽周武帝所撰《三局象經》[5]，不曉其旨。太子洗馬蔡允恭年少時嘗爲此戲[6]，太宗召問，亦廢而不通，乃召才使問焉。才尋繹一宿[7]，便能作圖解釋，允恭覽之，依然記其舊法，與才正同，由是才遂知名。累遷太常博士[8]。

【注】

[1] 博州，治所在聊城，唐轄境相當今山東聊城、高唐、茌平等地。清平，舊縣名，在今山東臨清、高唐等地。

[2] 中書令，中書省長官。

[3] 侍中，門下省長官。魏徵（580—643），唐初政治家。先後任太子洗馬、諫議大夫、秘書監、侍中，封鄭國公。其言論見於《貞觀政要》。著作有《隋書》的序論與《梁書》、《陳書》、《齊書》的總論，主編有《羣書治要》。

[4] 直，當直。弘文館，屬門下省。館置學士，掌管校正圖書、教授

生徒,並參議朝廷制度禮儀的沿革。

〔5〕周武帝,即宇文邕,公元561—578年在位。

〔6〕太子洗馬,太子官屬,掌管圖籍。

〔7〕尋繹,推求,探索。

〔8〕太常博士,官名。太常,爲九卿之一,掌宗廟禮儀,兼掌選試博士。

太宗以《陰陽書》近代以來漸致訛僞,穿鑿既甚,拘忌亦多,遂命才與學者十餘人共加刊正,削其淺俗,存其可用者。勒成五十三卷,並舊書四十七卷,十五年書成,詔頒行之。才多以典故質正其理[1],雖爲術者所短,然頗合經義,今略載其數篇。

【注】

〔1〕質正,訂正。

其敍宅經曰:

"《易》曰:'上古穴居而野處,後世聖人易以宮室,蓋取諸大壯[1]。'迨於殷、周之際,乃有卜宅之文[2],故《詩》稱'相其陰陽[3]',《書》云'卜惟洛食[4]',此則卜宅吉凶,其來尚矣。至於近代師巫[5],更加五姓之說[6]。言五姓者,謂宮、商、角、徵、羽等,天下萬物,悉配屬之,行事吉凶,依此爲法。至如張、王等爲商,武、庚等爲羽,欲似同韻相求;及其以柳姓爲宮,以趙姓爲角,又非四聲相管。其間亦有同是一姓,分屬宮商,後有復姓數字,徵羽不別。驗於經典,本無斯說,諸陰陽書,亦無此語,直是野俗口傳,竟無所出之處。唯《堪輿經》[7],黃帝對於天老[8],乃有五姓之言。且黃帝之時,不過姬、姜數姓,暨於後代[9],賜族者多。至如管、蔡、郕、霍、魯、衛、毛、聃、郜、雍、曹、滕、畢、原、鄷、郇,並是姬姓子孫;孔、殷、宋、華、向、蕭、亳、皇甫,並是子姓苗裔。自餘諸國,準例皆然。因邑因官[10],分枝布葉,未知此等諸姓,是誰配屬?又檢《春秋》,以陳、衛及秦並同水姓,齊、鄭及宋皆爲火姓,或承所出之祖,或繫所屬之星[11],或取所居之地,亦非宮、商、角、徵,共相管攝。此則事不稽古[12],義理乖僻者也。"

【注】

[1] 此句語出《易傳・繫辭下》。原文爲"上古穴居而野處,後世聖人易之以宮室,上棟下宇,以待風雨,蓋取諸大壯"。房屋較洞穴爲壯大,所以相應的卦象是"大壯"。

[2] 卜宅,《尚書・召誥》:"太保朝至於洛,卜宅,厥既得卜,則經營。"本指卜占建都之地,後爲擇地定居的泛稱。卜,古人用火灼龜甲取兆,以預測吉凶。

[3] 相其陰陽,語出《詩經・大雅・公劉》。相,觀察。陰陽,向背、寒暖。

[4] 卜惟洛食,語出《尚書・洛誥》:"我乃卜澗水東、瀍水西,惟洛食。"卜食,古時卜地建都。占卜時用墨畫龜,然後用火烤甲殼,如果殼上裂紋恰好食去墨畫,就算吉利。後亦以"洛食"引申爲定都之義。洛,洛邑,周都邑名,故址在今洛陽市洛水北

岸及瀍涩水兩岸。
〔5〕師,指有專門知識技藝的人。巫,巫祝,古代從事通鬼神的巫術職業者。商代最重巫,至周地位漸降。
〔6〕五姓,古代把人的姓,按五行五音分配,加上吉凶忌諱,叫做五姓。
〔7〕《堪輿經》,《漢書・藝文志》載有《堪輿金匱》十四卷。堪輿,即"風水",術數的一種。指住宅基地或墳地的形勢,也指相宅、相墓之法。"堪"爲高處,"輿"爲下處。
〔8〕天老,相傳黄帝臣。《漢書・藝文志》有《天老雜子陰道》二十五卷。後爲宰相重臣的代稱。
〔9〕暨,至;到。
〔10〕因邑,以封國之名爲姓。邑,侯國。後亦爲大夫的封地。
〔11〕所屬之星,古代以星位(二十八宿或十二星次)分主九州土地或諸國封域。就天文上説,稱分星;就地上説,稱分野。
〔12〕稽,相合,一致。

敍禄命曰[1]:

"謹案《史記》,宋忠、賈誼譏司馬季主云:'夫卜筮者,高人禄命以悦人心,矯言禍福以盡人財[2]。'又案王充《論衡》云:'見骨體而知命禄,覩命禄而知骨體。'此即禄命之書,行之久矣。多言或中,人乃信之。今更研尋,本非實録。但以積善餘慶,不假建禄之吉;積惡餘殃,豈由劫殺之災[3]。皇天無親,常與善人[4],禍福之應,其猶影響。故有夏多罪[5],天命剿絶;宋景修德,妖孛夜移[6]。學也禄在,豈待生當建學;文王勤憂損壽,不關月值空亡[7]。長平坑卒,未聞共犯三刑[8];南陽貴士,何必俱當六合[9]。歷陽成湖,非獨河魁之上[10];蜀郡炎燎,豈由災厄之下[11]。今時亦有同年同禄,而貴賤懸殊;共命共胎,而殀壽更異。

【注】

〔1〕禄命,古指人生禄食運數。禄指盛衰興廢,命指富貴貧賤。

〔2〕見《史記・日者列傳》:"夫卜者,多言誇嚴以得人情,虛高人禄命以説人志,擅言禍災以傷人心,矯言鬼神以盡人財。"吕才所引有删節。司馬季主,漢初楚國人,曾游學長安,通經術,賣卜於東市。

〔3〕積善餘慶,見《易・坤卦・象傳》:"積善之家,必有餘慶。積不善之家,必有餘殃。"慶,幸福。

〔4〕皇天無親,常與善人,《左傳・僖公五年》引《周書》:"皇天無親,惟德是輔"。《老子》:"天道無親,常與善人。"吕才兼而用之。

〔5〕有夏,夏代,此指夏桀,因暴虐荒淫,爲商湯起兵滅之。

〔6〕宋景修德,妖孛夜移,傳説宋景公時,熒惑見於宋分野,宋君將受禍,子韋勸宋景公將禍轉移於相,或人民,或年成上,景公都不肯,寧願自己受禍。景公有這善言,熒惑移開了。見《吕氏春秋・制樂》、《論衡・變虛》。妖孛,即熒惑(火星)。

〔7〕文王,周文王,月值空亡,意謂某年某月生,命當無有禄位。

〔8〕長平坑卒,公元前260年,秦將白起坑殺趙降卒四十萬於長平(今山西高平西北)。三刑,指十二辰的刑殺:巳酉丑,刑在西方;寅午戌,刑在南方;亥卯未,刑在東方;申子辰,刑在北方。這是古代星命家所講的一種迷信。

〔9〕南陽貴士,東漢光武帝劉秀的功臣。南陽,在今湖北棗陽西

南。六合,指子與丑合,寅與亥合,卯與戌合,辰與酉合,巳與申合,午與未合,也是陰陽星命家的迷信説法。

〔10〕歷陽,郡名,轄境相當今安徽和縣、含山兩縣。河魁,叢辰名,月中凶神。星命術士之説,陽建之月,前三辰爲天罡,後三辰爲河魁,陰建之月反之,當此之日,諸事宜避。

〔11〕蜀郡,今四川成都地區。災厄,亦叢辰名。

　　"案《春秋》,魯桓公六年七月,魯莊公生。今檢《長曆》[1],莊公生當乙亥之歲,建申之月。以此推之,莊公乃當祿之空亡。依祿命書,法合貧賤,又犯勾絞六害[2],背驛馬三刑[3],當此生者,並無官爵。火命七月,生當病鄉,爲人尪弱[4],身合矬陋[5]。今案《齊詩》譏莊公'猗嗟冒兮,頎若長兮。美目揚兮,巧趨蹌兮[6]',唯有向命一條,法當長命。依檢《春秋》,莊公薨時計年四十五矣。此則祿命不驗一也。

【注】

〔1〕《長曆》,依曆法推算而求得千百年間之年月朔閏等之日曆,俗所謂萬年曆。晉杜預有《春秋長曆》。

〔2〕勾絞,星命術士所説的凶辰名。

〔3〕驛馬,亦叢辰名。

〔4〕尪(音汪)弱,瘦弱,瘠病。

〔5〕矬陋,矮小。

〔6〕見《詩經·齊風·猗嗟》。

　　"又案《史記》,秦莊襄王四十八年,始皇帝生,宋忠注云:'因正月生,乃名政。'依檢襄王四十八年,歲在壬寅。此年正月生者,命當背禄,法無官爵,假得禄合,奴婢尚少。始皇又當破驛馬三刑,身剋驛馬[1],法當望官不到;金命正月,生當絕下,爲人無始有終,老而彌吉。今檢《史記》,始皇乃是有始無終,老更彌凶。唯建命生,法合長壽,計其崩時,不過五十。禄命不驗二也。

【注】

[1] 剋,必,限定。

"又《漢武故事》,武帝以乙酉之歲七月七日平旦時生。亦當禄空亡下,法無官爵,雖向驛馬,尚隔四辰。依禄命法,少無官榮,老而方盛。今檢《漢書》,武帝即位,年始十六,末年已後,户口減半[1]。禄命不驗三也。

【注】

[1] 末年已後,户口減半,漢武帝在位五十四年,爲前漢一代軍事政治經濟文化的極盛時期,但迷信神仙,大興土木,急征斂,重刑誅,連年用兵,使海内虛耗,人口減少。

"又按《後魏書》云:孝文皇帝皇興元年八月生[1]。今按《長曆》,其年歲在丁未。以此推之,孝文皇帝背禄命,并驛馬三刑,身剋驛馬。依禄命書,法無官爵,命當父死中生,法當生不見父。今檢《魏書》,孝文皇帝身受其父顯祖之禪。禮云:嗣子位定於初喪,逾年之後,方始正號。是以天子無父,事三老也[2]。孝文受禪,異於常禮,躬率天下,以事其親,而祿命云不合識父。祿命不驗四也。

【注】

[1] 孝文皇帝,即北魏孝文帝元宏,公元471—499年在位。皇興,北魏獻文帝拓跋弘年號(467—471)。

[2] 三老,相傳古代設三老五更,以尊養老人。《禮記·文王世子》:"遂設三老五更,群老之席位焉。"鄭玄注:"三老五更各一人也,皆年老更事致仕者也,父子以父兄養之,示天下之孝悌也。"

"又按沈約《宋書》云:宋高祖癸亥歲三月生[1]。依此而推,祿之與命,並當空亡。依祿命書,法無官爵,又當子墓中生,唯宜嫡子,假有次子,法當早卒。今檢《宋書》,高祖長子先被篡弒,次子義隆,享國多年[2]。高祖又當祖祿下生,法得嫡孫財祿。今檢《宋書》,其孫劉劭、劉濬並爲篡逆,幾失宗祧[3]。祿命不驗五也。"

【注】

[1] 宋高祖,即南朝宋武帝劉裕,公元420—422年在位。

[2] 高祖長子,即宋少帝劉義符,423—424年在位。次子義隆,即宋文帝劉義隆,424—453年在位。

〔3〕宗祧,宗廟。祧,遠祖之廟。

敍葬書曰:

"《易》曰:'古之葬者,衣之以薪,不封不樹,喪期無數。後世聖人易之以棺椁,蓋取諸大過[1]。'《禮》云:'葬者,藏也,欲使人不得見[2]。'然《孝經》云:'卜其宅兆而安厝之。'以其顧復事畢[3],長爲感慕之所;窀穸禮終[4],永作魂神之宅。朝市遷變,不得豫測於將來;泉石交侵,不可先知於地下。是以謀及龜筮[5],庶無後艱,斯乃備於慎終之禮[6],曾無吉凶之義。暨乎近代以來,加之陰陽葬法,或選年月便利,或量墓田遠近,一事失所,禍及死生,巫者利其貨賄,莫不擅加妨害。遂使葬書一術,乃有百二十家,各説吉凶,拘而多忌。且天覆地載,乾坤之理備焉;一剛一柔,消息之義詳矣[7]。或成於晝夜之道,感於男女之化,三光運於上[8],四氣通於下[9],斯乃陰陽之大經,不可失之於斯須也[10]。至於喪葬之吉凶,乃附此爲妖妄。

【注】

〔1〕見《周易·繫辭下》:"古之葬者厚衣之以薪,葬之中野,不封不樹,喪期無數,後世聖人易之以棺椁,蓋取諸大過。"不封,不積土爲墳。不樹,不種樹以標其處。大過,過厚之意。

〔2〕見《禮記·檀弓上》:"葬也者藏也,藏也者欲人之弗得見也。"

〔3〕顧復,父母對於子女的恩愛。顧,旋視。復,反復。《詩·小

雅・蓼》:"父兮生我,母兮鞠我,拊我畜我,長我育我,顧我復我。"

〔4〕窀穸,墓穴。

〔5〕龜筮,占卦。古時占卜用龜,筮用蓍,視其象與數以定吉凶。

〔6〕慎終之禮,即慎終追遠。謂對父母的喪事,要辦得謹慎合理;祖先雖遠,須依禮追祭。《論語・學而》:"曾子曰:慎終追遠,民德歸厚矣。"《集解》:"孔(安國)曰:慎終者喪盡其哀,追遠者祭盡其敬。"

〔7〕消息,謂一消一長,互爲更替。

〔8〕三光,日、月、星。《莊子・説劍》:"上法圓天,以順三光。"又以日、月、五星合稱三光。《史記・天官書・索隱》:"三光,日、月、五星也。"

〔9〕四氣,四時陰陽變化、溫熱冷寒之氣。

〔10〕斯須,暫,片刻。

"《傳》云:'王者七日而殯,七月而葬;諸侯五日而殯,五月而葬;大夫經時而葬;士及庶人逾月而已[1]。'此則貴賤不同,禮亦異數。欲使同盟同軌[2],赴弔有期,量事制宜,遂爲常式。法既一定,不得違之。故先期而葬,謂之不懷;後期而不葬,譏之殆禮。此則葬有定期,不擇年月,一也。

【注】

〔1〕見《禮記・王制》:"天子七日而殯,七月而葬;諸侯五日而殯,五月而葬;大夫士庶人三日而殯,三月而葬。"《左傳》隱公元年:"天子七月而葬,同軌至;諸侯五月,同盟至;大夫三月,同

位至;士逾月,外姻至。"

〔2〕同軌,車轍寬窄相同,引申爲同一、一統的意思,此指華夏同文之國。同盟,古代結盟,要在神前殺牲歃血發誓,參加者稱同盟。

"《春秋》又云:'丁巳,葬定公,雨,不克葬,至於戊午襄事[1]。'禮經善之。《禮記》云'卜葬先遠日'者,蓋選月終之日,所以避不懷也[2]。今檢葬書,以己亥之日用葬最凶。謹按春秋之際,此日葬者凡有二十餘件,此則葬不擇日,二也。

【注】

〔1〕見《春秋》定公十五年:"丁巳,葬我君定公。雨,不克葬,戊午日下昃乃克葬。"《左傳》:"葬定公,雨不克襄事,禮也。"襄事,成事。

〔2〕見《禮記·曲禮上》:"凡卜筮日,旬之外曰遠某日,旬之内曰近某日,喪事先遠日,吉事先近日"。

"《禮記》又云:'周尚赤,大事用平旦;殷尚白,大事用日中;夏尚黑,大事用昏時[1]。'鄭玄注云:'大事者何?謂喪葬也。'此則直取當代所尚,不擇時之早晚。《春秋》云,鄭卿子產及子太叔葬鄭簡公,於時司墓大夫室當葬路。若壞其室,即平旦而窆;不壞其室,即日中而窆。子產不欲壞室,欲待日中。子太叔云:'若至日中而窆,恐久勞諸侯大夫來會葬者[2]。'然子產既云博物君子,太叔乃爲諸侯之選,國之大事,無過喪葬,必是義有吉凶,斯等豈得不用?今乃不問時之得失,唯論人事可否。《曾子問》云:'葬逢日蝕,捨於路左,待明而行,所以備非常也[3]。'若依葬書,多用乾、艮二時,並是近半夜,此即文與禮違。今檢《禮》《傳》,葬不擇時,三也。

【注】

〔1〕見《禮記‧檀弓上》:"夏后氏尚黑,大事斂用昏。殷人尚白,大事斂用日中。周人尚赤,大事斂用日出。"

〔2〕見《左傳》昭公十二年:"三月,鄭簡公卒。將爲葬,除及游氏之廟。……子大叔請毀之,曰:'無若諸侯之賓何?'子產曰:'諸侯之賓能來會吾喪,豈憚日中?無損於賓,而民不害,何故不爲?'遂弗毀。日中而葬。君子謂子產,於是乎知禮。"窆,下棺埋葬。

〔3〕見《禮記‧曾子問》:"曾子問曰:'葬,引至於堩,日有食之,則有變乎?且不乎?'孔子曰:'昔者吾從老聃助葬於巷黨,及堩,日有食之。老聃曰:'丘!止柩就道右,止哭以聽變。既明反,而後行,曰禮也。'"陳澔注云:"柩北向而出,道右,則道之東也。聽變,聽日食之變動也。明反,日光復常也。"

"葬書云,富貴官品,皆由安葬所致;年命延促,亦曰墳壟所招。然今按《孝經》云:'立身行道,則揚名於後世,以顯父母。'《易》曰:'聖人之大寶曰位,何以守位曰仁[1]。'是以日慎一日,則澤及於無疆,苟德不建,則而人無後,此則非由安葬吉凶而論福祚延促[2]。臧孫有後於魯[3],不關葬得吉日;若敖絕祀於荆[4],不由遷厝失所〔5〕。此則安葬吉凶不可信用,其義四也。

【注】

〔1〕見《周易·繫辭下》。
〔2〕祚,賜福,指皇位,年歲。
〔3〕臧孫,春秋時魯國的貴族。《左傳》桓公二年:"周內史聞之曰:'臧孫達其有後於魯乎!'"
〔4〕若敖,楚國的貴族。《左傳》宣公五年:"秋七月戊戌,楚子與若敖氏戰於皋滸,遂滅若敖氏。"
〔5〕厝(音措),停柩待葬。

"今之喪葬吉凶,皆依五姓便利。古之葬者,並在國都之北,域兆既有常所〔1〕,何取姓墓之義?趙氏之葬,並在九原〔2〕;漢之山陵,散在諸處。上利下利,蔑而不論;大墓小墓,其義安在?及其子孫富貴不絕,或與三代同風,或分六國而王。此則五姓之義,大無稽古;吉凶之理,何從而生?其義五也。

【注】

〔1〕域兆,墓地。《周禮·春官·典祀》:"掌外祀之兆守,皆有域。"孫詒讓《正義》謂:言於兆外封土為界域。
〔2〕九原,在山西新絳縣北。晉卿大夫之墓地在九原,後世因稱墓地為九原。

"且人臣名位,進退何常,亦有初賤而後貴,亦有始泰而終否。是以子文三已令尹〔1〕,展禽三黜士師[2]。卜葬一定,更不迴改,冢墓既成,曾不革易,則何因名位無時暫安。故知官爵弘之在人,不由安葬所致,其義六也。

【注】

〔1〕子文,春秋時楚國的令尹。
〔2〕展禽,即柳下惠,春秋時魯國大夫,士師,掌管刑獄的官。

"野俗無識,皆信葬書,巫者詐其吉凶,愚人因而徼幸。遂使擗踴之際[1],擇葬地而希官品;荼毒之秋[2],選葬時以規財祿。或云辰日不宜哭泣,遂莞爾而對賓客受弔[3];或云同屬忌於臨壙[4],乃吉服不送其親。聖人設教,豈其然也?葬書敗俗,一至於斯,其義七也。"

【注】

〔1〕擗踴,搥胸頓足之痛。
〔2〕荼毒,殘害,苦痛。
〔3〕莞爾,微笑貌。
〔4〕壙,墓穴。

太宗又令才造《方域圖》及《教飛騎戰陳國》,皆稱旨,擢授太常丞[1]。永徽初,預修《文思博要》及《姓氏錄》。顯慶中,高宗以琴曲古有《白雪》,近代頓絕,使太常增修舊曲。才上言曰:"臣按《禮記》及《家語》云,舜彈五絃之琴,歌《南風》之詩[2]。是知琴操曲弄，皆合於歌。又張華《博物志》云[3]：《白雪》是天帝使素女鼓五十絃瑟曲名[4]。又楚大夫宋玉對襄王云，有客於郢中歌《陽春白雪》[5]，國中和者數十人。是知《白雪》琴曲，本宜合歌，以其調高，人和遂寡。自宋玉已來，迄今千祀，未有能歌《白雪》曲者。臣今準敕，依琴中舊曲，定其宮商，然後教習，並合於歌，輒以御製《雪詩》爲《白雪》歌詞。又案古今樂府，奏正曲之後，皆別有送聲[6]，君唱臣和，事彰前史。今取太尉長孫無忌、僕射于志寧、侍中許敬宗等《奉和雪詩》以爲送聲，合十六節，今悉教訖，並皆合韻。"高宗大悅，更作《白雪歌詞》十六首，付太常編於樂府。

【注】

[1] 太常丞，太常寺官屬。太常，九卿之一，掌禮樂郊廟社稷事宜。
[2] 《南風》，古詩名。相傳舜作五絃琴，歌《南風》。《史記·樂書·集解》、《禮記·樂記·疏》引《尸子》、《孔子家語·辯樂》，均引有此詩。
[3] 《博物志》，舊題晉張華撰，十卷。是仿《山海經》體而演變的誌怪小說，分類記載異物、奇境，以及殊俗、瑣聞等。多是神仙方術等故事。
[4] 素女，傳說中的神女名，與黃帝同時。或言其長於音樂。
[5] 郢，春秋楚都，在今湖北江陵一帶。
[6] 送聲，樂歌每終一曲，復和以他詞，謂之送聲。

時右監門長史蘇敬上言[1]，陶弘景所撰《本草》[2]，事多舛謬。詔中書令許敬宗與才及李淳風、禮部郎中孔志約,并諸名醫,增損舊本,仍令司空李勣總監定之[3],并圖合成五十四卷,大行於代。

【注】

〔1〕右監門長史,右監門府官屬。監門,官府名,掌宮殿門禁及守衛事。
〔2〕《本草》,即《本草經集注》。敦煌殘本七卷,散見於《政和證類本草》中。
〔3〕司空,三公官,參議國事。

　　才龍朔中爲太子司更大夫[1]。麟德二年卒[2]。著《隋記》二十卷,行於時。

　　子方毅,七歲能誦《周易》、《毛詩》,太宗聞其幼敏,召見,甚奇之,賜以縑帛。後爲右衛鎧曹參軍。母終,哀慟過禮,竟以毀卒。布車載喪,隨母輀車而葬。友人郎餘令以白粥玄酒,生芻一束,於路隅奠祭,甚爲時人之所哀惜。

【注】

〔1〕龍朔(661—663),唐高宗李治年號。
〔2〕麟德(664—665),唐高宗李治年號。

選自《舊唐書》卷七十九

道　宣（596—667）

　　釋道宣，姓錢氏，丹徒人也，一云長城人[1]。其先出自廣陵太守讓之後[2]，洎太史令樂之，撰《天文集占》一百卷。考諱申府君，陳吏部尚書[3]。皆高矩令猷[4]，周仁全行，盛德百代，君子萬年。母娠而夢月貫其懷，復夢梵僧語曰[5]："汝所妊者即梁朝僧祐律師[6]，祐則南齊剡溪隱嶽寺僧護也。宜從出家，崇樹釋教"云。凡十二月在胎，四月八日降誕。九歲能賦，十五厭俗，誦習諸經，依智頵律師受業[7]。洎十六落髮，所謂除結，非欲染衣，便隸日嚴道場[8]。弱冠極力護持，專精克念，感舍利現於寶函[9]。隋大業年中，從智首律師受具[10]。武德中[11]，依首習律，纔聽一徧，方議修禪。頵師呵曰："夫適遐自邇，因微知章。修舍有時，功願須滿，未宜即去律也。"抑令聽二十徧已，乃坐山林，行定慧[12]。

【注】

[1] 丹徒，縣名，在今江蘇鎮江市東南。長城，地名，在今浙江長興縣。

[2] 廣陵，郡名，郡治故城在今江蘇揚州市東北。

[3] 考，父親，後只稱亡父曰考。《禮記·曲禮》："生曰父……死曰考。"府君，漢魏時尊稱太守爲府君。自唐以後，不論爵秩。碑

版通稱死者爲府君。

〔4〕高矩令猷,行爲美善,堪作表率。矩、猷,皆作道、法則解。令,美善。

〔5〕梵僧,古代指來自印度和西域的僧人。

〔6〕僧祐(445—518),南朝齊、梁時僧人。佛教史學家,編著有《出三藏記集》、《釋迦譜》、《世界記》、《弘明集》等。據《高僧傳》卷十一載:"大精律部,有勵先哲。齊竟陵文宣王每請講律,聽衆常七八百人。"

〔7〕智顗,即慧顗(564—637),清河(在河北省)人,俗姓張。《續高僧傳》卷十四有傳。

〔8〕落髮,剃除鬚髮。除結,除去繫縛衆生於生死之中的煩惱。結,煩惱之異名。染衣,僧衣,用青、黑、木蘭三種壞色染之。日嚴道場,即日嚴寺,在隋京師洛陽。

〔9〕舍利,釋迦牟尼遺體火化後結成的珠狀物,後來也指德行較高的和尚的遺骨。

〔10〕智首(567—635),安定(在今甘肅平涼地區)人,俗姓皇甫。《續高僧傳》卷二十二有傳。受具,即受具足戒,正式取得比丘資格。據《四分律》,比丘戒二百五十條,比丘尼戒三百四十八條,年滿二十的出家人依戒法規定受持此戒,方取得正式僧尼資格。

〔11〕武德,唐高祖李淵年號(618—626)。

〔12〕定慧,禪定與智慧。佛教以戒、定、慧三學概括全部修持內容。此指先修習戒學,再依次修習定學和慧學。

晦迹於終南仿掌之谷。所居乏水,神人指之,穿地尺餘,其泉迸湧,時號爲白泉寺。猛獸馴伏,每有所依。名花芬芳,奇草蔓延。隋末徙崇義精舍,載遷豐德寺。嘗因獨坐,護法神告曰[1]:"彼清官村故净業寺,地當寶勢,道可習成。"聞斯卜焉,焚功德香,行般舟定[2]。時有羣龍禮謁[3],若男若女,化爲人形。沙彌散心[4],顧盼邪視,龍赫然發怒,將搏攫之,尋追悔,吐毒井中,具陳而去。宣乃令封閉。人或潛開,往往烟上。審其神變,或送異花一奩[5],形似棗花,大如榆莢,香氣秘馚[6],數載宛然。又供奇果,季孟梨柰[7],然其味甘,其色潔,非人間所遇也。門徒嘗欲舉陰事,先是潛通,以定觀根隨病與藥,皆此類者。

【注】

[1] 護法神,護持佛法之神,如四大天王等。
[2] 般舟定,亦稱般舟三昧。般舟,意爲"出現"、"佛立"。東漢支讖所譯《般舟三昧經》裏説,若一晝夜乃至七天七夜一心念佛,就可見佛立面前。
[3] 諸龍,八部衆(四天王率領的八種鬼神)之一。有神力,變化雲雨。
[4] 沙彌,七歲以上二十歲以下受過十戒的出家男子。
[5] 一奩,一盒。奩,盛物之器。
[6] 秘馚,即秘馚,香氣濃烈貌。
[7] 季孟梨柰,奇果形似梨柰。季孟,指魯國的公族季氏和孟氏。《論語·微子》:"齊景公待孔子,曰:'若季氏則吾不能,以季孟之間待之。'"季氏爲魯上卿,孟氏爲下卿。齊景公的意思是説給孔子以上下卿之間的待遇。後人遂以季孟比喻上下之間。柰,果木名,林檎的一種,也稱花紅,沙果。

有處士孫思邈,嘗隱終南山,與宣相接,結林下之交[1]。每一往來,議論終久。時天旱,有西域僧於昆明池結壇祈雨,詔有司備香燈供具。凡七日,池水日漲數尺。有老人夜詣宣求救,頗形倉卒之狀,曰:"弟子即昆明池龍也,時之無雨,乃天意也,非由弟子。今胡僧取利於弟子,而欺天子言祈雨,命在旦夕,乞和尚法力加護。"宣曰:"吾無能救爾,爾可急求孫先生。"老人至思邈石室,冤訴再三云:"宣律師示我,故敢相投也。"邈曰:"我知昆明池龍宮有仙方三十首,能示余,余乃救爾。"老人曰:"此方上界不許輒傳,今事急矣,固何所吝。"少選[2],捧方而至。邈曰:"爾速還,無懼胡僧也。"自是池水大漲,數日溢岸,胡僧術將盡矣,無能為也。

【注】

〔1〕孫思邈(581?—682),唐華原(在今陝西銅川)人。鑽研諸子百家,兼通佛典,精於醫藥,著有《千金方》、《千方翼方》二書。新、舊《唐書》有傳。林下,退隱之所。

〔2〕少選,隔一會兒;不多久。

及西明寺初就,詔宣充上座[1]。三藏奘師至止,詔與翻譯[2]。又送真身往扶風無憂王寺[3]。遇敕令僧拜等,上啓朝宰,護法又如此者。

【注】

〔1〕上座,寺院三綱之一,謂全寺之長。《大宋僧史略》卷中:"道宣

敕爲西明寺上座,列寺主、維那上。"

〔2〕三藏奘師至止,直到玄奘法師從西域回國爲止。詔與翻譯,奉詔參與玄奘爲首的譯經工作。

〔3〕真身,即法身,指以佛法成身,或身具一切佛法。扶風,郡名,在陝西省。

撰《法門文記》、《廣弘明集》、《續高僧傳》、《三寶錄》、《羯磨戒疏》、《行事鈔》、《義鈔》等二百二十餘卷[1]。三衣皆紵,一食唯菽[2]。行則杖策,坐不倚床。蚤虱從遊,居然除受。土木自得,固已亡身。嘗築一壇,俄有長眉僧談道,知者,其實賓頭盧也[3]。復三果梵僧禮壇贊曰[4]:"自佛滅後,像法住世,興發毗尼[5],唯師一人也。"乾封二年春[6],冥感天人來談律相,言《鈔》文、《輕重儀》中舛誤[7],皆譯之過,非師之咎,請師改正。故今所行著述,多是重修本是也。又有天人云曾撰《祇洹圖經》[8],計人間紙帛一百許卷。宣苦告口占,一一抄記上下二卷。又口傳偈頌,號《付囑儀》十卷是也。

【注】

〔1〕《羯磨戒疏》,即《四分律删補隨機羯磨疏》。《行事鈔》,即《四分律删繁補缺行事鈔》。《義鈔》,即《四分律拾毗尼義鈔》。與《四分律比丘含注戒本注》、《四分比丘尼鈔》合稱五大部,爲律宗南山宗的重要著作。

〔2〕三衣皆紵,三衣皆由苧蔴織成的粗布制成。三衣,僧人所穿三種衣服,詳見本書《智顗》傳注。一食唯菽,食僅豆類而已。一食,日唯午前一食。三衣與一食皆爲十二種頭陀行的内容。

〔3〕賓頭盧,十六羅漢之一。永住於世,現白頭長眉之相。
〔4〕三果,小乘修行四果位中的第三位,達到此位不再生還欲界。
〔5〕毗尼,律藏之梵文音譯。
〔6〕乾封,唐高宗李治年號(666—668)。
〔7〕《輕重儀》,即道宣所著《四分律輕重儀》。
〔8〕《祇洹圖經》,亦稱《祇園圖經》。

貞觀中,曾隱沁部雲室山,人睹天童給侍左右[1]。於西明寺夜行道,足跌前階,有物扶持,履空無害。熟顧視之,乃少年也。宣遽問:"何人中夜在此?"少年曰:"某非常人,即毗沙門天王之子那吒也[2]。護法之故,擁護和尚,時之久矣。"宣曰:"貧道修行,無事煩太子。太子威神自在,西域有可作佛事者,願爲致之。"太子曰:"某有佛牙,寶掌雖久[3]。頭目猶捨,敢不奉獻!"俄授於宣。宣保錄供養焉。

【注】
〔1〕天童,護法諸天現童形而給侍於人者。
〔2〕毗沙門天王,即佛教四天王之一北方多聞天王。那吒,亦譯"那羅鳩婆",佛法保護神。
〔3〕寶掌,寶愛珍藏視如掌珠。

復次,庭除有一天來禮謁,謂宣曰:"律師當生覩史天宮[1]。"持物一苞,云是棘林香。爾後十旬,安坐而化,則乾封二年十月三日也。春秋七十二,僧臘五十二。累門人窆於壇谷石室[2],其後樹塔三所。高宗下詔,令崇飾圖寫宣之真相。匠韓伯通塑續之,蓋追仰道風也。

【注】

〔1〕覩史天宫,即兜率陀天。《涅槃經》曰"此天,欲界最勝,故補處菩薩皆示生此天,爲教化衆生故。"
〔2〕窆(音扁),葬時穿土下棺。

　　宣從登戒壇及當泥曰[1],其間受法傳教弟子可千百人。其親度曰大慈律師、授法者文綱等[2]。其天人付授佛牙,密令文綱掌護,持去崇聖寺東塔。大和初[3],丞相韋公處厚建塔於西廊焉。宣之持律,聲振竺乾[4];宣之編修,美流天下。是故無畏三藏到東夏朝謁[5],帝問:"自遠而來,得無勞乎?欲於何方休息?"三藏奏曰:"在天竺時,常聞西明寺宣律師秉持第一,願往依止焉。"敕允之。宣持禁堅牢,捫虱以綿紙裹投於地。三藏曰:"撲有情於地之聲也。"凡諸密行,或制或遮,良可知矣。至代宗大曆二年[6],敕此寺三綱:"如聞彼寺有大德道宣律師,傳授得釋迦佛牙及肉舍利,宜即詣右銀臺門進來,朕要觀禮[7]。"至十一年十月,敕每年内中出香一合,送西明寺故道宣律師堂,爲國焚之禱祝。至懿宗咸通十年[8],左右街僧令霄、玄暢等上表乞追贈[9],其年十月,敕諡曰澄照,塔曰净光。先所居久在終南,故號南山律宗焉。天寶元載靈昌太守李邕,會昌元年工部郎中嚴厚本,各爲碑頌德云。

【注】

〔1〕泥曰,即"涅槃"。
〔2〕文綱(636—727),傳見《宋僧傳》卷十四。

〔3〕大和(827—835),唐文宗李昂年號。

〔4〕竺乾,印度的別稱。

〔5〕無畏三藏,即善無畏(637—735),唐代密宗創始人之一,與金剛智、不空並稱"開元三大士"。本中天竺人,玄宗開元四年(716)到長安,受到禮遇。先後譯出《大毗盧遮那神變加持經》(即《大日經》)、《蘇婆呼童子請問經》、《蘇悉地羯羅經》等密宗重要經典。傳見《宋高僧傳》卷二。

〔6〕大曆,唐代宗李豫年號(766—779)。

〔7〕肉舍利,舍利的顏色之一。據說有三種顏色:白色骨舍利,黑色髮舍利,赤色肉舍利。右銀臺門,宮門名,唐時翰林院、學士院均在右銀臺門内。

〔8〕咸通,唐懿宗李漼年號(860—874)。

〔9〕左右街,唐代長安城内的左三街和右三街。唐代設左右街僧錄,掌管僧尼。玄暢(797—875),宣城(屬安徽省)人,俗姓陳。傳見《宋高僧傳》卷十七。

系曰:律宗犯即問心,心有虛實故。如未得道,起覆想説,則宜犯重矣。若實有天龍來至我所,而云犯重,招謗遷婆羅漢同也。宣屢屢有天之使者,或送佛牙,或充給使,非宣自述也。如遣龍去孫先生所,豈自言邪?至於乾封之際,天神合沓,或寫《祇洹圖經》、《付囑儀》等,且非寓言於鬼物乎?君不見《十誦律》中諸比丘尚揚言目連犯妄,佛言:"目連隨心想説無罪。"佛世猶爾,像季嫉賢,斯何足怪也。又無畏非開元中者,貞觀、顯慶已來,莫別有無畏否?

選自《宋高僧傳》卷十四《明律篇》

窺　　基（632—682）

　　釋窺基，字洪道，姓尉遲氏，京兆長安人也。尉遲之先與後魏同起，號尉遲部，如中華之諸侯國，入華則以部爲姓也。魏平東將軍説六代孫孟都生羅迦[1]，爲隋代州西鎮將，乃基祖焉。考諱宗，唐左金吾將軍、松州都督、江由縣開國公，其鄂國公德[2]，則諸父也[3]，《唐書》有傳。其母裴氏，夢掌月輪吞之，寤而有孕。及乎盈月誕彌，與羣兒弗類，數方誦習，神晤精爽。

【注】

[1] 尉遲説、尉遲孟都、尉遲羅迦，事迹不詳。
[2] 德，敬德，尉遲恭（585—658）字，朔州善陽人。隋末從劉武周爲將，後降唐。曾擊敗王世充軍，並參加鎮壓竇建德、劉黑闥等義軍。武德九年（626）玄武門之變，助李世民奪取帝位，歷任涇州道行軍總管、襄州都督等職。
[3] 諸父，伯父、叔父的統稱，此處當是伯父。

　　奘師始因陌上[1]，見其眉秀目朗，舉措疏略，曰：“將家之種不謬也哉！脱或因緣相扣[2]，度爲弟子，則吾法有寄矣。”復念在印度時，計迴程次，就尼揵子邊占得卦甚吉，“師但東歸，哲資生矣。”遂造北門將軍，微諷之出家[3]。父曰：“伊類粗悍[4]，那勝教詔？”奘曰：“此之器度非將軍不生,非某不識。"父雖然諾,基亦强拒,激勉再三,拜以從命。奮然抗聲曰:"聽我三事,方誓出家:不斷情欲、葷血、過中食也[5]。"奘先以欲勾牽,後令入佛智,佯而肯焉。行駕累載前之所欲,故關輔語曰"三車和尚"[6],即貞觀二十二年也。一基自序云:"九歲丁艱[7],漸疏浮俗。"若然者,三車之説乃厚誣也。

【注】

〔1〕陌,田間小路。陌上,路上。
〔2〕脱,倘或,或許。脱或因緣,或許有因緣。相扣,相互商量。
〔3〕微諷,婉言勸説。
〔4〕伊類,他的樣子。
〔5〕此三事均與佛制相違。過中不食,相傳是釋迦在世時創立的重要戒條。《釋氏要覽》卷上引《處處經》説:"佛言,中後不食有五福:一少淫、二少睡、三得一心、四無下風、五身得安樂。"
〔6〕關,指函谷關或潼關。輔,京城附近。關輔,即畿輔,指京城一帶。
〔7〕丁艱,猶"丁憂",遭父母之喪。此處指喪母。

　　至年十七,遂預緇林。及乎入法,奉敕爲奘師弟子。始住廣福寺,尋奉别敕,選聰慧穎脱者,入大慈恩寺,躬事奘師,學五竺語[1]。解紛開結,統綜條然,聞見者無不嘆伏。凡百捷度跋渠[2],一覽無差,寧勞再憶。年二十五,應詔譯經,講通大小乘教三十餘本。創意留心,勤勤著述[3],蓋切問而近思,其則不遠矣。造疏計可百本。

【注】

〔1〕五竺語，即五天竺（古印度）的語言。

〔2〕揵度，亦譯"塞建陀"、"婆犍圖"，意譯"蘊"或"聚"，分類編集的意思，相當於"品"或"節"。跋渠，亦譯"伐伽"，意譯"部"、"品"，亦指佛教經論中的篇章。百犍度跋渠，百品經論。

〔3〕窺基的著述現存的有二十九部：《無垢稱經疏》六卷、《妙法蓮華經玄贊》十卷、《法華經爲爲章》一卷、《勝鬘經述記》二卷、《阿彌陀經通贊疏》三卷、《阿彌陀經疏》一卷、《彌勒上生經疏》二卷、《大般若經理趣分述贊》三卷、《金剛經贊述》二卷、《般若心經幽贊》二卷、《金剛般若經論會釋》三卷、《雜集論述記》十卷、《辨中邊論述記》三卷、《瑜伽論略纂》十六卷、《瑜伽論劫章頌》一卷、《百法明門論解》二卷（明普泰增修）、《成唯識論料簡》二卷、《成唯識論述記》二十卷、《成唯識論別抄》十卷、《成唯識論掌中樞要》四卷、《唯識二十論述記》二卷、《異部宗輪論疏述記》一卷、《因明入正理論疏》六卷、《大乘法苑義林章》十四卷、《般若心經略贊》一卷、《天請問經疏》一卷、《西方要訣釋疑通規》一卷、《彌陀通贊示西方要義》一卷、《出家箴》一卷。

奘所譯《唯識論》，初與昉、尚、光四人同受[1]，潤色執筆，檢文纂義。數朝之後，基求退焉。奘問之，對曰："夕夢金容，晨趨白馬，雖得法門之糟粕，然失玄源之醇粹。某不願立功於參糅，若意成一本[2]，受責則有所歸。"奘遂許之，以理遣三賢，獨委於基，此乃量材授任也。

【注】

〔1〕昉，神昉，亦稱大乘昉，《宋高僧傳》無傳。據日本平祚《法相宗

章疏》,著有《大乘十輪經鈔》二卷、《唯識要集》十三卷、《種性差別集》三卷。尚,嘉尚,氏籍不詳。玄奘臨寂之前,特命他具錄譯經部卷。奘卒,曾撰《雜集論疏》。《宋高僧傳》卷四有傳。光,普光,或稱嘉光、大乘光。《宋高僧傳》卷四本傳說:"末參傳譯,頭角特高,左右三藏之美,光有功焉。"又說:"觀夫奘自貞觀十九年創譯,訖麟德元年終於玉華宫,凡二十載,總出大小乘經律論七十五部,一千三百三十五卷、十分七八是光筆受。"著有《百法論疏》一卷、《俱舍論疏》十五卷、《俱舍論法宗原》一卷。

〔2〕據窺基《成唯識論掌中樞要》記載,玄奘原擬將印度護法等十大論師對世親《唯識三十頌》的注釋分別譯出,窺基認爲十釋"情見各異,禀者無依","請綜錯羣言,以爲一本"。玄奘許可後,改以護法的觀點爲主,糅合他家,譯成《成唯識論》一書。此處謂窺基"不願立功於參糅",恐誤。

　　時隨受撰錄所聞,講周疏畢。無何西明寺測法師亦俊朗之器[1],於《唯識論》講場,得計於閽者[2],賂之以金,潛隱厥形,聽尋聯綴,亦疏通論旨。猶數座方畢[3],測於西明寺鳴椎集僧,稱講此論。基聞之,慚居其後,不勝悵怏。奘勉之曰:"測公雖造疏,未達因明。"遂爲講陳那之論[4],基大善三支[5],縱横立破,述義命章,前無與比。又云,請奘師唯爲已講《瑜伽論》,還被測公同前盗聽先講。奘曰:"五性宗法[6],唯汝流通,他人則否。"

【注】

〔1〕測,圓測(613—696)名文雅,新羅人。唐初來中國,早年受學

於法常、僧辯,接受真諦的學說,後應義解之選入譯經館,爲玄奘弟子,充任證義。著有《解深密經疏》十卷、《仁王經疏》三卷、《般若心經疏》一卷(以上現存)、《無量義經疏》三卷、《百法論疏》一卷、《二十唯識論疏》二卷、《唯識疏》十卷、《觀所緣緣論疏》二卷、《六十二見章》一卷、《理門論疏》二卷、《阿彌陀經疏》一卷(以上已佚)。圓測特重真諦之學,對玄奘贊同的護法"五性"之説持保留態度,被視爲玄奘門下與窺基一系見解不同的異流。《宋高僧傳》卷四有傳。

〔2〕閽者,守門人。

〔3〕數座,幾次講座。

〔4〕陳那之論,指印度陳那的因明著作《因明正理門論》一卷。

〔5〕三支,指宗(論題)、因(理由)、喻(例證),陳那創立的新因明的推理形式的三個部分。

〔6〕五性,指決定獲何種果報的五種體性:一、定性聲聞,有開阿羅漢果的無漏種子者;二、定性緣覺,有開闢支佛果的無漏種子者;三、定性菩薩,有可開佛果的無漏種子者;四、不定性,有二種三種的無漏種子者;五、無性,無三乘的無漏種子,但有可開人天果的有漏種子者。宗法,教義。

後躬遊五台山,登太行,至西河古佛宇中宿,夢身在半山,巖下有無量人唱苦聲,冥昧之間,初不忍聞。徒步陟彼層峰,皆瑠璃色,盡見諸國土。仰望一城,城中有聲曰:"住!住!咄基公未合到此。"斯須,二天童自城出,問曰:"汝見山下罪苦衆生否?"答曰:"我聞聲而不見形。"童子遂投與劍一鐔曰[1]:"剖腹當見矣。"基自剖之,腹開,有光兩道,暉映山下,見無數人受其極苦。時童子入城,持紙二軸及筆投之,捧得而去。及旦,驚異未已,過信夜[2],寺中有光,久而不滅,尋視之,數軸發光者,探之,得《彌勒上生經》[3],乃憶前夢必慈氏令我造疏[4],通暢厥理耳。遂援毫次,筆鋒有舍利二七粒而隕,如吳含桃許大,紅色可愛。次零然而下者,狀如黃粱粟粒。

【注】

[1] 鐔,劍鼻,即劍柄上端與劍身連接處的兩旁突出部分,亦稱劍口、劍首、劍環。劍一鐔,即劍一把。
[2] 信夜,再宿的夜里。過信夜,再過了一夜。
[3] 《彌勒上生經》,全稱《觀彌勒菩薩上昇兜率天經》,亦稱《觀彌勒菩薩經》、《觀彌勒經》,一卷。劉宋時,北涼河西王沮渠蒙遜的從弟沮渠京聲於建康譯出,為彌勒淨土信仰所依據的主要經典之一。
[4] 慈氏,"彌勒"的別稱。

一云,行至太原傳法,三車自隨,前乘經論箱帙,中乘自御,後乘家妓、女僕、食饌。於路間遇一老父,問乘何人?對曰:"家屬。"父曰:"知法甚精,攜家屬偕,恐不稱教。"基聞之,頓悔前非,翛然獨往。老父則文殊菩薩也。此亦卮語矣[1]。隨奘在玉華宮,參譯之際,三車何處安置乎?

【注】

[1] 卮,古代一種盛酒器,據説它滿則傾,空則仰,隨物而變。卮語,靠不住的説法。

基隨處化徒,獲益者衆。東行博陵[1],有請講《法華經》,遂造大疏焉。及歸本寺,恒與翻譯舊人往還,屢謁宣律師。宣每有諸天王使者執事,或冥告雜務。爾日基去方來,宣怪其遲暮。對曰:"適者大乘菩薩在此,善神翼從者多,我曹神通[2],爲他所制故爾。"以永淳元年壬午示疾[3],至十一月十三日,長往於慈恩寺翻經院,春秋五十一,法臘無聞。葬於樊村北渠,祔三藏奘師塋隴焉[4]。弟子哀慟,餘外執紼會葬黑白之衆盈於山谷[5]。

【注】

[1] 博陵,唐時郡名,今河北滿城以南,安國、饒陽以西,井陘、藁城、束鹿以北地區。
[2] 神通,亦譯"神通力"、"神力"、"通力"、"通",佛教謂通過修持禪定所得到的神秘力量。佛典稱,菩薩得神足通、天眼通、天耳通、他心通、宿命通等"五通",佛加"漏盡通"有"六通"。
[3] 永淳元年,公元682年。
[4] 祔,合葬。塋隴,墳墓。
[5] 紼,下葬時引柩入穴的繩索。會葬黑白之衆,參加葬禮的僧人凡俗。

基生常勇進,造彌勒像,對其像日誦《菩薩戒》一徧[1],願生兜率。求其志也,乃發通身光瑞,爛然可觀。復於五臺造玉石文殊菩薩像,寫金字《般若經》畢,亦發神光焉。弟子相繼取基爲折中,視之如奘在焉。大和四年庚戌七月癸酉[2],遷塔於平原。大安國寺沙門令儉檢校塔亭[3],徒棺,見基齒有四十根不斷玉如,衆彈指言,是佛之一相焉。凡今天下佛寺圖形,號曰百本疏主[4]。真高宗大帝制贊[5],一云玄宗。然基魁梧堂堂,有桓赳之氣[6],而慈濟之心,誨人不倦,自天然也。其符彩則項負玉枕[7],面部宏偉,交手十指若印契焉[8]。名諱上字,多出没不同者。爲以《慈恩傳》中云[9],奘師龍朔三年於玉華宮譯《大般若經》終筆,其年十一月二十二日,令大乘基奉表奏聞,請御製序[10]。至十二月七日,通事舍人馮義宣[11],由此云靈基[12]。《開元録》爲窺基[13],或言乘基,非也。彼曰大乘基,蓋慧立、彦悰不全斥[14],故云大乘基。如言"不聽泰耳,猶謹遣大乘光奉表"同也。今海内呼慈恩法師焉。

【注】

〔1〕《菩薩戒》,即《菩薩戒本》,唐玄奘譯,一卷。與北涼曇無讖所譯《菩薩戒本》一卷同本異譯,爲瑜伽宗的主要律典。

〔2〕大和,唐文宗年號(827—835)。

〔3〕令儉,事迹不詳。

〔4〕窺基的疏記可考的有四十八部,除二十九部今存以外,已佚的有:《法華經略記》一卷、《法華音訓》一卷、《法華經文科》一卷、《金剛般若玄記》一卷、《藥師經疏》一卷、《十手經疏》三卷、《六門陀羅尼經疏》一卷、《觀無量壽經疏》一卷、《彌勒下生成佛經疏》一卷、《攝大乘論抄》十卷、《百法明門論決頌》一卷、《觀所緣緣論疏》一卷、《因明正理門論過類記》一卷、《俱舍論疏》十卷、《二十七賢聖章》一卷、《見道章》一卷、《西方正法藏受菩薩戒法》一卷、《勝論十句義章》一卷、《婆沙論鈔》(卷數不明)等。

〔5〕真高宗,當是"唐高宗"之訛。

〔6〕桓赳之氣,威武的氣慨。

〔7〕符彩,珠寶特殊的光彩,此處引用猶如"符瑞"。

〔8〕印契,同"印相"、"契印",僧人用手指作各種形狀,作爲物和事的標誌。

〔9〕《慈恩傳》,《大慈恩寺三藏法師傳》的略稱,十卷。唐慧立在其師玄奘逝世後,撰成是書前五卷,記載玄奘早年及其旅遊印度的經過。慧立死後,玄奘的另一弟子彦悰又將前五卷重新整理,並自撰了後五卷,記載玄奘歸國後從事譯著的經過。是書敘事清晰,行文典雅,是研究唐代中西交通、民族、語言、宗教文化的珍貴史料。

〔10〕今本所傳《大慈恩寺三藏法師傳》卷十,在記敘此事時,稱"令弟子窺基奉表聞,請御製經序",不稱"大乘基"。而日本的古代經目《注進法相宗章疏》(藏俊撰)、《東域傳燈目錄》(永超集),仍保留有"大乘基"的説法,可與本傳所説相應證。見《大正藏》第五十五卷。

〔11〕此句不全,查《大慈恩寺三藏法師傳》卷十,應是"通事舍人馮義宣敕垂許"。馮義,事迹不詳。

〔12〕今傳有關窺基的史料中,没有稱他爲"靈基"的。

〔13〕《開元錄》,《開元釋教錄》的略稱,唐智昇於開元十八年(730)撰,二十卷。前十卷爲總錄,記載自東漢至唐歷代所出佛典目錄和譯人小傳。後十卷爲別錄,按有譯有本、有譯無本、支派別行、刪略繁重、補闕拾遺、疑惑再詳、偽妄亂真七錄,分類記載佛典名目部卷,並列大、小乘入藏目錄。全書共收佛典二千二百七十八部,七千四十卷,考核精審,編目有緒,爲歷代佛教經目中最重要的一部,影響極大。窺基之名,見卷八《玄奘傳》。

〔14〕慧立,亦作"惠立",本名子立,俗姓趙氏,天水人,年十五出

家。後應詔充大慈恩寺翻經大德,次補西明寺都維那,又授太原寺主,曾致書責吕才《釋因明圖注》。《宋高僧傳》卷十七有傳。彥悰,氏族不詳,貞觀末年觀光上京,求法於玄奘之門。《宋高僧傳》卷四有傳。

　　系曰:性相義門[1],至唐方大備也。奘師爲瑜伽唯識開創之祖,基乃守文述作之宗,唯祖與宗百世不祧之祀也。蓋功德被物,廣矣大矣。奘苟無基,則何祖張其學乎?開天下人眼目乎?二師立功與言,俱不朽也。然則基也,鄂公猶子,奘師門生,所謂將家來爲法將,千載一人而已。故《書》有之,"厥文菑,厥子乃肯播,矧能肯獲"[2],其百本疏主之謂歟!

【注】

[1] 性,指事物的體性;相,指事物的相貌。性相,又稱"法相",佛教各派對它有不同的解釋,有小乘的性相學(見《俱舍》、《成實》),也有大乘的性相學(見《瑜伽》、《唯識》)。此處説的"性相義門",指的是大乘瑜伽宗有關"性相"的學説。

[2] 此句出《尚書·大誥》。原文是:"厥子菑,厥子乃弗肯播,矧肯獲?"菑,初耕的田地。矧,況。本傳所引"厥子乃"下脱"弗","矧"下衍"能"。實際上是反其意而用之,《尚書》原意是貶斥的,經本傳修改後變成了褒揚。

選自《宋高僧傳》卷四《義解篇》

王　玄　覽（626—697）

　　先師族王氏，俗諱暉，法名玄覽。先祖自晉末，從并州太原移來〔1〕。今爲廣漢綿竹普閏人也〔2〕。
……

【注】
〔1〕并州太原，今山西太原市西南。
〔2〕廣漢，唐郡名。綿竹，今屬四川。

　　伏聞鄉老説：師年十五時，忽異常。日獨處静室，不羣希言〔1〕。自是之後，數道人之死生、童兒之壽命，皆如言。時人謂之洞見。至年三十餘，亦卜筮〔2〕。數年云"不定"。棄之不爲，而習弄玄〔3〕。性燕反折法，捷利不可當。耽玩大乘〔4〕，遇物成論。抄嚴子《指歸》於三字後〔5〕，注《老經》兩卷〔6〕。及乎神仙、方法、丹藥、節度〔7〕，咸心謀手試，既獲其要，乃攜二三鄉友，往造茅山〔8〕。半路覺同行人非仙才，遂却歸鄉里。嘆長生之道，無可共修。此身既乖，須取心證。於是坐起行住，唯道是務。二教經論〔9〕，悉遍披討。究其源奥，慧發生知，思窮天縱。辯若懸河瀉水，注而不竭。而好爲人相蠶種，逆知豐損。別宅田之利害，見墓田之氣色，識鬼神之情狀況。衆咸信重之。嘗有一家欲造屋，材木已具，問:"立屋得不?"不許立。至明年,又問:"得不?"又言不得。更至明年,又問:"得不?"亦言不好。於是,數月間家遭官事,屋宅資材無以供,賣。此人方念斯言。有一家兒子患眼。爲祭其門前桑樹朽孔,遂差[10]。或有問病,爲處方合藥,驗後以爲奇。有人平常請問災厄。或報亡至明年四月一日方好。果至月前三十日夜中亡。縣中故人家有患難,無遠近皆往問,即便爲言臧否。人信之,及還如所言。或到深厚家,莫不盡出子女親表求相,皆爲列言其貧富壽夭[11],預鑒於未然[12],行事多奇,皆此類也。

【注】

[1] 不羣希言,不與羣人交往沉默寡言。

[2] 卜筮,即占卜。用龜甲占吉凶稱卜,用蓍草占吉凶稱筮。

[3] 習弄玄,研習玩味玄理。

[4] 大乘,公元1世紀左右形成的佛教派別,亦名大乘佛教。謂能運載無量衆生,以生死之彼岸,到達菩提涅槃之彼岸,成就佛果。倡導以六度爲内容的菩薩行,主張自利、利他,一切衆生皆可成佛。耽玩大乘,溺愛大乘學説。

[5] 嚴子,嚴遵,字君平,蜀郡(今屬四川)人。漢成都時居成都,以卜筮謀生,研究《老子》,著《道德真經指歸》。三字,指《道德經》。抄嚴子《指歸》於三字後,是説王玄覽把《道德真經指歸》分抄在《道德經》的有關經文下。

[6]《老經》,即《老子》,亦即《道德經》。

[7] 方法,方術。節度,指房中術。

[8] 茅山,原稱句曲山,在江蘇西南的句容、金壇、溧水、溧陽等縣。據傳西漢茅盈兄弟三人修道於此,因名茅山,爲道教第八洞

天。有蓬壺、玉柱、華陽三洞。

〔9〕二教,道教和佛教。

〔10〕差,病愈。

〔11〕列言,一一敍説。

〔12〕預鑒,事先猜測。

亦教人九宫、六甲、陰陽、術數[1]。作《遁甲四合圖》[2],甚省要[3]。

年四十七,益州長史李孝逸召見[4],深禮愛。與同遊諸寺將諸德對論空義[5],皆語齊四句[6],理統一乘[7]。問難雖衆,無能屈者。李公甚喜。時遇恩度爲道士,隸籍於至眞觀。太霄時年兩歲也。

【注】

〔1〕九宫,方士以離、艮、兑、乾、巽、震、坤、坎八卦之宫,加上中央,合爲九宫。六甲,以天干地支相配計算時日,每六十甲子所組成的一個週期中,有甲子、甲戌、甲申、甲午、甲辰、甲寅叫六甲。陰陽,陰陽二氣,古代以此解釋萬物的生滅變化。術數,又稱數術,以陰陽五行生剋制化的數理,來推斷世事物理。

〔2〕《遁甲四合圖》,推算六甲隱遁、圍攏的著作,存佚不明。

〔3〕省要,簡明扼要。

〔4〕益州,唐州名,天寶年間改蜀郡。治成都,在今四川成都市。

〔5〕空義,佛教關於事物皆虛幻不實的理論。

〔6〕四句,佛教以"有""空"分判一切事物的方法。即有而非空、空而非有、亦有亦空、非有非空。

〔7〕一乘,即佛乘,佛教引導教化一切衆生成佛的教説。

既處成都,遐邇瞻仰。四方人士,欽挹風猷[1],貴勝追尋,談經問道。將辭之際,多請著文,因是作《真人菩薩觀門》兩卷[2],貽諸好事。

【注】

〔1〕欽挹風猷,景仰他的風範道術。

〔2〕《真人菩薩觀門》,存佚不明。

曾往還州路,遇道靜人稀時,有賢者在後數十步。有一老人如隱者狀,逆行來。過,顧視師良久。逢賢者,語曰:"此人是真人。"賢者問:"若爲?"老人曰:"眼瞳金色。"言訖行去。以是論之,亦玄會於嘉號矣。年六十餘,漸不復言災祥,恒坐忘行心。

時被他事繫獄一年,於獄中沉思作《混成奧藏圖》[1]。晚年又著《九真任證頌道德諸行門》兩卷[2]。益州謝法師、彭州杜尊師、漢州李鍊師等,及諸弟子每諮論妙義,詢問經教。凡所受言,各錄爲私記,因解洪元義[3]。已後,諸子因以號師曰"洪元先生"。師亦不拒焉。又請釋《老經》,隨口便書記爲《老經口訣》兩卷[4],並傳於世。時年七十二,則天神功元年戊戌歲,奉敕使張昌期就宅拜請乘驛乘入都。閏十月九日,至洛州三鄉驛,羽化[5]。

【注】

〔1〕《混成奧藏圖》,存佚不明。

〔2〕《九真任證頌道德諸行門》,存佚不明。

〔3〕洪元,天地萬物的本原。
〔4〕《老經口訣》,存佚不明。王玄覽有《玄珠錄》二卷,見存於《道藏》中。
〔5〕洛州,唐州名,後改河南府,治河南,在今河南洛陽東。三鄉驛,屬洛州的行政機構,負責投遞公文、轉運官物及供來往官員住宿。羽化,即死。王玄覽卒於武周神功元年(697),則其生年爲唐高祖武德九年(626)。

選自王太霄《玄珠錄序》

神　　秀（約606—706）

　　釋神秀，俗姓李氏，今東京尉氏人也[1]。少覽經史，博綜多聞，既而奮志出塵，剃染受法。後遇蘄州雙峰東山寺五祖忍師，以坐禪爲務，乃嘆伏曰："此真吾師也。"決心苦節，以樵汲自役而求其道。

【注】

[1] 東京，各代指稱地不同，北宋時指河南開封。

　　昔魏末有天竺沙門達磨者[1]，得禪宗妙法，自釋迦佛相傳授，以衣鉢爲記，世相傳付，航海而來。梁武帝問以有爲之事，達磨貴傳逕門心要，機教相乖[2]，若水投石。乃之魏，隱於嵩丘少林寺，尋卒。其年魏使宋雲於葱嶺見之[3]，門徒發其冢，但有衣履而已。以法付慧可[4]，可付粲[5]，粲付道信[6]，信付忍，忍與信俱住東山，故謂其法爲東山法門。秀既事忍，忍默識之，深加器重，謂人曰："吾度人多矣，至於懸解圓照，無先汝者。"

【注】

[1] 達磨，菩提達磨（？—528），南天竺婆羅門種姓。劉宋末年航海至廣州，又往北魏，游歷洛陽、嵩山，隨其所止，誨以禪教。常以四卷《楞伽》授學者，謂入道多途，要唯二種，"理入"和"行

入"。《續高僧傳》卷十六有傳。

〔2〕梁武帝詔見達磨一事,不見於《續高僧傳》,然而宋代以來禪宗則盛傳。《佛祖歷代通載》卷九載此事說:"師同商馭舟達於南海,廣州刺史蕭昂館之,以表聞奏,有詔迎見。師入朝,帝問:'朕即位以來,造寺、寫經、度僧,不可勝數。有何功德?'師曰:'並無功德。'帝曰:'何以並無?'師曰:'人天小果,有漏之因,雖有非實。'帝曰:'何謂真功德?'師曰:'淨智妙明,體自空寂,如是功德,不於世求。'帝曰:'何爲聖諦第一義?'曰:'廓然無聖。'帝曰:'對朕者誰?'曰:'不識。'帝不省玄旨,師遲留數日,遂度江之魏。"

〔3〕宋雲,北魏敦煌人,曾和惠生同赴西域。撰有《魏國以西十一國事》,今佚。《洛陽伽藍記》曾引用《宋雲家記》,或即其書。其中並無宋雲見到達磨的説法。

〔4〕慧可(487—593),俗姓姬,初名神光,又作僧可,北齊洛陽武牢人。年登四十,遇達磨游化嵩洛,奉以爲師,從學六年。後至鄴城傳禪,被道恒禪師等視爲"魔語",貨賂官府,屢加陷害。《續高僧傳》卷十六有傳。

〔5〕粲,亦作"璨",即僧璨(?—606)。初以白衣見慧可,語契而爲剃髮,授具足戒,後付以信衣。北周武帝廢佛,往來司空山積十餘年,隋開皇初居皖公山。《景德傳燈錄》卷三有傳。

〔6〕道信(580—651),俗姓司馬,蘄州人。初以沙彌見僧璨,言下大悟,璨爲之授具戒並以衣法。唐武德中居破頭山,貞觀中太宗三詔令赴京師,以疾辭。《景德傳燈錄》卷三有傳。

忍於上元中卒,秀乃往江陵當陽山居焉。四海緇徒響風而靡,道譽馨香,普蒙熏灼。則天太后聞之,召赴都,肩輿上殿,親加跪禮。内道場豐其供施[1],時時問道,敕於昔住山置度門寺,以旌其德。時王公已下京邑士庶,競至禮謁,望塵拜伏,日有萬計。洎中宗孝和帝即位,尤加寵重。中書令張說嘗問法,執弟子禮。退謂人曰:"禪師身長八尺,厖眉秀目[2],威德巍巍,王霸之器也。"

【注】
[1]内道場,皇宫中的祠佛場所。始於北魏,盛於隋唐。
[2]厖,大。

初,秀同學能禪師與之德行相埒,互得發揚,無私於道也。嘗奏天后,請追能赴都,能懇而固辭。秀又自作尺牘,序帝意徵之,終不能起。謂使者曰:"吾形不揚,北土之人見斯短陋,或不重法。又先師記吾以嶺南有緣,且不可違也。"了不度大庾嶺而終。天下散傳其道,謂秀宗爲北,能宗爲南,南北二宗名從此起[1]。

【注】
[1]南北禪宗不只是活動地區不同,而且它們的思想學說也有歧異,秀宗主張漸悟,能宗主張頓悟。

秀以神龍二年卒[1],士庶皆來送葬,詔賜謚曰大通禪師。又於相王舊邸造報恩寺,歧王範、燕國公張說、徵士盧鴻各爲碑誄[2],服師喪者名士達官不可勝紀。門人普寂、義福並爲朝野所重[3],蓋宗先師之道也。

【注】

〔1〕神龍二年，公元706年。

〔2〕盧鴻，字顥然，亦作浩然，本范陽人，家洛陽，隱居嵩山。工籀、篆、楷、隸，擅畫山水樹石，爲唐代的書畫家。

〔3〕普寂（651—739），俗姓馮，唐蒲州河東人。年幼離俗，循於經律，後往荆州玉泉寺，師事神秀凡六年。唐中宗聞神秀年高，特下制令普寂代本師統其法衆。玄宗開元二十三年（735），召至長安居止，王公大臣競相禮謁。《宋高僧傳》卷九有傳。義福（658—736），姓姜氏，唐潞州銅鞮人。幼年出家，往師神秀，後居藍田化感寺，二十餘年未嘗出房宇之外，末住長安慈恩寺。《宋高僧傳》卷九本傳說："神秀禪門之傑，雖有禪行得帝王重之無以加者，而未嘗聚徒開法也。洎乎普寂，始於都城傳教，二十餘載，人皆仰之。"

系曰：夫甘苦相傾，氣味殊致。甘不勝苦，則純苦乘時[1]；苦不勝甘，則純甘用事。如是則爲藥治病，偏重必離也。昔達磨没而微言絶，五祖喪而大義乖。秀也，拂拭以明心；能也，俱非而唱道。及乎流化北方，尚修練之勤；從是分歧南服，興頓門之說。由茲荷澤行於中土[2]，以頓門隔修練之煩，未移磐石；將絃促象韋之者，空費躁心。致令各親其親，同黨其黨，故有盧奕之彈奏，神會之徙遷[3]，伊蓋施療專其一味之咎也，遂見甘苦相傾之驗矣。理病未效，乖競先成，祇宜爲法重人，何至因人損法。二弟子濯擊師足，洗垢未遑，折脛斯見[4]，其是之喻歟。

【注】

〔1〕乘時,佔上風。

〔2〕荷澤,指洛陽荷澤寺的神會。

〔3〕事見《神會傳》。

〔4〕脛,小腿。折脛斯見,意指各執一端。

選自《宋高僧傳》卷八《習禪篇》

法　　藏 (643—712)

釋法藏，字賢首，姓康，康居人也[1]。風度奇正，利智絕倫。薄遊長安，彌露鋒穎。尋應名僧義學之選，屬奘師譯經，始預其間。後因筆受、證義、潤文見識不同，而出譯場[2]。

【注】

[1] 法藏，出生於唐都長安（今西安市），祖父是康居國寄寓長安的僑民，父親被唐朝贈與左衛中郎將官職。因爲他是康居僑裔，按當時對待外國譯師的慣例，在他們名字上冠以原國名，稱之爲康法藏。康居，今烏兹別克斯坦撒馬爾罕一帶。

[2] 奘師，即玄奘。筆受，佛經主譯人的助手（下同），用筆寫下譯文。證義，檢查譯文是否符合原意。潤文，負責文字加工。按：上述記載，不見於續法的《法界宗五祖略記·三祖賢首國師傳》和崔致遠的《唐大薦福寺故寺主翻經大德法藏和尚傳》，有人從玄奘圓寂時（622）法藏纔二十二歲且尚未正式出家及玄奘譯場組織之嚴密等史實，對此提出疑問。參見談壯飛：《法藏評傳》(《中國古代著名哲學家評傳》續編三）。

至天后朝傳譯，首登其數[1]。實叉難陀齎《華嚴》梵夾至[2]，同義净[3]、復禮譯出新經。又於義净譯場，與勝莊、大儀證義。

【注】

〔1〕武則天組織翻譯八十卷《華嚴經》,法藏參與譯事。天后朝,即武則天稱帝時期(684—704)。

〔2〕實叉難陀(652—710),于闐(今新疆和田一帶)人。應武則天之請,攜帶廣本《華嚴經》梵本來至洛陽。除譯出八十卷《華嚴經》外,還譯出《大乘入楞伽經》等一十九部一百零七卷。

〔3〕義净(635—713),俗姓張,齊州(今山東歷城)人,一説范陽(今北京城西南)人。曾往印度求法(671—695),帶回梵本經、律、論約四百部。回國後,在洛陽、長安主持譯事,先後譯出經、律、論共六十一部,二百三十九卷。著有《南海寄歸内法傳》和《大唐西域求法高僧傳》。爲中國佛教四大譯經家之一。

　　昔者,敦煌杜順傳《華嚴法界觀》[1],與弟子智儼講授此晉譯之本[2],智儼付藏。藏爲則天講新《華嚴經》[3],至天帝網義十重玄門[4]、海印三昧門[5]、六相和合義門[6]、普眼境界門[7],此諸義章皆是《華嚴》總别義網。帝於此茫然未决,藏乃指鎮殿金師子爲喻,因撰義門,徑捷易解,號《金師子章》,列十門總别之相[8],帝遂開悟其旨。又爲學不了者設巧便,取鑒十面,八方安排,上下各一,相去一丈餘,面面相對,中安一佛像,燃一炬以照之,互影交光,學者因曉刹海涉入無盡之義[9]。藏之善巧化誘,皆此類也。

【注】

〔1〕杜順(557—640),即法順,俗姓杜,故稱"杜順和尚",雍州萬年(今陝西西安)人。唐太宗曾召入宫,賜號"帝心"。著有《華嚴五教止觀》、《華嚴法界觀門》等。被推爲華嚴宗初祖。《華

嚴法界觀》,即《華嚴法界觀門》。

〔2〕智儼(602—668),亦稱"至相大師"、"雲華尊者",華嚴宗二祖。俗姓趙,天水(今屬甘肅)人。著作有《華嚴一乘十玄門》、《華嚴五十要問答》、《華嚴搜玄記》、《華嚴孔目章》等。晉譯之本,東晉佛陀跋陀羅(359—429)所譯六十卷《華嚴經》。

〔3〕新《華嚴經》,即法藏輔助實叉難陀譯的八十卷本的《華嚴經》。

〔4〕天帝網義十重玄門,華嚴宗的基本教義之一。亦稱"十玄緣起",屬於華嚴宗所提出的"四法界"中的"事事無礙法界"。此說首創於智儼,稱"古十玄";完成於法藏,稱"新十玄"。法藏的"十玄"說亦迭經變動,在《華嚴金師子章》中,十玄是：(1)同時具足相應門；(2)諸藏純雜具德門；(3)一多相容不同門；(4)諸法相即自在門；(5)秘密隱顯俱成門；(6)微細相容安立門；(7)因陀羅網境界門；(8)託事顯法生解門；(9)十世隔法異成門；(10)唯心回轉善成門。天帝網,印度神話中帝釋天宮殿中裝飾的珠網,珠光交相映現,重疊無窮。用以比喻宇宙萬事萬物彼此之間互相圓融、互相包含和無窮無盡的關係。

〔5〕海印三昧門,華嚴宗作為宗教實踐的觀法。華嚴宗以海印三昧作為《華嚴經》所依之定。據法藏《修華嚴奧旨妄盡還源觀》："言海印者,真如本覺也。妄盡心澄,萬象齊現,猶如大海,因風起浪,若風止息,海水澄清,無象不現。"

〔6〕六相和合義門,即"六相圓融"。華嚴宗的基本教義之一,用以說明整體與部分、同一與差異、生成與毀壞這三對矛盾皆處於互相依存、互相交滲的狀態中。一切現象雖然各有自性,但又都可以融合無間,完全没有差別。六相是：總相和別相、同相和異相、成相和壞相。

〔7〕普眼境界門,《華嚴經》所說之法門。謂法界諸法,一具一切,普遍圓融,謂之普法。見此普法名普眼。

〔8〕金師子，即金獅子。十門總別之相，即"十玄門"和"六相圓融"。
〔9〕刹海，水陸。刹，梵語，譯作土田。

其如宣翻之寄[1]，亦未能舍，蓋帝王歸信，緇伍所憑之故[2]。洎諸梵僧罷譯，帝於聖曆二年己亥十月八日[3]，詔藏於佛授記寺講大經。至《華藏世界品》[4]，講堂及寺中地皆震動，都維那僧恒景具表聞奏[5]。敕云："昨請敷演微言，闡揚秘賾。初譯之日，夢甘露以呈祥；開講之辰，感地動以標異。斯乃如來降迹，用符九會之義[6]，豈朕庸虛，敢當六種之震[7]？披覽來狀，欣愓於懷"云[8]。其爲帝王所重，實稱非虛。所以華嚴一宗付授澄觀[9]，推藏爲第三祖也。著《般若心經疏》，爲時所貴，天下流行。復號康藏國師是歟。

【注】

〔1〕宣翻之寄，宣講翻譯的使命。寄，委託。
〔2〕緇伍，僧衆。緇，黑色。
〔3〕聖曆，武則天年號（698—700）。
〔4〕《華藏世界品》，八十卷《華嚴經》第一會第五品。
〔5〕都維那，即維那。寺院三綱之一，管僧衆庶務。恒景（634—712），《華嚴懸談會玄記》卷三十八作弘景，避宋諱，《宋高僧傳》卷五改爲恒景。
〔6〕九會之文，即《華嚴經》。唐譯八十卷《華嚴經》由九會構成，九會是：(1)《寂滅道場會》；(2)《普光法堂會》；(3)《忉利天宮會》；(4)《夜摩天宮會》；(5)《兜率天宮會》；(6)《他化天宮

會》;(7)《重會普光法堂》;(8)《三重會普光法堂》;(9)《逝多園林會》。

〔7〕六種之震,即六種震動,佛用神通力引起大地震動而使衆生歸敬。據唐譯《華嚴經》卷五,六種震動是:動、起、湧、震、吼、擊。
〔8〕欣惕,欣,歡欣;惕,戒懼。
〔9〕澄觀(738—839),本書有傳。

選自《宋高僧傳》卷五《義解篇》

慧　　能 (638—713)

　　釋慧能,姓盧氏,南海新興人也[1]。其先本居范陽[2],厥考諱行瑫[3],武德中流于新州百姓,終於貶所。略述家系,避盧亭島夷之不敏也[4]。貞觀十二年戊戌歲生能也,純淑迂懷,惠性間出,雖蠻風獠俗[5],漬染不深,而詭行么形[6],駁雜難測。

【注】
〔1〕南海新興,今廣東新興縣。
〔2〕范陽,今河北涿州。
〔3〕厥考,他的父親。
〔4〕盧亭,人名,不詳。島夷,南北朝時北人對南人的貶稱。
〔5〕蠻,野蠻,蠻橫。獠,同"獠",兇惡貌。蠻風獠俗,古代對南方少數民族風俗習慣的蔑稱。
〔6〕詭,怪異。么,細。詭行么形,怪異的舉止和矮小的身材。慧能有語:"吾形不揚,北土之人見斯短陋,或不重法。"(見本書《神秀》傳)。

　　父既少失,母且寡居,家亦屢空,業無胦產,能負薪矣,日售荷擔。偶聞鄽肆間誦《金剛般若經》[1],能凝神屬垣[2],遲遲不去。問曰:"誰邊受學此經?"曰:"從蘄州黃梅馮茂山忍禪師[3],勸持此法,云即得見性成佛也。"能聞是説,若渴夫之飲寒漿也。忙歸備所須,留奉親老。

【注】

〔1〕鄽,同"里",鄉鎮。肆,市場。《金剛般若經》,全稱《金剛般若波羅蜜經》,姚秦鳩摩羅什譯,一卷。異譯本有:北魏菩提流支和南朝陳真諦的同名譯本、唐玄奘譯《能斷金剛般若波羅蜜多經》(《大般若經》第九會)、唐義净譯《能斷金剛般若波羅蜜多經》。法海本《六祖壇經》説:"忽有一客買柴,遂令惠能送至官店,客將柴去,惠能得錢,却向門前。忽見一客讀《金剛經》,惠能一聽,心明便悟……"由此可知慧(又作"惠")能是在官店聽人誦經的。

〔2〕屬垣,以耳附墻竊聽。

〔3〕蘄州黃梅,今湖北黃梅縣。馮茂山,法海本《六祖壇經》作"馮墓山"。忍,弘忍(602—675)姓周氏,家寓淮左潯陽(今江西九江),一説黃梅人。七歲隨道信禪師出家,受具足戒,後定居黃梅雙峰山東山寺,聚徒講習。從他開始,禪宗傳教改用《金剛經》,而不再用《楞伽經》,後世尊爲禪宗五祖。《宋高僧傳》卷八有傳。

　　咸亨中[1],往韶陽,遇劉志略。略有姑無盡藏恒讀《涅槃經》,能聽之,即爲尼辨析中義,怪能不識文字,乃曰:"諸佛理論,若取文字,非佛意也。"尼深嘆服,號爲行者。有勸於寶林古寺修道,自謂己曰:"本誓求師,而貪住寺,取乎道也,何異却行歸舍乎?"明日遂行,至樂昌縣西石窟,依附智遠禪師[2],侍座談玄。遠曰:"行者迨非凡常之見龍,吾不知,吾不知之甚矣。"勸往蘄春五祖所印證去[3],"吾終於下風請教也"。未幾造焉。忍師睹能氣貌不揚,試之曰:"汝從何至?"對曰:"嶺表來參禮,唯求作佛。"忍曰:"嶺南人無佛性。"慧能曰:"人有南北,佛性無南北[4]。"曰:"汝作何功德?"曰:"願竭力抱石而舂,供衆而已[5]。"如是勞乎井臼,率净人而在先[6],了彼死生,與涅槃而平等。

【注】

〔1〕咸亨,唐高宗年號(670—674)。

〔2〕智遠,《宋高僧傳》無傳,事迹不詳。

〔3〕印證,同"印可",贊成、許可之意。

〔4〕本傳上述慧能參弘忍一節的記載,與唐法海本《壇經》略有出入。《壇經》作:"弘忍和尚問惠能曰:'汝何方人?來此山禮拜吾。汝今向吾邊復求何物?'惠能答曰:'弟子是嶺南人,新州百姓,今故遠來禮拜和尚,不求餘物,唯求作佛。'大師遂責惠能曰:'汝是嶺南人,又是獦獠,若爲堪作佛!'惠能答曰:'人即有南北,佛性即無南北。獦獠身與和尚不同,佛性有何差別?'"佛典中"慧"與"惠"通用,故慧能亦作"惠能"。

〔5〕法海本《壇經》無此番對答,但云:"大師欲更其共語,見左右在傍邊,大師更不言,遂發遣惠能令隨衆作務。時有一行者,遂遣惠能於碓房,踏碓八箇餘月。"

〔6〕净人,指在寺院從事勤雜勞務的俗人。

忍雖均養[1],心何辨知,俾秀唱予,致能和汝[2]。偈辭在壁,見解分歧,揭扉不同,淺深斯別[3]。忍密以法衣寄託曰:"古我師轉相付授,豈徒爾哉!嗚呼!後世受吾衣者,命若懸絲,小子識之。"

【注】

〔1〕均養,平等培育。

〔2〕俾秀唱予,使得神秀唱隨於我。致能和汝,引導慧能跟從於你。

〔3〕據法海本《壇經》記載,弘忍令門人各作一偈,以定法衣的傳付。門人謂神秀是上座教授師,得法必是他,故不敢呈偈。神秀作偈云:"身是菩提樹,心如明鏡臺,時時勤拂拭,莫使有塵埃。"弘忍謂:"凡夫依此偈修行,即不墮落;作此見解,若覓無上菩提,即未可得。須入得門,見自本性。"惠能聞後,更作一偈,請人題於壁上,云:"菩提本無樹,明鏡亦非臺,佛性常清浄,何處有塵埃?"弘忍夜至三更,爲惠能説《金剛經》,傳頓法及衣。

能計迴生地,隱於四會、懷集之間,漸露鋒穎。就南海印宗法師涅槃盛集,論風幡之語[1],印宗辭屈而神伏,乃爲其削椎髻於法性寺,智光律師邊受滿分戒[2],所登之壇,即南宋朝求那跋摩三藏之所築也[3]。跋摩已登果位[4],懸記云[5]:"後當有肉身菩薩於斯受戒。"又梁末真諦三藏於壇之畔,手植菩提樹,謂衆曰:"種此後一百二十年,有開士於其下説無上乘,度無量衆。"至是能爰宅於兹,果於樹陰開東山法門[6],皆符前識也。

【注】

〔1〕上述有關慧能隱於四會、懷集兩縣之間和"風幡"之語的記載,

當是根據唐惠昕本《壇經》,法海本無之。惠昕本《壇經》説:"惠能後至曹溪,又被惡人尋逐,乃於四會縣避難。經五年,常在獵人中。雖在獵中,時與獵人説法。至高宗朝,到廣州法性寺,值印宗法師講《涅槃經》。時有風吹旛動,一僧云旛動,一僧云風動。惠能云:'非旛動風動,人心自動。'印宗聞之竦然。"印宗,姓印氏,吳郡人。從師誦通經典,最精《涅槃》,曾從弘忍諮受禪法。著《心要集》,收録起梁至唐天下諸達語言。又纂百家諸儒士三教中表明佛法的文章,結集流佈。《宋高僧傳》卷四有傳

〔2〕智光,事迹不詳。滿分戒,"具足戒"的别稱,又稱"大戒",因與沙彌、沙彌尼所受十戒相比,戒品具足,故稱。據《四分律》,比丘須受戒二百五十條,比丘尼須受戒三百四十八條。

〔3〕求那跋摩(367—431),意譯"功德鎧",原爲罽賓國王子,刹帝利种姓。年二十出家受戒,洞明九部,博曉四含,劉宋元嘉元年(424)到廣州,八年至建業,譯《菩薩善戒經》、《曇無德羯磨》(亦云《四分比丘尼羯磨法》)、《善信二十二戒》等十部十八卷。《高僧傳》卷三有傳。

〔4〕果位,指按佛法修行而得到的某種結果。

〔5〕懸記,宗教預言。

〔6〕東山法門,指禪宗四祖道信、五祖弘忍在黄梅馮茂山(亦稱"東山")創導的禪法。

　　上元中[1],正演暢宗風,慘然不悦。大衆問曰:"胡無情緒耶?"曰:"遷流不息,生滅無常,吾師今歸寂矣。"凶赴至而信,乃移住寶林寺焉。時刺史韋璩命出大梵寺[2],苦辭,入雙峰曹侯溪矣。大龍倏起,飛雨澤以均施。品物攸

滋,逐根荄而受益[3]。五納之客[4],擁塞於門,四部之賓[5],圍遶其座。時宣秘偈,或舉契經[6],一切普熏,咸聞象藏[7],一時登富,悉握蛇珠[8]。皆由徑途,盡歸圓極。所以天下言禪道者,以曹溪爲口實矣。

【注】

〔1〕上元,唐肅宗年號(760—761)。

〔2〕著名的《壇經》,就是慧能應韋璩之請,在大梵寺説法的記錄。法海本《壇經》開卷便是:"惠能大師,於大梵寺講堂中,昇高座,説摩訶般若波羅密法,授無相戒。……刺史遂令門人法海集記,流行後代。"

〔3〕荄,草根。

〔4〕五納,五納衣,用五種顏色碎布綴納而成的衣服,僧人穿着。

〔5〕四部,四部弟子,又稱"四衆",指比丘、比丘尼、優婆塞(在家的男信徒)、優婆夷(在家的女信徒)。

〔6〕契經,梵言"素呾纜",指稱當人情、契合法相的經文。

〔7〕普熏,指熏染佛法的人。象藏,指佛滅度後象法時期的教説。

〔8〕登富,指頓悟佛法的人。蛇珠,指珠寶,《大智度論》卷八有"黑蛇而抱摩尼珠卧"的説法。

泊乎九重下聽,萬里懸心,思布露而奉迎,欲歸依而適願。武太后、孝和皇帝,咸降璽書,詔赴京闕,蓋神秀禪師之奏舉也。續遣中官薛簡往詔,復謝病不起。子牟之心[1],敢忘鳳闕,遠公之足[2],不過虎溪,固以此辭,非邀君也。遂賜摩納袈裟一緣、鉢一口、編珠織成經巾、綠質紅暈花綿巾、絹五百匹,以充供養云。又舍新興舊宅爲國恩寺焉。神龍三年[3],敕韶州可修能所居寺佛殿并方丈,務從嚴飾,賜改額曰法泉也。

【注】
〔1〕子牟,不詳。
〔2〕遠公,東晉慧遠。
〔3〕神龍,唐中宗年號(705—706)。神龍三年,即景龍元年(707)。

延和元年七月[1],命弟子於國恩寺建浮圖一所,促令速就。以先天二年八月三日俄然示疾[2],異香滿室,白虹屬地,飯食訖,沐浴更衣,彈指不絕,氣微目瞑,全身永謝。爾時山石傾墮,川源息枯,鳥連韻以哀啼,猿斷腸而叫咽,或唱言曰:"世間眼滅,吾疇依乎?"春秋七十六矣。以其年十一月遷座於曹溪之原也。

【注】
〔1〕延和,唐睿宗年號(712)。
〔2〕先天,唐玄宗年號(712)。先天二年,當指開元元年(713)。

弟子神會,若顔子之於孔門也,勤勤付囑,語在《會傳》。會於洛陽荷澤寺崇樹能之真堂,兵部侍郎宋鼎爲碑焉。會序宗脈,從如來下西域諸祖外,震旦凡六祖[1],盡圖繢其影,太尉房琯作《六葉圖序》。又以能端形不散,如入禪定,後加漆布矣。復次蜀僧方辯塑小樣真,肖同疇昔[2]。能曾言:"吾滅後,有善心男子必取吾元,汝曹勿怪。"或憶是言，加鐵環纏頸焉。開元十一年，果有汝州人，受新羅客購，潛施刃其元，欲函歸海東供養，有聞擊鐵聲而擒之。其塔下葆藏屈眴，布鬱多羅僧[3]，其色青黑，碧縑複袷[4]，非人間所有物也。屢經盜去，迷倒却行，而還襯之。

【注】

〔1〕禪宗所尊的震旦（即東土）六祖是：菩提達磨、慧可、僧粲、道信、弘忍、慧能。
〔2〕疇昔，往昔。
〔3〕屈眴布，大細布，又稱"第一布"，用木綿華心織成。鬱多羅僧，梵音，意譯"上衣"，用七條布縫制而成，僧人三衣中的常服衣。屈眴布鬱多羅僧，即菩提達磨所傳的法衣。
〔4〕碧縑複袷，青綠色的雙絲細絹做的衣領。

　　至德中[1]，神會遣弟子進平，送牙癢和一柄。朝達名公所重，有若宋之問謁能著長篇[2]，有若張燕公説寄香十斤并詩[3]，附武平一至[4]。詩云："大師捐世去，空留法身在。願寄無礙香，隨心到南海。"武公因門人懷讓鑄巨鐘[5]，爲撰銘贊，宋之問書。次廣州節度使宋璟來禮其塔[6]，問弟子令韜無生法忍義[7]。宋公聞法歡喜，向塔乞示徵祥。須臾，微風漸起，異香襲人[8]，陰雨霏霏，只周一寺耳。稍多奇瑞，諠繁不錄[9]。

【注】

〔1〕至德，唐肅宗年號（756—757）。

〔2〕宋之問(約656—712),一名少連,字延清,唐汾州人,一説虢州弘農人,上元進士,官至考功員外郎。工詩,對律詩體制的定型頗有影響。明人輯有《宋之問集》。

〔3〕張燕公説,即張説(667—730),字道濟,一字説之,唐洛陽人。武則天時,應詔對策,得乙等,授太子校書。中宗時,任黄門侍郎等職。睿宗時,進同中書門下平章事。玄宗時,任中書令,封燕國公。擅長文辭,亦能詩。有《張燕公集》傳世。

〔4〕武平一,人名。

〔5〕懷讓(677—744),俗姓杜,金州安康人。弱冠詣荆南玉泉寺恒景律師出家,又到嵩山慧安處學禪,後往曹溪謁慧能。得法後,住南嶽般若寺觀音臺,弘揚慧能學説,開南岳一系(後演爲溈仰、臨濟宗)。《宋高僧傳》卷九有傳。

〔6〕宋璟(663—737),唐邢州南和人,調露元年(679)進士。累官至御史臺中丞,爲武則天所重。睿宗時升任宰相,後因奏請太平公主出居東都,被貶職。開元中任相五年。

〔7〕令韜,《宋高僧傳》無專傳。無生法忍,即"無生法",與涅槃、實相,法性等含義相同。

〔8〕裹,侵襲。

〔9〕逭,避。

後肅宗下詔能弟子令韜,韜稱疾不赴,遣明象賷傳法衣鉢[1],進呈畢給還,憲宗皇帝追謚曰大鑒。塔曰元和正真也。迨夫唐季劉氏稱制番禺[2],每遇上元燒燈[3],迎真身入城[4],爲民祈福。大宋平南海後,韶州盜周思瓊叛換,盡焚其寺塔,將延燎平時肉身,非數夫莫舉,煙熛向逼,二僧對舁,輕如夾紵像焉[5]。太平興國三年[6],今上敕重建塔,改爲南華寺矣。

【注】

〔1〕明象,慧能弟子。
〔2〕劉氏稱制番禺,指劉龑(889—942),在廣州建立的南漢國。番禺,今廣州市南。
〔3〕上元,舊以陰曆正月十五日爲上元節,其夜爲上元夜,也叫"元宵"。燒燈,點燈觀賞。
〔4〕真身,指裹紵漆的慧能遺體。
〔5〕紵像,用紵麻織成的人像。
〔6〕太平興國,宋太宗年號(976—983)。

系曰:五祖自何而識一介白衣,便付衣耶? 通曰:一言知心,更無疑貳,況復記心輪間,如指之掌。忍師施一味法,何以在家受衣鉢乎? 秀師則否。通曰:是法寧選緇白,得者則傳。周封諸侯乃分分器,同姓異姓別也。以祖師甄別精粗,以衣爲信,譬如三力士射堅洛叉,一摩健那射則中而不破,二鉢羅塞建提破而不度,三那羅延箭度而復穿餘物也[1]。非堅洛叉有强弱,但由射勢力不同耳。南能可謂那羅延射而獲賞焉。信衣至能不傳[2],莫同夏禹之家天下乎? 通曰:忍言,受傳衣者命若懸絲,如是忍之意也。又會也稟祖法則有餘[3],行化行則不足,故後致均部之流[4],方驗能師之先覺,不傳無私恪之咎矣。故曰:知人則哲也,吁!

【注】

〔1〕堅洛叉,或爲布一類物品。摩健那,鉢羅塞建提,那羅延,均爲

印度傳說中的神。

〔2〕信衣,指菩提達磨作爲傳法憑證的袈裟。

〔3〕會,神會。

〔4〕均部,即均州,今湖北丹江口市均縣鎮。後致均都之流,指的是神會。唐玄宗天寶年間,神會在洛陽大闡慧能南宗之旨,被北宗門下與普寂交厚的御史盧奕誣奏,貶往均州。

選自《宋高僧傳》卷八《習禪篇》

玄　　覺 (665—713)

　　釋玄覺,字明道,俗姓戴氏,漢末祖侃公第五燕公九代孫[1],諱烈,渡江乃爲永嘉人也[2]。總角出家,韶年剃髮[3],心源本净,智印全文[4],測不可思[5],解甚深義。我與無我[6],恒常固知;空與不空[7],具足皆見,既離四病[8],亦服三衣。德水沐其身,所以清净;良藥治其眼,所以光明。兄宣法師者,亦名僧也,并猶子二人[9],並預緇伍。

【注】

[1] 祖侃公第五,當是"祖侃公第五子",脱"子"字。
[2] 永嘉,今浙江永嘉縣。
[3] 總角,束髮結髻。韶,脱去乳齒,長出恒齒。總角、韶年,均指童年。
[4] 智印全文,智德與三藏印契。楊億《無相大師行狀》説:"卯歲出家,遍探三藏,精天台止觀圓妙法門,於四威儀中,常冥禪觀。"
[5] 測不可思,能觀察常人不能用心考索和以言表達的深妙的事理。
[6] 我,梵音"阿特曼",原意爲"呼吸"。婆羅門教、印度教中指個體靈魂和世界靈魂,或宇宙統一的原理。佛教中,指"生命"、"自己"、"身體",即支配人和事物的内部主宰者。無我,指人

和事物無獨立自在的實體。

〔7〕空,梵音"舜若",佛教中指事物的虛幻不實,或理體的空寂明淨。不空,指事物的恒常真實。

〔8〕四病,指作病(生心造作)、任病(隨緣任性)、止病(止妄即真)、滅病(寂滅根塵)。

〔9〕猶子,兄弟之子,侄子。

覺本住龍興寺。一門歸信,連影精勤,定根確乎不移[1]。疑樹忽焉自壞[2],都捐我相[3],不污客塵[4]。睹其寺旁別有勝境,遂於巖下自構禪庵。滄海湯其胸,青山拱其背,蓬萊仙客,歲月往還,華蓋烟雲,晨昏交集。粵若功德成就[5],佛寶鬱興,神鐘震來,妙屋化出。覺居其間也,絲不以衣,耕不以食,豈伊莊子大布爲裳,自有阿難甘露作飯[6]。

【注】

〔1〕根,梵語中指"能生"、"增上"。定根,使心止於一境而不散失,與信根、精進根、念根、慧根,統稱爲"五根"。

〔2〕疑樹,產生疑惑的根源。

〔3〕我相,實我的相狀。與人相、衆生相、壽相,並稱"我人四相"。

〔4〕客塵,外界事物。

〔5〕粵若,好比。

〔6〕阿難,全稱"阿難陀",意譯"歡喜"、"慶喜"等,釋迦牟尼叔父斛飯王之子,釋迦牟尼的堂弟。釋迦回鄉時,跟從出家,侍事二十五年,爲釋迦"十大弟子"之一。相傳佛教第一次結集,由他誦出經藏。

覺以獨學孤陋,三人有師,與東陽策禪師肩隨[1],遊方詢道,謁韶陽能禪師而得旨焉[2]。或曰:覺振錫繞庵答對[3],語在別錄[4]。至若神秀門庭遐征問法[5],然終得心於曹溪耳。既決所疑,能留一宿,號曰"一宿覺",猶"半偏清"也。

【注】

[1] 策禪師,慧能弟子,事迹不詳。

[2] 能禪師,慧能。

[3] 錫,錫杖。杖高與眉齊,頭有錫環,原爲僧人行路乞食時用,後來成爲佛教的一種法器。

[4] 楊億《無相大師行狀》的記載是:"初到,振錫攜瓶,繞祖三匝。祖曰:夫沙門者,具三千威儀、八萬細行,大德自何方而來,生大我慢。師曰:生死事大,無常迅速。祖曰:何不體取無生,了無速乎?曰:體既無生,了本無速。祖云:如是如是。於時大衆無不愕然,師方具威儀參禮,須臾告辭。祖曰:返太速乎?師曰:本自非動,豈有速耶?祖曰:誰知非動?曰:仁者自生分別。祖曰:汝甚得無生之意。曰:無生豈有意耶?祖曰:無意誰當分別?曰:分別亦非意。祖嘆曰:善哉!善哉!"

[5] 遐征問法,遠行咨稟佛法。

以先天二年十月十七日[1],於龍興別院端坐入定,怡然不動,僧侶悲號。以其年十一月十三日殯於西山之陽,春秋四十九。

【注】

[1] 先天二年,公元713年。

初,覺未亡前,禁足於西巖,望所在寺,喟然嘆曰:"人物駢闐[1],花輿蓊蔚[2],何用之爲?"其門人吴興興師、新羅宣師,數人同聞,皆莫測之。尋而述之曰:"昔有一禪師將諸弟子遊賞之次,遠望一山,忽而唱曰:人物多矣。弟子亦不測。後匪久,此師捨壽,殯所望地也。"西山去寺里有餘程,送殯繁擁,人物沸騰,其感動也若此。又,未終前,有舒雁千餘飛於寺西,侍人曰:此將何來?空中有聲云:爲師墓所,故從海出也。

【注】

〔1〕駢闐,聚集,盛多貌。
〔2〕花輿蓊蔚,花木薈萃。

弟子惠操、惠特、等慈、玄寂皆傳師之法,爲時所推[1]。後李北海邕爲守括州[2],遂列覺行錄爲碑,號神道焉。

覺唱道著明,修證悟入,慶州刺史魏靖都緝綴之[3],號《永嘉集》是也[4]。

【注】

〔1〕玄覺諸弟子,《宋高僧傳》無專傳。
〔2〕李北海邕,即李邕(678—747),字泰和,唐揚州江都人,李善之子。初爲諫官,歷任郡守,官至汲郡、北海太守,故又稱"李北海"。工文,善書,尤擅以行楷寫碑,取法二王(羲之、獻之)而有所創造,筆力沉雄,自成面目,對後世影響較大。明人輯有《李北海集》。

〔3〕魏靖《永嘉集序》説："靖往因薄宦，親承接足，恨未盡於方丈。俄赴京畿，自爾已來，幽冥遽隔，永慨玄眸積翳。"則魏靖曾親聞玄覺禪法。

〔4〕《永嘉集》今存。總有十篇：慕道志儀第一、戒憍奢意第二、净修三業第三、奢摩他頌第四、毗婆舍那頌第五、優畢叉頌第六、三乘漸次第七、理事不二第八、勸友人書第九、發願文第十。玄覺另有《永嘉證道歌》一首，用歌訣的體裁，通俗地宣傳佛義，影響頗大。朱熹在論證其"理一分殊"思想時所引用的"一月普現一切水，一切水月一月攝"即出自此歌。

初，覺與左溪朗公爲道契[1]，朗貽書招覺山栖，覺由是念朗之滯見於山，拘情於講，迴書激勸[2]，其辭婉靡，其理明白。俾其山世一如，喧静互用，趣入之意暗詮於是，達者趨之。終敕謚號無相，塔曰净光焉。

【注】

[1] 朗公，玄朗（673—754），天台宗八祖。字慧明，姓傅氏，唐烏傷人，九歲出家。如意元年（692）敕度住清泰寺，弱冠遠尋光州岸律師受具足戒，旋學律範。又博覽經論，搜求異同，尤切《涅槃》。曾到會稽妙喜寺，與印宗禪師商確禪要。又詣東陽天宫寺，從天台宗七祖慧威，研核天台教迹。後依恭禪師重修觀法，隱居左溪巖三十餘年。撰有《法華經科文》二卷。《宋高僧傳》卷二十六有傳。

[2] 玄覺致玄朗的答書，載於《永嘉集·勸友人書》。

選自《宋高僧傳》卷八《習禪篇》

司馬承禎（647—735）

　　道士司馬承禎，字子微，河内温人[1]。周晉州刺史、琅邪公裔玄孫[2]。少好學，薄於爲吏，遂爲道士。事潘師正[3]，傳其符籙及辟穀導引服餌之術[4]。師正特嘗異之，謂曰："我自陶隱居傳正一之法[5]，至汝四葉矣[6]。"承禎嘗遍遊名山，乃止於天台山[7]。則天聞其名，召至都，降手敕以贊美之。及將還，敕麟臺監李嶠餞之於洛橋之東[8]。

【注】

〔1〕河内，一稱懷州，唐時郡名。温，今屬河南。《新唐書》作"洛州温人"。洛州，唐時州名。開元元年（713），改洛州爲河南府。温縣，當爲先隸河内，後屬洛州。

〔2〕周，即北周，北朝之一（557—581），都長安，宇文氏建立。晉州，北魏至唐州名，治白馬城（今山西臨汾）。琅邪公裔，即司馬裔，字遵引，北周温人。由北魏入北周，官至西寧州刺史，封於琅邪。輕財好施，身死之日，家無餘財。玄孫，第五代孫。

〔3〕潘師正（585—682），唐趙州贊皇（今屬河北）人，一説貝州宗城（在今河北威縣東）人。清静寡欲，不慕權勢名利。隋煬帝大業（605—618）年間，師事著名道士王遠知，得其術。居於嵩山逍遥谷。唐高宗至洛陽，召見與語，問其所須。對曰："所須松樹清泉，山中不乏"，乃歸還山中。

〔4〕符籙，道士用以驅使鬼神、鎮魔壓邪的似字非字的圖形。辟穀，不食五穀。導引，又作遵引，古代醫家的一種養生術。以呼吸俯仰、屈伸手足的氣功，來流通氣血，增進健康。服餌，服食丹藥靈芝等。以上均爲道教的修煉方法。

〔5〕陶隱居，即陶弘景，本書有傳。正一之法，道家以一爲永恒不變的世界本源。正一之法，修煉得一的法術。

〔6〕四葉，四代。指自陶弘景，中經王遠知、潘師正，至司馬承禎。

〔7〕天台山，在浙東天台、奉化、寧海、新昌間，形勢高大。"山有八重，四面如一，當斗牛之分，上應台宿，故曰天台。"（陶弘景《真誥》）

〔8〕李嶠，字巨山，贊皇（今屬河北）人。武后時，官至給事中。狄仁傑爲來俊臣所誣下獄，李嶠爲之平反。其後，時升時貶，卒於玄宗時。嶠富才思，善長文辭，前接王勃、楊炯，中與崔融、蘇味道齊名，晚爲文章宿老。朝廷文件，多出其手，學者取法。清人集其遺文，編入《全唐文》第二百四十二卷至第二百四十九卷。

景雲二年〔1〕，睿宗令其兄承褘就天台山追之至京，引入宮中，問以陰陽術數之事〔2〕。承禎對曰："《道經》之旨：'爲道日損，損之又損，以至於無爲〔3〕。'且心目所知見者，每損之尚未能已，豈復攻乎異端，而增其智慮哉！"帝曰："理身無爲，則清高矣。理國無爲，如何？"對曰："國猶身也。《老子》曰：'遊心於澹，合氣於漠，順物自然而無私焉，而天下理〔4〕。'《易》曰：'聖人者，與天地合其德〔5〕。'是知天不言而信，不爲而爲。無爲之旨，理國之道也。"睿宗嘆息曰："廣成之言〔6〕，即斯是也。"承禎固辭還山，仍賜寶琴一張及霞紋帔而遣之[7],朝中詞人贈詩者百餘人[8]。

【注】
〔1〕景雲,唐睿宗年號(710—711)。
〔2〕術數,又稱"數術"。數是氣數,術爲方術,包括天文、曆譜、五行、蓍龜、雜占、形法和六壬命相、起課、堪輿、占候、卜筮等。以觀察自然現象,來推測國家和個人的氣數和命運。
〔3〕見《老子》第四十八章。
〔4〕此非《老子》之語,乃《莊子》之論。《應帝王》:"汝遊心於澹,合氣於漠,順物自然而無容私焉,而天下治矣。"(王先謙《莊子集解》)。
〔5〕語在《易·乾卦·文言》。聖人,原作大人。與天地合其德,指"觀象於天,觀法於地","近取諸身,遠取諸物","以通神明之德,以類萬物之情"(《易·繫辭傳下》)。
〔6〕廣成,即廣成子。傳說黃帝向他問道,答以無爲。
〔7〕霞紋帔,有雲霞紋飾的披肩。
〔8〕贈詩由李適發起,屬和者三百餘人。常侍徐彦伯選其美者二十餘篇編成一卷,並爲之序。

開元九年[1],玄宗又遣使迎入京[2],親受法籙,前後賞賜甚厚。十年,駕還西都[3],承禎又請還天台山,玄宗賦詩以遣之。十五年,又召至都。玄宗令承禎於王屋山自選形勝[4],置壇室以居焉。承禎因上言:"今五嶽神祠[5],皆是山林之神,非正真之神也。五嶽皆有洞府,各有上清真人降任其職[6],山川風雨,陰陽氣序,是所理焉。冠冕章服,佐從神仙,皆有名數[7]。請別立齋祠之所。"玄宗從其言,因敕五嶽各置真君祠一所[8]。其形象制度,皆令承禎推按道經[9],創意爲之。承禎頗善篆、隸書,玄宗令以三體寫《老子經》[10],因刊正文句,定著五千三百八十言爲真本[11],以奏上之。以承禎王屋所居爲陽臺觀,上自題額,遣使送之。賜絹三百匹,以充藥餌之用。俄又令玉真公主及光禄卿韋縚至其所居修金籙齋[12],復加以錫賚[13]。

【注】

〔1〕 開元,唐玄宗年號(713—741)。

〔2〕 玄宗(685—762),即李隆基,一稱唐明皇。初封臨淄王,景雲元年(710)與太平公主合謀,發動政變,殺韋后,擁其父睿宗爲帝,而己爲太子。延和元年(712)即位。開元年間(713—742),先後任用姚崇、宋璟爲相,社會安定繁榮,史稱"開元之治"。天寶年間(742—756)沉湎聲色,任用李林甫、楊國忠等人,朝政日趨腐敗,最後爆發"安史之亂"。次年逃往四川,太子亨(肅宗)即位,他被尊爲太上皇。至德二載末(758年初)回長安後,憂鬱而死。

〔3〕 西都,指長安,與東都洛陽對名。

〔4〕 王屋山,中條山分支,在山西桓曲和河南濟源等縣之間。形勝,地勢優越秀美的地方。

〔5〕 五嶽,指山東的東嶽泰山,湖南的南嶽衡山,陝西的西嶽華山,河北的北嶽恒山,河南的中嶽嵩山。

〔6〕 上清,與玉清、太清並稱"三清天"、"三清境",爲神仙所居的最高仙境。真人,指靈寶天尊,亦稱太上道君。

〔7〕 名數,名籍,名册。

〔8〕玄宗從其言,因敕五嶽各置真君祠一所,此事在何年,有二説：杜佑《通典》作開元九年（721），司馬光《資治通鑑》作開元十九年（731）。

〔9〕道經,指道教經典。

〔10〕三體,三種字體,即篆書、隸書和司馬承禎自創的金剪刀書。

〔11〕定著五千三百八十言爲真本,《道德經》各種版本字數不一,相差有五六百字。通行的河上公本,其北方本,以敦煌六朝唐寫本而言,有4 999字；其南方本,如日本室町期古寫本,爲5 302字。又如傅本爲5 556字,馬王堆乙本爲5 467字。司馬承禎除刊正《老子》文句,還著有：《修真精義雜論》、《服氣精義論》、《太上昇玄消災護命妙經頌》、《上清含象劍鑒圖》、《上清侍帝晨桐柏真人真圖贊》、《天隱子》、《坐忘論》、《上清天地宮府圖經》、《道體論》（以上今存）、《采服松葉等法》、《祠玄靈寶五嶽名山朝儀經》、《太上昇玄經注》、《修生養氣訣》、《登真係》、《修真秘旨》、《修真秘旨事目曆》等。又《全唐文》輯有《司馬承禎文》一卷,《全唐詩》輯有《司馬承禎詩》。

〔12〕玉真公主,即李持盈,唐睿宗女,玄宗姊妹。信奉道教,出家爲女冠。韋縚,萬年（今陝西臨潼）人。承家學,精通禮經,於當時禮儀多有訂正。開元時曾爲集賢修撰,歷官至太子少師。

〔13〕錫賚,賞賜。

是歲,卒於王屋山,時年八十九[1]。其弟子表稱："死之日,有雙鶴繞壇,及白雲從壇中湧出,上連於天,而師容色如生。"玄宗深嘆之,乃下制曰："混成不測[2],入寥自化[3]。雖獨立有象,而至極則冥。故王屋山道士司馬子微,心依道勝[4],理會玄遠,遍遊名山,密契仙洞。存觀其妙,逍遥得意之扬;亡復其根[5],宴息無何之境[6]。固以名登真格[7],位在靈官[8]。林壑未改,遐霄已曠[9],言念高烈,有愴於懷,宜贈徽章[10],用光丹籙。可銀青光禄大夫,號真一先生。"仍爲親制碑文。

【注】

[1] 時年八十九,據上下文,其卒於開元十五年。然李渤《真係·王屋山貞一司馬先生》説:"至二十三年告化時,八十九。"又《廟碣》説:"開元二十三年六月十八日卒。"疑《舊唐書》本傳有脱文。開元二十三年,是735年,他的生年,應爲貞觀二十一年(647)。
[2] 混成不測,道混沌幽冥。
[3] 入寥自化,道虚寂而又自然地發生變化。
[4] 心依道勝,心依精微的道。
[5] 根,本源。《老子》第十六章:"夫物芸芸,各復歸其根。"
[6] 無何,空無。
[7] 真格,仙籍。
[8] 靈官,仙官。
[9] 遐霄已曠,意指司馬承禎已昇入高遠的天界。
[10] 徽章,優美的詩文。

選自《舊唐書》卷一百九十二《隱逸》

李　　筌（唐代中期）

　　李筌，號達觀子。居少室山[1]，好神仙之道，常歷名山，博採方術。至嵩山虎口巖，得《黃帝陰符》本經[2]。素書朱漆，軸緘以玉匣。題云：大魏真君二年七月七日，上清道士寇謙之藏諸名山，用傳同好[3]。其本糜爛。筌抄讀數千遍，竟不曉其義理。因入秦，至驪山下，逢一老母，鬢髻當頂，餘髮半垂。弊衣扶杖，狀貌甚異。路旁見遺火燒樹，因自言曰："火生於木，禍發必剋。"筌驚而問之，曰："此《黃帝陰符》，老母何得而言之？"母曰："吾受此符，已三元六周甲子矣[4]。少年從何而得之？"筌稽首再拜，具告所得。母曰："少年顴骨貫於生門，命輪齊於日角，血腦未減，心影不偏。賢而好法神，勇而樂智真，是吾弟子也。然四十五，當有大厄困。"出丹書符一道，貫於杖端。令筌跪而吞之，曰："天地相保。"於是坐於石上，與筌說《陰符》之義。曰："《陰符》凡三百言。一百言演道，一百言演法，一百言演術。上有神仙抱一之道[5]，中有富國安民之法，下有強兵戰勝之術。皆内出心機，外合人事。觀其精微，《黃庭》八景不足以爲玄[6]，察其至要，經傳子史不足以爲文；任其巧智，孫、吳、韓、白不足以爲奇[7]，非有道之士，不可使聞之。故至人用之得其道，君子用之得其術，常人用之得其殃，識分不同也，如傳同好，必清齋而授之。有本者爲師,無本者爲弟子也。不得以富貴爲重,貧賤爲輕。違者奪紀二十。本命日誦七遍,益心機,加年壽。每年七月七日寫一本,藏於名山石巖中,得加筭。"久之,母曰:"日已晡矣。吾有麥飯,相與爲食。"袖中出一瓠,令筌谷中取水。既滿矣,瓠忽重百餘斤,力不能制而沉泉。及還,已失母所在,但留麥飯數升而已。筌食之,自此絶粒[8]。開元中,爲江陵節度副使、御史中丞。筌有將略,作《太白陰經》十卷[9]。又著《中台志》十卷[10]。時爲李林甫所排[11],位不大顯。意入名山訪道,後不知其所也。

【注】

[1] 少室山,在河南登封市北。與其東七十里的嵩山,合稱嵩嶽、中嶽。

[2] 《黄帝陰符經》,託名黄帝撰。經文三百八十四字,言虛無之道、修煉之數,時有精語。其文有云:"天之無恩而大恩生,迅雷裂風,莫不蠢然,制在氣。"認爲自然界的本源是無意志的氣。它的運動是"生者,死之根;死者,生之根。恩生於害,害生於恩"。人的意識與物質的關係,爲"心生於物,死於物,機在目"。人與自然的關係,爲"知自然之道不可違","觀天之道,執天之行,盡矣"。爲《黄帝陰符經》作注的有數十家。

[3] 關於寇謙之抄寫《陰符經》並藏之名山之事,見李筌《黄帝陰符經疏》。學者多以爲是僞託之詞,余嘉錫《四庫提要辨證》認爲"其事容或有"。

[4] 《太平廣記》卷六十三收曾慥《集仙傳·驪山姥》,其文云:"三元一周,計一百八十年,六周共計一千八十年矣。"甲子,指年。

[5] 抱一,道家謂道生一,故稱精思固守爲"抱一"。

〔6〕《黃庭》,即《黃庭經》,由内外《玉景經》組成,形成於魏晉間,由晉代魏華存撰爲定本。係"道教内丹派養生之書,注重五臟六腑,固精煉氣,以蘄神仙"(王明《黃庭經考》)。此外,尚有《黃庭遯甲緣身經》、《黃庭玉軸經》,亦爲養生修煉之書。

〔7〕孫,孫武,本書有傳。吳,吳起,本書有傳。韓,韓信(?—前196),淮陰(今屬江蘇)人,參加秦末農民起義。初屬項羽,後歸劉邦,被任爲大將,助劉邦滅項羽,建立漢朝。因功封楚王,後降爲淮陰侯,吕后誣以謀反,被殺。著有《兵法》三篇,今佚。白,白起(?—前257),又名公孫起,秦國郿(今陝西眉縣)人。昭王時官至大良造,善用兵,屢勝韓、魏、楚、趙,取七十餘城。長平之戰,坑趙降卒四十萬人。後與相國范雎不和,稱病不起,被逼自殺。

〔8〕絶粒,不吃糧食。《全唐文》卷三六一《黄帝陰符經疏序》説:"筌乃食麥飯而歸,漸覺不飢。至今能數日不食,亦能一日數食,氣力自倍。筌所注《陰符》,並依驪山母所説,非筌自能。後來同好,敬爾天機,不佞傳也。"曾慥《集仙傳·驪山姥》説:"因絶粒求道,注《陰符》,述《二十四機》,著《太白陰經》,述《中台志》、《閫外春秋》,以行於世。仕爲荆南節度副使、仙州刺史。"范攄《雲溪友議》卷上説:"李筌郎中爲荆南節度判官,集《閫外春秋》十卷。既成,自鄙之,曰:'常文也'。乃注《黄帝陰符經》,兼成大義。……筌後爲鄧州刺史。"上三文所載李筌絶粒之後的行事,與本傳所敍略有不同,可互相參證。

〔9〕《太白陰經》十卷,見録於《新唐書》卷五十九《藝文志》,全稱《神機制敵太白陰經》。傳世本有十卷,也有八卷,是一部兵書,也是一部哲學著作。《新唐書》同卷見録的有《集注陰符經》一卷,收太公、范蠡、鬼谷子、張良、諸葛亮、李淳風、李筌、李治、李銳、楊晟等人的注解。宋黄庭堅嘗跋其後云:"《陰符》

出於李筌。孰讀其文，知非黄帝書也。蓋欲其文奇古反，詭譎不經，蓋揉雜兵家語，又妄説太公、范蠡、鬼谷子、張良、諸葛亮訓之，尤可笑。惜不經柳子厚一掊擊也。"(《郡齋讀書志》卷十一)另有《驪山母傳陰符玄義》一卷，《注孫子》二卷(《郡齋讀書志》卷十四作"三卷"，並云："以魏武所解多誤，約歷代史，依遁甲，注成三卷。")，《青囊括》一卷，《六壬大玉帳歌》十卷。

〔10〕《中台志》十卷，見録於《新唐書》卷五十八《藝文志》，《郡齋讀書志》卷七介紹説："起殷周迄隋唐，纂輔相邪正之迹，分皇、王、霸、亂、亡五類，以爲鑒戒。唐相以李林甫、陳希烈附皇道。筌上元中自表，天寶初迫以綴名云。"《新唐書》同卷尚著録《閫外春秋》十卷，《直齋書録解題》卷十二介紹説："起周武王勝殷，止唐太宗擒竇建德。明君良將，戰爭攻取之事。天寶二年上之。"

〔11〕李林甫(？—752)，小字哥奴，唐宗室。主書畫，長於權術，開元末爲相，專權自恣。

選自《雲笈七籤》卷一百十二杜光庭《神仙感遇傳》

神　　會（686—760）

釋神會，姓高，襄陽人也[1]。年方幼學，厥性惇明，從師傳授五經，克通幽賾。次尋莊老，靈府廓然[2]。覽《後漢書》知浮圖之説[3]，由是於釋教留神，乃無仕進之意，辭親投本府國昌寺顥元法師下出家[4]。其諷誦羣經，易同反掌，全大律儀[5]，匪貪講貫[6]。

【注】

〔1〕襄陽，今屬湖北省。
〔2〕靈府，古時指精神之宅，亦即"心"。
〔3〕《後漢書》卷八十八《西域傳》説："天竺國，一名身毒，在月氏之東南數千里。俗與月氏同，而卑濕暑熱。其國臨大水，乘象而戰。其人弱於月氏，修浮圖道，不殺伐，遂以成俗。……（明帝）遣使天竺問佛道法，遂於中國圖畫形像焉。楚王英始信其術，中國因此頗有奉其道者。後桓帝好神數，祀浮圖、老子，百姓稍有奉者。後遂轉盛。"浮圖，佛陀的古譯。
〔4〕顥元，事迹不詳。
〔5〕全大律儀，備持戒律儀規。
〔6〕匪貪講貫，不喜歡講説。

聞嶺表曹侯溪慧能禪師盛弘法道，學者駿奔，乃敦善財南方參問[1]，裂裳裹足，以千里爲跬步之間耳。及見，能問會曰:"從何所來?"答曰:"無所從來。"能曰:"汝不歸去?"答曰:"一無所歸。"能曰:"汝太茫茫。"答曰:"身緣在路。"能曰:"由自未到。"答曰:"今已得到,且無滯留。"居曹溪數載,後遍尋名迹。開元八年,敕配住南陽龍興寺。續於洛陽大行禪法,聲彩發揮。

【注】

〔1〕敩,通"學"。善財,亦稱"善財童子"。《華嚴經·入法界品》中說,善財受文殊菩薩的教化,南行參訪五十三善知識(益人導化的師傅),最後遇到普賢菩薩,實現成佛的"行願"。

先是兩京之間皆宗神秀[1],若不淰之魚鮪附沼龍也[2]。從見會,明心六祖之風,蕩其漸修之道矣。南北二宗時始判焉。致普寂之門盈而後虛。

【注】

〔1〕兩京,各代指稱地不同。唐代稱京城長安和東都洛陽爲兩京。
〔2〕淰,水中驚走。不淰之魚鮪,不驚的魚羣。鮪,鱘、鰉的古稱。沼龍,小池裏的龍。

天寶中[1],御史盧奕阿比於寂,誣奏會聚徒,疑萌不利,玄宗召赴京。時駕幸昭應湯池,得對言理允愜,敕移往均部[2]。二年,敕徙荆州開元寺般若院住焉。

【注】

〔1〕天寶,唐玄宗年號(742—756)。

〔2〕均部,即均州,僧史中常將州稱爲部。

十四年,范陽安祿山舉兵内向,兩京版蕩[1],駕幸巴蜀。副元帥郭子儀率兵平殄,然於飛挽索然[2]。用右僕射裴冕權計,大府各置戒壇度僧,僧税緡謂之香水錢[3],聚是以助軍須。初,洛都先陷,會越在草莽[4],時盧奕爲賊所戮,羣議乃請會主其壇度。於時寺宇宮觀鞠爲灰燼,乃權創一院,悉資苫蓋[5],而中築方壇,所獲財帛頓支軍費。代宗、郭子儀收復兩京,會之濟用頗有力焉。

【注】
〔1〕版蕩,即"板蕩",混亂動蕩。兩京版蕩,指安祿山在發動叛亂的當年,攻陷洛陽,次年又攻入長安的情形。
〔2〕飛挽索然,指軍餉缺乏。
〔3〕緡,穿錢的繩子,亦指成串的錢,一千文爲一緡。税緡,納錢。唐代原有試經度僧制度,誦經合格者,給牒放度。唐肅宗至德元載(756),采用裴冕的建議以後,須先納錢後給度牒。佛史稱,"鬻牒始此"(見《佛祖統紀》卷四十)。
〔4〕會越在草莽,神會當時仍過着放逐的生活。
〔5〕苫,草編的覆蓋物。悉資苫蓋,全部依靠草編物覆蓋。

肅宗皇帝詔入内供養,敕將作大匠併工齊力,爲造禪宇於荷澤寺中是也。會之敷演,顯發能祖之宗風,使秀之門寂寞矣[1]。

上元元年[2],囑别門人,避座望空頂禮,歸方丈,其夜示滅。受生九十三歲矣,即建午月十三日也。遷塔於洛陽寶應寺,敕諡大師曰真宗,塔號般若焉。

【注】

〔1〕神會敷演顯發慧能宗風,抨擊神秀北宗"傳承是傍,法門是漸",主要是在唐開元年間。開元二十二年(734)正月十五日,神會在滑臺(今河南滑縣)大雲寺設無遮大會,與北宗崇遠法師大開辯論,文載《菩提達摩南宗定是非論》(獨孤沛集並序)。他所著的《顯宗記》(又名《頓悟無生般若頌》,有敦煌本)的思想内容,與《壇經》定慧品(見宗寶本)大致相同。另有《荷澤神會語錄》(唐珍寶等記),可視為其中、晚年的思想資料。

〔2〕上元元年,公元760年。

系曰:修其教不易其俗,齊其政不易其宜者,貴其漸也。會師自南徂北[1],行曹溪之法,洛中彌盛,如能不自異[2],外護已成[3],則可矣。況乎旁無力輪,人之多僻,欲無放逐,其可得乎?或曰:其過不多,何遽是乎?通曰:犯時之忌,罪不在大。失其所適,過不在深。後之觀此,急知時事歟。是以佛萬劫學化行者[4],知化行難耳,無令固己而損法,慎之哉[5]!

【注】

〔1〕徂,往,到。

〔2〕如能不自異,與慧能自己説法没有什麽區别。

〔3〕外護,指族親檀越(施主),供衣服飲食。與内護(防身口意之非的戒法)相依。外護已成,指神會在洛陽得到了許多王公士庶的尊信。

〔4〕劫,亦稱"劫波",意譯"大時",這一大時中包括着無數年歲。萬劫,指極爲久遠的時間。

〔5〕本傳所載神會事迹與宗密《圓覺大疏鈔》卷三之中,稍有不同。據宗密所言,神會到洛陽是在天寶四載(745),被御史盧奕誣奏後貶逐是在天寶十二載(753)。

選自《宋高僧傳》卷八《習禪篇》

吴　　筠（？—778）

　　吴筠，魯中之儒士也。少通經，善屬文，舉進士不第[1]。性高潔，不奈流俗[2]，乃入嵩山[3]，依潘師正爲道士[4]，傳正一之法[5]，苦心鑽仰，乃盡通其術。開元中，南遊金陵，訪道茅山[6]。久之，東遊天台。筠尤善著述，在剡與越中文士爲詩酒之會[7]，所著歌篇，傳於京師。玄宗聞其名，遣使徵之。既至，與語甚悦，令待詔翰林。帝問以道法，對曰："道法之精，無如五千言，其諸枝詞蔓説，徒費紙札耳。"又問神仙修煉之事，對曰："此野人之事，當以歲月功行求之，非人主之所宜適意。"每與緇黄列坐[8]，朝臣啓奏，筠之所陳，但名教世務而已，間之以諷詠，以達其誠。玄宗深重之。

【注】

〔1〕唐制，應舉者謂之舉進士。試畢放榜，合格者曰成進士，不合格者謂之不第。

〔2〕奈，耐，受得住。

〔3〕嵩山，五嶽之一，名爲中嶽，在河南登封市北。

〔4〕潘師正，宗城人，師事王遠知，得其道術。唐高宗召見，向所需，對以茂松清泉。卒年九十八。

〔5〕正一之法，道教張道陵的教法。相傳他在鶴鳴山（今四川大足縣境内）所授《正一盟威秘籙》、《正一法文》，因以名之。後世

稱爲正一道。

〔6〕茅山，在江蘇句容縣東南。原名句曲山，漢茅氏兄弟三人得道於此，乃名茅山。

〔7〕剡，縣名，故城在今浙江嵊州西南。

〔8〕緇黄，和尚着緇服，道士戴黄冠，遂以緇黄名佛道僧侣。

天寳中，李林甫、楊國忠用事[1]，綱紀日紊。筠知天下將亂，堅求還嵩山，累表不許，乃詔於嶽觀别立道院。禄山將亂，求還茅山，許之。既而中原大亂，江淮多盜，乃東遊會稽。嘗於天台剡中往來，與詩人李白、孔巢父詩篇酬和[2]，逍遥泉石，人多從之。竟終於越中。文集二十卷[3]，其《玄綱》三篇、《神仙可學論》等[4]，爲達識之士所稱。筠在翰林時，特承恩顧，由是爲羣僧之所嫉。驃騎高力士素奉佛[5]，嘗短筠於上前，筠不悦，乃求還山。故所著文賦，深詆釋氏，亦爲通人所譏。然詞理宏通，文彩焕發，每制一篇，人皆傳寫，雖李白之放蕩，杜甫之壯麗[6]，能兼之者，其唯筠乎！

【注】

〔1〕李林甫（？—752），小字哥奴，工畫善書。玄宗時官至中書令，在朝十九年，擅權專政，重用安禄山等，釀成"安史之亂"。楊國忠（？—756），原名楊釗，蒲州永樂（今山西永濟）人。天寳初，因堂妹玉環爲玄宗所寵，賜名國忠，身兼宰相等十五職，權傾内外。李林甫死，代爲右相，兼領四十餘使，結黨營私，淫縱不法。安史亂起，隨玄宗逃蜀，至馬嵬驛爲士兵所殺。

〔2〕李白（701—762），字太白，號青蓮居士。生於西域，幼遷彰

明(今屬四川江油)。天寶初,供奉翰林,蔑視權貴,後去職,與杜甫結交於洛陽。安史之亂初,爲永王璘幕僚,璘敗,流放夜郎,中途遇赦,後死於當涂。其詩繪山河,狀民情,渺權貴,發感嘆;清新自然,寄託深遠。有《李太白集》。孔巢父(?—784),字弱翁,冀州(今河北衡水市冀州區)人。官至給事中,遷河中、陝、華等州招討使。安史亂後,勸説藩鎮歸順朝廷,爲河中節度使李懷光所殺。

〔3〕文集二十卷,佚,後人輯有《宗玄集》三卷。吴筠的著作,尚存有《南統大君內丹九章經》、《太平兩同書》和下文所提到的二種。

〔4〕《玄綱》,今存。《神仙可學論》,今存。

〔5〕高力士(684—762),本姓馮,後爲宦官高延福養子,改姓高。高州良德(今廣東高州東北)人。唐玄宗時,累官驃騎大將軍,進開府儀同三司,權勢極大,四方奏事俱經他手。安史亂起,隨玄宗至川,後被放逐巫州,死於赦歸途中。

〔6〕杜甫(712—770),字子美,自號少陵野老、杜陵野客,襄陽(今屬湖北)人。早年漫遊吳、越、齊、趙,識李白於洛陽,安史亂起,自長安奔鳳翔,肅宗命爲左拾遺。旋爲房琯兵敗辯護,貶爲華州司功參軍,後任劍南節度參謀、檢校工部員外郎。晚年出蜀,客死湘江。善詩能文,爲"致君堯舜上,再使風俗淳"而存,被譽爲"詩聖"。有《杜工部集》等。

選自《舊唐書》卷一百九十二《隱逸》

湛 然 (711—782)

　　釋湛然,俗姓戚氏,世居晉陵之荊溪[1],則常州人也。昔佛滅度後,十有三世至龍樹[2],始用文字廣第一義諦[3],嗣其學者號法性宗[4]。元魏、高齊間[5],有釋慧文默而識之[6],授南嶽思大師[7],由是有三觀之學。洎智者大師,蔚然興於天台,而其道益大。以教言之,則然乃龍樹之裔孫也,智者之五世孫也,左溪朗公之法子也[8]。

【注】

〔1〕晉陵,郡名,治所在今江蘇常州。荊溪,在今江蘇宜興。

〔2〕龍樹(約3世紀),南印度人,大乘佛教中觀學派創始人。著作甚多,號稱"千部論主",主要有《中論》、《十二門論》、《大智度論》、《十住毗婆沙論》等。被尊爲天台宗初祖。

〔3〕第一義諦,即真諦或勝義諦。佛教認爲世上萬事萬物都依一定的條件生起,不存在獨立不變的自性,認識到這種"緣起性空"道理的就是真諦。與世俗認識的俗諦相對。

〔4〕法性宗,此指大乘中觀學派,與法相宗相對。與法相宗建立萬法之名相不同,法性宗用否定一切概念真實性的"遮詮"方法而顯示真性空寂之理。

〔5〕元魏,朝代名,北魏(386—534)的別稱。魏王朝統治者原姓拓跋,到孝文帝拓跋宏(471—499)時,改姓元,故史家亦稱元魏。高齊,朝代名,即北齊(550—577)。因國主姓高,故名,以與南

〔6〕慧文(約6世紀),西魏、北齊時僧人,俗姓高。據《佛祖統紀》卷六載,因讀《大智度論》和《中論》,領悟到"一心三觀"的禪法,並傳給慧思,慧思傳智顗,發展爲天台宗的"三諦圓融"理論。被推爲天台宗二祖。

〔7〕南嶽思大師,即慧思。見本書《智顗》傳。

〔8〕智者之五世孫,智顗的第五代法孫。智顗以後的天台傳法世系是:智顗→灌頂→智威→慧威→玄朗→湛然。左溪朗公,即玄朗(673—754),俗姓傅,婺州(今浙江金華)人,天台宗八祖。左溪,在今浙江浦江縣。

　　家本儒墨,我獨有邁俗之志,童丱邈焉[1],異於常倫。年二十餘,受經於左溪,與之言大駭,異日謂然曰:"汝何夢乎?"然曰:"疇昔夜,夢披僧服,掖二輪,游大河之中。"左溪曰:"嘻!汝當以止觀二法[2],度羣生於生死淵乎!"乃授以本師所傳止觀。然德宇凝精,神鋒爽拔,其密識深行,沖氣慧用,方寸之間,合於天倪[3]。至是始以處士傳道[4],學者悦隨,如羣流之趣於大川也。

【注】

〔1〕童丱邈焉,年少有遠志。童丱,指將冠而未成人者。邈,遠邈。

〔2〕止觀二法,佛教修習的重要方法。止,是使所觀察對象"住心於内",不分散注意力;觀,是在寂如止水的意識狀態中觀察事物的實相,得出佛教特定的智慧。天台宗將"止觀雙修"譬若鳥之雙翼,車之雙輪。

〔3〕方寸,指心。天倪,天際。《莊子·齊物論》:"何謂和之以天

倪?"注云:"天倪者,自然之分也。"
〔4〕處士,未仕或不仕的士人。此指以白衣(在家佛教徒)身份弘傳佛法。

天寶初年,解逢掖而登僧籍〔1〕,遂往越州曇一律師法集〔2〕。廣尋持犯開制之律範焉〔3〕。復於吴郡開元寺敷行止觀〔4〕,無何,朗師捐代〔5〕,契密藏獨運於東南〔6〕。謂門人曰:"道之難行也,我知之矣。古先至人〔7〕,静以觀其本,動以應乎物,二俱不住,乃蹈於大方〔8〕。今之人或蕩於空,或膠於有,自病病他,道用不振。將欲取正,捨予誰歸?"於是大啓上法,旁羅萬行,盡攝諸相,入於無間。即文字以達觀,導語默以還源。乃祖述所傳章句,凡十數萬言。心度諸禪,身不逾矩,三學俱熾〔9〕,羣疑日潰。求珠問影之類,稍見罔象之功行。止觀之盛,然始之力也。

【注】
〔1〕解逢掖而登僧籍,脱儒服而出家爲僧。逢掖,寬袖之衣,古代儒者所服。
〔2〕越州,在今浙江紹興。法集,佛教徒講法的集會。
〔3〕持犯開制,戒律用語。持,謂保持戒律,有止持、作持二門;犯,謂侵犯戒律,亦有止犯、作犯二門。開,意謂允許;制,意爲禁止。制,亦作"遮"。
〔4〕吴郡,今江蘇蘇州市。
〔5〕無何,無幾何時,不久。朗師,即玄朗。捐代,逝世。
〔6〕密藏,即《止觀輔行傳弘訣》。
〔7〕至人,釋迦牟尼的尊號。《四分律行事抄資持記》上一上:"釋

迦如來道成積劫,德超三聖,化於人道,示相同之,是以且就人中美爲尊極,故曰至人。"

〔8〕大方,大道理。

〔9〕三學,即戒、定、慧三學。

天寶末,大曆初,詔書連徵,辭疾不就。當大兵大饑之際,揭厲法流,學徒愈繁,瞻望堂室,以爲依怙。然慈以接之,謹以守之,大布而衣,一床而居,以身誨人,耆艾不息[1]。

【注】

〔1〕耆艾,年壽久長。年六十曰耆,五十曰艾。

建中三年二月五日[1],示疾佛隴道場[2],顧語學徒曰:"道無方,性無體,生歟死歟,其旨一貫。吾歸骨此山,報盡今夕,要與汝輩談道而訣。夫一念無相謂之空,無法不備謂之假,不一不異謂之中,在凡爲三因,在聖爲三德[3],爇炷則初後同相[4],涉海則淺深異流,自利利人,在此而已。爾其志之!"言訖隱几,泊然而化,春秋七十二,法臘三十四。門人號咽,奉全身起塔,祔於智者大師塋兆西南隅焉[5]。入室弟子吳門元浩[6],可謂邇其人近其室矣。

【注】

〔1〕建中,唐德宗年號(780—783)。

〔2〕示疾,得病。

〔3〕三因,即三因佛性(正因佛性、了因佛性、緣因佛性)。三德,即法身德、般若德、解脱德。一切衆生皆具備着成佛的可能性,

上述三因佛性的完全展開,即成就法身、般若、解脱三德。詳見《摩訶止觀》卷三、《觀音玄義》卷上。
〔4〕爇,點燃,放火焚燒。
〔5〕祔,合葬。
〔6〕吳門,古吳縣城(今蘇州市)的別稱。元浩(?—817),俗姓秦,吳門人,爲湛然囑纍弟子,著有《涅槃經解述》。

然平日輯纂教法,明決前疑,開發後滯,則有《法華釋籤》、《法華疏記》各十卷[1],《止觀輔行傳弘訣》十卷,《法華三昧補助儀》一卷,《方等懺補闕儀》二卷,《略維摩疏》十卷,《維摩疏記》三卷[2],《重治定涅槃疏》十五卷[3],《金錍論》一卷[4],及《止觀義例》、《止觀大意》、《止觀文句》、《十妙不二門》等[5],盛行於世。

【注】

〔1〕《法華釋籤》,即《法華玄義釋籤》,與《止觀輔行傳弘訣》並稱解釋天台教觀的雙璧。《法華疏記》,即《法華文句疏記》,對智顗《法華文句》的注釋。
〔2〕《略維摩疏》,即《維摩經略疏》,將智顗的《維摩經疏》二十八卷删略爲十卷。《維摩疏記》,即《維摩經疏記》,對智顗《維摩經疏》的注釋。
〔3〕《重治定涅槃疏》,即《涅槃經再治疏》,將灌頂的《大般涅槃經疏》三十三卷精治爲十五卷。
〔4〕《金錍論》,即《金剛錍論》,依《涅槃經·如來性品》而立名,強調"無情有性"的思想。
〔5〕《止觀文句》,即《摩訶止觀文句》,現已佚。《十妙不二門》,即

《十不二門》，由《法華玄義釋籤》抄出爲別行本。

詳其然師，始天寶，終建中，以自證之心，説未聞之法。經不云乎，"云何於少時大作佛事"，然師有焉。其朝達得其道者唯梁肅學士[1]，故擁鴻筆成絶妙之辭[2]。彼題目云："嘗試論之，聖人不興，其間必有命世者出焉[3]。自智者以法傳灌頂，頂再世至於左溪，明道若昧，待公而發。乘此寶乘，焕然中興。蓋受業身通者，三十有九僧；縉紳先生高位崇名屈體承教者，又數十人。師嚴道尊，遐邇歸仁[4]，向非命世而生，則何以臻此？"觀夫梁學士之論，擬議偕齊[5]，非此人何以動鴻儒，非此筆何以銘哲匠[6]？蓋洞入門室，見宗廟之富，故以是研論矣。

【注】

[1] 朝達，在朝的達官貴人。梁肅，字敬之，甘肅人，官至太子侍讀、史館修撰、翰林學士。學習天台教觀於湛然座下，著有《天台止觀統例》、《天台法門儀》、《心印銘》等。
[2] 擁，傳佈，舒展。
[3] 命世者，著名於當世者。
[4] 遐邇歸仁，遠近學人皆歸服於湛然。歸仁，歸服於仁德。《孟子·離婁上》："民之歸仁也，猶水之就下，獸之走壙也。"
[5] 擬議，本指事前的揣度議論，後稱設計、籌劃。
[6] 哲匠，明智而富有才藝的人。

吁！吾徒往往有不知然之道。《詩》云："維鵲有巢，維鳩居之[1]。"梁公深入佛之理窟之謂歟[2]！有會稽法華山神邕作眞贊[3]。至大宋開寶中[4],吳越國王錢氏追重而誄之[5],號圓通尊者焉,可不是歟!

【注】

〔1〕詩見《詩經·召南·鵲巢》。

〔2〕理窟,言富於義理,積於其身。

〔3〕神邕(710—788),俗姓蔡,暨陽(今江蘇江陰市)人,曾從玄朗學天台教觀。《宋高僧傳》卷十七有傳。

〔4〕開寶,宋太祖趙匡胤年號(968—976)。

〔5〕吳越國(895—982),五代十國之一。唐末,錢鏐(852—932)爲鎮海軍節度使,後梁封爲吳越王,自稱吳越國王。有今浙江及江蘇西南部、福建東北部地。傳五主,歷八十四年。吳越國王錢氏,即錢鏐之孫忠懿王錢俶。曾於宋建隆二年(961),從高麗國請還天台著疏諸部。後於宋太平興國三年(978),納土歸宋。誄,累述死者功德以示哀悼,即今之悼詞。

選自《宋高僧傳》卷六《義解篇》

懷　　海（720—814）

　　釋懷海，閩人也[1]。少離朽宅[2]，長遊頓門[3]，禀自天然，不由激勸。聞大寂始化南康[4]，操心依附，虛往實歸，果成宗匠。

【注】

〔1〕閩，福建。《佛祖歷代通載》卷十五稱懷海是"福州長樂人"。
〔2〕朽宅，佛教中原指身軀，此處引申爲世俗。少離朽宅，指少年出家。
〔3〕頓門，禪宗慧能倡導的頓悟法門。
〔4〕大寂，馬祖道一的謚號。道一（709—788），姓馬氏，唐漢州人。年方稚孺，削髮於資州唐和尚，受具戒於渝州圓律師。後南下南嶽，隨慧能弟子懷讓學禪十年，得入堂奧，密受心印。繼住建陽佛迹嶺，遷臨川，次至南康龔公山（今屬江西），建立叢林，聚徒講説。《宋高僧傳》卷十有傳。

　　後檀信請居新吳界[1]。有山峻極，可千尺許，號百丈歟。海既居之，禪客無遠不至，堂室隘矣。且曰："吾行大乘法，豈宜以諸部阿笈摩教爲隨行邪[2]？"或曰："《瑜伽論》、《瓔珞經》是大乘戒律[3]，胡不依隨乎？"海曰："吾於大小乘中，博約折中，設規務歸於善焉。"乃創意不循律制，別立禪居。

【注】

〔1〕檀信,檀越的信施,此處指施主。新吳,今江西省奉新縣西。
〔2〕阿笈摩,即"阿含",小乘經的總稱。小笈摩教,小乘教。
〔3〕《瑜伽論》,《瑜伽師地論》的略稱,唐玄奘譯,一百卷。《瑜伽論》屬大乘論,但其中的本地分中菩薩地彌勒説的内容,被玄奘單譯成《菩薩戒本》一卷和《菩薩羯磨文》一卷,成爲大乘律。《瓔珞經》,《菩薩瓔珞本業經》的略稱,姚秦涼州沙門竺佛念譯,二卷。《開元錄》卷十九將它編入二十六部大乘律之一。

初自達磨傳法至六祖已來,得道眼者號長老,同西域道高臘長者呼須菩提也[1]。然多居律寺中,唯别院異耳。又令不論高下,盡入僧堂。堂中設長連床,施椸架挂搭道具[2]。卧必斜枕床唇,謂之帶刀睡,爲其坐禪既久,略偃亞而已。朝參夕聚,飲食隨宜,示節儉也。行普請法[3],示上下均力也。長老居方丈,同維摩之一室也[4]。不立佛殿,唯樹法堂,表法超言象也。其諸制度與毗尼師一倍相翻[5],天下禪宗如風偃草,禪門獨行,由海之始也。

以元和九年甲午歲正月十七日歸寂[6],享年九十五矣。穆宗長慶元年[7],敕謚大智禪師,塔曰大寶勝輪焉。

【注】

〔1〕道高臘長者,德行高、出家時間長的人。須菩提,音譯又作"須浮帝"、"須扶提"、"蘇補底"、"蘇部底",意譯"善現"、"善吉"、"善業",釋迦牟尼十大弟子之一,被稱爲"解空第一"。
〔2〕椸,曬衣服的竹竿。施椸架,設置衣架。道具,僧人穿着的三衣和其他日用什物。

〔3〕普請法，集結僧衆，共同勞動的做法。
〔4〕維摩，音譯"維摩羅詰"、"毗摩羅詰"，意譯"淨名"、"無垢稱"，佛陀在世時毗耶離城的一個居士。相傳維摩所居的石室，四方有一丈，稱方丈之室。禪宗因稱寺主的住所，也謂"方丈"。
〔5〕毗尼，又譯"毗奈耶"，意譯"律"。毗尼師，律師。一倍相翻，即完全相反。懷海所創禪寺制度，見載他所撰的《禪門規式》一書。原書已不復得見。今傳《百丈清規》八卷，是元代百丈山住持奉敕重修，龍翔集慶寺住持大訴等校正的本子，去古甚遠。
〔6〕元和九年，公元814年。
〔7〕長慶元年，公元821年。

系曰：自漢傳法，居處不分禪律，是以通禪達法者，皆居一寺中，院有別耳。至乎百丈立制[1]，出意用方便，亦頭陀之流也[2]。矯枉從端，乃簡易之業也。所言自我作古，古，故也，故，事也。如立事克成，則云自此始也；不成，則云無自立辟。今海公作古，天下隨之者益多，而損少之故也。謚海公爲大智，不其然乎？語曰："利不百不變格[3]。"將知變斯格厥利多矣。《彌沙塞律》有諸[4]，雖非佛制，諸方爲清淨者不得不行也。

【注】
〔1〕百丈，指怀海。
〔2〕頭陀，梵音又作"杜多"、"杜荼"，意爲"抖擻"，即去掉塵垢煩惱之義。一般用來稱佛教的苦行。
〔3〕格，程式。

〔4〕《彌沙塞律》,全稱《彌沙塞部和醯五分律》,又稱《五分律》。劉宋景平元年(423),佛陀什與竺道生等共譯,三十卷。是印度上座部系統化地部(音譯"彌沙塞部")所傳的戒律,因由五部分組成,故名。內容有比丘戒二百五十一條,比丘尼戒三百七十條等。

選自《宋高僧傳》卷十《習禪篇》

柳 宗 元（773—819）

柳宗元，字子厚，河東人[1]。後魏侍中濟陰公之系孫[2]。曾伯祖奭，高宗朝宰相[3]。父鎮，太常博士，終侍御史[4]。宗元少聰警絶衆，尤精西漢《詩》、《騷》。下筆構思，與古爲侔[5]。精裁密致，璨若珠貝。當時流輩咸推之。登進士第，應舉宏辭，授校書郎、藍田尉[6]。貞元十九年，爲監察御史[7]。

【注】

[1] 河東，道名，爲唐貞觀十道、開元十五道之一。開元以後治所在蒲州（今山西永濟蒲州鎮），轄境相當今山西及河北西北部內外長城之間地。

[2] 後魏，即北朝時期的魏朝，以別於三國時期的魏國。侍中，侍從皇帝左右，北魏尤重其官，呼爲小宰相。濟陰公，北魏揚州大中正尚書柳僧習的封爵。系孫，遠世子孫。

[3] 高宗，李治，650—683 年在位。

[4] 太常博士，隸屬太常寺的職官，太常，九卿之一，掌宗廟禮儀，兼掌選試博士。侍御史，官名，掌糾察。

[5] 侔，齊等。

[6] 應舉宏辭，指考中博學宏辭科。校書郎，官名，掌校勘書籍，訂正訛誤，屬秘書省。藍田尉，藍田縣尉。藍田，在陝西省。

[7] 貞元，唐德宗年號（785—805）。監察御史，官名，掌"分察百

僚,巡按郡縣,糾視刑獄,肅整朝儀"(《唐六典》),品秩低而權限廣。

順宗即位,王叔文、韋執誼用事,尤奇待宗元[1]。與監察吕温密引禁中,與之圖事。轉尚書禮部員外郎[2]。叔文欲大用之,會居位不久,叔文敗,與同輩七人俱貶。宗元爲邵州刺史,在道,再貶永州司馬[3]。既罹竄逐,涉履蠻瘴,崎嶇堙厄,藴騷人之鬱悼[4],寫情敍事,動必以文。爲騷文十數篇,覽之者爲之悽惻。

【注】

〔1〕順宗,李誦,805年在位。王叔文(753—806),順宗即位後爲翰林學士。聯合王伾、柳宗元、劉禹錫等人,進行政治改革,執事一百四十六天。失敗後貶爲渝州司馬,次年被殺害。韋執誼,二王八司馬之一。
〔2〕員外郎,爲尚書省六部二十四司各司之次官,位郎中之次。
〔3〕邵州刺史,邵州軍政長官。邵州,今湖南省邵陽市。永州司馬,永州軍事長官,爲州郡佐官。永州,今湖南省永州市。
〔4〕竄逐,流放。蠻瘴,瘴癘流行的南方少數民族地區。堙厄,閉塞。騷人,詩人。

元和十年,例移爲柳州刺史[1]。時朗州司馬劉禹錫得播州刺史[2]。制書下,宗元謂所親曰:"禹錫有母年高,今爲郡蠻方,西南絶域,往復萬里,如何與母偕行。如母子異方,便爲永訣。吾於禹錫爲執友[3],胡忍見其若是?"即草章奏,請以柳州授禹錫,自往播州。會斐度亦奏其事,禹錫終易連州[4]。

【注】

〔1〕元和,唐憲宗年號(806—820)。柳州,轄境在今廣西柳州市一帶。
〔2〕朗州,轄境相當今湖南桃源以東的沅江流域。劉禹錫,本書有傳。播州,轄境相當今貴州遵義一帶。
〔3〕執友,志同道合的朋友。
〔4〕裴度(765—839),憲宗朝時爲門下侍郎平章事,以討伐蔡州刺史吴元濟之功,封晉國公,入知政事。連州,在今廣東連州、連山、陽山等縣一帶。

　　柳州土俗,以男女質錢,過期則没入錢主,宗元革其鄉法。其已没者,仍出私錢贖之,歸其父母。江嶺間爲進士者[1],不遠數千里皆隨宗元師法;凡經其門,必爲名士。著述之盛,名動於時,時號柳州云。有文集四十卷。元和十四年十月五日卒,時年四十七。子周六、周七,纔三四歲。觀察使裴行立爲營護其喪及妻子還於京師[2],時人義之。

【注】

〔1〕江嶺間,長江嶺南之間。
〔2〕觀察使,官名。掌考察州縣官吏政績,後兼理民事,管轄的地區即爲一道。

選自《舊唐書》卷一百六十

韓　　愈（768—824）

　　韓愈字退之，昌黎人[1]。父仲卿，無名位。愈生三歲而孤，養於從父兄[2]。愈自以孤子，幼刻苦學儒，不俟獎勵。大曆、貞元之間，文字多尚古學，效揚雄、董仲舒之述作，而獨孤及、梁肅最稱淵奧[3]，儒林推重。愈從其徒遊，鋭意鑽仰，欲自振於一代。洎舉進士，投文於公卿間，故相鄭餘慶頗爲之延譽，由是知名於時。

【注】

[1] 昌黎，郡名，治所在今遼寧義縣，轄境相當今遼寧遼河以西大凌河中下游及小凌河流域地區。隋初廢。韓愈雖系出河南潁川，因昌黎韓姓爲望族，韓愈慕其大而自稱昌黎人。

[2] 從父兄，堂兄。此指韓愈伯兄韓會。

[3] 大曆，唐代宗李豫年號（766—779）。貞元，唐德宗年號（785—805）。古學，此指新古文運動。六朝時盛行綺麗、頹靡的駢儷文，唐初陳子昂主張發揚魏晉風骨，傚法秦漢古文，經蕭穎士、元結、李華、獨孤及、梁肅等相繼以推之，而由韓愈、柳宗元成爲這一運動的中堅。揚雄、董仲舒，本書有傳。獨孤及（725—777），唐文學家，著有《毗陵集》。梁肅（753—793），唐文學家，曾任右補闕、太子侍讀、翰林學士等職，能獎掖後進，先後薦舉韓愈、歐陽詹等登第。其學説糅雜佛、道，其文收於《全唐文》中。

尋登進士第。宰相董晉出鎮大梁，辟爲巡官[1]。府除，徐州張建封又請爲其賓佐[2]。愈發言真率，無所畏避，操行堅正，拙於世務。調授四門博士[3]，轉監察御史。德宗晚年，政出多門，宰相不專機務，宮市之弊[4]，諫官論之不聽。愈嘗上章數千言極論之，不聽，怒貶爲連州陽山令[5]，量移江陵府掾曹[6]。元和初，召爲國子博士[7]，遷都官員外郎[8]。時華州刺史閻濟美以公事停華陰令柳澗縣務，俾攝掾曹[9]。居數月，濟美罷郡，出居公館，澗遂諷百姓遮道索前年軍頓役直。後刺史趙冒按得澗罪以聞，貶房州司馬。愈因使過華，知其事，以爲刺史相黨，上疏理澗，留中不下[10]。詔監察御史李宗奭按驗，得澗贓狀，再貶澗封溪尉[11]。以愈妄論，復爲國子博士。愈自以才高，累被擯黜，作《進學解》以自喻曰：

【注】

[1] 大梁，古城名，在今河南開封市西北，爲宣武節度使治所。巡官，官名。唐時節度、觀察、團練、防禦諸使，其僚屬都有巡官，位居判官、推官之次。

[2] 張建封，時爲武寧節度使。

[3] 四門博士，學官名。管教七品以上侯伯子男的子弟以及有才干的庶人子弟。

[4] 機務，機要的事務，多指軍政大事。宮市，唐德宗時，派宦官在長安購買民間貨物，稱宮市。宦官採買，付價甚少，或竟不付價，甚爲擾民。

[5] 連州陽山，今廣東陽山縣。

[6] 量移，唐制，被貶至遠方的官吏，遇赦，酌情調往近處任職，稱

量移。江陵府,治所在今湖北省江陵縣。掾曹,屬官。
〔7〕元和,憲宗李純年號(806—820)。國子博士,學官名,在國子學教授公卿大夫子弟。國子、太學、四門等學皆屬國子監管轄。
〔8〕都官員外郎,刑部屬官。
〔9〕華州,在今陝西渭南市華州區及周邊地區。俾,使。
〔10〕留中,君主把臣下送來的奏章,留在禁中,不批示,不交議。
〔11〕封溪尉,封溪縣尉。封溪,縣名,屬交州(在今越南北部)。

"國子先生晨入太學,召諸生立館下,誨之曰:'業精於勤荒於嬉,行成於思毀於隨[1]。方今聖賢相逢,治具畢張[2],拔去兇邪,登崇俊良。占小善者率以錄,名一藝者無不庸[3]。爬羅剔抉,刮垢磨光。蓋有幸而獲選,孰云多而不揚?諸生業患不能精,無患有司之不明[4];行患不能成,無患有司之不公。'

【注】
〔1〕隨,聽任,放任。
〔2〕治具,治國的措施。
〔3〕庸,用。
〔4〕有司,官吏。古代設官分職,事各有專司,故稱有司。

"言未既,有笑於列者曰:'先生欺予哉!弟子事先生,於茲有年矣。先生口不絕吟於六藝之文,手不停披於百家之編。記事者必提其要,纂言者必鉤其玄。貪多務得,細大不捐。燒膏油以繼晷,常兀兀以穷年[1]。先生之业,可谓勤矣。觝排异端,攘斥佛、老,补苴罅漏,张皇幽眇[2]。寻坠绪之茫茫,独旁搜而远绍;障百川而东之,迴狂澜于既倒[3]。先生之于儒,可谓有劳矣。沉浸醲郁,含英咀华[4],作为文章,其书满家。上规姚、姒[5],浑浑无涯。《周诰》、《殷盘》,佶屈聱牙[6]。《春秋》谨严,《左氏》浮夸[7]。《易》奇而法,《诗》正而葩[8]。下迨《庄》、《骚》,太史所录,子云、相如[9],同工异曲。先生之于文,可谓闳其中而肆其外矣[10]。少始知学,勇于敢为;长通于方[11],左右具宜。先生之于为人,可谓成矣。然而公不见信于人,私不见助于友,跋前疐后[12],动辄得咎。暂为御史,遂窜南夷[13]。三为博士,冗不见治[14]。命与仇谋[15],取败几时。冬暖而儿号寒,年丰而妻啼饥。头童齿豁,竟死何裨[16]?不知虑此,而反教人为[17]!'

【注】

〔1〕烧膏油以继晷,点上油灯以接续落日。晷,日影。矻矻,勤奋不懈。
〔2〕觝,排斥。苴,填补。罅,裂缝。张皇幽眇,阐明奥妙。
〔3〕坠绪,指茫无头绪已失传的儒学。障百川而东之,堵住泛滥的大小河流,使其一律流向东方。迴,挽转。
〔4〕醲,通"浓"。咀,含在嘴里细细玩味。
〔5〕姚,虞舜的姓。姒,夏禹的姓。
〔6〕《周诰》,《尚书》中的《大诰》、《康诰》、《酒诰》、《召诰》、《洛诰》。

《殷盤》,《尚書》中的《盤庚》上中下三篇。佶屈聱牙,形容文字艱澀,語句拗口。佶屈,也作詰屈,屈曲之意。

〔7〕《左氏》浮夸,《左傳》文筆夸張。《左傳》,編年體春秋史,也稱《春秋左氏傳》或《左氏春秋》,相傳爲春秋時魯左丘明所撰。

〔8〕《易》奇而法,《易經》變化無窮却又有規律。《詩》正而葩,《詩經》內容純正而詞藻華麗。葩,華美。

〔9〕迨,通"逮",及,接。《莊》,《莊子》。《騷》,《離騷》。太史所錄,即《史記》。子雲,揚雄的字。相如,司馬相如。

〔10〕閎其中而肆其外,謂作文者蘊蓄宏富而用筆豪放。閎,大。

〔11〕通於方,通達道理。

〔12〕跋前躓後,《詩經·豳風·狼跋》:"狼跋其胡,載疐(同'躓')其尾。"意指老狼前進就會踩到自己下巴垂着的肉,後退就會被尾巴絆倒。跋,踐踏。躓,被絆倒。

〔13〕竄南夷,指貶爲陽山令。

〔14〕冗,指閒散職務。治,指政治才能。

〔15〕命與仇謀,命運與仇人相勾結。

〔16〕頭童齒豁,髮白齒落。裨,益。

〔17〕爲,助詞。

"先生曰:'吁,子來前。夫大木爲杗,細木爲桷,欂櫨侏儒、椳闑扂楔,各得其宜,施以成室者,匠氏之工也[1]。玉札丹砂、赤箭青芝、牛溲馬勃、敗鼓之皮,俱收并蓄,待用無遺者,醫師之良也[2]。登明選公,雜進巧拙,紆餘爲妍,卓犖爲傑,校短量長,唯器是適者,宰相之方也[3]。昔者,孟軻好辯,孔道以明,轍環天下[4],卒老於行。荀卿守正,大論是弘,逃讒於楚,廢死蘭陵[5]。是二儒者,吐辭爲經,舉足爲法,絕類離倫,優入聖域[6],其遇於世何如也?今先生學雖勤,不由其統;言雖多,不要其中[7];文雖奇,不濟於用;行雖修,不顯於衆。猶且月費俸錢,歲靡廩粟;子不知耕,婦不知織;乘馬從徒,安坐而食;踵常塗之促促,窺陳編以盜竊[8]。然而聖主不加誅,宰臣不見斥,此非其幸哉!動而得謗,名亦隨之。投閒置散,乃分之宜。若夫商財賄之有無,計班資之崇庫,忘己量之所稱,指前人之瑕疵,是所謂詰匠氏之不以杙爲楹,而訾醫師以昌陽引年,欲進其豨苓也[9]。"

執政覽其文而憐之,以其有史才,改比部郎中、史館修撰[10]。逾歲,轉考功郎中、知制誥,拜中書舍人[11]。

【注】

〔1〕 㭔(音芒),屋梁。桷(音覺),方椽子。欂櫨,柱頂上承托棟梁的方木。侏儒,梁上短柱。椳,門樞。闑(音涅),門中央所立短木,兩扇門關合時止於此。扂(音店),門閂。楔,門兩旁豎立之木,用以防備車碰壞門。工,技術高超。

〔2〕 玉札,地榆。丹砂,赤砂。赤箭,天麻。青芝,龍芝。以上都是貴重藥材。牛溲,車前,一説牛尿。馬勃,菌類植物,生濕地及腐木上。這兩種和破鼓皮都是粗賤藥材。良,醫道高明。

〔3〕 登,提拔人才。選,選擇人才。雜進,量才録用。纖餘爲妍,不露鋒芒者被認爲可喜。紆餘,屈曲貌。卓犖(音落),卓越,超羣。方,治理天下的方法。

〔4〕 孔道,孔子的學説。轍環天下,周遊列國,車轍遍佈天下。

〔5〕 守正,堅持孔子的學説。逃讒於楚,荀子原爲趙國人,遊學於

齊,曾三爲祭酒,爲逃避別人的毁謗跑到楚國,由春申君用爲蘭陵令。蘭陵,今山東蒼山縣蘭陵鎮。

〔6〕吐辭爲經,發表的言論成爲經典。舉足爲法,行動成爲榜樣。優入聖域,高明到進入聖人的行列。

〔7〕要,符合。

〔8〕廩粟,國庫的糧食。從(音縱)徒,隨行人員。踵常塗,沿着老路走。促促,拘謹貌。窺陳編以盜竊,剽竊舊書而没有創見。

〔9〕商,計較。財賄,此指俸禄。班資,官職。庳,通"卑"。前人,上級。杙(音宜),小木椿。楹,屋柱。昌陽,菖蒲的别名。引年,延年益壽。豨苓,又名猪苓。

〔10〕比部郎中,比部官屬。比部,掌内外諸司公廨,及公私債負徒役公程贓物帳及句用度物。修撰,官名,掌修國史。

〔11〕考功郎中,官名,屬禮部,掌官吏考課黜陟之事。知制誥,官名,掌起草詔書。中書舍人,官名,屬中書省,掌管詔令、侍從、宣旨、接納上奏文表等事。

俄有不悦愈者,撼其舊事,言愈前左降爲江陵掾曹,荆南節度使裴均館之頗厚,均子鍔凡鄙,近者鍔還省父,愈爲序餞鍔,仍呼其字[1]。此論喧於朝列,坐是改太子右庶子。元和十二年八月,宰臣裴度爲淮西宣慰處置使,兼彰義軍節度使,請愈爲行軍司馬[2],仍賜金紫。淮、蔡平,十二月隨度還朝,以功授刑部侍郎,仍詔愈撰《平淮西碑》,其辭多敍裴度事。時先入蔡州擒吴元濟,李愬功第一[3],愬不平之。愬妻出入禁中,因訴碑辭不實,詔令磨愈文。憲宗命翰林學士段文昌重撰文勒石。

【注】

〔1〕摭(音值),拾取。荆南,唐方鎮名,轄境相當今湖北石首、江陵以西和四川墊江、豐都以東的長江流域及湖南洞庭湖以西的澧、沅二水下游一帶。仍呼其字,稱人表字,表尊敬之意。《禮記・檀弓》疏:"人年二十,有爲人父之道,朋友等類,不可復呼其名,故冠而加字。"

〔2〕裴度(765—839),憲宗時,淮、蔡不奉朝命,諸軍進戰數敗,朝臣爭請罷兵,度力請討伐,合帝意,即授門下侍郎平章事,督諸軍進兵,擒攝蔡州刺史吴元濟。以功封晉國公,入知政事。淮西,唐方鎮名,全稱淮南西道;後期號淮寧軍和彰義軍。轄境相當今河南鄖城、上蔡、新蔡以南,西平、遂平、確山、信陽以東地區。行軍司馬,節度使屬官,掌軍政,權任甚重。

〔3〕蔡州,州名,治所在上蔡(今河南汝南)。吴元濟(783—817),淮西節度使吴少陽子。元和九年(814)因襲位不遂,自領軍務,縱兵焚掠舞陽、葉等縣,威脅洛陽。兵敗被俘,斬於長安。李愬(773—821),元和中,以鄧州節度使職參加對吴元濟的討伐,元和十二年(817),愬師雪夜襲蔡州,生擒吴元濟,淮西平,以功封涼國公。

　　鳳翔法門寺有護國真身塔,塔內有釋迦文佛指骨一節[1],其書本傳法,三十年一開,開則歲豐人泰。十四年正月,上令中使杜英奇押宫人三十人[2],持香花,赴臨皋驛迎佛骨。自光順門入大內,留禁中三日,乃送諸寺。王公士族,奔走捨施,唯恐在後。百姓有廢業破産、燒頂灼臂而求供養者。愈素不喜佛,上疏諫曰:

【注】
〔1〕鳳翔,縣名。屬陝西省。釋迦文佛,即釋迦牟尼,佛教始祖。
〔2〕中使,帝王宮廷中派出的使者,多由宦官充任。

"伏以佛者,夷狄之一法耳。自後漢時始流入中國[1],上古未嘗有也。昔黃帝在位百年[2],年百一十歲;少昊在位八十年[3],年百歲;顓頊在位七十九年[4],年九十八歲;帝嚳在位七十年[5],年百五歲;帝堯在位九十八年[6],年百一十八歲,帝舜及禹年皆百歲[7]。此時天下太平,百姓安樂壽考,然而中國未有佛也。其後殷湯亦年百歲[8],湯孫太戊在位七十五年[9],武丁在位五十年[10],書史不言其壽,推其年數,蓋亦俱不減百歲。周文王年九十七歲[11],武王年九十三歲[12],穆王在位百年[13]。此時佛法亦未至中國,非因事佛而致此也。

【注】
〔1〕後漢明帝永平八年(65),通常視爲佛教從印度傳入中國之始。
〔2〕黃帝,傳說中原各族的共同祖先。姬姓,號軒轅氏、有熊氏,少典之子。相繼擊敗炎帝和蚩尤,由部落首領被擁戴爲部落聯盟領袖。相傳發明創造了養蠶、舟車、文字、音律、醫學、算數等。
〔3〕少昊,也稱"皞",相傳是古代東夷的首領,名摯,號金天氏,黃帝子,春秋時剡國的祖先。
〔4〕顓頊,相傳係黃帝之孫,號高陽氏。傳說的古代部族首領,曾命重任南正之官,掌管祭祀天神;命黎任火正(一作北正)之

官,掌管民事。
〔5〕帝嚳,相傳是少昊孫,號高辛氏,傳説中部族的首領。
〔6〕帝堯,高辛氏次子,名放勛,號陶唐氏,亦稱唐堯。
〔7〕帝舜,姚姓,號有虞氏,受堯的禪位。禹,姒姓,顓頊孫,受舜禪。
〔8〕殷湯,又稱武湯、武王、天乙,或稱成唐、成湯。原爲商族領袖,後滅夏,建立商朝。
〔9〕太戊,商王名,太庚子。時商衰微,諸侯或不至,太戊立,用伊陟、巫咸等,商復興。
〔10〕武丁,殷王名,盤庚弟小乙之子。用傅説爲相,使國勢復盛。
〔11〕周文王,姓姬名昌。殷時諸侯,曾被紂囚於羑里,後獲釋,爲西方諸侯之長,稱西伯。
〔12〕武王,文王子,名發。起兵伐紂,滅殷,建立周王朝,分封諸侯,都鎬。
〔13〕穆王,周昭王子,名滿。他西擊犬戎,東征徐戎。《尚書》中《君牙》、《冏命》、《吕刑》三篇,相傳爲穆王的誥諭。

"漢明帝時始有佛法[1],明帝在位纔十八年耳。其後亂亡相繼,運祚不長。宋、齊、梁、陳、元魏已下,事佛漸謹,年代尤促。唯梁武帝在位四十八年[2],前後三度捨身施佛,宗廟之祭,不用牲牢,晝日一食,止於菜果;其後竟爲侯景所逼,餓死臺城,國亦尋滅。事佛求福,乃更得禍。由此觀之,佛不足信,亦可知矣。

【注】
〔1〕漢明帝,姓劉名莊,公元58—75年在位。

〔2〕梁武帝,姓蕭名衍,信佛。普通八年(527)三月,捨身於同泰寺,改元大通。後中大通元年(529)九月、太清元年(547)二月,又兩次捨身於同泰寺。後因侯景在太清三年(549)攻陷臺城(今南京城內),被困而死。

"高祖始受隋禪[1],則議除之。當時羣臣識見不遠,不能深究先王之道、古今之宜,推闡聖明,以救斯弊,其事遂止。臣嘗恨焉!伏惟皇帝陛下,神聖英武,數千百年以來未有倫比。即位之初,即不許度人為僧尼、道士,又不許別立寺觀。臣當時以為高祖之志,必行於陛下之手。今縱未能即行,豈可恣之轉令盛也!

【注】
〔1〕高祖,唐高祖李淵。

"今聞陛下令羣僧迎佛骨於鳳翔,御樓以觀,舁入大內[1],令諸寺遞迎供養。臣雖至愚,必知陛下不惑於佛,作此崇奉以祈福祥也。直以年豐人樂,徇人之心[2],為京都士庶設詭異之觀、戲玩之具耳。安有聖明若此而肯信此等事哉?然百姓愚冥,易惑難曉,苟見陛下如此,將謂真心信佛。皆云天子大聖,猶一心敬信,百姓微賤,於佛豈合惜身命。所以灼頂燔指[3],百十為羣,解衣散錢,自朝至暮,轉相仿效,唯恐後時,老幼奔波,棄其生業。若不即加禁遏,更歷諸寺,必有斷臂臠身以為供養者。傷風敗俗,傳笑四方,非細事也。

【注】

〔1〕舁（音於），扛抬。大内，古時帝王所住的地方。
〔2〕徇，順從。
〔3〕灼頂燔指，佛教苦行之事，自燒灼其頭頂、手指，以表示其信仰之誠。《韓昌黎集》卷三十九作"焚頂燒指"。

"佛本夷狄之人，與中國言語不通，衣服殊制。口不道先王之法言，身不服先王之法服[1]，不知君臣之義、父子之情。假如其身尚在，奉其國命，來朝京師，陛下容而接之，不過宣政一見，禮賓一設[2]，賜衣一襲，衛而出之於境，不令惑於衆也。況其身死已久，枯朽之骨，兇穢之餘，豈宜以入宮禁！孔子曰：'敬鬼神而遠之。'[3]古之諸侯，行弔於國，尚令巫祝先以桃茢，祓除不祥[4]，然後進弔。今無故取朽穢之物，親臨觀之，巫祝不先，桃茢不用，羣臣不言其非，御史不舉其失，臣實恥之。乞以此骨付之水火，永絕根本，斷天下之疑，絕後代之惑。使天下之人，知大聖人之所作爲出於尋常萬萬也，豈不盛哉！豈不快哉！佛如有靈，能作禍祟，凡有殃咎，宜加臣身。上天鑒臨，臣不怨悔。"

【注】

〔1〕法言，禮法之言。法服，法制所定的服式。
〔2〕宣政，唐時外族來朝貢的，都在宣政殿接見。禮賓，唐時有禮賓院，在此設宴招待入朝的外客。

〔3〕語出《論語·雍也》。

〔4〕弔,也作"吊",對有喪事或受到災禍的人表示哀悼、慰問。桃茢(音列),桃符和苕帚。《周禮·夏官·戎右》:"贊牛耳桃茢。"鄭玄注:"桃,鬼所畏也。茢,苕帚,所以掃不詳。"祓(音拂),除災求福。

疏奏,憲宗怒甚。間一日,出疏以示宰臣,將加極法[1]。裴度、崔羣奏曰:"韓愈上忤尊聽,誠宜得罪,然而非内懷忠懇,不避黜責,豈能至此?伏乞稍賜寬容。以來諫者[2]。"上曰:"愈言我奉佛太過,我猶爲容之。至謂東漢奉佛之後,帝王咸致殀促,何言之乖刺也[3]?愈爲人臣,敢爾狂妄[4],固不可赦。"於是人情驚惋,乃至國戚諸貴亦以罪愈太重,因事言之,乃貶爲潮州刺史[5]。

愈至潮陽[6],上表曰:

【注】

〔1〕極法,死刑。

〔2〕來,亦作"徠"。指安撫來者。

〔3〕乖刺,違忤;不和諧。

〔4〕爾,助詞,作詞尾。

〔5〕潮州,治所在海陽(今廣東省潮州市潮安區),轄境相當今廣東省平遠、梅縣、豐順、普寧、惠來以東地區。

〔6〕潮陽,縣名,今屬廣東。本漢海安縣,晉置潮陽縣,以在大海之北而名。

"臣今年正月十四日,蒙恩授潮州刺史,即日馳驛就路。經涉嶺海，水陸萬里。臣所領州，在廣府極東[1]，去廣府雖云二千里，然來往動皆逾月。過海口，下惡水，濤瀧壯猛，難計期程，颶風鰐魚，患禍不測。州南近界，漲海連天，毒霧瘴氛，日夕發作。臣少多病，年纔五十，髮白齒落，理不久長。加以罪犯至重，所處又極遠惡，憂惶慚悸，死亡無日。單立一身，朝無親黨，居蠻夷之地，與魑魅同羣。苟非陛下哀而念之，誰肯爲臣言者。

【注】
〔1〕廣府，廣州。

"臣受性愚陋，人事多所不通，唯酷好學問文章，未嘗一日暫廢，實爲時輩推許[1]。臣於當時之文，亦未有過人者，至於論述陛下功德，與《詩》、《書》相表裏，作爲歌詩，薦之郊廟，紀太山之封，鏤白玉之牒，鋪張對天之宏休，揚厲無前之偉迹，編於《詩》、《書》之策而無愧，措於天地之間而無虧[2]。雖使古人復生，臣未肯多讓。伏以大唐受命有天下，四海之内，莫不臣妾，南北東西，地各萬里。自天寶之後，政治少懈，文致未優，武克不綱[3]。孳臣姦隷，外順内悖，父死子代，以祖以孫，如古諸侯，自擅其地，不朝不貢，六七十年。四聖傳序，以至陛下，躬親聽斷，干戈所麾[4]，無不從順。宜定樂章，以告神明，東巡泰山，奏功皇天，使永永萬年，服我成烈[5]。當此之際，所謂千載一時不可逢之嘉會,而臣負罪嬰釁,自拘海島,戚戚嗟嗟,日與死迫,曾不得奏薄伎於從官之內、隸御之間[6],窮思畢精,以贖前過。懷痛窮天[7],死不閉目!瞻望宸極[8],魂神飛去。伏惟陛下,天地父母,哀而憐之。"

【注】

〔1〕受性,賦性。時輩,當時的有名人物。
〔2〕薦之郊廟,即進獻爲郊廟歌。郊廟歌,樂府歌曲名,古代帝王祭祀天地神祇和祖先所作的樂章。太山,即泰山。封,帝王登泰山築壇祭天曰"封"。宏休,巨大的喜慶。宏,大。休,美善,喜慶,吉祥。策,簡;連編諸簡謂之策,也作"冊"、"筴"。措,安放。
〔3〕克,同"致"。綱,綱紀。
〔4〕四聖傳序,從玄宗到憲宗,中經肅宗、代宗、德宗、順宗四朝。麾,通"揮",指揮,號召。
〔5〕烈,功業。賈誼《過秦論》:"及至始皇,奮六世之餘烈,執敲樸以鞭笞天下。"
〔6〕嬰釁(音信),得罪。嬰,觸犯,遭遇。釁,爭端,仇隙。隸御,奴隸徒屬,近臣宦御之類。
〔7〕窮天,季冬,一年將盡的季節。
〔8〕宸極,北極星。古代認爲北極星是最尊之星,爲衆星所拱,因此比喻帝位。

憲宗謂宰臣曰:"昨得韓愈到潮州表,因思其所諫佛骨事,大是愛我,我豈不知?然愈爲人臣,不當言人主事佛乃年促也。我以是惡其容易〔1〕。"上欲復用愈,故先語及,觀宰臣之奏對。而皇甫鎛惡愈狷直,恐其復用,率先對曰:"愈終太狂疏,且可量移一郡〔2〕。"乃授袁州刺史〔3〕。

【注】
〔1〕容易,意謂輕易,不在乎。
〔2〕狷直,褊急。
〔3〕袁州,治所在宜春縣,唐轄境相當今江西萍鄉和新余以西的袁水流域。

初,愈至潮陽,既視事,詢吏民疾苦,皆曰:"郡西湫水有鱷魚,卵而化,長數丈,食民畜產將盡,以是民貧。"居數日,愈往視之,令判官秦濟炮一豚一羊,投之湫水〔1〕,咒之曰:

【注】
〔1〕判官,地方長官的僚屬,佐理政事。炮(音庖),燒烤。豚(音屯),小豬,也泛指豬。湫,水潭。

"前代德薄之君,棄楚、越之地,則鱷魚涵泳於此可也〔1〕。今天子神聖,四海之外,撫而有之。況揚州之境,刺史縣令之所治,出貢賦以共天地宗廟之祀〔2〕,鱷魚豈可與刺史雜處此土哉?刺史受天子命,令守此土,而鱷魚睅然不安溪潭〔3〕,食民畜熊鹿獐豕,以肥其身,以繁其卵,與刺史争爲長。刺史雖駑弱[4],安肯爲鱷魚低首而下哉？今潮州大海在其南,鯨鵬之大,蝦蟹之細,無不容,鱷魚朝發而夕至。今與鱷魚約,三日乃至七日,如頑而不徙,須爲物害,則刺史選材伎壯夫,操勁弓毒矢,與鱷魚從事矣[5]。"

【注】

〔1〕涵泳,潛伏,繁殖。《祭鱷魚文》原文爲"鱷魚之涵淹卵育於此"。
〔2〕揚州,傳說禹分天下爲九州,揚州爲其一,潮州古屬揚州地域。共,通"供"。
〔3〕睅(音悍),睜大眼睛,無所畏懼的樣子。
〔4〕駑弱,低能懦弱。
〔5〕材伎,卓越的技藝,此指武藝過人者。從事,意謂較量一番。

咒之夕,有暴風雷起於湫中。數日,湫水盡涸,徙於舊湫西六十里。自是潮人無鱷患。

袁州之俗,男女隸於人者,逾約則没入出錢之家。愈至,設法贖其所没男女,歸其父母。仍削其俗法,不許隸人。

十五年,徵爲國子祭酒,轉兵部侍郎。會鎮州殺田弘正[1],立王廷湊,令愈往鎮州宣諭。愈既至,集軍民,諭以逆順,辭情切至,廷湊畏重之。改吏部侍郎。轉京兆尹[2],兼御史大夫。以不臺參,爲御史中丞李紳所劾[3]。愈不伏,言準敕仍不臺參。紳、愈性皆褊僻,移刺往來,紛然不止,乃出紳爲浙西觀察使[4],愈亦罷尹,爲兵部侍郎。

及紳面辭赴鎮,泣涕陳敘,穆宗憐之,乃追制以紳爲兵部侍郎,愈復爲吏部侍郎。

【注】

〔1〕鎮州,治所在真定(今河北正定),轄境相當今河北省石家莊市及井陘、行唐、正定、阜平、欒城、平山、靈壽、藁城等地。田弘正(764—821),唐平州盧龍(今屬河北)人。元和十年(815)在魏博節度使任上出兵幫助朝廷討伐吳元濟的反叛。後又逼使成德節度使王承宗歸唐,並出兵討平平盧、淄青節度使李師道的叛亂。元和十五年轉任成德軍節度使,次年,被原成德軍都知兵馬使王庭湊所殺。
〔2〕京兆尹,官名,掌治京師。
〔3〕臺參,參謁臺臣(諫官)。《新唐書》卷一八一《李紳傳》:"(牛)僧孺輔政,以紳爲御史中丞,顧其氣剛卞,易疵累,而韓愈勁直,乃以愈爲京兆尹,兼御史大夫,免臺參以激紳。"御史大夫位尊於中丞,故得免參謁臺臣。
〔4〕浙西,唐置浙江西道。轄今浙江以西杭、嘉、湖舊屬,及江蘇、安徽長江以南地,直至江西九江。觀察使,官名。掌考察州縣官吏政績,後兼理民事。

長慶四年十二月卒[1],時年五十七,贈禮部尚書,謚曰文。

愈性弘通,與人交,榮悴不易[2]。少時與洛陽人孟郊、東郡人張籍友善[3]。二人名位未振,愈不避寒暑,稱薦於公卿間,而籍終成科第,榮於祿仕。後雖通貴,每退公之隙,則相與談讌[4],論文賦詩,如平昔焉。而觀諸權門豪士,如僕隸焉,瞠然不顧。而頗能誘厲後進,館之者十六七[5],雖晨炊不給,怡然不介意。大抵以興起名教弘獎仁義爲事。凡嫁内外及友朋孤女僅十人。

【注】

〔1〕長慶,唐穆宗年號(821—824)。
〔2〕榮悴,興盛衰敗,猶榮枯。
〔3〕孟郊(751—814),唐湖州武康人,字東野。少時隱居嵩山,與韓愈結爲至交。卒年六十四,其友張籍私謚爲貞曜先生,韓愈爲作《貞曜先生墓誌》(《昌黎集》卷二九)。張籍(約767—約830),字文昌,原籍吴郡(治今江蘇蘇州),少時僑寓和州烏江(今安徽和縣烏江鎮)。貞元進士,歷任太常寺太祝、水部員外郎、國子司業等職,故世稱張司業或張水部。
〔4〕讌,宴會;會飲。同"宴"。
〔5〕館,接待;寓宿。

　　常以爲自魏、晉已還,爲文者多拘偶對,而經誥之指歸,遷、雄之氣格[1],不復振起矣。故愈所爲文,務反近體,抒意立言,自成一家新語。後學之士,取爲師法。當時作者甚衆,無以過之,故世稱"韓文"焉。然時有恃才肆意,亦有蟄孔、孟之旨[2]。若南人妄以柳宗元爲羅池神,而愈撰碑以實之[3];李賀父名晉[4],不應進士,而愈爲賀作《諱辨》,令舉進士;又爲《毛穎傳》[5],譏戲不近人情:此文章之甚紕繆者。時謂愈有史筆,及撰《順宗實錄》,繁簡不當,敍事拙於取捨,頗爲當代所非。穆宗、文宗嘗詔史臣添改,時愈婿李漢、蔣係在顯位,諸公難之,而韋處厚竟別撰《順宗實録》三卷。有文集四十卷,李漢爲之序。

【注】

〔1〕遷,司馬遷。雄,揚雄。本書有傳。

〔2〕盭(音麗),背棄,違離。

〔3〕羅池,池名,在廣西柳州市東,爲當地名勝。唐時於池旁建廟,祀柳州刺史柳宗元。韓愈《昌黎集》卷三十一有《柳州羅池廟碑》。

〔4〕李賀(790—816),唐詩人,字長吉,福昌(今河南宜陽西)人。唐皇室遠支,曾官奉禮郎,因避家諱,被迫不得應進士科考試。著有《昌谷集》。

〔5〕《毛穎傳》,韓愈以筆擬人,爲筆作傳。後來遂以毛穎爲筆的代稱。

選自《舊唐書》卷一百六十

澄　　觀（737—838）

釋澄觀，姓夏侯氏，越州山陰人也[1]。年甫十一，依寶林寺今應天山霈禪師出家，誦《法華經》。十四遇恩得度[2]，便隸此寺。

【注】

[1] 越州山陰，今浙江紹興。
[2] 遇恩得度，經朝廷允許正式受戒度爲僧人。

觀俊朗高逸，弗可以細務拘，遂徧尋名山，旁求秘藏，梯航既具[1]，壺奥必臻[2]。乾元中，依潤州棲霞寺醴律師學相部律[3]，本州依曇一隸南山律[4]，詣金陵玄璧法師傳關河三論[5]，三論之盛於江表，觀之力也。大曆中，就瓦棺寺傳《起信》、《涅槃》，又於淮南法藏受海東《起信疏》義[6]，却復天竺詵法師門[7]，温習《華嚴》大經。七年，往剡溪，從成都慧量法師覆尋三論[8]。十年，就蘇州，從湛然法師習天台《止觀》、《法華》、《維摩》等經疏[9]。解從上智，性自天然，所學之文，如昨抛舍，鮑静記井[10]，蔡邕後身[11]，信可知矣。又謁牛頭山忠師，徑山欽師、洛陽無名師[12]，咨決南宗禪法[13]，復見慧雲禪師[14]，了北宗玄理[15]。

【注】

〔1〕梯,登山。航,航海。此處指從此岸世界到彼岸世界的運載工具。

〔2〕壺奧,幽深隱微。此處指佛教義理。

〔3〕醴律師,事迹不詳。相部律,即相部宗,唐法礪創立,因傳法中心在相州(僧傳常將州稱爲部)而名,與道宣創立的南山宗、懷素創立的東塔宗,並稱研習《四分律》的律宗三大派。法礪(569—635),俗姓李,冀州趙郡人,著有《四分律疏》十卷、《羯磨疏》三卷和《舍懺儀輕重敍》等。《續高僧傳》卷二十二有傳。

〔4〕曇一(692—771),姓張,越州人,景龍(707—709)中出家。開元五年(717)西遊長安,依觀音寺大亮律師傳律學。《宋高僧傳》卷十四《曇一傳》説:"洎隋朝相部勵(礪)律師作《疏》十卷,西京崇福寺滿意律師盛傳此疏,付授亮律師,其所傳授一一依勵律師疏,及唐初終南山宣律師《四分律鈔》三卷。詳略同異,自著《發正義記》十卷,明兩宗之蹉駁,發五部之鈐鍵。……《發正記》中斥破南山,持犯中可見也。……前後講《四分律》三十五遍,《删補鈔》二十餘遍焉。"據此,則曇一對南山律既有批評,又有闡述(他所講的《删補鈔》爲道宣所撰)。

〔5〕玄璧,事迹不詳。關河,指長安一帶。關河三論,姚秦鳩摩羅什傳譯的《中論》、《百論》、《十二門論》。

〔6〕淮南法藏,與華嚴宗三祖法藏爲兩人。海東,指新羅元曉。元曉(617—?),俗姓薛,新羅湘州人,著有《華嚴經疏》、《無量壽經宗要》、《阿彌陀經疏》、《十門和諍論》等。《宋高僧傳》卷四有傳。

〔7〕詵法師,法詵(718—778),姓孫氏,年十五出家。地恩貞法師囑之以《華嚴經》、《菩薩戒》、《起信論》,前後講《華嚴經》十遍,撰《義記》十二卷。《宋高僧傳》卷五《法詵傳》載:"詵初講天竺

寺,盛闡《華嚴》,時越僧澄觀就席決疑,深得幽趣。"
〔8〕慧量,事迹不詳。三論,見前注。
〔9〕天台,指智顗。
〔10〕鮑静,當是鮑靚,東晉人。鮑靚記井,見《晉書》卷九十五本傳,文云:"鮑靚字太玄,東海人也。年五歲,語文母云:'本是曲陽李家兒,九歲墜井死。'其父母尋訪得李氏,推向皆符驗。"是説怪誕不經。
〔11〕蔡邕(132—192),字伯喈,東漢陳留圉人。通經史、音律、天文。散文長於碑記,工整典雅,多用偶句,頗爲時重。又善辭賦,工篆隸,尤以隸書著稱。爲當時有名的文學家、書法家。後身,佛教謂衆生流轉於生死輪回之中,前生結束,更投後世,後世的身體稱爲後身。
〔12〕忠,慧忠(?—775),俗姓冉氏,唐越州諸暨人。從慧能受心印後,歷遊名山,後入南陽白崖山黨子谷,静坐長養四十餘年。唐玄宗時徵居洛陽龍興寺,肅宗時進詔趣京,備受朝廷禮遇。《宋高僧傳》卷九有傳。欽,法欽(714—792),亦稱道欽,俗姓朱,吳郡崑山人。祖考皆達玄儒而傲睨林藪不仕。少讀經史,年二十八赴京,路由丹徒,遇鶴林寺玄素,遂剃髮出家,後居杭州徑山。代宗時詔迎入京,賜號"國一"。《宋高僧傳》卷九有傳。
〔13〕南宗,與北宗,爲禪宗五祖弘忍以下所分的兩支。以慧能爲代表,主張頓悟,起初活動於南方的禪宗稱爲南宗。
〔14〕慧雲,《宋高僧傳》無傳。
〔15〕北宗,以神秀爲代表,主張漸悟,主要活動於北方的禪宗。

觀自謂己曰:"五地聖人,身證真如[1],棲心佛境,於後得智中起世俗念,學世間技藝,況吾學地,能忘是心?"遂翻習經傳子史、小學《蒼》、《雅》[2]、天竺悉曇[3]、諸部異執[4]、四圍五明[5]、秘咒儀軌[6]，至於篇頌、筆語、書蹤，一皆博綜。多能之性自天縱之。

【注】

〔1〕五地，十地中的後五地。十地的門類頗多，有聲聞乘十地、緣覺乘十地、菩薩乘十地、佛乘十地和聲聞緣覺菩薩三乘共通的十地，此處似指後一種。三乘共通的十地是：乾慧地、性地、八忍地、見地、薄地、離欲地、已辦地、辟支佛地、菩薩地、佛地。真如，佛教所說的永恒真理或宇宙本體。

〔2〕小學，漢時對文字學的稱謂，隋唐以後，成爲文字學、訓詁學、音韻學的總稱。《蒼》，秦李斯著的《蒼頡篇》。《雅》，漢人纂輯的《爾雅》，均爲字書。

〔3〕悉曇，梵文音譯，意譯"成就"、"吉祥"，指古印度的梵字。

〔4〕諸部異執，佛教各部派的學說。

〔5〕四圍，指印度婆羅門的四部經典，《梨俱吠陀》、《夜柔吠陀》、《娑摩吠陀》、《阿闥婆吠陀》。五明，指聲明（聲韻、語文學）、工巧明（工藝曆算學）、醫方明（醫學）、因明（邏輯學）、内明（佛學）。

〔6〕秘咒儀軌，指密教的咒文和設壇、供養、誦咒、灌頂等儀式軌則。

大曆十一年，誓游五臺，一一巡禮，祥瑞愈繁。仍往峨嵋，求見普賢[1]，登險陟高，備觀聖像。却還五臺，居大華嚴寺，專行方等懺法[2]。時寺主賢林請講大經，并演諸論。因慨《華嚴》舊疏文繁義約[3]，愀然長思："況文殊主智,普賢主理,二聖合爲毗盧遮那[4],萬行兼通,即是《華嚴》之義也。吾既遊普賢之境界,泊妙吉之鄉原,不疏毗盧,有辜二聖矣。"觀將撰疏,俄於寤寐之間見一金人,當陽挺立,以手迎抱之,無何咀嚼都盡。覺即汗流,自喜吞納光明徧照之徵也。起興元元年正月,貞元三年十二月畢功,成二十軸[5],乃飯千僧以落成也。後常思付授,忽夜夢身化爲龍,矯首於南臺,蟠尾於山北,拏攫碧落,鱗鬣耀日,須臾,蜿蜒化爲千數小龍,騰耀青冥,分散而去。蓋取象乎教法支分流布也。

【注】

[1] 普賢,菩薩名。中國佛教僧人謂峨嵋山爲普賢顯靈説法的道場,五臺山爲文殊師利菩薩的道場,普陀山爲觀音菩薩的道場,九華山爲地藏菩薩的道場。

[2] 方等,大乘。

[3] 據日本圓超《華嚴宗章疏並因明録》,澄觀之前的《華嚴經》舊疏有:新羅元曉的十卷、唐智儼的十三卷、唐法敏的七卷、唐靈辨的十二卷、北齊曇遵的七卷、隋洪遵的七卷、隋慧遠的七卷、唐智正的十卷、唐先覺的十卷、北魏智炬的七卷、北齊僧範的五卷、北齊慧光的四卷、北齊曇衍的七卷、隋靈祐的八卷,以上均爲東晉佛馱跋陀羅所譯六十卷本《華嚴經》的疏解。另有唐宗壹的二十卷,所疏爲唐代實叉難陀所譯的八十卷本《華嚴經》。

[4] 佛教稱,文殊師利是釋迦佛的左脅侍,專司"智慧";普賢是右脅侍,專司"理德"。毗盧遮那,意譯"光明遍照",佛陀的真身(亦稱報身),《華嚴經》所説的蓮花藏世界的教主。

〔5〕澄觀所撰的《華嚴經疏》有六十卷,今存,是對實叉難陀所譯八十卷本的疏解。

四年春正月,寺主賢林請講新疏。七年,河東節度使李公自良復請於崇福寺講。德宗降中使李輔光宣詔入都,與罽賓三藏般若譯烏荼國王所進《華嚴》後分四十卷[1]。觀苦辭,請明年入,敕允。及具行,至蒲津,中令梁公留安居,遂於中條山棲巖寺住。寺有禪客,拳眉剪髮,字曰癡人,披短褐,操長策,狂歌雜語,凡所指斥,皆多應驗。觀未至之前,狂僧驅衆僧灑掃曰:"不久菩薩來此。"復次壁畫散脂大將及山麋之怪[2],往往不息。觀既至此寺,二事俱靜。五月,內中使霍仙鳴傳宣催入。觀至,帝頗敦重,延入譯場刊正。又詔令造疏,遂於終南草堂寺編成十卷[3],進呈,敕令兩街各講一遍爲疏。時堂前池生五枝合歡蓮華,一華皆有三節,人咸嘆伏。尋譯《守護國界主經》[4],觀綴文潤色[5]。

【注】

〔1〕般若於唐憲宗元和五年(810),據高宗朝師子國所進梵夾,譯《本生心地觀經》八卷,憲宗作序。他於貞元年間翻譯的《華嚴》後分四十卷,相當於實叉難陀八十卷本的第九會(《入法界品》)。《宋高僧傳》卷三有傳。

〔2〕散脂,又作"散支",全稱"散脂迦",意譯"密神"。佛典謂是北方毗沙門天王八大將之一,其所管有二十八部衆,巡行世間,賞善罰惡。

〔3〕這部《華嚴經疏》,名《貞元新譯華嚴經疏》,又名《華嚴經行願

品疏》,是闡釋般若所譯的四十卷本《華嚴經》,今存。
〔4〕《守護國界主經》,全稱《守護國界主陀羅尼經》,十卷,般若與牟尼室利同譯。與《大集經》第二陀羅尼自在王菩薩品同,但次第稍異,文理兼暢。
〔5〕綴文潤色,爲譯場的不同分工。譯場中譯主,宣傳梵文;證義、證文,與譯主評量梵文;書字梵學僧,書成漢字;筆受,翻成漢音;綴文,綴字成句;參譯,考正梵漢文字;刊定,刊削冗長;潤文,對文字潤色加工。

順宗在春宮,嘗垂教,令述《了義》一卷、《心要》一卷并《食肉得罪因緣》[1]。洎至長安,頻加禮接,朝臣歸向。則齊相國杭、韋太常渠牟皆結交最深,故相武元衡、鄭絪、李吉甫、權德輿、李逢吉,中書舍人錢徽、兵部侍郎歸登、襄陽節度使嚴綬、越州觀察使孟簡、洪州韋丹,咸慕高風,或從戒訓。以元和年卒[2],春秋七十餘。弟子傳法者一百許人,餘堪講者數。

【注】
〔1〕《了義》,即《食肉得罪因緣》,已佚。《心要》,全稱《華嚴心要法門》,今存。
〔2〕元和年,《佛祖統紀》卷四十二和《佛祖歷代通載》卷十六,均作開成三年(838)三月。

觀嘗於新創雲花寺般若閣下,畫華藏世界圖相[1]。又著《隨疏演義》四十卷[2],允齊相請述《華嚴經綱要》一卷[3]、《法界玄鑑》一卷[4]、《三聖圓融觀》一卷[5],《華嚴》、

《法華》、《楞伽》、《中觀論》等別行小鈔疏[6]，共三十卷。設無遮大會十二中[7]，其諸塑繢形像、繕寫經典，不可殫述。門人清沔記觀平時行狀云，觀恒發十願：一、長止方丈[8]，但三衣鉢[9]，不畜長[10]。二、當代名利，棄之如遺。三、目不視女人。四、身影不落俗家。五、未舍執受[11]，長誦《法華經》。六、長讀大乘經典，普施含靈[12]。七、長講《華嚴》大經。八、一生晝夜不臥[13]。九、不邀名、惑衆、伐善。十、不退大慈悲普救法界[14]。觀逮盡形期[15]，恒依願而修行也。

【注】

[1] 華藏世界，對釋迦如來真身毗盧舍那佛凈土的稱謂。最下爲風輪，風輪之上有香水海，香水海中生大蓮華，此蓮華中包藏微塵數的世界，稱之爲蓮華藏世界，略稱華藏世界。

[2] 《隨疏演義》，即《大方廣佛華嚴經隨疏演義鈔》、《華嚴經隨疏演義鈔》的略名。今存有九十卷和八十卷兩本，是對澄觀自作《華嚴經疏》六十卷本的闡釋。

[3] 今存的《華嚴經綱要》，是澄觀疏義，明德清提挈的八十卷本。

[4] 《法界玄鑑》，即《華嚴法界玄鏡》，二卷，今存。

[5] 《三聖圓融觀》，即《三聖圓融觀門》，今存。

[6] 澄觀有關《華嚴經》的章疏還有：《華嚴經略策》一卷、《華嚴經入法界品十八問答》一卷、《華嚴經七處九會釋頌章》一卷、《華嚴經疏科文》十卷、《華嚴經隨疏玄談》九卷，今存。此中所說有關《法華經》、《楞伽經》、《中觀論》（即《中論》）的章疏，均不傳，詳情無考。以外有《五蘊觀》一卷，今存。

[7] 無遮大會，佛教指賢聖、道俗、上下、貴賤無別，平等行財施、法

施的法會。

〔8〕方丈,寺院住持所居的地方。

〔9〕三衣鉢,指僧人在不同場合穿的三種衣服(亦即袈裟)和飯鉢。

〔10〕不畜長,不畜長物。長物,指多餘的衣鉢、藥和金銀米穀等。

〔11〕執受,指攝爲自體,持使不壞。

〔12〕含靈,指有情識的人類和其他動物。

〔13〕不卧,不坐卧高廣床位,爲沙彌、沙彌尼所受的十戒之一。

〔14〕不退,不退轉,佛教謂所修的功德、善根愈增愈進,不迴轉更變。大慈悲普救法界,佛菩薩拔濟衆生的德行。

〔15〕盡形期,死時。

選自《宋高僧傳》卷五《義解篇》

宗　　密（780—841）

　　釋宗密,姓何氏,果州西充人也[1]。家本豪盛,少通儒書,欲干世以活生靈,負俊才而隨計吏。元和二年,偶謁遂州圓禪師[2],圓未與語,密欣然而慕之,乃從其削染受教。此年進具於拯律師[3]。尋謁荆南張,張曰:"汝傳教人也,當宣導於帝都。"復見洛陽照禪師,照曰:"菩薩人也,誰能識之?"末見上都華嚴觀[4],觀曰:"毗盧華藏[5],能隨我遊者,其唯汝乎!"

【注】

〔1〕果州西充,今四川省西充縣。
〔2〕圓,道圓。《佛祖歷代通載》卷十六載唐裴休所撰《宗密碑》,説:"曹溪(慧能)傳荷澤(神會),荷澤傳磁州如(智如),如傳荆南張,張傳遂州圓(道圓),圓傳禪師,師於荷澤爲五世。"據此,宗密所受爲禪宗中荷澤宗的禪法。
〔3〕拯律師,與下文所説的洛陽照禪師,事迹不詳。
〔4〕上都,唐肅宗寶應元年(762)建東、西、南、北四陪都,而稱首都長安爲上都。華嚴觀,華嚴宗澄觀。
〔5〕毗盧,毗盧遮那。華藏,華藏世界。見本書《澄觀》傳注。

　　初在蜀,因齋次受經,得《圓覺》十二章[1],深達義趣,誓傳是經,在漢上,因病僧付《華嚴》句義,未嘗隸習,即爾講之[2]。由是乃著《圓覺》、《華嚴》,及《涅槃》、《金剛》、《起信》、《唯識》、《盂蘭盆》、《法界觀》、《行願經》等疏鈔[3],及《法義》、《類例》、《禮懺》、《修證》、《圖傳》、《纂略》[4]。又集諸宗禪言爲禪藏,總而序之[5],並酬答書偈議論等。又《四分律疏》五卷、《鈔懸談》二卷[6]。凡二百許卷[7],圖六面[8]。皆本一心而貫諸法,顯真體而融事理,超羣有於列待,冥物我而獨運矣。

【注】

〔1〕《圓覺》,《大方廣圓覺修多羅瞭義經》的略稱,一卷,唐佛陀多羅於東都白馬寺譯。與《維摩》、《楞嚴》等爲禪宗常用的經典。清續法《五祖圭峰大師傳》敘宗密得《圓覺經》一事説:"爲沙彌時,一日隨衆僧齋於府吏任灌家,師居末座,以次授經,得《圓覺》十二章。讀一二章。豁然大悟,身心喜躍。"(見《法界宗五祖略記》)

〔2〕病僧,指清涼澄觀的弟子靈峰。續法《五祖圭峰大師傳》説:"元和五年,抵襄、漢,遇恢覺寺靈峰闍黎,病中授與清涼國師所撰《華嚴大疏》二十卷,《大鈔》四十卷。覽之,欣然曰:'吾禪遇南宗,教逢《圓覺》,一言之下,心地開通,一軸之中,義天朗耀。今復得此大法,吾其幸哉!'即爲衆講一遍。"

〔3〕宗密的經疏現存的有:《圓覺經大疏》十二卷、《圓覺經大疏釋義鈔》二十六卷、《圓覺經略疏》四卷、《圓覺經略疏鈔》十二卷、《圓覺經大疏鈔科》三卷、《圓覺經道場修證儀》十八卷;《注華嚴法界觀門》一卷、《華嚴心要法門注》一卷、《注華嚴法界觀科文》一卷、《大方廣佛華嚴經普賢行願品別行疏鈔》六卷;《起信論疏注》四卷(會入《起信論疏筆削記會閱》),《金剛般若經疏

論纂要》二卷;《盂蘭盆經疏》二卷。此中所説的《涅槃》、《唯識》疏已佚,《法界觀》、《行願經》屬《華嚴經》,見上。另著《原人論》一卷、《中華傳心地禪門師資承襲圖》一卷,今存。

〔4〕以上諸書不詳全名。

〔5〕禪藏,指《禪源諸詮集》(亦名《禪那理行諸詮集》),收入禪宗近百家言論,已佚。今存宗密爲這部集子寫的總序,即《禪源諸詮集都序》,可見唐代禪宗發展與分化的情況。

〔6〕《四分律疏》、《鈔懸談》,二書均佚。

〔7〕據續法《五祖圭峰大師傳》,宗密的著述次第大致是:元和十一年(816)春,在終南山智炬寺出《圓覺科文》、《纂要》二卷;元和十四年(819),於興福寺出《金剛纂要疏》一卷、《鈔》一卷;元和十五年(820)春,於上都興福、保壽二寺,集《唯識疏》二卷;長慶二年(822),居鄠縣草堂寺,重治《圓覺經解》,又於南山豐德寺制《華嚴綸貫》五卷;長慶三年(823)夏,於豐德寺纂《四分律疏》三卷,至冬初,著成《圓覺大疏》三卷、《大鈔》十三卷。隨後又注《略疏》兩卷、《小鈔》六卷和《道場修證儀》十八卷。裴休所撰宗密傳法碑謂,"凡九十餘卷",與此傳所説"凡二百許卷"異。

〔8〕圖六面,當指《中華傳心地禪門師資承襲圖》。宗密爲解答裴休的問題,用詳示簡表的形式,敍説禪宗自達磨至遂州道圓、建元玄雅的師承及南北禪宗的歷史和學説。

　　密累入内殿,問其法要[1]。大和二年慶成節[2],徵賜紫方袍,爲大德。尋請歸山。會昌元年正月六日[3],坐滅於興福塔院,儼若平日,容貌益悦。七日遷於函,其自證之力可知矣[4]。其月二十二日,道俗等奉全身於圭峰。二月十三日,荼毗得舍利數十粒[5],明白而潤大。後門人泣而求諸煨中[6],必得而歸,悉斂藏於石室,其無緣之慈可知矣[7]。俗齡六十二,僧臘三十四[8]。遺誡令舁屍施鳥獸[9],焚其骨而散之勿塔,勿得悲慕以亂禪觀,每清明上山,必講道七日而後去,其餘住持儀則當合律科[10],違者非吾弟子。

【注】

〔1〕法要,佛教大旨。
〔2〕慶成節,皇帝封禪禮畢,慶賀成功的日子。
〔3〕會昌元年,公元841年。
〔4〕自證,自己證悟佛義,不從他得。
〔5〕茶毗,梵文音譯,亦譯成"闍毗"、"闍維"、"耶維"等,意爲"焚燒"、"火葬"。舍利,遺骨。
〔6〕煨,此處指灰燼,即燃燒後的殘餘。
〔7〕無緣之慈,泛對一切人的慈愛。
〔8〕僧臘,從出家受戒後計算的僧齡。
〔9〕舁,抬。
〔10〕住持,此處指住持三寶,即保持佛、法、僧三寶。

初,密道既芬馨,名惟烜赫,內衆慕羶既如彼[1],朝貴答響又如此。當長慶、元和已來[2],中官立功,執政者孔熾[3],內外猜疑,人主危殆。時宰臣李訓酷重於密[4],及開成中,僞甘露發[5],中官率禁兵五百人出閤,所遇者一皆屠戮。時王涯、賈餗、舒元輿方在中書會食,聞難作,奔入終南投密。唯李訓欲求剪髮匿之,從者止之[6],訓改圖趨鳳翔。時仇士良知之,遣人捕密入左軍[7],面數其不告之罪,將害之。密怡然曰:"貧道識訓年深,亦知其反叛,然本師教法,遇苦即救,不愛身命,死固甘心。"中尉魚恒志嘉之,奏釋其罪,朝士聞之,扼腕出涕焉。

【注】

〔1〕內衆,僧徒。慕羶,慕名。
〔2〕長慶、元和已來,當作"元和、長慶已來"。元和,唐憲宗年號(806—820)。長慶,唐穆宗年號(821—824)。
〔3〕中官,指宦官。中官立功,指宦官威懾朝廷,勢傾海內,繳縱廢立,唐憲宗、穆宗、敬宗、文宗均爲宦官所立。執政者,指朝官。執政者孔熾,朝官想除掉宦官的想法十分強烈。
〔4〕李訓(?—835),字子垂,初名仲言,隴西成紀人,進士擢第。他雖酷重於宗密,但對當時佛教的僞濫也頗爲不滿。唐文宗大和九年(835)四月,曾上疏請罷長生殿內道場,沙汰僧尼僞濫者。七月,又請令天下僧尼成經,業不中格者罷之。事見《佛祖統紀》卷四十二。
〔5〕僞甘露發,指大和九年十一月的"甘露之變"。此處説"開成中",誤。時李訓與鳳翔節度使鄭注等,密謀內外協勢,鏟除宦官勢力。他們以左金吾衙中石榴樹上降有甘露,誘使宦官仇士良等前去觀看,謀加誅殺。因所伏甲兵暴露,反爲仇士良率兵捕殺。宦官大殺朝官,朝中幾乎爲之一空。
〔6〕從者,指宗密的門人。《資治通鑑》卷二四五説:"宗密欲剃其髮而匿之,其徒不可。訓出山,……"
〔7〕左軍,宦官控制的禁軍。

或曰:"密師爲禪耶?律耶?經論耶?"則對曰:"夫密

者,四戰之國也,人無得而名焉,都可謂大智圓明自證利他大菩薩也。"是故裴休論撰云[1]:

【注】
[1] 裴休(797—870),字公美,孟州人。唐宣宗大中年間任相國六年,次歷諸鎮節度使。撰有《禪源諸詮集都序敍》、《澄觀碑》、《宗密碑》,集録並序《筠州黄檗山斷際禪師傳心法要》《黄檗斷際禪師宛陵録》(黄檗希運的語録)等。據《佛祖歷代通載》卷十六,此下所録裴休的議論,出自《宗密碑》(原名或是《圭峰大師傳法碑》)。

"議者以師不守禪行,而廣講經論,遊名邑大都,以興建爲務,乃爲多聞之所役乎[1]？豈聲利之所未忘乎？嘻！議者焉知大道之所趣者！

【注】
[1] 多聞,多聞佛法而受持。

"夫一心者,萬法之總也[1]。分而爲戒、定、慧[2],開而爲六度[3],散而爲萬行[4]。萬行未嘗非一心,一心未嘗違萬行。禪者,六度之一耳,何能總諸法哉！且如來以法眼付迦葉[5],不以法行[6],故自心而證者爲法[7],隨願而起者爲行[8],未必常同也。然則一心者,萬法之所生,而不屬於萬法。得之者,則於法自在矣;見之者,則於教無礙矣。本非法,不可以法説;本非教,不可以教傳,豈可以軌迹而尋哉！

【注】

〔1〕萬法,一切事物和道理,與"諸法"意同。

〔2〕戒,戒律,佛教用來防止身、口、意三不净業。定,禪定,思慮專一,觀悟佛理,滅除情欲。慧,智慧,研習佛典,斷除煩惱,達到解脱。戒、定、慧,統稱三學,概括佛學的全部内容。

〔3〕六度,六種從生死此岸到達涅槃彼岸的修習方法,即:布施、持戒、忍、精進、定、智慧。爲大乘佛教的重要内容。

〔4〕萬行,一切修行。

〔5〕如來,釋迦牟尼佛的十種稱號之一。法眼,佛教所説的分明觀達緣生差别事物的能力,禪宗稱之爲"涅槃妙心"。迦葉,釋迦牟尼的大弟子,釋迦寂滅後,主持結集三藏。如來以法眼付迦葉,出自《大梵王問佛决疑經》。《釋氏稽古略》卷一轉録説:"佛在靈鷲山中,大梵天王以金色波羅華(花)持以獻佛。世尊拈華示衆,人天百萬悉皆罔措,獨有迦葉破顔微笑。世尊曰:'吾有正法眼藏、涅槃妙心,分付迦葉。'"也就是佛教"拈花微笑"的典故。

〔6〕不以法行,不以言語文字爲佛教修行的唯一方法。

〔7〕自心而證者爲法,通過内心悟證得到的就是佛法。法,指佛法,即佛教的思想學説。

〔8〕隨願而起者爲行,根據自己的意願產生的就是佛教的修行。

"自迦葉至富那奢,凡十祖皆羅漢[1],所度亦羅漢。馬鳴、龍樹、提婆、天親始開摩訶衍[2],著論釋經[3],摧滅外道[4],爲菩薩唱首。而尊者闍夜[5],獨以戒力爲威神[6],尊者摩羅[7],獨以苦行爲道迹[8]。其他諸祖,或廣行法教,或專心禪寂,或蟬蜕而去,或火化而滅,或攀樹以示終,或受害以償債,是乃法必同而行不必同也。

【注】

〔1〕自迦葉至富那奢(即富那夜奢),天台宗編列爲十祖,他們是:始祖摩訶迦葉、二祖阿難、三祖商那和修、四祖優波毱多、五祖提迦多、六祖彌遮迦、七祖佛馱難提、八祖佛陀密多、九祖脅比丘、十祖富那夜奢(見《佛祖統紀》卷五)。而禪宗編列爲十一祖,在六祖彌遮迦之後,增加了婆須蜜(見《佛祖歷代通載》卷三、四)。羅漢,阿羅漢的略稱,小乘佛教修行的最高果位。

〔2〕摩訶衍,"摩訶衍那"的略稱,意爲"大乘"。馬鳴(1—2世紀),爲大乘佛教的著名論師、佛教詩人。龍樹(3世紀)、提婆(3世紀,龍樹弟子),爲大乘中觀宗的創始人。天親(亦譯"世親",音譯"婆藪槃豆",4—5世紀),與其兄無著,爲大乘瑜伽宗的創始人。

〔3〕馬鳴的著作有《大莊嚴論經》等;龍樹的著作有《大智度論》等;提婆的著作有《百論》等;天親的著作有《阿毗達磨俱舍論》、《唯識三十頌》、《往生論》等。

〔4〕外道,佛教對其教以外的學派、學説的貶稱。

〔5〕闍夜,即闍夜多,北天竺人。天台宗"西天二十四祖"中的十九祖,禪宗"西天二十七祖"中的二十祖。

〔6〕戒力,持戒的功力。

〔7〕摩羅,即摩拏羅,天台宗"西天二十四祖"中的二十一祖,禪宗"西天二十七祖"中的二十二祖。

〔8〕苦行,自我抑制、自我折磨、自甘受苦的種種宗教修行。

"且循轍者非善行,守規墨者非善巧,不迅疾無以爲大牛,不超過無以爲大士[1]。故師之道也,以知見爲妙門,寂淨爲正味,慈忍爲甲盾,慧斷爲劍矛。破内魔之高壘[2],陷外賊之堅陣[3],鎮撫邪雜,解釋縲籠[4]。遇窮子則叱而使歸其家[5],見貧女則呵而使照其室[6]。窮子不歸,貧女不富,吾師恥之。三乘不興[7],四分不振,吾師恥之[8]。忠孝不並化,荷擔不勝任,吾師恥之。避名滯相[9],匿我增慢[10],吾師恥之。故遑遑於濟拔,汲汲於開誘,不以一行自高,不以一德自聳。人有依歸者,不俟請則往矣;有求益者,不俟憤則啓矣。雖童幼不簡於應接,雖鷙佷不怠於叩勵[11]。其以闡教度生,助國家之化也如此。

【注】

〔1〕大士,亦稱開士,菩薩的別稱。
〔2〕内魔,指煩惱、疑惑、迷戀等一切妨礙修行的心理活動。
〔3〕外賊,亦即"外道"。
〔4〕縲籠,拘繫犯人的繩索和牢籠。
〔5〕窮子歸家,見《法華經·信解品》。説的是一個人年幼時捨父逃走,久住他國,至年五十,年既長大,加復窮困,傭賃展轉,回到本國,其父大富,爲使窮子能嗣家業,對子循循誘導的故事。佛教用"窮子"比喻無功德法財的衆生。
〔6〕貧女照室,見《阿闍世王授決經》。説的是有一個貧窮老母,有心供佛,而無資財,行乞得兩錢,買油燃燈,供養如來的故事。
〔7〕三乘,聲聞、緣覺、菩薩。
〔8〕四分,相分、見分、自證分、證自證分,唯識宗的認識學説。宗

密曾爲《唯識論》制疏,故此處説"四分不振,吾師恥之"。
〔9〕避名滯相,背離或拘泥於名相。名相,佛教的名詞術語。
〔10〕匿我增慢,隱滅或增添我慢。我慢,恃我矜高,輕侮他人。
〔11〕驚佷,傲慢狠辣,叩勵,詢問勉勵。

"故親師之法者[1],貧則施,暴則斂,剛則隨,戾則順,昏則開,墮則奮,自榮者慊,自堅者化,徇私者公,溺情者義。凡士俗有舍其家,與妻子同入其法,分寺而居者;有變活業[2],絶血食[3],持戒法,起家爲近住者[4];有出而修政理[5],以救疾苦爲道者;有退而奉父母,以豐供養爲行者。其餘憧憧而來,欣欣而去,揚袂而至,實腹而歸,所在甚衆,不可以紀。真如來付囑之菩薩,衆生不請之良友,其四依之人乎[6]?其十地之人乎[7]?吾不識其境界庭宇之廣狹深淺矣。議者又焉知大道之所趣哉!"

【注】

〔1〕親師,親教師,梵音"鄔波馱耶",又譯爲"和尚"。
〔2〕業,梵語"羯磨",意爲造作,泛指一切身心活動。通常分爲身業(行爲)、語業(言語)、意業(思想活動)。活業,即"現業",指現在的舉止活動。
〔3〕絶肉食,梁武帝蕭衍創制的戒條。《十誦律》中原允許比丘食三種净肉:一我眼不見其殺,二不聞爲我殺,三不疑屠兒之慈心。因此自漢以來,僧徒未曾普斷血食。梁武帝根據《涅槃》、《楞伽》等大乘經典,首唱斷禁酒肉,後世沿襲,遂爲定制。《廣弘明集》卷三十有梁武帝《斷酒肉文》四首,卷三十一有道宣撰

《敍梁武帝與諸律師唱斷肉律》,詳敍此事。
〔4〕近住,受八戒的在家男女。
〔5〕修政理,治政弘化,指做官。
〔6〕四依,有行、法、人、説四依等四種。行四依:一糞掃衣,二常乞食,三樹下坐,四腐爛藥;法四依:一依法不依人,二依瞭義經不依不瞭義經,三依義不依語,四依智不依識;人四依:具煩惱性之人,二須陀果、斯陀含之人,三阿那含之人,四阿羅漢之人;説四依,即四秘密、四意趣:一平等意趣,二別時意趣,三別義意趣,四衆生意樂意趣。
〔7〕十地,指佛教修行過程中的十個階位,有聲聞、緣覺、菩薩三乘共修的"十地",大乘菩薩的"十地"以及"四乘十地"、"真言十地"等不同的説法,此處似指"三乘十地"(上文有"三乘不興,……吾師恥之"語)。這十地是:乾慧地、性地、八忍地、見地、薄地、離欲地、已辨地、辟支佛地、菩薩地、佛地。

其爲識達大人之所知心爲若此也。密知心者多矣,無如昇平相國之深者[1],蓋同氣相求耳。宣宗再闡真乘[2],萬善咸秩[3],追謐曰定慧禪師,塔號青蓮。持服執弟子禮四衆數千百人矣[4]。

【注】
〔1〕昇平相國,指裴休。
〔2〕宣宗再闡真乘,指唐宣宗再興佛教一事。先是會昌五年(845),唐武宗下敕毀佛。拆毁"天下寺四千六百所、蘭若四萬所。寺材以葺廨驛,金銀像以付度支,鐵像以鑄農器,銅像鐘磬以鑄錢。收良田數千萬頃,奴婢十五萬人,僧尼歸俗者二十

六萬五百人"(《佛祖統紀》卷四十二)。次年,武宗死去,宣宗繼位,即以"道士惑亂先朝,毀除佛教"爲名,捕殺道士趙歸真等十二人。大中元年(847),又詔令修復所廢寺宇,全面復興佛教。

〔3〕萬善咸秩,一切善事都井然有秩。

〔4〕四衆,比丘、比丘尼、優婆塞、優婆夷。

系曰:河東相國之論撰,所謂極其筆矣。然非夫人之爲極筆,於他人豈極其筆乎!觀夫影響相隨,未始有異也。影待形起,響隨聲來,有宗密公,公則有裴相國,非相國曷能知密公?相續如環,未嘗告盡,其二公之道如然。則知諦觀法王法[1],則密公之行甚圓。應以宰官身,則裴相之言可度。今禪宗有不達而譏密不宜講諸教典者,則吾對曰:達磨可不云乎?吾法合了義教[2],而寡學少知,自既不能,且與煩惑相應[3],可不嫉之乎?或有誚密不宜接公卿而屢謁君王者,則吾對曰:教法委在王臣,苟與王臣不接,還能興顯宗教以不?佛言力輪[4],王臣是歟?今之人情,見近王臣者則非之,曾不知近王臣人之心,苟合利名,則謝君之誚也。或止爲宗教親近,豈不爲大乎?寧免小嫌,嫌之者,亦嫉之耳。若了如是義,無可無不可。吁哉!

【注】

〔1〕此句的"則"字疑衍。諦觀,真實地觀察事物。法王,指佛。

〔2〕了義教,真實顯了的教法。

〔3〕煩惑,煩惱迷惑。

〔4〕力輪,推動法輪。佛典以佛法能像轉輪王轉動"輪寶",摧破山嶽巖石那樣,摧破衆生煩惱邪惡,故喻稱"法輪"。

選自《宋高僧傳》卷六《義解篇》

李　　翱（772—841）

　　李翱，字習之，涼武昭王之後[1]。父楚金，貝州司法參軍[2]。翱幼勤於儒學，博雅好古，爲文尚氣質。貞元十四年登進士第，授校書郎[3]。三遷至京兆府司錄參軍[4]。元和初[5]，轉國子博士、史館修撰[6]。

【注】

〔1〕涼武昭王，即十六國西涼國主李暠（400—417年在位）。西涼，東晉安帝隆安四年（400）涼州李暠建立政權，自稱涼公，都酒泉，史稱西涼。公元420年，爲北涼王沮渠蒙遜所滅。《新唐書·李翱傳》作"後魏尚書左僕射沖十世孫"。
〔2〕貝州，州名，治所在武城（今河北省南宮東南）。司法參軍，官名，主管刑法。唐制，在府叫法曹參軍，在州叫司法參軍，在縣叫司法。
〔3〕貞元，唐德宗年號（785—805）。校書郎，官名，掌校讎典籍。
〔4〕京兆，即京都長安。司錄參軍，官名，即錄事參軍，掌總錄衆官署文簿，舉彈善惡。在京府稱司錄參軍。
〔5〕元和，唐憲宗李純年號（806—820）。
〔6〕史館修撰，官名。掌修國史。

　　十四年，太常丞王涇上疏請去太廟朔望上食[1]，詔百官議。議者以《開元禮》[2]，太廟每歲祫、祠、蒸、嘗、臘，凡五享[3]。天寶末,玄宗令尚食每月朔望具常饌[4],令宮闈令上食於太廟[5],後遂爲常。由是朔望不視朝,比之大祠[6]。翱奏議曰:

【注】

〔1〕太常丞,官名,太常寺佐官。太常,九卿之一,掌禮樂郊廟社稷事宜。太廟,天子的祖廟。朔望,農曆每月的初一日和十五日。
〔2〕《開元禮》,全名《大唐開元禮》,由徐堅、李鋭、蕭嵩等據《貞觀禮》、《顯慶禮》重新撰定爲一百五十卷,內分吉、賓、軍、嘉、凶禮等類,開元二十九年(741)施行。
〔3〕礿祠蒸嘗,古代宗廟四時祭。《禮·王制》:"天子諸侯宗廟之祭,春曰礿,夏曰禘,秋曰嘗,冬曰蒸。"臘,歲終祭祖先。漢臘行於農曆十二月,故後世以十二月爲臘月。
〔4〕尚食,官名,掌管帝王膳食。
〔5〕宮闈令,官名。隋、唐內侍省有宮闈局令,掌管宮內的法紀制度、出入管籥。
〔6〕大祠,最隆重的祭祀。

"《國語》曰,王者日祭。《禮記》曰,王立七廟[1],皆月祭之。《周禮》時祭[2],礿祠蒸嘗。漢氏皆雜而用之。蓋遭秦火,《詩》、《書》、《禮經》燼滅,編殘簡缺,漢乃求之。先儒穿鑿,各伸己見,皆託古聖賢之名,以信其語,故所記各不同也。古者廟有寢而不墓祭[3],秦、漢始建寢廟於園陵[4],而上食焉。國家因之而不改。《貞觀》[5]、《開元禮》並無宗廟日祭月祭之禮,蓋以日祭月祭,既已行於陵寢矣,故太廟之中,每歲五饗六告而已。不然者,房玄齡、魏徵輩皆一代名臣,窮極經史,豈不見《國語》、《禮記》有日祭月祭之詞乎?斯足以明矣。

【注】

〔1〕七廟,歷代帝王爲進行宗法統治,設七廟供奉七代祖先(指太祖與血緣最近的六代祖先,餘皆合祭之)。《禮記·王制》:"天子七廟,三昭三穆,與太祖之廟而七。"

〔2〕時祭,春夏秋冬四時分別舉行的祭祀。

〔3〕寢,古帝王宗廟的後殿,是放置祖先衣冠的地方。墓祭,掃墓;在墓前祭祀。《後漢書·明帝紀》永平元年《注》:"《漢官儀》曰:'古不墓祭,秦始皇起寢於墓側,漢因而不改。諸陵寢皆以晦、望、二十四氣、三伏、社、臘及四時上飯。'"

〔4〕園陵,帝王的墓地。

〔5〕《貞觀》,即《貞觀禮》。唐初太宗令房玄齡依《隋禮》修禮文一百三十篇。

"伏以太廟之饗,籩豆牲牛[1],三代之通禮,是貴誠之義也。園陵之奠,改用常饌,秦、漢之權制,乃食味之道也。今朔望上食於太廟,豈非用常褻味而貴多品乎?且非《禮》所謂'至敬不饗味而貴氣臭'之義也。《傳》稱[2]:屈到嗜芰[3],有疾,召其宗老而屬之曰[4]:'祭我必以芰。'及祭薦芰[5],其子違命去芰而用羊饋籩豆脯醢[6],君子是之。言事祖考之義,當以禮爲重,不以其生存所嗜爲獻,蓋明非食味也。然則薦常饌於太廟,無乃與芰爲比乎?且非三代聖王之所行也。況祭器不陳俎豆[7],祭官不命三公[8],執事者唯宮闈令與宗正卿而已[9]。謂之上食也,安得以爲祭乎?且時享於太廟,有司攝事,祝文曰:'孝曾孫皇帝臣某,謹遣太尉臣名,敢詔告於高祖神堯皇帝[10]、祖妣太穆皇后竇氏[11]。時惟孟春[12],永懷罔極[13]。謹以一元大武[14]、柔毛剛鬣[15]、明粢薌萁[16]、嘉蔬嘉薦醴齊[17],敬修時享[18],以申追慕。'此祝辭也。前享七日質明[19],太尉誓百官於尚書省曰:'某月某日時享於太廟,各揚其職。不供其事,國有常刑。'凡陪享之官,散齋四日[20],致齋三日[21],然後可以爲祭也。宗廟之禮,非敢擅議,雖有知者,其誰敢言?故六十餘年,行之不廢。今聖朝以弓矢既櫜[22],禮樂爲大,故下百僚,可得詳議。臣等以爲《貞觀》、《開元禮》並無太廟上食之文,以禮斷情,罷之可也。至若陵寢上食[23],採《國語》、《禮記》日祭月祭之詞,因秦、漢之制,修而存之,以廣孝道可也。如此,則經義可據,故事不遺。大禮既明,永息異論,可以繼二帝三王[24],而爲萬代法。與其瀆禮越古,貴因循而憚改作,猶天地之相遠也。"

知禮者是之,事竟不行。

【注】

[1] 籩豆,祭祀的禮器。
[2]《傳》,指《國語·楚語》。

〔3〕芰,菱角。兩角者爲菱,四角者爲芰。
〔4〕宗老,主持禮樂的家臣。屬,通"囑"。
〔5〕薦,進獻祭品。
〔6〕脯醢,佐酒的食品。
〔7〕俎豆,古代宴客、朝聘、祭祀用的禮器。俎,置肉的几;豆,盛乾肉一類食物的器皿。
〔8〕三公,唐沿東漢制,以太尉、司徒、司空爲三公,但已無實權。
〔9〕宗正卿,官名,掌管王室親族的事務。
〔10〕高祖神堯皇帝,即唐高祖李淵。
〔11〕祖妣太穆皇后竇氏,即唐高祖李淵妻竇后。
〔12〕孟春,春季第一個月,即農曆正月。
〔13〕罔極,永無窮盡。《詩·小雅·蓼莪》:"欲報之德,昊天罔極。"後常稱父母之恩爲罔極之恩。
〔14〕一元大武,指古代祭祀所用的牛。《禮記·曲禮》:"凡祭宗廟之禮,牛曰一元大武。"注:"元,頭也;武,迹也。"疏:"牛若肥則脚大,脚大則迹痕大,故云一元大武也。"
〔15〕柔毛剛鬛,指古代祭祀所用的羊和猪。《禮記·曲禮》:"凡祭宗廟之禮,……豕曰剛鬛,豚曰腯肥,羊曰柔毛。……"
〔16〕明粢薌萁,指古代祭祀所用的粟和高粱。《禮記·曲禮》:"粱曰薌萁,稷曰明粢。"疏:"粱,穀之强者。其莖葉亦香,故曰薌萁。""稷,粟也。明則足以交神。祭祀之飯,謂之粢盛。"
〔17〕嘉蔬,指古代祭祀所用的稻。《禮記·曲禮》:"稻曰嘉蔬。"疏:"蔬與疏同。立苗疏,則茂盛。嘉,美也。"嘉薦,用時新食物祭供祖先。醴齊,即古代祭祀所用酒五齊之一。《周禮·天官》有酒正,掌辦五齊,即泛齊、醴齊、盎齊、緹齊、沉齊。醴齊是汁滓相將之薄酒,麴少米多,一宿而熟,其味稍甜。
〔18〕時享,宗廟四時的祭祀。《國語·周語上》:"日祭、月祀、時

享、歲貢、終王,先王之訓也。"也作"時饗"。
〔19〕質明,天剛亮的時候。
〔20〕散齋,古禮於祭祀父母前七日不御不樂不弔,叫做"散齋"。
〔21〕致齋,舉行祭祀或典禮以前清整身心的禮式。《禮·祭義》:"致齊於內,散齊於外。"又《祭統》:"故散齊七日以定之,致齊三日以齊(qí)之。"齊,通"齋"。後來帝王大祀如祭天地等行致齋,中祀如祭社稷太歲等壇行散齋。
〔22〕櫜(音高),收藏甲衣或弓箭的袋,此作動詞用。
〔23〕陵寢,帝王墓地的宮殿建築。《後漢書·祭祀志下》:"秦始出寢,起於墓側,漢因而弗改,故陵上稱寢殿,起居衣服像生人之具,古寢之意也。"
〔24〕二帝三王,即帝堯、帝舜和夏禹、商湯、周文武。

　　翱性剛急,論議無所避。執政雖重其學,而惡其激訐,故久次不遷。翱以史官記事不實,奏狀曰:"臣謬得秉筆史館,以記注為職。夫勸善懲惡,正言直筆,紀聖朝功德,述忠賢事業,載姦臣醜行,以傳無窮者,史官之任也。凡人事迹,非大善大惡,則衆人無由得知,舊例皆訪於人,又取行狀謚議[1],以為依據。今之作行狀者,多是其門生故吏,莫不虛加仁義禮智,妄言忠肅惠和。此不唯其處心不實,苟欲虛美於受恩之地耳。蓋為文者,又非游、夏、遷、雄之列[2],務於華而忘其實,溺於文而棄其理。故為文則失《六經》之古風,紀事則非史遷之實錄。臣今請作行狀者,但指事實,直載事功。假如作《魏徵傳》,但記其諫諍之辭,足以為正直;段秀實但記其倒用司農印以追逆兵[3],以象笏擊朱泚[4],足以為忠烈。若考功視行狀,不依此者不得受。依此則考功下太常,牒史館,然後定諡。伏乞以臣此奏下考功。"從之。尋權知職方員外郎[5]。十五年六月,授考功員外郎[6],並兼史職。

【注】

〔1〕行狀,文體名稱,記述死者生平行事的文章,亦稱行述。諡議,帝王、貴族、大臣、士大夫死後,依其生前事迹給予一定稱號。貴族大臣死後定諡,唐宋由考功上行狀,太常博士作諡議,其有名實不符者,給事中得駁奏再議。

〔2〕游,即子游,孔子弟子,長於文學。夏,即子夏,孔子弟子,長於文學,相傳曾講學於西河,序《詩》傳《易》,爲魏文侯師。遷,即司馬遷,本書有傳。雄,即揚雄,本書有傳。

〔3〕段秀實(719—783),唐汧陽人,字成公。官至司農卿。朱泚反,秀實陽與泚合,伺機以象笏擊之,中其顙,秀實遂遇害。新、舊《唐書》有傳。

〔4〕朱泚(742—784),唐幽州昌平人,任盧龍節度使。建中四年(783),逐德宗出京,自立爲帝,國號大秦,旋改爲漢。興元元年(784),唐將李晟收復長安,泚出逃爲部將所殺。《新唐書》有傳。

〔5〕職方員外郎,官名。爲兵部屬官,其職責爲掌輿圖軍制與鎮戍征討之事。

〔6〕考功員外郎,官名。爲吏部屬官,掌官吏考課黜陟之事。

翱與李景儉友善。初,景儉拜諫議大夫[1],舉翱自代。至是,景儉貶黜,七月出翱爲朗州刺史[2]。俄而景儉復爲諫議大夫,翱亦入爲禮部郎中[3]。翱自負辭藝,以爲合知制誥[4],以久未如志,鬱鬱不樂,因入中書謁宰相,面數李逢吉之過失,逢吉不之校。翺心不自安,乃請告[5]。滿百日,有司準例停官,逢吉奏授盧州刺史[6]。大和初[7],入朝爲諫議大夫,尋以本官知制誥。三年二月,拜中書舍人[8]。

【注】
〔1〕諫議大夫,官名,掌論議。唐以左右諫議大夫,分屬門下省、中書省。
〔2〕朗州,州名,治所在武陵(今湖南常德市)。
〔3〕禮部郎中,官名,爲禮部屬官。郎中,諸司之長。
〔4〕知制誥,官名,專掌内命,典司詔誥。
〔5〕請告,請求告退。
〔6〕盧州,州名,治所在今安徽合肥市。
〔7〕大和,唐文宗李昂年號(827—835)。
〔8〕中書舍人,官名,爲中書省屬官,掌管詔令、侍從、宣旨、接納上奏文表等事。

初,諫議大夫柏耆將使滄州軍前宣諭[1],翺嘗贊成此行。柏耆尋以擅入滄州得罪,翺坐謬舉,左授少府少監[2]。俄出爲鄭州刺史[3]。五年,出爲桂州刺史、御史中丞[4],充桂管都防禦使[5]。七年,改授潭州刺史、湖南觀察使[6]。八年,徵爲刑部侍郎。九年,轉户部侍郎。七月,檢校户部尚書、襄州刺史[7],充山南東道節度使[8]。會昌中[9],卒於鎮,諡曰文。

【注】

〔1〕滄州，州名，在今河北滄州。宣諭，傳佈解説。

〔2〕左授，降級使用。少府少監，官名，爲少府屬官。少府，九卿之一，掌管宫中服御諸物、衣服、寶貨、珍膳等。

〔3〕鄭州，州名，在今河南。

〔4〕桂州，州名，在今廣西。御史中丞，官名，爲御史大夫之貳，受公卿奏事，舉劾案章，其權頗重。

〔5〕桂管，唐時桂林地區的代稱。貞觀後，於桂州置桂管經略觀察使，管桂蒙等十五州。都防禦使，官名。唐制，凡大郡要害之地，置防禦使以治軍事，刺史兼之。

〔6〕潭州，州名。治所在今湖南長沙市。湖南，唐方鎮名，治所在潭州。觀察使，官名。唐於諸道置觀察使，位次於節度使，管轄所屬州縣兵甲財賦民俗之事。

〔7〕檢校户部尚書，官名，指詔除而非正名的加官。襄州，州名，在今湖北襄陽。

〔8〕山南東道，道名。因在終南山華山之南，故名。

〔9〕會昌(841—846)，唐武宗年號(841—846)。

選自《舊唐書》卷一百六十

劉 禹 錫 (772—842)

劉禹錫字夢得,彭城人[1]。祖雲,父溆,仕歷州縣令佐,世以儒學稱。禹錫貞元九年擢進士第[2],又登宏辭科。禹錫精於古文,善五言詩,今體文章復多才麗[3]。從事淮南節度使杜佑幕,典記室[4],尤加禮異。從佑入朝,爲監察御史。與吏部郎中韋執誼相善。

【注】

[1] 彭城,郡名,在今江蘇徐州市。一説洛陽人,自言系出中山(今治河北定州)。
[2] 貞元,唐德宗李適年號(785—805)。
[3] 今體,指駢儷文體。
[4] 淮南,唐方鎮名,治所在揚州,轄境相當於今江蘇、安徽兩省江北、淮南地區的大部分。節度使,唐代總攬一區軍、民、財政的官員,轄二三州到十餘州不等。杜佑(735—812),唐京兆萬年人,字君卿,歷任嶺南、淮南等節度使、檢校司徒同平章事等職,封歧國公。精於史事,勤於學問,著《通典》二百卷,爲我國記述歷代典章制度的通史巨著。幕,幕府。記室,官名,掌章表書記文檄。

貞元末,王叔文於東宮用事[1],後輩務進,多附麗之,禹錫尤爲叔文知奬,以宰相器待之。順宗即位,久疾不任政事,禁中文誥,皆出於叔文,引禹錫及柳宗元入禁中,與之圖議,言無不從。轉屯田員外郎、判度支鹽鐵案,兼崇陵使判官[2]。頗怙威權,中傷端士[3]。宗元素不悦武元衡,時武元衡爲御史中丞,乃左授右庶子[4]。侍御史竇羣奏禹錫挾邪亂政[5],不宜在朝,羣即日罷官。韓皋憑藉貴門,不附叔文黨,出爲湖南觀察使[6]。既任喜怒凌人,京師人士不敢指名,道路以目,時號二王、劉、柳[7]。

【注】

〔1〕王叔文,詳見《柳宗元傳》注。東宮,太子所居之宮,也指太子。此即以後嗣位的順宗李誦(805年在位)。

〔2〕屯田員外郎,官名。唐置屯田郎中、員外郎各一人,屬工部,掌屯田政令。度支鹽鐵案,官名,屬户部,掌財賦的統計和支調。崇陵使判官,看守崇陵主官的僚屬。崇陵,唐德宗李适的陵墓。

〔3〕怙,依靠,憑恃。端士,正直之士。

〔4〕御史中丞,御史大夫之佐,受公卿奏事,舉劾案章,其權頗重。左遷,降職。古以右爲尊,左爲卑。右庶子,太子官屬。唐時以左右庶子分掌左右春坊事。

〔5〕侍御史,官名。在御史大夫下,行監察等職。

〔6〕觀察使,官名。掌考察州縣官吏政績,後兼理民事,管轄的地區即爲一道。凡不設節度使之處,即以觀察使爲一道的行政長官;設節度使之處,亦兼觀察使。

〔7〕據王鳴盛《十七史商榷》卷七十四云:"叔文之柄用,僅五六月耳。所書善政,皆在此五六月中,如……黜聚斂之小人,襃忠賢於已往,改革積弊,加惠窮民,自天寶以至貞元,少有及此

者。……叔文行政,上利於國,下利於民,獨不利於弄權之閹官、跋扈之强藩。"

叔文敗,坐貶連州刺史,在道,貶朗州司馬[1]。地居西南夷,土風僻陋,舉目殊俗,無可與言者。禹錫在朗州十年,唯以文章吟詠,陶冶情性。蠻俗好巫,每淫祠鼓舞,必歌俚辭[2]。禹錫或從事於其間,乃依騷人之作,爲新辭以教巫祝[3]。故武陵溪洞間夷歌[4],率多禹錫之辭也。

【注】
[1] 朗州,州名,治所在武陵(今湖南常德)。
[2] 巫,即巫術。利用"超自然的力量"企求某種願望的法術。在中國古代,巫的主要職司是奉祀天帝鬼神及爲人祈福禳災,並兼事占卜、星曆之術。淫祠,濫設的祠廟。俚辭,鄙俗的歌詞。
[3] 巫祝,古代從事通鬼神的巫術職業者。
[4] 武陵,在今湖南常德市。

初禹錫、宗元等八人犯衆怒,憲宗亦怒,故再貶[1]。制有"逢恩不原"之令[2]。然執政惜其才[3],欲洗滌痕累,漸序用之。會程异復掌轉運,有詔以韓臯及禹錫等爲遠郡刺史[4]。屬武元衡在中書[5],諫官十餘人論列,言不可復用而止。

【注】
[1] 禹錫、宗元等八人,即王叔文改革失敗後,被貶斥邊遠地區當司馬的劉禹錫、柳宗元、韓曄、韓泰、韋執誼、陳諫、凌準、凌異

等八人。憲宗,即李純,公元806—820年在位。

〔2〕制有"逢恩不原"之令,元和元年(806),憲宗下詔説,柳宗元、劉禹錫等八人,"縱逢恩赦,不在量移之限"(《舊唐書·憲宗紀上》)。

〔3〕執政,主持政務者。

〔4〕轉運,即轉運使,官名。唐置,掌糧食、財賦轉運事務。韓皋,中華書局本《校勘記》卷五三謂考《韓皋傳》無此事,並引沈炳震説:"皋"字誤,或當作"泰",或作"曄"。

〔5〕中書,即中書省。在唐代爲政務中樞,由中書省決定政策,通過門下省,然後交尚書省執行。

禹錫積歲在湘、澧間,鬱悒不怡,因讀《張九齡文集》,乃敍其意曰:"世稱曲江爲相,建言放臣不宜於善地,多徙五溪不毛之鄉[1]。今讀其文章,自内職牧始安,有瘴癘之嘆,自退相守荆州[2],有拘囚之思。託諷禽鳥,寄辭草樹,鬱然與騷人同風。嗟夫,身出於遐陬,一失意而不能堪,矧華人士族[3],而必致醜地,然後快意哉!議者以曲江爲良臣,識胡雛有反相,羞與凡器同列,密啓廷諍,雖古哲人不及,而燕翼無似,終爲餒魂[4]。豈技心失恕[5],陰謫最大,雖二美莫贖耶?不然,何袁公一言明楚獄而鍾祉四葉。以是相較,神可誣乎?"

【注】

〔1〕湘、澧間,在湘江、澧水之間。張九齡(678—740),唐玄宗時大臣、詩人,韶州曲江人(今屬廣州)人。官至中書侍郎同中書門下平章事,開元二十四年爲李林甫所譖罷相。建言,倡言。放

臣,放逐之臣。五溪,指武陵五溪:雄溪、橫溪、元溪、酉溪、辰溪,地在今湖南西、貴州東一帶。

〔2〕牧始安,治理始安。始安,縣名,今廣西桂林市。退相,解職宰相。

〔3〕遐陬,邊遠地區。陬,隅,角落。矧,況。

〔4〕曲江,即張九齡。胡雛,指安禄山。燕翼,輔佐。餒魂,空虛、中不足之魂。

〔5〕忮心,猜忌之心。

　　元和十年,自武陵召還,宰相復欲置之郎署[1]。時禹錫作《遊玄都觀詠看花君子詩》[2],語涉譏刺,執政不悦,復出爲播州刺史。詔下,御史中丞裴度奏曰:"劉禹錫有母,年八十餘。今播州西南極遠,猿狖所居[3],人跡罕至。禹錫誠合得罪,然其老母必去不得,則與此子爲死別,臣恐傷陛下孝理之風。伏請屈法,稍移近處。"憲宗曰:"夫爲人子,每事尤須謹慎,常恐貽親之憂。今禹錫所坐,更合重於他人,卿豈可以此論之?"度無以對。良久,帝改容而言曰:"朕所言,是責人子之事,然終不欲傷其所親之心。"乃改授連州刺史。去京師又十餘年,連刺數郡。

【注】

〔1〕郎署,官署名。顏師古《匡謬正俗》卷五:"郎者,當時宿衛之官,非謂趣衣小吏。署者,部署之所,猶言曹局;今之司農太府諸署是也。"

〔2〕其詩云:"紫陌紅塵拂面來,無人不道看花回。玄都觀裏桃千樹,盡是劉郎去後栽。"

〔3〕狖,黑色的長尾猿。

　　大和二年,自和州刺史徵還,拜主客郎中[1]。禹錫銜前未已,復作《遊玄都觀詩序》曰:"予貞元二十一年爲尚書屯田員外郎,時此觀中未有花木,是歲出牧連州,尋貶朗州司馬。居十年,召還京師,人人皆言有道士手植紅桃滿觀,如爛晨霞,遂有詩以志一時之事。旋又出牧,於今十有四年,得爲主客郎中。重遊茲觀,蕩然無復一樹,唯兔葵燕麥[2],動搖於春風,因再題二十八字,以俟後遊。"其前篇有"玄都觀裏桃千樹,總是劉郎去後栽"之句,後篇有"種桃道士今何在,前度劉郎又到來"之句,人嘉其才而薄其行[3]。禹錫甚怒武元衡、李逢吉,而裴度稍知之。大和中,度在中書,欲令知制誥,執政又聞《詩序》,滋不悦,累轉禮部郎中、集賢院學士[4]。度罷知政事,禹錫求分司東都[5]。終以恃才褊心[6],不得久處朝列。六月,授蘇州刺史,就賜金紫[7]。秩滿入朝,授汝州刺史,遷太子賓客,分司東都[8]。

【注】

〔1〕大和,唐文宗李昂年號(827—835)。和州,今安徽和縣。主客郎中,官名,屬禮部,負責各藩屬國朝聘、接待給賜等事。

〔2〕兔葵,又名莵葵,草名。《爾雅·釋草》:"莃,莵葵。"注:"頗似葵而小,葉狀藜有毛,汋啖之,滑。"

〔3〕薄,鄙薄,輕視。

〔4〕集賢院學士,官名,掌理秘書圖籍等事。

〔5〕東都,唐朝都長安,以洛陽爲東都。
〔6〕褊心,心地狹窄。
〔7〕金紫,金魚袋及紫衣。《新唐書·車服志》:"自是賞緋、紫,必兼魚袋,謂之章服。當時服朱紫,佩魚者衆矣。"
〔8〕汝州,治所在梁縣(今河南臨汝),轄境相當今河南北汝河、沙河流域各縣。太子賓客,太子官屬,掌調護、侍從、規諫。分司,分設在東都的中央官員。

　　禹錫晚年與少傅白居易友善[1],詩筆文章,時無在其右者。常與禹錫唱和往來,因集其詩而序之曰:"彭城劉夢得,詩豪者也。其鋒森然,少敢當者。予不量力,往往犯之。夫合應者聲同,交争者力敵。一往一復,欲罷不能。由是每制一篇,先於視草[2],視竟則興作,興作則文成。一二年來,日尋筆硯,同和贈答,不覺滋多。大和三年春以前,紙墨所存者,凡一百三十八首。其餘乘興仗醉,率然口號者不在此數。因命小侄龜兒編録,勒成兩軸。仍寫二本,一付龜兒,一授夢得小男崙郎,各令收藏,附兩家文集。予頃與元微之唱和頗多[3],或在人口。嘗戲微之云:'僕與足下二十年來爲文友詩敵,幸也,亦不幸也。吟詠情性,播揚名聲,其適遺形,其樂忘老,幸也。然江南士女語才子者,多云元、白,以子之故,使僕不得獨步於吴、越間,此亦不幸也。今垂老復遇夢得,非重不幸耶?'夢得夢得,文之神妙,莫先於詩。若妙與神,則吾豈敢?如夢得'雪裹高山頭白早,海中仙果子生遲','沉舟側畔千帆過,病樹前頭萬木春'之句之類,真謂神妙矣。在在處處,應有靈物護持,豈止兩家子弟秘藏而已！"其爲名流許與如此。夢得嘗爲《西塞懷古》、《金陵五題》等詩,江南文士稱爲佳作,雖名位不達,公卿大僚多與之交。

【注】

〔1〕少傅,太傅的副職。白居易(772—846),唐代大詩人,官至刑部尚書,晚年與劉禹錫唱和甚多,人稱"劉白"。
〔2〕視草,古時詞臣奉旨修正詔諭稱視草,後來泛指代皇帝起草制書。
〔3〕元微之,即元稹(779—831),爲白居易好友,共同提倡新樂府。兩人齊名,世稱元白;詩稱元和體。

開成初,復爲太子賓客分司,俄授同州刺史[1]。秩滿,檢校禮部尚書、太子賓客分司[2]。會昌二年七月卒,時年七十一,贈户部尚書[3]。

【注】

〔1〕開成,唐文宗年號(836—840)。同州,轄境相當今陝西大荔、合陽、韓城、澄城、白水等縣地。
〔2〕檢校,指詔除而非正名的加官。
〔3〕贈,朝廷賜給誥敕。生前曰封,身後曰贈。

選自《舊唐書》卷一百六十

五　代

杜　光　庭（850—933）

　　杜光庭，字賓至。縉雲人[1]，一作長安人[2]。爲人性簡而氣清，量寬而識遠。方干見之[3]，謂曰："此宗廟中寶玉大圭也[4]。"唐咸通中[5]，應九經舉不第[6]，遂入天台山學道。

　　長安有潘尊師者，道術甚高，雅爲僖宗所重[7]。時以光庭爲言。僖宗因召見，大悅。已而從幸興元[8]，竟留於蜀。

【注】

[1] 縉雲，今屬浙江。

[2] 長安，今陝西西安。

[3] 方干，字雄飛，唐新定（即新庭，在今四川）人。質樸有才，因身體殘缺，不得參與科舉考試。後隱於會稽（今浙江紹興），終身不出。

[4] 宗廟，天子、諸侯祭祀祖先的場所。圭，古代玉制禮器，上尖下方，用於帝王、諸侯舉行隆重儀式。

[5] 咸通，唐懿宗年號（860—873）。

[6] 九經舉，唐時，明經科考試，以《周禮》、《儀禮》、《禮記》、《春秋左氏傳》、《春秋公羊傳》、《春秋穀梁傳》、《易》、《書》、《詩》九經爲考試科目。

[7] 雅，平素。

[8] 從幸興元，廣明元年十二月（881），黃巢進長安前，杜光庭隨從唐僖宗逃往興元（今陝西漢中市）。

事高祖[1],爲金紫光禄大夫、諫議大夫,封蔡國公,賜號廣成先生一云:先主封杜天師爲青城先生。光庭博學善屬文,高祖常命爲太子元膺之師[2]。光庭薦儒者許寂[3]、徐簡夫以侍東宫[4],頗與議政事,相得甚歡。久之,遷户部侍郎。後主立,受道籙於苑中[5],以光庭爲傳真天師,崇真館大學士。

【注】

〔1〕高祖,指五代前蜀建立者王建(847—918),字光圖,許州舞陽(今屬河南)人。青年時,以屠牛、販私鹽爲業。唐末,從杜審權鎮壓黄巢起義軍。大順二年(891)攻取成都,後又取川東,佔有四川全境。天復三年(903),受唐封,爲蜀王。後梁開平元年(907),稱帝建蜀,史稱前蜀先主。

〔2〕元膺,即王衍,字化源。博學有才,文風靡麗。即位後,耽於酒色,委政宦者。在位八年,爲後唐所滅。史稱前蜀後主。

〔3〕許寂,字閑閑,會稽(今浙江紹興)人。博覽經史,尤明易象。唐末爲諫官,仕蜀,官至宰相。同光三年(925),後唐滅蜀。寂降,隨唐軍東至洛陽,官工部尚書。

〔4〕東宫,原爲太子所居的宫殿,此指前蜀太子王衍。

〔5〕道籙,道教的符籙圖訣。凡入教者必受籙,其法:"初受《五千文籙》,次受《三洞籙》,次受《洞玄籙》,次受《上清籙》。籙皆素書,紀諸天曹官屬佐吏之名有多少。又有諸符,錯在其間,文章詭怪,世所不識。"(《隋書·經籍志》)。

未幾解官,隱青城山[1],號登瀛子或作東瀛[2]。建飡和閣,奉行上清紫虛[3],吞日月氣。法年八十五卒[4],顔貌如生,人以爲尸解[5]。葬於清都觀後。有文集三十卷[6],皆本無爲之旨。

其序毛仙翁,略云[7]:

【注】

〔1〕青城山,在四川都江堰市西南。山形似城,故名。有八大洞、七十二小洞,景色秀麗。相傳張道陵修道於此,爲道教第五洞天。
〔2〕杜光庭的別號,還有賓聖、至賓等。
〔3〕上清,與玉清、太清,並稱"三清",爲最高仙境。
〔4〕法年八十五,指虛歲。杜光庭生於唐大中四年(850),卒於後唐長興四年(933)。
〔5〕屍解,道家認爲修道者死時,魂魄離體成仙,留下形骸。
〔6〕文集三十卷,已佚。後人輯佚,收在《全唐文》卷九二九至卷九四四和《唐文拾遺》卷五〇。
〔7〕全文見《全唐文》卷九四四。

"世之得道者,煉陰而全陽。陰澤都盡。陽華獨存,故能上賓於天。與道冥合,則黃帝駕龍而騰躍,子喬控鶴而飛翔[1],赤松乘雨而飄搖[2],列寇御風而上下[3]。史簡昭著,又何疑焉。嘗試論之,真一既判[4],元精肇分[5],清氣爲人,謂之三才,皆禀於妙[6]。無,成於妙;有,人之生也。參天而兩地[7],與氣爲一。天地所以長存者,無爲也;人之所以生化者,有爲也。情以動之,智以役之,是非以感之,喜怒以戰之,取捨以敝之,馭努以勞之,氣耗於內,神疲於外。氣竭而形衰,形凋而神逝,以至於死矣。故曰:委和以生[8],乘順而死[9],率以爲常也。修道之士黜嗜欲、隳聰明,凝然無心,淡然無味,收視反聽,萬慮都冥。然後,虛室生白[10],脗合自然觀化之初[11],窮物之始。浩然動息,與道爲一,則恣心所之,從心所欲,是非不能亂、勢利不能誘,寒暑不能變,生死不能干;指顧乎八極之外[12],逍遥乎六虛之表[13],無所不察,無所不知,目能洞視,耳能洞聽,亦能視聽不由乎耳目,何哉? 神鑒於未然,智通於無他也。毛仙翁則其人矣序作於通正元年三月七日辛酉[14]。"

【注】

〔1〕子喬,即王子喬,原名姬晉,爲周靈王太子。他因直諫被廢爲庶人。後成仙,嘗乘白鶴,駐於緱氏山巓。

〔2〕赤松子,傳説中神農時雨師,又説爲高辛時雨師。他隨風雨上下,入火不燒,常至崑崙山上。

〔3〕列寇,列禦寇,先秦道家思想家。在傳説中,他成了御風而行的神仙。

〔4〕真一,道家以"一"爲永恒不變的萬物本源,故名爲"真一"。

〔5〕元精,天地精氣。

〔6〕妙,神妙,深微。

〔7〕參天而兩地,《易·説卦》:"參天兩地而倚數。"認爲天數三、地數二,以此爲立數之義。

〔8〕委和,積聚和氣。

〔9〕乘順,遵循造化。

〔10〕虛室生白,簡稱虛白。《莊子·人間世》:"虛室生白,吉祥止止。"《經典釋文》:"室,喻心。心能空虛,則純白獨生也。"

〔11〕脗合,符合。

〔12〕指顧,手指目視。八極,八方極遠的地方。
〔13〕六虛,上下四方。
〔14〕通正,五代前蜀王建年號,僅一年(916)。

　　他文多類此,不具録。
　　又著《洞天福地記》一卷、《録異記》八卷、《陰符經注》一卷、《廣成義》八十卷、《東瀛子》一卷、《青城山記》一卷、《武夷山記》一卷、《墉城集仙録》集古今女子成仙者一百九人。十卷、《崇道記》一卷、《混元圖》十卷、《傳受年載記》一卷、《元門樞要》一卷〔1〕。又有《道門樞要》一卷,《續成都記》一卷、《名賢姓氏相同録》一卷、《兼明書》十二卷、《仙傳拾遺》四十卷、《老子常清浄經注》一卷、《道德經廣聖義》三十卷、《緱嶺會真王王神仙傳》五卷、《規書》一卷、《道教靈驗記》二十卷、《歷代帝王崇道記》一卷、《古今類聚年譜圖》一卷〔2〕。至道門諸科醮儀始自光庭。所著凡十餘種〔3〕。

【注】

〔1〕上述著作,見存的有《洞天福地記》(又名《名山洞天福地記》)、《録異記》、《廣成義》(疑爲《廣成集》)、《青城山記》、《墉城集仙録》、《崇道記》(又名《歷代崇道記》)。

〔2〕上述著作,見存的有:《仙傳拾遺》、《老子常清浄經注》(又名《太上老君説常清浄經注》)、《道德經廣至義》(又名《道德真經廣至義》)、《緱嶺會真王氏神仙傳》(又名《王氏神仙傳》)、《道教靈驗記》、《歷代帝王崇道記》(又名《歷代崇道記》)。

〔3〕道門諸科醮儀始自光庭,所著凡十餘種:今存《金籙齋啓壇儀》、《金籙齋懺方儀》、《太上黃籙齋儀》、《太上靈寶玉匱明真齋懺方儀》、《太上靈寶玉匱明真大齋懺方儀》、《太上靈寶玉匱

明真大齋言功儀》、《太上洞淵三昧神咒齋懺謝儀》、《太上洞淵三昧神咒齋清旦行道儀》、《太上洞淵三昧神咒齋十方懺儀》、《太上洞玄靈寶授度儀》、《太上三五正一盟威閱籙醮儀》、《太上正一閱籙儀》、《洞神三皇七十二君齋方懺儀》、《太上洞神太元河圖沕仰謝儀》、《太上三洞傳授〈道德經〉紫虛篆拜麥儀》、《道門科範大全集》十六種。

又《瀘州劉真人碑記》、《青城縣重修沖廟觀碑記》、《雲昇宮廣雲外尊師碑記》、《三學山功德碑文》[1]，皆光庭所撰[2]。

【注】

[1] 上述著作，已佚。

[2] 杜光庭的著述，見存的還有《天壇王屋山聖迹記》、《玉函經》、《虬髯客傳》、《豪客傳》、《太上宣慈助化章》等。

光庭初入蜀時，曾於梓潼遇異僧[1]。僧與縣令周樂有舊。忽云："今日自興元來，頗瘁。"光庭奇其言。明日僧去，樂謂光庭曰："此僧乃鹿蘆躋，故劍俠也。"爲嗟異者久之。又光庭居，恒持驕龍杖一條，紅如猩肉，重若玉石，絕非藤竹所爲，相傳遇仙人留賜云。

【注】

[1] 梓潼，今屬四川。

選自《十國春秋》卷四十七

譚　　峭（五　代）

譚峭,字景昇[1]。故唐國子司農洙之子也。洙訓以進士業,而峭酷好黃老書。

【注】
[1] 號紫霞真人,泉州(今福建南安)人。

師嵩山道士十餘年[1],得辟穀養氣之術[2]。沈汾《續仙傳》載[3],峭謂父曰:"茅君昔爲人子[4],亦辭父學仙。今峭慕之冀其有益。"夏則服烏裘,冬則綠布衫。或臥於風雪中經日,人謂已斃[5];視之氣騰騰然。久之,煉丹南嶽成[6],能入水火,隱形不見。

【注】
[1] 嵩山,在河南登封市北。有東西兩峰,東爲太室,西名少室。
[2] 辟穀,不食五穀。養氣,調息元氣。
[3] 沈汾,一作沈玢,南唐時人。曾任溧水縣令、監察御史。生而慕道,據見聞著《續仙傳》。他理想中的神仙世界爲:"十洲間動有仙家數十萬。耕植芝田,課計頃畝,如種稻焉。是有仙官分理仙民及人間仙凡也。"他雖向往靈異罕測的神仙世界,却又認爲"敦尚虛無自然之迹,則人無所拘制焉",還是要"以君臣父子理亂忠孝之道激勵終古"。《續仙傳》,三卷,卷上記飛

昇十六人（内玉真三人），卷中敍隱化十二人，卷下述隱化十八人，多爲唐代仙真及道士。

〔4〕茅君，茅盈，字叔申，西漢咸陽（今屬陝西）人。年十八，棄家入恒山修道。後渡江，隱於句曲山（茅山），人稱茅君。道教稱他爲司命真君。

〔5〕弊，死亡。

〔6〕南嶽，即衡山，在湖南，爲湘、資兩江分水嶺。主峰在衡山縣西北，衡陽縣北。周圍數百里，有七十二峰、十五巖、十洞、三十八泉、二十五溪、九池、九潭、六源。

　　因躡屩游三茅山〔1〕，道過金陵〔2〕。見宋齊丘有仙骨〔3〕，雖溺機智而異於衆人。出所著《化書》〔4〕，授齊丘曰：“是書之化，其道無窮，曷序而流於後世。”齊丘遂奪而傳之一云：齊丘利其書，虐峭以酒，醉而縫以革囊，投諸深淵。有漁人剖之，峭齁睡正濃。呼問，曰：“我，譚景昇也。齊丘奪我《化書》，沉我於淵。《化書》已行，吾不復入世矣。吾睡囊中，得大休息。”又《五色綫》載譚峭詩〔5〕，有“蓬萊信道無多地，只在譚生拄杖前”〔6〕云云。後入青城山，仙去。

【注】

〔1〕躡屩，着麻鞋、草鞋。三茅山，即茅山，原名句曲山，在江蘇句容、金壇、溧水、溧陽等地間。據傳西漢茅盈兄弟三人修道於此，因名茅山，爲道教第八洞天，有蓬壺、玉柱、華陽三洞。

〔2〕金陵，五代梁府名。南唐建都於此，改名江寧府，地當今江蘇南京市。

〔3〕宋齊丘（887—959），字子嵩，初字昭用，廬陵淦陽（在今江西境

内)人。好學有大志,工屬文,好術數,尤喜縱橫短長之術。爲李昇謀士,在吳官右僕射平章。入南唐後,自右丞相進司徒,心懷不滿。遷鎭南節度使、太保中書令。他對外離間契丹與後晉關係,對内與韓熙載等不和,結黨互攻。有文集六卷,增補《玉管照神經》十卷。

〔4〕《化書》,六卷。《大化》篇説,先有自然,後有社會,世界源於精神性的"虛"。道有委有用,委是變化,"虛化神,神化氣,氣化形,形生而萬物所以塞也"。用是作用,"形化名,名化神,神化虛,虛明而萬物所以通也"(《道化》)。又認爲社會與自然一樣變化發展,"其來也,勢不可遏;其去也,力不可拔"(《大化》)。對統治者敲剥欺壓人民,深表不滿,以食之不均爲大亂根源,主張"均其食"(《奢儉》)的大治之世。

〔5〕《五色綫》,又名《浩然翁手鈔五色綫》,邵文伯著。雜採百家新奇記述,隨意割裂,多無條理。

〔6〕原詩四句。此爲後兩句,前兩句爲:"綫作長江扇作天,靸鞋抛向海東邊。"

選自《十國春秋》卷三十四

北　宋

石　介 （1005—1045）

　　石介字守道，兗州奉符人[1]。進士及第，歷鄆州、南京推官[2]。篤學有志向，樂善疾惡，喜聲名，遇事奮然敢爲。御史臺辟爲主簿[3]，未至，以論赦書不當求五代及諸僞國後[4]，罷爲鎮南掌書記[5]。代父丙遠官[6]，爲嘉州軍事判官[7]。丁父母憂，耕徂徠山下[8]，葬五世之未葬者七十喪。以《易》教授於家[9]，魯人號介徂徠先生。入爲國子監直講[10]，學者從之甚衆，太學由此益盛。介爲文有氣，嘗患文章之弊、佛老爲蠹，著《怪説》、《中國論》[11]，言去此三者[12]，乃可以有爲。著《唐鑑》以戒奸臣、宦官、宫女[13]，指切當時，無所諱忌。杜衍、韓琦薦擢太子中允[14]，直集賢院[15]，會吕夷簡罷相[16]，夏竦既除樞密使[17]，復奪之，以衍代。章得象、晏殊、賈昌朝、范仲淹、富弼及琦同時執政[18]，歐陽脩、余靖、王素、蔡襄並爲諫官[19]，介喜曰："此盛事也，歌頌吾職，其可已乎！"作《慶曆聖德詩》，曰：

【注】

[1] 兗州奉符，今山東泰安。
[2] 鄆州，今山東東平縣。南京，今河南商丘。推官，掌勘問刑獄之官。

〔3〕御史臺,王朝中央監察機關。

〔4〕北宋朝廷爲了籠絡人心,曾多次降詔録用唐、五代諸國之後裔,石介反對對唐、五代諸國後裔寬容和録用,無非表示對宋政權的忠心。

〔5〕掌書記,掌管文書的官員。

〔6〕丙,石丙(969—1040),長期擔任地方小官吏,後官至縣令。

〔7〕嘉州,今四川樂山。

〔8〕徂徠山,又名龍嶪山,位於泰安東南。

〔9〕《易》,即《周易》,儒家列爲經典之一,全書包括《經》和《傳》兩部分。

〔10〕國子監直講,太學學官。

〔11〕《怪説》,分上、中、下三篇,旨在反對佛、老,提倡儒學。《中國論》,強調儒家倫理綱常和禮樂制度,反對以佛、老之道改易禮樂。

〔12〕三者,即文章之弊和佛、老學説。

〔13〕《唐鑑》,凡五卷,已久佚。旨在通過對唐史的摘編,使後世之君有所借鑑。

〔14〕杜衍(978—1057),字世昌,山陰(今浙江紹興)人。慶曆四年授同平章事,參與慶曆新政,後罷相。

〔15〕直集賢院,在集賢院供職。直,通"值",即供職。集賢院,司撰述掌秘書圖籍之官署。

〔16〕吕夷簡(979—1044),字坦夫,壽州(今安徽壽縣)人。官至宰相,執政十餘年,力主對契丹妥協。

〔17〕夏竦(985—1051),字子喬,江州德安(今屬江西)人。官至樞密使,反對慶曆新政。

〔18〕章得象(?—1045),字希言,浦城(今屬福建)人,官至樞密使,參與慶曆新政。晏殊(991—1055),字同叔,臨川(今江西撫州)人,官至同平章事兼樞密使。賈昌朝(998—1065),字子

明,真定獲鹿(今河北石家莊市鹿泉區)人,官至同中書門下平章事,爲樞密使。
〔19〕歐陽脩(1007—1072),字永叔,號醉翁,又號六一居士,江西吉水人。官至參知政事,參與慶曆新政。余靖(1000—1064),字安道,韶州曲州(今屬廣東)人,官至工部尚書,因同情慶曆新政而遭貶。王素,字仲義,大名莘縣(今屬山東)人,官至工部尚書,慶曆年間任諫官,同情慶曆新政。蔡襄(1011—1066),字君謨,興化仙游(今屬河北承德)人。官至三司使,慶曆三年爲諫官,支持慶曆新政。

"於惟慶曆,三年三月,皇帝龍興,徐出閨闥[1]。晨坐太極[2],晝開閶闔[3]。躬覽英賢,手鉏姦枿[4]。大聲渢渢[5],震搖六合。如乾之動,如雷之發。昆蟲蹢躅[6],怪妖藏滅。同明道初[7],天地嘉合。

【注】
〔1〕閨闥,皇宮的側門或小門。閨,宮中小門;闥,門屛。
〔2〕太極,帝王御位。
〔3〕閶闔,皇宮正門。
〔4〕鉏,通"鋤"。
〔5〕渢渢,原形容樂者宛轉抑揚,這裏含有激越高昂意。
〔6〕蹢躅,徘徊不進。
〔7〕明道,宋仁宗趙禎年號(1032—1033)。

"初聞皇帝,感然言曰:予祖予父,付予大業。予恐失墜,實賴輔弼。汝得象、殊[1],重愼微密,君相予久,予嘉君伐[2]。君仍相予,笙鏞斯協[3]。昌朝儒者[4],學問該洽。與予論政,傅以經術。汝貳二相,庶績咸秩。

【注】
〔1〕得象、殊,即章得象、晏殊。
〔2〕伐,功勞。
〔3〕鏞,大鐘。
〔4〕昌朝,即賈昌朝。

"惟汝仲淹,汝誠予察。太后乘勢[1],湯沸火熱。汝時小臣,危言業業[2]。爲予司諫,正予門闌[3]。爲予京兆,聖予讒説[4]。賊叛予夏[5],往予式遏。六月酷日,大冬積雪。汝寒汝暑,同予士卒。予聞辛酸,汝不告乏。予晚得弼[6],予心弼悦。弼每見予,無有私謁。以道輔予,弼言深切。予不堯、舜,弼自答罰。諫官一年,疏奏滿篋。侍從周歲,忠力塵竭。契丹忘義,檮杌饕餮[7]。敢侮大國,其辭慢悖。弼將予命,不畏不怯。卒復舊好,民得食褐[8]。沙磧萬里,死生一節。觀弼之膚,霸剥風裂。觀弼之心,鍊金鍛鐵。寵名大官,以酬勞渴。弼辭不受,其志莫奪。惟仲淹、弼,一夔一契[9]。天實贊予,予其敢忽。並來弼予,民無瘥札[10]。"

【注】
〔1〕太后,即宋真宗劉皇后,宋真宗死後被尊爲太皇后。稱制聽政

凡十一年,范仲淹曾請太后還政於仁宗。
〔2〕業業,凛冽高聳。
〔3〕門闌,尊卑等級。闑,古代門中央所豎的短木。
〔4〕堲,通"疾",憎恨。
〔5〕夏,即西夏。寶元三年(1040)范仲淹任陝西經略安撫招討副使,兼知延州,加強對西夏的防禦。
〔6〕弼,即富弼。
〔7〕檮杌,傳說中怪獸名,常以此比喻惡人。饕餮,傳說中貪吃的怪獸,常以此比喻貪得無厭。
〔8〕"弼將予命,不畏不怯。卒復舊好,民得食褐"句,指宋仁宗慶曆二年(1042),遼以兵脅迫,富弼奉詔出使,議定宋輸歲幣增至二十萬兩白銀。
〔9〕夔,相傳爲舜之典樂之官。契,傳說中商族始祖,曾助禹治水有功,被舜任爲習徒,掌教化。
〔10〕瘥札,疫病。

"曰衍汝來[1],汝予黃髮。事予二紀,毛禿齒豁。心如一兮,率履弗越[2]。遂長樞府,兵政無蹶。予早識琦[3],琦有奇骨。其器魁落,豈視扂楔[4]。其人渾樸,不施刻劂[5],可屬大事,敦厚如勃[6]。琦汝副衍,知人予哲。

【注】
〔1〕衍,即杜衍。
〔2〕率履弗越,遵循職分,不超越職權行事。
〔3〕琦,即韓琦。

〔4〕启楔，门闩和小木橛。
〔5〕奇劂，刻镂用的刀和鑿子，这裏引申爲修飾。
〔6〕勃，即周勃。西漢初時大臣，參與平定諸吕之亂，以安劉有功任右丞相。

"惟脩惟靖[1]，立朝轢轢[2]。言論磥砢[3]，忠誠特達。禄微身賤，其志不怯。嘗詆大官，亟遭貶黜。萬里歸來，剛氣不折。屢進直言，以補予闕。素相之後[4]，含忠履潔。昔爲御史，幾叩予榻。襄雖小官[5]，名聞予徹。亦嘗獻言，箴予之失[6]。剛守粹慤[7]，與脩儔匹。並爲諫官，正色在列。予過汝言，毋鉗汝舌。

【注】
〔1〕脩，歐陽脩。靖，余靖。
〔2〕轢轢，高聳的樣子。
〔3〕磥砢，亦即"磊砢"，壯大卓越。
〔4〕素，即王素。
〔5〕襄，即蔡襄。
〔6〕箴，箴規。
〔7〕粹慤，純粹誠篤。

"皇帝聖明，忠邪辨別。舉擢俊良，掃除妖魃[1]。衆賢之進，如茅斯拔，大姦之去，如距斯脱。上倚輔弼，司予調燮[2]。下賴諫諍，維予紀法。左右正人，無有邪孽。予望太平，日不逾浹。

【注】

〔1〕魃,傳説中的旱神。説它一出現,天就大旱。
〔2〕調燮,調和元氣,諧理陰陽,指宰相之職。

"皇帝嗣位,二十二年。神武不殺,其默如淵。聖人不測,其動如天。賞罰在予,不失其權。恭己南面,退姦進賢。知賢不易,弗明弗得。去邪惟艱,惟斷乃克。明則不貳,斷則不惑。既明且斷,惟皇帝之德。

"羣臣踧踖[1],重足屏息,交相教語:曰惟正直,毋作側僻[2],皇帝汝砥。諸侯危慄,墮玉失舄[3],交相告語:皇帝神明,四時朝覲,謹修臣職。四夷走馬,墜鐙遺策,交相告語:皇帝英武,解兵修貢,永爲屬國。皇帝一舉,羣臣懾焉,諸侯畏焉,四夷服焉。

"臣願皇帝,壽萬千年。"

詩所稱多一時名臣,其言大姦蓋斥竦也。詩且出,孫復曰:"子禍始於此矣。"

【注】

〔1〕踧踖,恭敬面局促不安的樣子。
〔2〕側僻,乖張,錯悖。
〔3〕舄,鞋。

介不畜馬,借馬而乘,出入大臣之門,頗招賓客,預政事,人多指目[1],不自安,求出,通判濮州[2],未赴,卒。

【注】

〔1〕指目,手指而目視之,引人注意。

〔2〕濮州,治所在鄄城(今山東鄄城北舊城),轄境相當於今山東鄄城及河南濮陽南部地區。

　　會徐狂人孔直溫謀反[1],搜其家得介書;夏竦銜介甚,且欲中傷杜衍等,因言介詐死,北走契丹,請發棺以驗。詔下京東訪其存亡。衍時在兗州[2],以驗介事語官屬,衆不敢答,掌書記龔鼎臣願以闔族保介必死,衍探懷出奏稿示之,曰:"老夫已保介矣。君年少,見義必爲,豈可量哉。"提點刑獄吕居簡亦曰:"發棺空,介果走北,孥戮非酷。不然,是國家無故剖人冢墓,何以示後世?且介死,必有親族門生會葬及棺斂之人,苟召問無異,即令具軍令狀保之,亦足應詔。"於是衆數百保介已死,乃免斲棺。子弟羈管他州,久之得還。

　　介家故貧,妻子幾凍餒。富弼、韓琦共分奉買田以贍養之。有《徂徠集》行於世。

【注】

〔1〕孔直溫,見本書《孫復》傳注。

〔2〕兗州,今山東兗州縣。

　　　　　　選自《宋史》卷四百三十二《儒林二》

孫　　復 (992—1057)

孫復字明復,晉州平陽人[1]。舉進士不第[2],退居泰山。學《春秋》,著《尊王發微》十二篇[3],大約本於陸淳[4],而增新意。

【注】

[1] 晉州平陽,今屬山西臨汾。
[2] 第,考試及格的等第。不第,即没有被録取。
[3]《尊王發微》,即《春秋尊王發微》。主要内容是根據《春秋》所載史實,强調大小尊卑的等級制度,旨在維護中央集權制度。
[4] 陸淳(?—806),字伯沖,後改名質,吴郡(今江蘇蘇州)人。撰《春秋集傳纂例》、《春秋微旨》、《春秋集傳辨疑》等,開宋儒懷疑經傳的風氣。

石介有名山東,自介而下皆以先生事復。年四十不娶,李迪知其賢[1],以其弟之子妻之。復初猶豫,石介與諸弟子請曰:"公卿不下士久矣,今丞相不以先生貧賤,欲託以子,宜因以成丞相之賢名。"復乃聽。孔道輔聞復之賢[2],就見之,介執杖屨立侍復左石,升降拜則扶之,其往謝亦然。介既爲學官,語人曰:"孫先生非隱者也[3]。"於是范仲淹、富弼皆言復有經術[4],宜在朝廷。除秘書省校書郎、國子監直講[5]。車駕幸太學[6],賜緋衣銀魚,召爲邇英閣祇候説書[7]。楊安國言其講説多異先儒[8],罷之。

【注】

〔1〕李迪,字復古,幽州人,官至同中書門下平章事。
〔2〕孔道輔,字原魯,孔子四十五代孫,官至御史中丞。
〔3〕非隱者,不是隱居遁世的人。
〔4〕富弼(1004—1083),字彥國,河南洛陽人,官至宰相。
〔5〕秘書省校書郎,秘書省,官署名,典司圖籍;校書郎,掌校勘書籍,訂正訛誤。國子監直講,即太學學官。
〔6〕車駕幸太學,皇帝(仁宗)坐車來巡視太學。
〔7〕邇英閣祇候説書,爲皇帝進講、解釋古書之疑義的官員之一。説書的地位低於侍讀、侍講。
〔8〕楊安國,字君倚,密州安丘(今山東安丘縣)人。官至龍圖閣直學士,給事中。

孔直溫敗[1],得所遺復詩,坐貶虔州監稅[2],徙泗州[3],又知長水縣[4],簽書應天府判官事[5]。通判陵州[6],未行,翰林學士趙概等十餘人言復經爲人師,不宜使佐州縣。留爲直講,稍遷殿中丞。卒,賜錢十萬。

【注】

〔1〕孔直溫(?—1045),徐州人,因引誘軍士謀叛被誅。
〔2〕虔州,今江西贛州。
〔3〕泗州,治所在今江蘇泗洪東南,轄境相當於今江蘇泗洪、泗陽、宿遷、漣水、灌南、邳縣、睢寧及安徽泗縣等地。
〔4〕長水縣,今河南長水。

〔5〕應天府,治所在宋城,即今河南商丘南,轄境相當今河南寧陵以東除永城以外的地區。
〔6〕通判,州府長官之佐官,握有處理州府公事和監察官吏的實權。

　　復與胡瑗不合[1],在太學常相避。瑗治經不如復,而教養諸生過之。復既病,韓琦言於仁宗[2],選書吏,給紙筆,命其門人祖無擇就復家得書十五萬言,錄藏秘閣。特官其一子。

【注】
〔1〕胡瑗,本書有傳。
〔2〕韓琦(1008—1075),字稚圭,相州安陽(今屬河南)人。仁宗時進士,官至樞密使,宰相。

選自《宋史》卷四百三十二《儒林二》

胡　瑗（993—1059）

　　胡瑗字翼之,泰州海陵人[1]。以經術教授吳中,年四十餘。

　　景祐初,更定雅樂[2],詔求知音者。范仲淹薦瑗[3],白衣對崇政殿[4]。與鎮東軍節度推官阮逸同較鐘律,分造鐘磬各一虡[5]。以一黍之廣爲分,以制尺,律徑三分四釐六毫四絲,圍十分三釐九毫三絲,又以大黍累尺,小黍實龠[6]。丁度等以爲非古制[7],罷之。授瑗試秘書省校書郎。范仲淹經略陝西,辟丹州推官[8]。以保寧節度推官教授湖州[9]。瑗教人有法,科條纖悉備具,以身先之。雖盛暑必公服坐堂上,嚴師弟子之禮。視諸生如其子弟,諸生亦信愛如其父兄。從之游者常數百人。慶曆中[10],興太學,下湖州取其法,著爲令[11]。召爲諸王宮教授,辭疾不行。爲太子中舍,以殿中丞致仕。

【注】

〔1〕泰州海陵,今江蘇如皋。

〔2〕景祐,宋仁宗趙禎年號(1034—1037)。雅樂,宮廷音樂。

〔3〕范仲淹(989—1052),字希文,蘇州吳縣(今屬江蘇)人。慶曆年間官至參知政事,參與慶曆新政。

〔4〕白衣,古代平民着白衣,後世以此稱無功名之人。

〔5〕磬,古代石制樂器,懸於架上,以物擊之而鳴。虡,懸掛鐘、磬的木架。
〔6〕龠,古量名,深一寸,方九分。
〔7〕丁度,字公雅,祥符(今屬河南)人,官至尚書右丞。
〔8〕丹州,今陝西宜川。
〔9〕保寧,治所在閬中,轄境相當今四川的閬中、蒼溪、南部三地。湖州,今浙江湖州市。
〔10〕慶曆,趙仁宗趙禎年號(1041—1048)。
〔11〕取其法,著爲令,謂汲取胡瑗的教學方法,作爲太學的規則。

　　皇祐中[1],更鑄太常鐘磬[2],驛召瑗、逸,與近臣、太常官議於秘閣[3],遂典作樂事[4]。復以大理評事兼太常寺主簿,辭不就。歲餘,授光祿寺丞、國子監直講[5]。樂成,遷大理寺丞[6],賜緋衣銀魚。瑗既居太學,其徒益衆,太學至不能容,取旁官舍處之。禮部所得士,瑗弟子十常居四五,隨材高下,喜自修飾,衣服容止,往往相類,人遇之雖不識,皆知其瑗弟子也。嘉祐初[7],擢太子中允、天章閣侍講,仍治太學。既而疾不能朝,以太常博士致仕,歸老其家。諸生與朝士祖餞東門外,時以爲榮。既卒,詔賻其家[8]。

【注】

〔1〕皇祐,宋仁宗年號(1049—1053)。
〔2〕太常,太常侍,掌宗廟祭祀之事。
〔3〕秘閣,原爲君主藏書處,這裏泛指皇宫。
〔4〕典,主管。

〔5〕光禄寺丞,光禄寺卿的佐官,協助光禄寺卿掌顧問應對。國子監直講,見前注。
〔6〕大理寺丞,大理寺卿的佐官,協助大理寺卿掌刑獄。
〔7〕嘉祐,宋仁宗年號(1056—1063)。
〔8〕賙,以財物幫助生者。

選自《宋史》卷四百三十二《儒林二》

李　　覯（1009—1059）

李覯字泰伯,建昌軍南城人[1]。俊辯能文,舉茂才異等不中[2]。親老,以教授自資,學者常數十百人。皇祐初,范仲淹薦爲試太學助教,上《明堂定制圖序》曰[3]：

【注】

〔1〕建昌軍南城,今江西南城。
〔2〕茂才,即秀才。後漢時因避光武帝劉秀名諱,改稱秀才爲茂才。
〔3〕明堂,古代天子宣明政教的地方,凡朝會及祭禮慶賞、選士、養老、教學等大典,均在其中舉行。

"《考工記》'周人明堂,度九尺之筵'[1],是言堂基修廣,非謂立室之數。'東西九筵,南北七筵,堂崇一筵',是言堂上,非謂室中。東西之堂各深四筵半,南北之堂各深三筵半。'五室,凡室二筵',是言四堂中央有方十筵之地,自東至西可營五室,自南至北可營五室。十筵中央方二筵之地,既爲太室[2],連作餘室,則不能令十二位各直其辰,當於東南西北四面及四角缺處,各虛方二筵之地,周而通之,以爲太廟。太室正居中,《月令》所謂'中央土'、'居太廟太室'者[3],言此太廟之中有太室也。太廟之外,當子、午、卯、酉四位上各畫方二筵地，以與太廟相通，爲青陽、明堂、總章、元堂四太廟[4]；當寅、申、巳、亥、辰、戌、丑、未八位上各畫方二筵地，以爲左个、右个也[5]。

【注】

[1]《考工記》，先秦古籍中的重要的製造技術著作。主要記述百工之分，全書分六部分，分別對車輿、宮室、兵器，以及禮樂諸器等製作均詳細記載。
[2] 太室，帝王祖廟的中央大室。
[3]《月令》，《禮記》篇名，記述每年夏曆十二個月的時令及其有關事物，並把各類事物歸於五行相生系統中。
[4] 青陽，古代明室向東的宮室。
[5] 个，正堂兩旁的屋舍。

"《大戴禮·盛德記》[1]：'明堂凡九室，室四戶八牖，共三十六戶七十二牖。'八个之室，並太室而九，室四面各有戶，戶旁夾兩牖也。

【注】

[1]《大戴禮·盛德記》，《禮記》篇名。《禮記》是戰國到漢初儒家解釋禮經的一部總集，原有一百三十一篇，漢初戴德刪爲八十五篇，名《大戴禮記》，今存三十九篇。

"《白虎通》[1]：'明堂上圓下方，八窗、四闥、九室、十二坐。'四太廟前各爲一門，出於堂上，門旁夾兩窗也。左面之个其實皆室，但以分處左右，形如夾房，故有个名。太廟之內以及太室,其實祀文王配上帝之位,謂之廟者義當然矣。土者分王四時,於五行最尊,故天子當其時居太室,用祭天地之位以尊嚴之也。四仲之月,各得一時之中,與餘月有異。故復於子、午、卯、酉之方,取二筵地,假太廟之名以聽朔也[2]。

【注】
[1]《白虎通》,亦稱《白虎通義》。東漢班固等根據章帝建初四年(79)舉行的白虎觀會記的記錄整理編輯而成,凡四卷。
[2] 聽朔,亦稱"視朔"。古代天子、諸侯於每月朔日(夏曆初一)祭廟聽政。

"《周禮》言基而不及室[1],《大戴》言室而不及廟,稽之《月令》則備矣,然非《白虎通》亦無以知窗闥之制也。聶崇義所謂秦人《明堂圖》者,其制有十二階,古之遺法,當亦取之。

【注】
[1]《周禮》,亦稱《周官》。儒家經典之一,搜集了周朝關於國家機構和官職的規定,增減排比彙編而成。

"《禮記外傳》曰'明堂四面各五門',今按《明堂位》:四夷之國,四門之外。九采之國,應門之外[1]。時天子負斧扆南嚮而立。南門之外者北面東上,應門之外者亦北面東上,是南門之外有應門也。既有應門,則不得不有皋、庫、雉門[2]。明堂者四時所居,四面如一,南面既有五門,則餘三面皆各有五門。鄭注《明堂位》則云'正門謂之應門',其意當謂變南門之文以爲應門。又見王宮有路門,其次乃有應門。今明堂無路門之名,而但有應門,便謂更無重門,而南門即是應門。且路寢之前則名路門,其次有應門。明堂非路寢,乃變其内門之名爲東門南門,而次有應門,何害於義? 四夷之君,既在四門之外,而外無重門,則是列於郊野道路之間,豈朝會之儀乎? 王宮常居,猶設五門,以限中外;明堂者效天法地,尊祖配帝,而止一門以表之,豈爲稱哉!

【注】

[1] 應門,古代王宮的正門。
[2] 皋、庫,即皋門、郭門,古代皇都有五門,最外爲皋門。庫,即庫門,爲皇都二門。雉門,古代天子宮的三門。一説爲二門。

"若其建置之所,則淳于登云'在國之陽,三里之外,七里之内,丙巳之地';《玉藻》'聽朔於南門之外'[1],康成之注亦與是合。夫稱明也,宜在國之陽;事天神也,宜在城門之外。

【注】

[1]《玉藻》,《禮記》篇名。聽朔,見前注。

"今圖以九分當九尺之筵,東西之堂共九筵,南北之堂共七筵;中央之地自東至西凡五室,自南至北凡五室,每室二筵,取於《考工記》也。一太室,八左右个,共九室,室有四户、八牖,共三十六户、七十二牖,協於戴德《記》也。九室四廟,共十三位,本於《月令》也。四廟之面,各爲一門,門夾兩窗,是爲八窗四闥,稽於《白虎通》也。十二階,採於《三禮圖》也。四面各五門,酌於《明堂位》、《禮記外傳》也。"

嘉祐中,用國子監奏,召爲海門主簿、太學説書而卒[1]。覯嘗著《周禮致太平論》、《平土書》、《禮論》[2]。門人鄧潤甫,熙寧中[3],上其《退居類稿》、《皇佑續稿》并《後集》[4],請官其子參魯,詔以爲郊社齋郎。

【注】

[1] 海門,今江蘇南通市海門區。
[2] 《周禮致太平論》,凡五十一篇,其中《内治》七篇、《國用》十六篇、《述軍衛》四篇、《刑禁》六篇、《官人》八篇、《教道》九篇、《序》一篇,較全面地反映了李覯的社會政治思想。《平土書》,凡二十章,根據其設想的井田制,提出了均田的方案。《禮論》,凡七篇,提出"禮,人道之準,世教之主也"的主張,也反映了李覯的社會政治思想。
[3] 熙寧,宋神宗趙頊年號(1068—1077)。
[4] 《退居類稿》,十二卷。《皇佑續稿》,八卷。《後集》,六卷,相傳爲門人傅野所編。

選自《宋史》卷四百三十二《儒林二》

周 敦 頤（1017—1073）

周敦頤字茂叔，道州營道人[1]。元名敦實[2]，避英宗舊諱改爲[3]。以舅龍圖閣學士鄭向任[4]，爲分寧主簿[5]。有獄久不決，敦頤至，一訊立辨。邑人驚曰："老吏不如也。"部使者薦之，調南安軍司理參軍[6]。有囚法不當死，轉運使王逵欲深治之[7]。逵，酷悍吏也，衆莫敢争，敦頤獨與之辨，不聽，乃委手版歸[8]，將棄官去，曰："如此尚可仕乎！殺人以媚人，吾不爲也。"逵悟，囚得免。

【注】

〔1〕道州營道，今湖南道縣。
〔2〕元，通"原"。
〔3〕英宗，即宋英宗趙曙，曾被仁宗賜名宗實，1064—1067年在位。
〔4〕龍圖閣學士，皇帝侍從的榮譽銜頭，無實權。鄭向，字公明，開封陳留（今屬河南）人，官至兵部郎中；任，任子，兩漢時，二千石以上的官吏，任滿一定年限，可以保舉一人爲郎，稱"任子"，後世以此爲由父而得官之稱。
〔5〕分寧，江西修水。主簿，佐官之一，典領文書，辦理事務。
〔6〕南安軍，治所在大庾（今江西大余），轄境相當於今江西章水、上猶江流域。司理參軍，佐官之一。
〔7〕轉運使，府州以上的行政長官，掌財賦、兼理邊防、巡察等事，有督察地方官吏的權力。

〔8〕手版,亦稱"朝笏",君臣相見時,手執的狹長板子,以備記事之用。

移郴之桂陽令[1],治績尤著。郡守李初平賢之,語之曰:"吾欲讀書,何如?"敦頤曰:"公老無及矣,請爲公言之。"二年果有得[2]。徙知南昌[3],南昌人皆曰:"是能辨分寧獄者,吾屬得所訴矣。"富家大姓、黠吏惡少,惴惴焉不獨以得罪於令爲憂,而又以污穢善政爲恥。歷合州判官[4],事不經手,吏不敢決,雖下之,民不肯從。部使者趙抃惑於譖口[5],臨之甚威,敦頤處之超然。通判虔州[6],抃守虔,熟視其所爲,乃大悟,執其手曰:"吾幾失君矣,今而後乃知周茂叔也。"

【注】

〔1〕郴之桂陽,郴即郴州,治所在郴縣(今湖南郴州市)。桂陽,今湖南汝城。
〔2〕得,收獲,心得。
〔3〕南昌,今江西南昌市。
〔4〕合州,今重慶市合川區。
〔5〕趙抃(1008—1084),字閱道,衢州西安(今浙江衢縣)人。官至參政知事,因反對青苗法罷職。
〔6〕虔州,今江西贛州。

熙寧初[1],知郴州。用抃及呂公著薦[2],爲廣東轉運判官,提點刑獄,以洗冤澤物爲己任[3]。行部不憚勞苦[4],雖瘴癘險遠,亦緩視徐按。以疾求知南康軍。因家廬山蓮花峰下,前有溪,合於湓江[5],取營道所居濂溪名之。抃再鎮蜀,將奏用之,未及而卒,年五十七。

【注】

〔1〕熙寧,宋神宗趙頊年號(1068—1077)。
〔2〕呂公著(1018—1089),字晦叔,壽州(今安徽壽縣)人。熙寧二年任御史中丞,旋屢任外職,元祐年間,位司空、同平章軍國事,權重一時。
〔3〕洗冤澤物,申冤明屈,恢復事物本來面貌。
〔4〕行部,實地考察巡視。
〔5〕湓江,今名龍開河,源出江西瑞昌市西南青山。

黃庭堅稱其"人品甚高,胸懷灑落,如光風霽月[1]。廉於取名而銳於求志,薄於徼福而厚於得民[2],菲於奉身而燕及煢嫠[3],陋於希世而尚友千古[4]。"

博學力行,著《太極圖》,明天理之根源[5],究萬物之始終。其說曰:

【注】

〔1〕黃庭堅(1045—1105),字魯直,號涪翁,洪州分寧(今江西修水)人。北宋文學家,曾任國史編修官。光月霽月,原爲雨過天晴時的明淨景象,這裏形容心地光明,行爲正派。
〔2〕徼福,求福。
〔3〕燕及煢嫠,燕,安樂;及,遍及;煢,沒有兄弟之人;嫠,寡婦。
〔4〕希世,阿徇世俗;希,仰慕、阿諛;世,當世、習俗。
〔5〕天理,原指事物規律,語出《莊子·養生主》:"依乎天理,批大

郄,導大窾,因其固然,技經肯綮之未嘗,而況大軱乎。"這裏指世界本源以及倫理綱常。

"無極而太極[1]。太極動而生陽,動極而靜,靜而生陰,靜極復動,一動一靜,互爲其根[2],分陰分陽,兩儀立焉[3]。陽變陰合,而生水、火、木、金、土,五氣順布[4],四時行焉。五行一陰陽也,陰陽一太極也,太極本無極也。五行之生也,各一其性[5]。無極之真[6],二五之精[7],妙合而凝,乾道成男,坤道成女。二氣交感,化生萬物,萬物生生,而變化無窮焉。

【注】

[1] 無極而太極,無極,首見《老子》二十八章:"曰復歸於無極",指宇宙最原始、無形無象的本體,即是老子説的"無";"太極",首見於《易·繫辭上》:"易有太極,是生兩儀",後漢鄭玄斷定它是"淳和未分之氣"(《周易鄭氏注》),朱熹則認爲:"總天地萬物之理,便是太極。"(《朱子語類》卷九十四)按國史周敦頤傳原文是"自無極而爲太極",意思是從無而爲有。

[2] 互爲其根,根,根基。這裏是説動和靜相互依存。

[3] 兩儀,天與地。

[4] 五氣,金、木、水、火、土等五行之氣。

[5] 各一其性,五行各有自身的特性。

[6] 真,最微妙精粹的東西。

[7] 二五之精,二,陰陽二氣;五,五行;精,精粹。

"惟人也得其秀而最靈[1],形既生矣[2],神發知矣[3],五性感動而善惡分[4],萬事出矣。聖人定之以中正仁義而主靜[5],立人極焉[6]。故聖人與天地合其德,日月合其明,四時合其序,鬼神合其吉凶[7]。君子修之吉,小人悖之凶。故曰:'立天之道,曰陰與陽。立地之道,曰柔與剛。立人之道,曰仁與義。'[8]又曰:'原始反終,故知死生之説。'[9]大哉《易》也,斯其至矣。"

【注】

〔1〕秀,即二五之精。

〔2〕形既生矣,指人禀受了二五之精氣,形成形體。

〔3〕神發知矣,産生精神和知覺。

〔4〕五性,即以仁、義、禮、智、信爲主要内容的五常之性。

〔5〕聖人定之以中正仁義,在這句話的下面,周敦頤自注:"聖人之道,仁義中正而已矣。"

〔6〕人極,做人的最高標準。

〔7〕語出《周易・乾卦・文言》。

〔8〕語見《周易・説卦》。

〔9〕語見《周易・繫辭上》。意謂考察萬物的開始和終結,所以知道死與生的原因。

又著《通書》四十篇[1],發明太極之藴。序者謂:"其言約而道大,文質而義精,得孔、孟之本源,大有功於學者也。"

【注】

〔1〕《通書》,原名《易通》,旨在强調"誠"爲"五常之本,百行之

源"(《誠下》),力"主静"説。對《太極圖説》的觀點作了補充和發揮。

掾南安時[1],程珦通判軍事,視其氣貌非常人,與語,知其爲學知道,因與爲友,使二子顥、頤往受業焉。敦頤每令尋孔、顏樂處,所樂何事,二程之學源流乎此矣[2]。故顥之言曰:"自再見周茂叔後,吟風弄月以歸[3],有'吾與點也'之意[4]。"侯師聖學於程頤,未悟,訪敦頤,敦頤曰:"吾老矣,説不可不詳。"留對榻夜談,越三日乃還。頤驚異之,曰:"非從周茂叔來邪?"其善開發人類此。

【注】
[1] 掾,古代屬官的通稱。
[2] 二程之學是否本於周敦頤,尚無定議,但二程受周敦頤思想影響則是肯定的。
[3] 吟風弄月,舊時詩人寫詩,多以風花雪月爲題材,以抒寫性情,狀其閒適。後以吟風弄月指代吟詩。
[4] 吾與點也,見《論語·先進》篇。點,孔子弟子曾皙名。一次曾皙與子路等各言己志,曾皙説:"莫春者,春服既成,冠者五六人,童子六七人,浴乎沂,風乎舞雩,詠而歸。"這一觀點得到孔子的贊許,故有"吾與點也"的説法。與,贊許,這裏是説程顥贊賞周敦頤的觀點。

嘉定十三年[1],賜謚曰元公,淳祐元年[2],封汝南伯,從祀孔子廟庭。
二子壽、燾,燾官至寶文閣侍制。

【注】

〔1〕嘉定,南宋寧宗趙擴年號(1208—1224)。

〔2〕淳祐,南宋理宗趙昀年號(1241—1252)。

選自《宋史》卷四百二十七《道學一》

邵 雍（1011—1077）

邵雍字堯夫。其先范陽人[1]，父古徙衡漳[2]，又徙共城[3]。雍年三十，游河南，葬其親伊水上，遂爲河南人。

【注】
[1] 范陽，今河北涿州。
[2] 衡漳，即漳水。衡是横的意思，古黄河自南而北經今河北南部，漳水自西來東流注之，故稱衡漳。
[3] 共城，今河南輝縣市。

雍少時，自雄其才，慷慨欲樹功名。於書無所不讀，始爲學，即堅苦刻厲，寒不爐，暑不扇，夜不就席者數年。已而嘆曰："昔人尚友於古，而吾獨未及四方。"於是逾河、汾，涉淮、漢，周流齊、魯、宋、鄭之墟，久之，幡然來歸，曰："道在是矣。"遂不復出。

北海李之才攝共城令[1]，聞雍好學，嘗造其廬，謂曰："子亦聞物理性命之學乎[2]？"雍對曰："幸受教。"乃事之才，受河圖、洛書、宓羲八卦六十四卦圖像[3]。之才之傳，遠有端緒，而雍探賾索隱，妙悟神契，洞徹藴奥，汪洋浩博，多其所自得者。及其學益老，德益邵，玩心高明，以觀夫天地之運化，陰陽之消長，遠而古今世變，微而走飛草木之性情,深造曲暢,庶幾所謂不惑,而非依仿象類、億則屢中者[4]。遂衍宓羲先天之旨[5],著書十餘萬言行於世,然世之知其道者鮮矣。

【注】

[1] 李之才(?—1045),字挺之,青州北海郡(今屬山東)人。
[2] 物理性命之學,指關於事物的道理及人性和天命的學問。
[3] 河圖洛書,傳說伏羲氏時,有龍馬從黃河出現,揹負"河圖";有神龜從洛水出現,揹負"洛書"。宋朱熹《周易本義》載有"河圖"、"洛書"樣式。宓羲,即伏羲,又作包犧、伏戲,中國神話中人類的始祖。傳說他始畫八卦,後經周文王演而成六十四卦。
[4] 依仿象類,億則屢中,謂根據某些現象和徵狀作主觀的臆度和比附而偶有所中。
[5] 先天之旨,即其所謂先天學,又積象數學,融合《周易》和道教思想,構造一宇宙演化圖式。認爲宇宙的本原是"太極","太極不動,性也;發則神,神則數,數則象,象則器,器則變,復歸於神也。"(《皇極經世·觀物外篇》),天地萬物都按照伏羲"先天圖"循環變化。

初至洛,蓬蓽環堵,不芘風雨,躬樵爨以事父母[1],雖平居屢空,而怡然有所甚樂,人莫能窺也。及執親喪,哀毀盡禮,富弼、司馬光、呂公著諸賢退居洛中[2],雅敬雍,恒相從游,爲市園宅。雍歲時耕稼,僅給衣食。名其居曰"安樂窩",因自號安樂先生。旦則焚香燕坐,晡時酌酒三四甌,微醺即止,常不及醉也,興至輒哦詩自詠。春秋時出遊城中,風雨常不出,出則乘小車,一人挽之,惟意所適。士大夫家識其車音,爭相迎候,童孺廝隸皆驩相謂曰:"吾家先生至也。"不復稱其姓字。或留信宿乃去。好事者別作屋如雍所居,以候其至,名曰"行窩"。

【注】
〔1〕爨,取火煮飯。
〔2〕富弼(1004—1083),字彥國,河南洛陽人,官至宰相。司馬光,本書有傳。呂公著(1018—1089),字晦叔,壽州(今安徽壽縣)人,官至司空,同平章軍國事。

司馬光兄事雍,而二人純德尤鄉里所慕嚮,父子昆弟每相飭曰:"毋爲不善,恐司馬端明、邵先生知。"士之道洛者,有不之公府,必之雍。雍德氣粹然,望之知其賢,然不事表襮[1]。不設防畛,羣居燕笑終日,不爲甚異。與人言,樂道其善而隱其惡。有就問學則答之,未嘗強以語人。人無貴賤少長,一接以誠,故賢者悅其德,不賢者服其化。一時洛中人才特盛,而忠厚之風聞天下。

【注】
〔1〕表襮,表露。

熙寧行新法,吏牽迫不可爲[1],或投劾去。雍門生故友居州縣者,皆貽書訪雍,雍曰:"此賢者所當盡力之時,新法國嚴,能寬一分,則民受一分賜矣。投劾何益耶?"

【注】
〔1〕牽迫,謂受牽制而感迫促。

嘉祐詔求遺逸,留守王拱辰以雍應詔[1],授將作監主簿,復舉逸士,補潁州團練推官[2],皆固辭乃受命,竟積疾不之官。熙寧十年,卒,年六十七,贈秘書省著作郎。元祐中賜謚康節[3]。

【注】
〔1〕王拱辰(1012—1085),字君貺,開封咸平(今河南通許)人。北宋大臣。
〔2〕潁州,今安徽阜陽。
〔3〕元祐,宋哲宗年號(1086—1094)。

雍高明英邁,迥出千古,而坦夷渾厚,不見圭角[1],是以清而不激,和而不流,人與交久,益尊信之。河南程顥初侍其父識雍[2],論議終日,退而嘆曰:"堯夫,內聖外王之學也。"

【注】
〔1〕圭角,鋒芒。
〔2〕程顥(1032—1085),本書有傳。

雍知慮絕人,遇事能前知。程頤嘗曰[1]:"其心虛明,自能知之。"當時學者因雍超詣之識,務高雍所為,至謂雍有玩世之意;又因雍之前知,謂雍於凡物聲氣之所感觸,輒以其動而推其變焉。於是摭世事之已然者，皆以雍言先之，雍蓋未必然也。

【注】

〔1〕程頤(1033—1107)，本書有傳。

雍疾病，司馬光、張載、程顥、程頤晨夕候之[1]，將終，共議喪事外庭，雍皆能聞衆人所言，召子伯溫謂曰："諸君欲葬我近城地，當從先塋爾[2]。"既葬，顥爲銘墓，稱雍之道純一不雜，就其所至，可謂安且成矣。所著書曰《皇極經世》、《觀物内外篇》、《漁樵問對》，詩曰《伊川擊壤集》[3]。

子伯溫，別有傳。

【注】

〔1〕張載(1020—1077)，本書有傳。
〔2〕塋，墓地。
〔3〕據《四庫全書簡明目録》："《皇極經世書》十二卷，宋邵雍撰。一卷至六卷，以《易》卦配元會運世，推其治亂；七卷至十卷，爲律吕聲音；是爲内篇。卷十一、十二爲觀物篇，即外篇也。其説借《易》以推衍，而實無關於《易》，故朱子以爲《易》外別傳。舊列儒家，今改隸術數類焉。""《擊壤集》二十卷。宋邵雍撰。其詩源出寒山、拾得。然寒山、拾得之派，不行於唐，而此集之派，蔓延於南宋。至明代陳獻章、莊㫤等，以講學自名者，大抵宗之。"

選自《宋史》卷四百二十七《道學一》

張　　載（1020—1077）

　　張載字子厚，長安人〔1〕。少喜談兵，至欲結客取洮西之地〔2〕。年二十一，以書謁范仲淹，一見知其遠器，乃警之曰："儒者自有名教可樂，何事於兵。"因勸讀《中庸》。載讀其書，猶以爲未足，又訪諸釋、老，累年窮極其説，知無所得，反而求之六經。嘗坐虎皮講《易》京師，聽從者甚衆。一夕，二程至，與論《易》，次日語人曰："比見二程，深明《易》道，吾所弗及，汝輩可師之。"撤坐輟講。與二程語道之要，涣然自信曰："吾道自足，何事旁求。"於是盡棄異學，淳如也。

【注】

〔1〕長安，今陝西西安以南。
〔2〕洮西之地，洮，洮州，今甘肅臨潭，時爲西夏所占。

　　舉進士，爲祁州司法參軍〔1〕，雲巖令〔2〕。政事以敦本善俗爲先，每月吉，具酒食，召鄉人高年會縣庭，親爲勸酬，使人知養老事長之義，因問民疾苦，及告所以訓戒子弟之意。

【注】

〔1〕祁州，今屬河北，治所相當於博野、安國、深澤一帶。司法參軍，知州佐官，典領刑獄事務。

〔2〕雲巖，今陝西省宜川縣山巖鎮一帶。

熙寧初，御史中丞吕公著言其有古學，神宗方一新百度[1]，思得才哲士謀之，召見問治道，對曰："爲政不法三代者，終苟道也。"帝悅，以爲崇文院校書[2]。他日見王安石，安石問以新政，載曰："公與人爲善，則人以善歸公；如教玉人琢玉[3]，則宜有不受命者矣。"明州苗振獄起[4]，往治之，末殺其罪。

【注】
〔1〕一新百度，對以前的許多成法加以改變。
〔2〕崇文院，宋初沿唐制，以史館、昭文館、集賢院爲三館，通名崇文院。崇文院校書，掌圖籍校理勘誤。
〔3〕如教玉人琢玉，語出《孟子·梁惠王下》："今有璞玉於此，雖萬鎰，必使玉人雕琢之。至於治國家，則曰姑舍女所學而從我，則何以導於教玉人雕琢玉哉？"意思是説，我有自己的主意，不能完全聽從别人擺佈。
〔4〕明州，今浙江寧波。

還朝，即移疾屏居南山下，終日危坐一室，左右簡編，俯而讀，仰而思，有得則識之，或中夜起坐，取燭以書。其志道精思，未始須臾息，亦未嘗須臾忘也。敝衣蔬食，與諸生講學，每告以知禮成性、變化氣質之道[1]，學必如聖人而後已。以爲知人而不知天[2]，求爲賢人而不求爲聖人，此秦、漢以來學者大蔽也。故其學尊禮貴德、樂天安命[3]，以《易》爲宗，以《中庸》爲體，以孔、孟爲法，黜怪妄，辨鬼神。其家昏喪葬祭,率用先王之意,而傅以今禮。又論定井田、宅里、發斂、學校之法[4],皆欲條理成書,使可舉而措諸事業。

【注】

〔1〕變化氣質,意爲克服變化不善的氣質之性。張載認爲性有善與不善的氣質之性和至善天地之性的區別,只有克服了不善氣質之性,才能保存光大天地之性。
〔2〕知人而不知天,人,後天人爲;天,天然生成。張載認爲人既具不善之氣質,亦有至善天地之性,故人都有可能成爲聖人,唯發揚自身天然的天地之性則可。
〔3〕樂天安命,語由《易・繫辭》"樂天知命,故不憂"轉化而來。意謂樂從天道和命運的安排。
〔4〕宅里,治理百姓。宅,原爲安定,引申爲治理;里原指百姓聚集居住的地方,這裏指代爲百姓。發斂,財政收支。發,支出;斂,收入。

呂大防薦之曰[1]:"載之始終,善發明聖人之遺旨,其論政治略可復古,宜還其舊職,以備諮訪。"乃詔知太常禮院。與有司議禮不合,復以疾歸,中道疾甚,沐浴更衣而寢,旦而卒。貧無以斂,門人共買棺奉其喪還。翰林學士許將等言其恬於進取,乞加贈卹,詔賜館職半賻[2]。

【注】

〔1〕呂大防(1027—1097),字微仲,京兆藍田(今屬陝西)人。元祐年間官至尚書左僕射,力主廢新法,哲宗親政後遭貶。

〔2〕賻,以財物幫助生者。

　　載學古力行,爲關中士人宗師,世稱爲橫渠先生。著書號《正蒙》[1],又作《西銘》曰[2]:
　　　　"乾稱父而坤母[3],予茲藐焉,乃混然中處[4]。故天地之塞吾其體,天地之帥吾其性[5],民吾同胞,物吾與也[6]。

【注】
〔1〕《正蒙》,九卷十七篇。主要論述"太虛即氣"之氣一元論和"一物兩體"辯證思想,這是張載哲學思想代表作。注本流行的有王夫之《張子正蒙注》。
〔2〕《西銘》,原是《正蒙·乾稱》首段,張載曾把它錄出貼在西窗上,作爲座右銘。題爲《訂頑》,特別受二程賞識,程頤改《訂頑》爲《西銘》;朱熹將它從《正蒙·乾稱》中分出,單獨成篇。
〔3〕乾稱父而坤母,語出《周易·説卦》:"乾,天也,故稱乎父;坤,地也,故稱乎母。"
〔4〕此句意謂我這渺小的身體,處於天地之中。兹,這;藐,幼小,渺小。
〔5〕此句是從《孟子·公孫丑上》"其爲氣也……則塞於天地之間"和"夫志,氣之帥也;氣,體之充也"轉化而來。意謂充滿了天地之間的氣構成了我的身體,氣的決定因素就是我的天性。
〔6〕與,同伴。

　　"大君者[1],吾父母宗子[2];其大臣,宗子之家相也[3]。尊高年所以長其長,慈孤幼所以幼其幼,聖其合德,賢其秀也。凡天下疲癃殘疾、惸獨鰥寡[4],皆吾兄弟之顛連而無告者也[5]。'于時保之'[6],子之翼也[7]。'樂且不憂',純乎孝者也[8]。違曰悖德,害仁曰賊,濟惡者不才,其踐形惟肖者也[9]。

【注】

[1] 大君,君主、皇帝。
[2] 宗子,宗法社會中享有繼承權的嫡長子。
[3] 家相,一家的總管。
[4] 惸獨鰥寡,惸,無兄弟;獨;無子孫;鰥,無妻;寡,無夫。即孤獨無依靠的人。
[5] 顛連,狼狽困苦。
[6] 語出《詩·周頌·我將》:"畏天之威,于時保之。"
[7] 翼,恭敬。
[8] 樂且不憂,《孟子·梁惠王下》:"樂天者保天下"。張載認爲因爲人是天地所生,所以樂於聽從天地的安排,就是聽從父母的意志,這是純粹的孝。
[9] 踐形,語出《孟子·盡心上》:"形色,天性也;惟聖人然後可以踐形。"意爲:形色(泛指人的外形容貌、欲望等)原是至善天性的表現,只有聖人才能通過形色表現("踐")出來。肖,相肖。張載以爲只要相像(樂)天,就可以表現天地美德。這是對孟子觀點的修正,也是人皆可成聖人的注脚。

"知化則善述其事,窮神則善繼其志[1],不愧屋漏爲無忝[2],存心養性爲匪懈[3]。惡旨酒,崇伯之顧養[4];育英材,穎封人之錫類[5]。不弛勞而底豫,舜其功也[6]。無所逃而待烹,申子其恭也[7]。體其受而歸聖者,參乎[8];勇於從而順令者,伯奇也[9]。富貴福澤,將厚吾之生也,貧賤憂戚,庸玉女於成也[10]。存,吾順事;殁,吾寧也。"

【注】

[1] 此句是從《中庸》"夫孝者,善繼人之志,善述人之事者也"轉述而來。
[2] 此句典出《詩·大雅·抑》"相在爾室,尚不愧於屋漏"、《詩·小雅·小宛》"夙興夜寐,無忝爾所生"。屋漏,室内西北隅隱僻處;忝,羞辱。意謂在人看不到的地方不做虧心事,是不辱父母的孝子。
[3] 此句典出《孟子·盡心上》:"存其心,養其性,所以事天也。"解,通"懈",匪解即不鬆懈。
[4] 此句典出《孟子·離婁下》:"禹惡旨酒而好善言。"旨,美。崇,國名,禹之父鯀爲崇國伯爵,故稱禹爲崇伯子。因酒亂性,因此厭惡美酒就能保持養護孝子的本性。
[5] 穎封人即穎考叔,春秋初鄭莊公之大臣,因爲其初爲穎谷(今河南登封西南)的封人(掌管封疆的官吏)故稱之。鄭莊公一度與母失歡,穎考叔設法使莊公和母和好如初。錫類,把恩德賜給朋類,意指像穎考叔用自己的純孝,感化同類(莊公),使其成孝子。
[6] 此句典出《孟子·離婁上》:"舜盡事親之道而瞽瞍厎豫。"弛,鬆懈。厎,致;豫,高興。意爲盡力使瞽父高興,這是舜作爲孝子的本能。
[7] 申子,春秋時晉獻公世子申生。晉獻公聽信寵姬驪姬讒言要

殺申生，申生之弟重耳勸他逃往國外，申生不聽，以爲父要己死而逃生爲不孝，結果自盡。恭，申生死後的諡號。

〔8〕参，孔子門徒曾参。《禮記·祭義》："曾子聞諸夫子曰：父母全而生之，子全而歸之，可謂孝矣。"據說他不敢損壞一點髮膚，以爲這是父母給的。後世即以此作爲孝子的形象。

〔9〕伯奇，周大夫尹吉甫的兒子，由於其父受後妻挑撥，而將伯奇逐出家門。

〔10〕玉女，即玉汝。《詩·大雅·民勞》："王欲玉女。"庸玉女於成，天爲了成就你。

程頤嘗言："《西銘》明理一而分殊〔1〕，擴前聖所未發，與孟子性善養氣之論同功，自孟子後蓋未之見。"學者至今尊其書。

嘉定十三年，賜諡曰明公。淳祐元年封郡伯，從祀孔子廟廷。弟戩〔2〕。

【注】

〔1〕理一而分殊，謂天理是統一的，只是每個人名分不同。

〔2〕戩，即張戩，字天祺。熙寧初任監察御史里行，因激烈反對新法而被貶。

選自《宋史》卷四百二十七《道學一》

程　　顥 (1032—1085)

程顥字伯淳,世居中山[1],後從開封徙河南[2]。

高祖羽[3],太宗朝三司使。父珦[4],仁宗錄舊臣後,以爲黃陂尉。久之,知龔州[5]。時宜獠區希範既誅[6],鄉人忽傳其神降,言"當爲我南海立祠",於是迎其神以往,至龔,珦使詰之,曰:"比過潯[7],潯守以爲妖[8],投祠具江中,逆流而上,守懼,乃更致禮。"珦使復投之,順流去,其妄乃息。徙知磁州[9],又徙漢州[10]。嘗宴客開元僧舍,酒方行,人讙言佛光見[11],觀者相騰踐,不可禁,珦安坐不動,頃之遂定。熙寧法行[12],爲守令者奉命唯恐後,珦獨抗議,指其未便。使者李元瑜怒,即移病歸,旋致仕,累轉太中大夫[13]。元祐五年,卒,年八十五。

【注】

[1] 中山,古國名,在今河北定州一帶。春秋末年鮮虞人所建,公元前296年爲趙所滅。
[2] 開封,今河南開封市。河南,洛河之南,即河南洛陽。
[3] 羽,程羽(913—984),字沖元,太宗朝官至兵部侍郎。程羽爲三司使不見於《宋史·程羽傳》。
[4] 珦,程珦(1006—1090),字伯溫,又字君玉,舊名溫,當官後改爲珦。珦生前《自撰墓誌》序其經歷:"官,自大理寺丞遷至太中大夫。勛,自騎都尉至上柱國,爵,永年縣伯,食邑户九百。"

〔5〕知龔州,主持龔州政務。
〔6〕宜,宜州,今屬廣西。獠,對西南地區少數民族的蔑稱。區希範,思恩(今廣西環江縣)人。因聚衆反叛宋朝,慶曆五年(1045)爲宋轉運使杜杞所擒,後被醢。
〔7〕比,及,等到。
〔8〕潯,潯州,今屬廣西。守,太守,官名,漢景帝時,一郡之最高行政長官,宋時已非正式官名,僅是知州(府)的別稱。
〔9〕磁縣,今河北磁縣。
〔10〕漢州,今四川廣漢市。
〔11〕諠,通"喧",喧嘩。
〔12〕熙寧,宋神宗趙頊年號(1068—1077)。熙寧二年,宋神宗採納王安石建議,推行新法,史稱熙寧法。
〔13〕太中大夫,漢時掌議論之官,宋時四品之上的文官,爲虛銜。

　　珦慈恕而剛斷,平居與幼賤處,唯恐有傷其意,至於犯義理,則不假也〔1〕。左右使令之人,無日不察其饑飽寒燠。前後五得任子〔2〕,以均諸父之子孫〔3〕。嫁遣孤女,必盡其力。所得奉禄,分贍親戚之貧者。伯母寡居,奉養甚至。從女兄既適人而喪其夫〔4〕,珦迎其歸,教養其子,均於子侄。時官小禄薄,克己爲義,人以爲難。文彥博、蘇頌等九人表其清節〔5〕,詔賜帛二百,官給其葬。

【注】
〔1〕假,寬容。
〔2〕任子,兩漢時,二千石以上的官吏,任滿一定年限,可以保舉子弟一人爲郎,稱"任子"。後世以此爲由父任而得官之稱。

〔3〕諸父,父親的兄弟。
〔4〕從女兄,伯母之女,指程珣堂姐。適人,女子嫁人。
〔5〕文彥博(1006—1097),字寬夫,汾州介休(今屬山西)人。仁宗時進士,官至宰相,元祐年間退職,封潞國公。蘇頌(1020—1101),字子容,泉州南安(今屬福建)人,官至刑部尚書,太子太保。清節,清廉而有節義。

顥舉進士[1],調鄠、上元主簿[2]。鄠民有借兄宅居者,發地得瘞錢[3],兄之子訴曰:"父所藏。"顥問:"幾何年?"曰:"四十年。""彼借居幾時?"曰:"二十年矣。"遣吏取十千視之,謂訴者曰:"今官所鑄錢,不五六年即遍天下,此皆未藏前數十年所鑄,何也?"其人不能答。茅山有池,產龍如蜥蜴而五色。祥符中嘗取二龍入都[4],半塗失其一,中使云飛空而逝[5]。民俗嚴奉不懈,顥捕而脯之。

【注】
〔1〕舉,考中。據程顥在《游鄠縣山詩十二首有序》中說:"嘉祐二年,始應舉得官。"可斷他為嘉祐二年進士。
〔2〕主簿,知縣佐官,以典領文書,辦理事務。
〔3〕瘞,埋葬。瘞錢,殉葬的錢。
〔4〕祥符,即大中祥符,宋真宗趙恒年號(1008—1016)。都,京都。
〔5〕中使,皇宮派出的使者,通常由宦官充任。

為晉城令,富人張氏父死,旦有老叟踵門曰:"我,汝父也。"子驚疑莫測,相與詣縣[1]。叟曰:"身為醫,遠出治疾,而妻生子,貧不能養,以與張。"顥質其驗[2]。取懷中一書進,其所記曰:"某年月日,抱兒與張三翁家。"顥問:"張是時纔四十,安得有翁稱?"叟駭謝[3]。

【注】
〔1〕詣,前往,到。
〔2〕質,通"詰",詢問,查詢。驗,憑證,證據。
〔3〕駭,害怕。謝,謝罪,認罪。

民稅粟多移近邊,載往則道遠,就糴則價高。顥擇富而可任者,預使貯粟以待,費大省。民以事至縣者,必告以孝弟忠信,入所以事其父兄,出所以事其長上。度鄉村遠近爲伍保[1],使之力役相助,患難相恤,而姦僞無所容。凡孤煢殘廢者[2],責之親戚鄉黨,使無失所。行旅出於其途者,疾病皆有所養。鄉必有校,暇時親至,召父老與之語。兒童所讀書,親爲正句讀,教者不善,則爲易置。擇子弟之秀者,聚而教之。鄉民爲社會[3],爲立科條,旌別善惡,使有勸有恥。在縣三歲,民愛之如父母。

【注】
〔1〕伍保,户籍編制形式,一般五家爲伍,十家爲保。
〔2〕孤,喪父之幼子。煢,没有兄弟。孤煢,泛指孤單無靠之人。
〔3〕社會,鄉村學塾逢春秋祀社或其他節日舉行的集會。

熙寧初,用呂公著薦[1],爲太子中允、監察御史裏行[2]。神宗素知其名,數召見,每退,必曰:"頻求對[3],欲常常見卿。"一日，從容咨訪，報正午，始趨出，庭中人曰："御史不知上未食乎？"前後進說甚多，大要以正心窒欲、求賢育材爲言[4]，務以誠意感悟主上。嘗勸帝防未萌之欲，及勿輕天下士，帝俯躬曰[5]："當爲卿戒之。"

【注】

[1] 呂公著(1018—1089)，字晦叔，壽州(今安徽壽縣)人。神宗熙寧二年任御史中丞，因反對王安石變法，後屢任外職，哲宗即位後，任尚書右僕射兼中書侍郎、同平章軍國事等要職。
[2] 太子中允，官名，通常爲虛銜，無實柄。監察御史裏行，見習監察御史。
[3] 求對，請求對策。
[4] 正心，匡正思想，使其服從道德規範。窒欲，窒息違背道德的物質欲望。
[5] 俯躬，欠身。

王安石執政，議更法令，中外皆不以爲便，言者攻之甚力[1]。顥被旨赴中堂議事，安石方怒言者，厲色待之。顥徐曰："天下事非一家私議，願平氣以聽。"安石爲之愧屈。自安石用事，顥未嘗一語及於功利。居職八九月，數論時政，最後言曰[2]："智者若禹之行水，行其所無事也；舍而之險阻，不足以言智。自古興治立事，未有中外人情交謂不可而能有成者，況於排斥忠良，沮廢公議[3]，用賤陵貴，以邪干正者乎？正使徼倖有小成，而興利之臣日進，尚德之風浸衰，尤非朝廷之福。"遂乞去言職[4]。安石本與之善,及是雖不合,猶敬其忠信,不深怒,但出提點京西刑獄。顥固辭,改簽書鎮寧軍判官。司馬光在長安,上疏求退,稱顥公直,以爲己所不如。

【注】

〔1〕言者,言官。
〔2〕"最後言曰"以下的這段文字引自熙寧三年四月十七日程顥的《再上疏》,這是他權監察御史里行任期的最後進言。
〔3〕沮廢公議,阻撓廢壞公共的議論或意見。
〔4〕言職,監察御史里行的職務。

程昉治河[1],取澶卒八百而虐用之[2],衆逃歸。羣僚畏昉,欲勿納。顥曰:"彼逃死自歸,弗納必亂。若昉怒,吾自任之。"即親往啓門拊勞[3],約少休三日復役,衆歡踴而入。具以事上[4],得不遣。昉後過州,揚言曰:"澶卒之潰,蓋程中允誘之[5],吾且訴於上。"顥聞之,曰:"彼方憚我,何能爲。"果不敢言。

【注】

〔1〕程昉,宦官,開封人。因治水有功,遷宮苑副使。
〔2〕澶卒,澶州民工。
〔3〕拊勞,撫慰。
〔4〕具以事上,將這件事如實地報告上司。
〔5〕程中允,程顥於熙寧初曾任太子中允,故有此稱謂。

曹村埽決[1],顥謂郡守劉渙曰:"曹村決,京師可虞。

臣子之分,身可塞亦所當爲,盍盡遣廂卒見付[2]。"渙以鎮印付顥,立走決所,激諭士卒。議者以爲勢不可塞,徒勞人爾。顥命善泅者度決口,引巨索濟衆,兩岸並進,數日而合。

【注】
[1] 曹村埽,亦稱靈平埽,今在河南濮陽市境内。
[2] 廂卒,地方政府的武裝。

　　求監洛河竹木務,歷年不敍伐閱[1],特遷太常丞。帝又欲使修《三經義》[2],執政不可[3],命知扶溝縣。廣濟、蔡河在縣境,瀕河惡子無生理[4],專脅取行舟財貨,歲必焚舟十數以立威。顥捕得一人,使引其類,貰宿惡[5],分地處之,令以挽縴爲業[6],且察爲姦者,自是境無焚剽患。内侍王中正按閱保甲[7],權焰章震,諸邑競侈供張悅之,主吏來請,顥曰:"吾邑貧,安能效他邑。取於民,法所禁也,獨有令故青帳可用爾。"除判武學[8],李定劾其新法之初首爲異論,罷歸故官。又坐獄逸囚[9],責監汝州鹽稅。哲宗立,召爲宗正丞[10],未行而卒,年五十四。

【注】
[1] 敍,按規定的等級次第授官職及按所謂勞績大小給予獎勵稱爲"敍"。伐閱,亦作"閥閱",指功績和資歷。
[2]《三經義》,熙寧六年王安石新黨將《詩》、《書》、《周禮》重新修撰釋義,通稱爲《三經義》。這是熙寧變法的理論依據。

〔3〕執政不可,朝中掌權者不同意。
〔4〕瀕河惡子無生理,瀕,靠近;惡子,行爲不端的人;無生理,生活無着落。
〔5〕貰宿惡,赦免過去的罪惡。
〔6〕挽縴,拉縴。縴,粗繩索,纖繩。
〔7〕王中正,開封人,字希烈。深受仁宗賞識,神宗元豐初年,提舉教畿縣保甲將兵捕賊盜巡檢,權柄重於一時。按閲保甲,審察、考核保甲法執行的情況。
〔8〕除判,除,拜官授職;判,主持。
〔9〕坐,連累,牽連。
〔10〕宗正丞,管理皇室親屬的佐官,地位略低於宗正少卿。

　　顥資性過人,充養有道,和粹之氣,盎於面背,門人交友從之數十年,亦未嘗見其忿厲之容。遇事優爲,雖當倉卒,不動聲色。自十五六時,與弟頤聞汝南周敦頤論學,遂厭科舉之習,慨然有求道之志。泛濫於諸家,出入於老、釋者幾十年,返求諸六經而後得之,秦、漢以來,未有臻斯理者。

　　教人自致知至於知止[1],誠意至於平天下[2],灑掃應對至於窮理盡性[3],循循有序。病學者厭卑近而騖高遠,卒無成焉,故其言曰:"道之不明,異端害之也[4]。昔之害近而易知,今之害深而難辨。昔之惑人也乘其迷暗,今之惑人也因其高明。自謂之窮神知化[5],而不是以開物成務[6],言爲無不周遍,實則外於倫理[7],窮深極微,而不可以入堯、舜之道。天下之學,非淺陋固滯,則必入於此。自道之不明也,邪誕妖妄之說競起,塗生民之耳目[8],溺天下於污濁,雖高才明智,膠於見聞,醉生夢死,不自覺也。是皆正路之蓁蕪,聖門之蔽塞,辟之而後可以入道[9]。"

【注】

[1] 致知,語出《禮記·大學》:"致知在格物。"致,推而極之。關於致知,歷來有二說。一說,致知,充分發揮心知的作用;一說,致知,知道"物有本末,事有終始",即"知本"。"本"指修身養性,即加強道德修養。知止,語出《禮記·大學》:"知止而後有定。"指達到最高的知識境界。

[2] 誠意,語出《禮記·大學》:"欲正其心者,先誠其意。"指心意誠實而不自欺,言行一致,表裏一致,忠實於自己的道德理念。平天下,語出《禮記·大學》:"國治而後天下平。"平,平息,平定。

[3] 灑掃應對,淋水掃地和接人待物,引申爲平時的處世之道。窮理盡性,即探盡義理,發揮人或物的天賦本性。盡性,語出《禮記·中庸》:"唯天下至誠,爲能盡其性。"

[4] 異端,一切與儒家相矛盾的學說,這裏主要指佛、老之言。

[5] 窮神知化,語出《易傳·繫辭下》"窮神知化,德之盛也"。窮,探究;神,變化莫測的功能;化,變化。意謂探微索隱,窮盡變化的根由。

[6] 開物成務,語出《易傳·繫辭上》"夫《易》,開物成務,冒天下之道,如斯而已者也"。意謂通曉萬物之理,把事情辦好。

[7] 外,背離、違犯。

[8] 塗,充塞。

[9] 辟,剗除。

顥之死，士大夫識與不識，莫不哀傷焉。文彥博採衆論，題其墓曰明道先生。其弟頤序之曰："周公没，聖人之道不行；孟軻死，聖人之學不傳。道不行，百世無善治；學不傳，千載無眞儒。無善治，士猶得以明夫善治之道，以淑諸人，以傳諸後；無眞儒，則貿貿焉莫知所之[1]，人欲肆而天理滅矣[2]。先生生於千四百年之後，得不傳之學於遺經，以興起斯文爲己任，辨異端，闢邪説，使聖人之道煥然復明於世，蓋自孟子之後，一人而已。然學者於道不知所向，則孰知斯人之爲功；不知所至，則孰知斯名之稱情也哉[3]。"

　　嘉定十三年，賜諡曰純公。淳祐元年封河南伯，從祀孔子廟庭。

【注】

[1] 貿貿焉，蒙昧不明。

[2] 人欲肆而天理滅，語出《禮記·樂記》："夫物之盛人無窮，而人之好惡無節，則是物至而人化物也。人化物也者，滅天理而窮人欲者也。"人欲，一切違反封建綱常倫理的欲望；肆，猖獗；天理，封建綱常倫理。

[3] 名之稱情，名號符合（配得上）實際情況。

選自《宋史》卷四百二十七《道學一》

司　馬　光（1019—1086）

　　司馬光字君實，陝州夏縣人也[1]。父池[2]，天章閣待制[3]。光生七歲，凜然如成人，聞講《左氏春秋》，愛之，退爲家人講，即了其大指。自是手不釋書，至不知飢渴寒暑。羣兒戲於庭，一兒登甕，足跌没水中，衆皆棄去，光持石擊甕破之，水迸，兒得活。其後京、洛間畫以爲圖。仁宗寶元初[4]，中進士甲科。年甫冠[5]，性不喜華靡，聞喜宴獨不戴花[6]，同列語之曰："君賜不可違。"乃簪一枝。

【注】

〔1〕陝州夏縣，今山西夏縣。
〔2〕池，即司馬池，字和中。官至御史三司列使，充天章閣待制。
〔3〕待制，起於唐代，至宋成爲定名。其職分是在皇帝身邊輪番值日，以備顧問。宋制，文官於本官之外，加待制頭銜，以示美稱。
〔4〕寶元，宋仁宗趙禎年號（1038—1039）。
〔5〕甫冠，二十歲。甫，方，才；冠，古時男子二十歲而加冠之稱。
〔6〕聞喜宴，又名瓊林宴，科舉制度中規定爲新進士舉行宴會的通稱。戴花，舊禮規定參加聞喜宴的新進士，須佩戴皇上詔賜的宮花，以示榮耀。

　　除奉禮郎[1]，時池在杭，求籤蘇州判官事以便親，許之。丁内外艱,執喪累年,毀瘠如禮[2]。服除,簽書武成軍判官事,改大理評事[3],補國子直講。樞密副使龐籍薦爲館閣校勘[4],同知禮院。

【注】

[1] 奉禮郎,太常寺屬官,掌禮儀。
[2] 毀瘠如禮,語出《禮記·曲禮上》:"居喪之禮,毀瘠不形。"毀瘠,哀傷過度而消瘦。
[3] 大理評事,大理寺卿的佐官。
[4] 龐籍(988—1063),單州成武(今屬山東)人,字醇之,舉進士。曾以龍圖閣直學士知延州(今陝西延安)防西夏侵略,後官至宰相,加太子太保,封潁國公。館閣校勘,掌圖書、經籍校理勘誤的官員。

中官麥允言死[1],給鹵簿[2]。光言:"繁纓以朝[3],孔子且猶不可。允言近習之臣,非有元勳大勞,而贈以三公官,給一品鹵簿,其視繁纓,不亦大乎。"夏竦賜諡文正[4],光言:"此諡之至美者,竦何人,可以當之?"改文莊。加集賢校理[5]。

【注】

[1] 中官,宦官。
[2] 鹵簿,帝王外出時在其前後的儀仗隊。自漢以後,王公大臣均有鹵簿,非天子所專用。鹵亦作櫓、大楯。
[3] 繁纓,亦作"樊纓"。天子諸侯駱馬的帶飾。
[4] 夏竦,見本書《石介》傳注。

〔5〕集賢校理，即集賢院校理官。

從龐籍辟，通判并州〔1〕。麟州屈野河西多良田〔2〕，夏人蠶食其地，爲河東患。籍命光按視，光建："築二堡以制夏人，募民耕之，耕者衆則糴賤，亦可漸紓河東貴糴遠輸之憂。"籍從其策；而麟將郭恩勇且狂，引兵夜渡河，不設備，沒於敵，籍得罪去。光三上書自引咎，不報。籍沒，光升堂拜其妻如母，撫其子如昆弟，時人賢之。

【注】

〔1〕并州，今山西陽曲。
〔2〕麟州，治所在新秦（今陝西神木北），轄境相當於今陝西神木以北地區。

改直秘閣、開封府推官〔1〕。交趾貢異獸〔2〕，謂之麟，光言："真僞不可知，使其真，非自至不足爲瑞，願還其獻。"又奏賦以風。修起居注，判禮部。有司奏日當食，故事食不滿分，或京師不見，皆表賀。光言："四方見、京師不見，此人君爲陰邪所蔽；天下皆知而朝廷獨不知，其爲災當益甚，不當賀。"從之。

同知諫院。蘇轍答制策切直〔3〕，考官胡宿將黜之〔4〕，光言："轍有愛君憂國之心，不宜黜。"詔置末級。

【注】

〔1〕推官，知府屬官，掌勘問刑獄。

〔2〕交趾,五嶺以南的地方。
〔3〕蘇轍,本書有傳。
〔4〕胡宿(996—1067),字武平,常州晉陵(今屬江蘇)人。官至樞密副使,以太子少師致仕。

　　仁宗始不豫[1],國嗣未立[2],天下寒心而莫敢言。諫官范鎮首發其議,光在并州聞而繼之,且貽書勸鎮以死爭。至是,復面言:"臣昔通判并州,所上三章,願陛下果斷力行。"帝沉思久之,曰:"得非欲選宗室爲繼嗣者乎?此忠臣之言,但人不敢及耳。"光曰:"臣言此,自謂必死,不意陛下開納。"帝曰:"此何害,古今皆有之。"光退未聞命,復上疏曰:"臣向者進說,意謂即行,今寂無所聞,此必有小人言陛下春秋鼎盛,何遽爲不祥之事。小人無遠慮,特欲倉卒之際,援立其所厚善者耳。'定策國老'、'門生天子'之禍[3],可勝言哉?"帝大感動曰:"送中書。"光見韓琦等曰:"諸公不及今定議,異日禁中夜半出寸紙,以某人爲嗣,則天下莫敢違。"琦等拱手曰:"敢不盡力。"未幾,詔英宗判宗正[4],辭不就,遂立爲皇子,又稱疾不入。光言:"皇子辭不貲之富[5],至於旬月,其賢於人遠矣。然父召無諾,君命召不俟駕[6],願以臣子大義責皇子,宜必入。"英宗遂受命。

【注】
〔1〕不豫,有病。
〔2〕國嗣,帝位繼承人。

〔3〕定策國老,語出唐宦官樞密使楊復恭之口。他自恃擁立有功,在給兄子宋亮的信中自稱"定策國老",而稱唐昭宗李曄爲"負心門生"。定策國老,意爲操縱國家權柄,擁立皇帝有功的大臣。
〔4〕英宗,即趙曙,1064—1067年在位。宗正,掌握宗室親族事務的官員,一般由皇族充任。
〔5〕不貲之富,無法估量的財富。不貲,不可計量。
〔6〕君命召不俟駕,語出《論語·鄉黨》:"君命召,不俟駕行矣。"俟,等待。意謂君主召見,不等車馬駕好就先步行走了。

　　兗國公主嫁李瑋[1],不相能[2],詔出瑋衛州[3],母楊歸其兄璋,主入居禁中。光言:"陛下追念章懿太后[4],故使瑋尚主。今乃母子離析,家事流落,獨無雨露之感乎?瑋既黜,主安得無罪?"帝悟,降主沂國,待李氏恩不衰。

【注】
〔1〕兗國公主(1038—1070),仁宗長女。嘉祐二年,進封兗國,下嫁李瑋,夫妻不和,降封沂,屏居内廷。李瑋,杭州人,仁宗生母李宸妃内侄。
〔2〕不相能,不和睦,不相容。
〔3〕衛州,今河南汲縣。
〔4〕章懿太后(987—1032),宋仁宗生母,姓李。原爲章獻太后的侍兒,爲真宗幸,生仁宗,爲章獻太后占爲己子。直到章獻太后死後,仁宗才知真相,慶曆年間追爲章懿太后。

　　進知制誥,固辭,改天章閣待制兼侍講、知諫院。時朝政頗姑息,胥史喧譁則逐中執法[1],輦官悖慢則退宰相[2],衛士凶逆而獄不窮治,軍卒詈三司使而以爲非犯階級[3],光言皆陵遲之漸[4],不可以不正。

【注】
〔1〕胥史,在官府中辦理文書的小吏。
〔2〕輦官,伺候帝王的小臣。
〔3〕階級,官位俸給的等級。
〔4〕陵遲之漸,陵遲之罪的萌芽。

　　充媛董氏薨,贈淑妃,輟朝成服,百官奉慰,定諡,行册禮,葬給鹵簿。光言:"董氏秩本微,病革方拜充媛。古者婦人無諡,近制惟皇后有之。鹵簿本以賞軍功,未嘗施於婦人。唐平陽公主有舉兵佐高祖定天下功[1],乃得給。至韋庶人始令妃主葬日皆給鼓吹[2],非令典,不足法。"時有司定後宫封贈法,后與妃俱贈三代,光論:"妃不當與后同,袁盎引却慎夫人席[3],正爲此耳。天聖親郊,太妃止贈二代[4],而況妃乎?"

【注】
〔1〕平陽公主(?—623),唐高祖李淵女,柴紹妻。大業十三年,柴紹隨李淵在太原起兵反隋,她在鄠縣(今陝西西安市鄠邑區)散家財招募軍隊響應,發展至七萬人,時稱娘子軍。
〔2〕韋庶人(?—710),唐中宗后,京兆萬年(今陝西西安)人。她勾結武三思等毒死中宗,臨朝稱政,後爲唐玄宗所殺,貶稱庶人。

〔3〕袁盎(？—前148)，字絲，楚人，西漢大臣，曾向景帝建議殺晁錯，後爲梁孝王刺死。引却慎夫人入席，事見《史記·袁盎晁錯列傳》。慎夫人，漢文帝之寵妾。一次慎夫人與文帝、文帝后同席坐，被袁盎以尊卑有序爲由所阻。

〔4〕太妃，父皇之妾，或太子之妻。

　　英宗立，遇疾，慈聖光獻后同聽政[1]。光上疏曰："昔章獻明肅有保佑先帝之功[2]，特以親用外戚小人，負謗海內。今攝政之際，大臣忠厚如王曾[3]，清純如張知白[4]，剛正如魯宗道[5]，質直如薛奎者[6]，當信用之；猥鄙如馬季良，讒諂如羅崇勳者，當疏遠之，則天下服。"

【注】

[1] 慈聖光獻后，即仁宗曹皇后。見本書《王安石》傳注。
[2] 章獻明肅，即真宗劉皇后。
[3] 王曾，字孝先，青州益都（今屬山東）人，官至宰相。
[4] 張知白，字用晦，滄州清池（今河北滄州）人。官至工部尚書同中書門下平章事，集賢殿大學士。
[5] 魯宗道，字貫之，亳州譙（今安徽亳州）人，官至參知政事。
[6] 薛奎，字宿藝，絳州正平（今屬山西新絳）人，官至參知政事。

　　帝疾愈，光料必有追隆本生事，即奏言："漢宣帝爲孝昭後[1]，終不追尊衛太子、史皇孫[2]，光武上繼元帝[3]，亦不追尊鉅鹿、南頓君，此萬世法也。"後詔兩制集議濮王典禮[4]，學士王珪等相視莫敢先[5]，光獨奮筆書曰："爲人後者爲之子，不得顧私親。王宜準封贈期親尊屬故事，稱爲

皇伯,高官大國,極其尊榮。"議成,珪即命吏以其手稿爲
按。既上與大臣意殊,御史六人争之力[6],皆斥去。光乞
留之,不可,遂請與俱貶。

【注】

〔1〕漢宣帝(前91—前49),即劉詢,公元前74至前49年在位,好
刑名之術。孝昭(前94—前74),即漢昭帝劉弗陵,公元前87
至前74年在位。
〔2〕衛太子(前128—前91),即劉據,漢武帝太子,元狩元年立。武
帝末年爲江充所誣,舉兵誅江充,兵敗自殺。史皇孫(？—
前91),衛太子之子,宣帝之父,與衛太子同年遇害。
〔3〕光武,即漢光武帝劉秀(前16—57),東漢王朝建立者,公
元25—57年在位。元帝(前76—前33),即漢元帝劉奭,公元
前49—前33年在位。
〔4〕濮王(995—1059),即英宗生父濮安懿王趙允讓。
〔5〕王珪(1027—1093),字禹玉,成都華陽(今屬四川)人。官至同
中書門下平章事、集賢殿大學士。
〔6〕御史六人,指呂誨、范純仁、呂大防、趙鼎、馬默、傅堯俞六人。

　　初,西夏遣使致祭,延州指使高宜押伴[1],傲其使者,
侮其國主,使者訴於朝。光與呂誨乞加宜罪,不從。明年,
夏人犯邊,殺略吏士。趙滋爲雄州[2],專以猛悍治邊,光
論其不可。至是,契丹之民捕魚界河,伐柳白溝之南,朝廷
以知雄州李中祐爲不材,將代之。光謂:"國家當戎夷附順
時,好與之計較末節,及其桀驁,又從而姑息之。近者西禍
生於高宜,北禍起於趙滋;時方賢此二人,故邊臣皆以生事

爲能,漸不可長。宜敕邊吏,疆場細故輒以矢刃相加者,罪之。"

【注】

〔1〕延州,治所在今陝西延安。東帶黃河,西控靈夏,爲北宋邊防重鎮。
〔2〕雄州,今河北雄縣。

仁宗遺賜直百餘萬,光率同列三上章,謂:"國有大憂,中外窘乏,不可專用乾興故事[1]。若遺賜不可辭,宜許侍從上進金錢佐山陵。"不許。光乃以所得珠爲諫院公使錢,金以遺舅氏,義不藏於家。後還政,有司立式[2],凡後有所取用,當覆奏乃供。光云:"當移所屬使立供已,乃具數白後,以防矯僞。"

【注】

〔1〕乾興故事,乾興,宋真宗年號(1022),真宗於此年崩,仁宗即位後詔:"百官進官一等,優賞諸軍,山陵諸費,無以賦民。"
〔2〕立式,訂立規格。式,樣式,規格。

曹佾無功除使相[1],兩府皆遷官。光言:"陛下欲以慰母心,而遷除無名,則宿衛將帥、內侍小臣,必有覬望。"已而遷都知任守忠等官[2],光復爭之,因論:"守忠大姦,陛下爲皇子,非守忠意,沮壞大策,離間百端,賴先帝不聽,及陛下嗣位,反覆交構,國之大賊。乞斬於都市,以謝天下。"責守忠爲節度副使,蘄州安置[3],天下快之。

【注】

[1] 曹佾,仁宗曹皇后弟。
[2] 向守忠,字稷臣,蔭入小黃門,深得真宗、仁宗的寵倖,曾反對議立英宗,由此遭貶。
[3] 蘄州,治所在蘄春(今湖北蘄州西北),轄境相當於今湖北長江以北、巴河以東地區。

詔刺陝西義勇二十萬[1],民情驚撓,而紀律疏略不可用。光抗言其非,持白韓琦。琦曰:"兵貴先聲,諒祚方桀驁[2],使驟聞益兵二十萬,豈不震慴?"光曰:"兵之貴先聲,爲無其實也,獨可欺之於一日之間耳。今吾誰益兵,實不可用,不過十日,彼將知其詳,尚何懼?"琦曰:"君但見慶曆間鄉兵刺爲保捷[3],憂今復然,已降敕榜與民約,永不充軍戍邊矣。"光曰:"朝廷嘗失信,民未敢以爲然,雖光亦不能不疑也。"琦曰:"吾在此,君無憂。"光曰:"公長在此地,可也;異日他人當位,因公見兵,用之運糧戍邊,反掌間事耳。"琦嘿然,而訖不爲止。不十年,皆如光慮。

【注】

[1] 刺,招募。
[2] 諒祚,即西夏毅宗李諒祚,1049—1067年在位,在位期間,多次發兵攻宋。
[3] 鄉兵,地方武裝。北宋時鄉兵在防禦遼和西夏時起過一定作用。

王廣淵除直集賢院[1],光論其姦邪不可近:"昔漢景帝重衛綰,周世宗薄張美[2]。廣淵當仁宗之世,私自結於陛下,豈忠臣哉?宜黜之以厲天下。"進龍圖閣直學士。

【注】
[1] 王廣淵,字才叔,大名成安(今屬河北)人。英宗時,官至三司户部判官。
[2] 周世宗(921—959),即柴榮,後周皇帝。公元954至959年在位,頗有作爲,爲北宋統一奠定了基礎。

神宗即位,擢爲翰林學士,光力辭。帝曰:"古之君子,或學而不文,或文而不學,惟董仲舒、揚雄兼之。卿有文學,何辭爲?"對曰:"臣不能爲四六[1]。"帝曰:"如兩漢制詔可也;且卿能進士取高第,而云不能四六,何邪?"竟不獲辭。

【注】
[1] 四六,即駢文。

御史中丞王陶以論宰相不押班罷[1],光代之,光言:"陶由論宰相罷,則中丞不可復爲。臣願俟既押班,然後就職。"許之。遂上疏論修心之要三:曰仁,曰明,曰武;治國之要三:曰官人[2],曰信賞,曰必罰。其説甚備。且曰:"臣獲事三朝,皆以此六言獻,平生力學所得,盡在是矣。"御藥院内臣,國朝常用供奉官以下,至内殿崇班則出,近歲暗理官資,非祖宗本意。因論高居簡姦邪[3],乞加遠竄。章五上,帝爲出居簡,盡罷寄資者,既而復留二人,光又力爭之。張方平參知政事[4],光論其不叶物望[5],帝不從,還光翰林兼侍讀學士。

【注】

〔1〕以論宰相不押班,據《續資治通鑑》卷六十五《宋紀》六十五英宗治平四年載:王陶彈劾韓琦、曾公亮不押常朝班,至謂琦跋扈,引霍光、梁冀專恣事爲喻。押班,百官朝會時領班。
〔2〕官人,以官授人,即委任官吏要得當。
〔3〕高居簡,字仲略,番禺(今廣東南海)人,宦官。很得仁宗賞識,聞外廷議論,可直接奏知仁宗。
〔4〕張方平(1007—1091),字安道,南京(今河南商丘)人,歷任尚書左丞、御史中丞等職。
〔5〕叶,通"協",符合。

光常患歷代史繁,人主不能遍覽,遂爲《通志》八卷以獻[1]。英宗悦之,命置局祕閣,續其書。至是,神宗名之曰《資治通鑑》[2],自製《序》授之,俾日進讀。

【注】

〔1〕《通志》,司馬光仿《左傳》體例,編集戰國至秦二世時期的歷史,凡八卷,定名《通志》。
〔2〕《資治通鑑》,在《通志》基礎上擴編而成。上起周威烈王二十三年(前403)下至後周世宗顯德六年(959),記載了從戰國到五代末一千三百六十二年間的歷史。是《史記》後最優秀的一

部通史巨著。

詔録潁邸直省官四人爲閤門祇候[1]，光曰："國初草創，天步尚艱，故御極之初，必以左右舊人爲腹心耳目，謂之隨龍，非平日法也。閤門祇候在文臣爲館職，豈可使廝役爲之。"

【注】
[1] 閤門祇候，掌殿廷傳宣之官，通常由可靠的武官充任。

西戎部將嵬名山欲以橫山之衆[1]，取諒祚以降，詔邊臣招納其衆。光上疏極論，以爲："名山之衆，未必能制諒祚。幸而勝之，滅一諒祚，生一諒祚，何利之有；若其不勝，必引衆歸我，不知何以待之。臣恐朝廷不獨失信諒祚，又將失信於名山矣。若名山餘衆尚多，還北不可，入南不受，窮無所歸，必將突據邊城以救其命。陛下不見侯景之事乎[2]？"上不聽，遣將种諤發兵迎之[3]，取綏州[4]，費六十萬，西方用兵，蓋自此始矣。

【注】
[1] 西戎，即西夏。橫山，在陝西省北部、無定河上游，鄰接內蒙古。
[2] 侯景，字萬景，懷朔鎮（今內蒙古包頭東北）人。原爲東魏大將，後歸順南梁，次年發動叛亂，造成很大破壞，侯景本人因兵敗被部下所殺。
[3] 种諤，字子正，洛陽人，宋時西北名將之一。

〔4〕綏州,唐置,宋爲綏德軍。治所在今陝西綏德,轄境相當於陝西米脂、子洲、大理河、淮寧河一帶。

百官上尊號,光當答詔,言:"先帝親郊[1],不受尊號。末年有獻議者,謂國家與契丹往來通信,彼有尊號我獨無,於是復以非時奉册[2]。昔匈奴冒頓自稱'天地所生日月所置匈奴大單于',不聞漢文帝復爲大名以加之也。願追述先帝本意,不受此名。"帝大悦,手詔獎光,使善爲答辭,以示中外。

【注】
〔1〕親郊,皇帝在郊外的祭禮。
〔2〕奉册,奉天而册立尊號。册,帝王祭祀告天地神祇之文書。

執政以河朔旱傷,國用不足,乞南郊勿賜金帛[1]。詔學士議,光與王珪、王安石同見,光曰:"救災節用,宜自貴近始,可聽也。"安石曰:"常袞辭堂饌,時以爲袞自知不能,當辭位不當辭禄。且國用不足,非當世急務,所以不足者,以未得善理財者故也。"光曰:"善理財者,不過頭會箕斂爾。"安石曰:"不然,善理財者,不加賦而國用足。"光曰:"天下安有此理?天地所生財貨百物不在民,則在官,彼設法奪民,其害乃甚於加賦。此蓋桑羊欺武帝之言[2],太史公書之以見其不明耳。"爭議不已。帝曰:"朕意與光同,然姑以不允答之。"會安石草詔,引常袞事責兩府[3],兩府不敢復辭。

【注】

〔1〕南郊,即南郊大祀,古代帝王每年冬至日,在圜丘祭天,因地在南郊,故名。

〔2〕桑弘,即桑弘羊(前152—前80),洛陽人。武帝時任治粟都尉,領大司農,後被霍光以謀反罪所殺。

〔3〕兩府,指中書省與樞密院。

　　安石得政,行新法,光逆疏其利害。邇英進讀,至曹參代蕭何事〔1〕,帝曰:"漢常守蕭何之法不變,可乎?"對曰:"寧獨漢也,使三代之君常守禹、湯、文、武之法,雖至今存可也。漢武取高帝約束紛更〔2〕,盜賊半天下;元帝改孝宣之政〔3〕,漢業遂衰。由此言之,祖宗之法不可變也。"

【注】

〔1〕曹參代蕭何,蕭何和曹參均為漢初大臣。蕭何先任漢相,蕭何死後由曹參繼任相位,他"舉事無所變更,一遵蕭何約束",有"蕭規曹隨"之稱。

〔2〕高帝,即漢高祖。

〔3〕孝宣,即漢宣帝。

　　呂惠卿言〔1〕:"先王之法,有一年一變者,'正月始和,布法象魏'是也;有五年一變者,巡守考制度是也;有三十年一變者,'刑罰世輕世重'是也。光言非是,其意以風朝廷耳。"帝問光,光曰:"布法象魏,布舊法也。諸侯變禮易樂者,王巡守則誅之,不自變也。刑新國用輕典,亂國用重典,是為世輕世重,非變也。且治天下譬如居室,敝則修之,非大壞不更造也。公卿侍從皆在此,願陛下問之。三司使掌天下財,不才而黜可也,不可使執政侵其事。今爲制置三司條例司[2],何也? 宰相以道佐人主,安用例? 苟用例,則胥吏矣。今爲看詳中書條例司[3],何也?"惠卿不能對,則以他語詆光。帝曰:"相與論是非耳,何至是。"光曰:"平民舉錢出息[4],尚能蠶食下户,況縣官督責之威乎!"惠卿曰:"青苗法[5],願取則與之,不願不強也。"光曰:"愚民知取債之利,不知還債之害,非獨縣官不強,富民亦不強也。昔太宗平河東,立糴法,時米斗十錢,民樂與官爲市。其後物貴而和糴不解,遂爲河東世世患。臣恐異日之青苗,亦猶是也。"帝曰:"坐倉糴米何如?"坐者皆起,光曰:"不便。"惠卿曰:"糴米百萬斛,則省東南之漕,以其錢供京師。"光曰:"東南錢荒而粒米狼戾,今不糴米而漕錢,棄其有餘,取其所無,農末皆病矣!"侍講吳申起曰:"光言,至論也。"

【注】

[1] 呂惠卿,參與王安石變法的核心人物。見本書《王安石》傳注。
[2] 制置三司條例司,王安石主持變法的專設機構,掌制定和頒布新法,權柄甚重。
[3] 中書條例司,王安石主持變法的專設機構制置三司條例司,因舊黨反對,於熙寧三年(1070)併入中書,故稱之。
[4] 舉錢出息,即放高利貸。
[5] 青苗法,見本書《王安石》傳注。

它日留對,帝曰:"今天下洶洶者,孫叔敖所謂'國之有是,衆之所惡'也[1]。"光曰:"然,陛下當論其是非。今條例司所爲,獨安石、韓絳、惠卿以爲是耳,陛下豈能獨與此三人共爲天下邪?"帝欲用光,訪之安石。安石曰:"光外託劘上之名,內懷附下之實。所言盡害政之事,所與盡害政之人,而欲置之左右,使與國論,此消長之大機也。光才豈能害政,但在高位,則異論之人倚以爲重。韓信立漢赤幟,趙卒氣奪[2],今用光,是與異論者立赤幟也。"

【注】

[1] 孫叔敖,春秋時楚國期思(今河南固始)人。因興修水利受楚莊王賞識,任楚令尹,頗有政績。

[2] 韓信立漢赤幟,趙卒氣奪,事指公元前204年,漢將韓信率軍數萬攻趙,趙王歇及主將陳餘守井陘(今河北井陘北),所部號稱二十萬,數倍於漢軍。韓信一方面背水爲陣,率衆奮戰;同時派兵襲擊趙軍後方,佔領之軍寨,拔趙幟插漢幟,趙軍鬭志潰敗,陳餘被殺,歇被俘。

安石以韓琦上疏,卧家求退。帝乃拜光樞密副使,光辭之曰:"陛下所以用臣,蓋察其狂直,庶有補於國家。若徒以禄位榮之,而不取其言,是以天官私非其人也。臣徒以禄位自榮,而不能救生民之患,是盜竊名器以私其身也。陛下誠能罷制置條例司,追還提舉官,不行青苗、助役等法,雖不用臣,臣受賜多矣。今言青苗之害者,不過謂使者騷動州縣，爲今日之患耳。而臣之所憂，乃在十年之外，非今日也。夫民之貧富，由勤惰不同，惰者常乏，故必資於人。今出錢貸民而斂其息，富者不願取，使者以多散爲功，一切抑配。恐其逋負，必令貧富相保，貧者無可償，則散而之四方；富者不能去，必責使代償數家之負。春算秋計，展轉日滋，貧者既盡，富者亦貧。十年之外，百姓無復存者矣。又盡散常平錢穀[1]，專行青苗，它日若思復之，將何所取？富室既盡，常平已廢，加之以師旅，因之以饑饉，民之羸者必委死溝壑，壯者必聚而爲盜賊，此事之必至者也。"抗章至七八，帝使謂曰："樞密，兵事也，官各有職，不當以他事爲辭。"對曰："臣未受命，則猶侍從也，於事無不可言者。"安石起視事，光乃得請，遂求去。

【注】

[1] 常平錢穀，即常平倉錢穀。常平倉起於漢宣帝時，谷賤時收進，穀貴時賣出。宋時，各地都設有常民倉和惠民倉，王安石推行青苗法，基本上是因此兩倉積穀作爲貸本，故有此説。

以端明殿學士知永興軍[1]。宣撫使下令分義勇戍邊[2]，選諸軍驍勇士，募市井惡少年爲奇兵；調民造乾糒，悉修城池樓櫓，關輔騷然[3]。光極言："公私困敝，不可舉事，而京兆一路皆内郡，繕治非急。宣撫之令，皆未敢從，若乏軍興，臣當任其責。"於是一路獨得免。徙知許州[4]，趣入覲，不赴；請判西京御史臺歸洛[5]，自是絶口不論事。而求言詔下，光讀之感泣，欲嘿不忍，乃復陳六事[6]，又移書責宰相吳充,事見《充傳》。

【注】

〔1〕永興軍,即永興軍路,治境相當於陝西和甘肅東部一帶。
〔2〕宣撫使,宋代,用兵時督察戰爭和災區軍事重任的官員,多以宰執大臣充任。
〔3〕關輔,即關中和三輔,均在今陝西省境内。
〔4〕許州,即今河南許昌。
〔5〕西京,洛陽。
〔6〕六事,即前文説的修心三要(仁、明、武)和治國三要(官人、信賞、必罰)。

蔡天申爲察訪,妄作威福,河南尹、轉運使敬事之如上官[1];嘗朝謁應天院神御殿,府獨爲設一班,示不敢與抗。光顧謂臺史曰:"引蔡寺丞歸本班。"吏即引天申立監竹木務官富贊善之下。天申窘沮,即日行。

【注】

〔1〕河南尹,都城的行政長官。

元豐五年,忽得語澀疾,疑且死,豫作遺表置卧内,即有緩急,當以畀所善者上之。官制行,帝指御史大夫曰:"非司馬光不可。"又將以爲東宮師傅。蔡確曰:"國是方定,願少遲之。"《資治通鑑》未就,帝尤重之,以爲賢於荀悦《漢紀》[1],數促使終篇,賜以潁邸舊書二千四百卷。及書成,加資政殿學士。凡居洛陽十五年,天下以爲真宰相,田夫野老皆號爲司馬相公,婦人孺子亦知其爲君實也。

【注】

〔1〕荀悦(148—209),字仲豫,潁川潁陰(今河南許昌)人。少好學,善解《春秋》,後應曹操徵召,獻帝時任秘書監。所撰《漢紀》三十卷,成書於建安五年(200),編年體西漢史,仿《左傳》體例,簡化《漢書》,按年敍事。内容不出《漢書》,而亦有删補。

帝崩,赴闕臨,衛士望見,皆以手加額曰:"此司馬相公也。"所至,民遮道聚觀,馬至不得行,曰:"公無歸洛,留相天子,活百姓。"哲宗幼沖,太皇太后臨政[1],遣使問所當先,光謂:"開言路。"詔榜朝堂。而大臣有不悦者,設六語云:"若陰有所懷;犯非其分;或扇搖機事之重;或迎合已行之令;上以徼倖希進;下以眩惑流俗。若此者,罰無赦。"后復命示光,光曰:"此非求諫,乃拒諫也。人臣惟不言,言則入六事矣。"乃具論其情,改詔行之,於是上封者以千數。

【注】

〔1〕太皇太后,即宋英宗高皇后。

起光知陳州[1],過闕,留爲門下侍郎。蘇軾自登州召還[2],緣道入相聚號呼曰:"寄謝司馬相公,毋去朝廷,厚自愛以活我。"是時天下之民,引領拭目以觀新政,而議者猶謂"三年無改於父之道",但毛舉細事,稍塞人言。光曰:"先帝之法,其善者雖百世不可變也。若安石、惠卿所建,爲天下害者,改之當如救焚拯溺。況太皇太后以母改子[3],非子改父。"衆議甫定。遂罷保甲團教[4],不復置保馬[5];廢市易法,所儲物皆鬻之,不取息,除民所欠錢;京東鐵錢及茶鹽之法,皆復其舊。或謂光曰:"熙、豐舊臣,多憸巧之人,他日有以父子義間上,則禍作矣。"光正色曰:"天若祚宗社[6],必無此事。"於是天下釋然,曰:"此先帝本意也。"

【注】

〔1〕陳州,今河南淮陽。
〔2〕登州,今屬山東省蓬萊。
〔3〕太皇太后以母改子,太皇太后爲英宗后,神宗係英宗子,高太后聽政,廢除神宗時各項新政,故有此説。
〔4〕保甲團教,即保甲法。
〔5〕保馬,即保馬法。
〔6〕祚,保佑。

　　元祐元年復得疾,詔朝會再拜,勿舞蹈[1]。時青苗、免役、將官之法猶在,而西戎之議未決。光嘆曰:"四患未除,吾死不瞑目矣。"折簡與呂公著云[2]:"光以身付醫,以家事付愚子,惟國事未有所託,今以屬公。"乃論免役五害,乞直降敕罷之。諸將兵皆隸州縣,軍政委守令通決。廢提舉常平司[3],以其事歸之轉運、提點刑獄。邊計以和戎爲便。謂監司多新進少年,務爲刻急,令近臣於郡守中選舉,而於通判中舉轉運判官[4]。又立十科薦士法。皆從之。

【注】

〔1〕舞蹈,古代臣子朝見皇帝的一種儀式。

〔2〕折簡,亦作"折柬",即寫信。

〔3〕提舉常平司,提舉,管理專門事務的職官;常平司,掌常平倉及貸放錢穀等事務。

〔4〕通判,宋初始於諸州府設置,即共同處理政務之意。地位略次於州府長官,握有連署州府公事和監察官吏的實權。

拜尚書左僕射兼門下侍郎[1],免朝覲,許乘肩輿[2],三日一入省。光不敢當,曰:"不見君,不可以視事。"詔令子康扶入對,且曰:"毋拜。"遂罷青苗錢,復常平糴糶法。兩宮虛己以聽[3]。遼、夏使至,必問光起居,敕其邊吏曰:"中國相司馬矣,毋輕生事,開邊隙。"光自見言行計從,欲以身徇社稷,躬親庶務,不舍晝夜。賓客見其體羸,舉諸葛亮食少事煩以爲戒,光曰:"死生,命也。"爲之益力。病革,不復自覺,諄諄如夢中語,然皆朝廷天下事也。

【注】

〔1〕尚書左僕射,爲尚書省長官。門下侍郎,原爲君主近侍之官,宋代多以此爲宰相之稱。

〔2〕肩輿,轎子。

〔3〕兩宮,舊史中遇太后和皇帝,太上皇和皇帝,帝、后或兩后並稱時,爲"兩宮"。

是年九月薨,年六十八。太皇太后聞之慟,與帝即臨其喪,明堂禮成不賀,贈太師、溫國公,襚以一品禮服,賻錢絹七千。詔户部侍郎趙瞻、内侍省押班馮宗道護其喪,歸葬陝州[1]。謚曰文正,賜碑曰"忠清粹德"。京師人罷市往弔,鬻衣以致奠,巷哭以過車。及葬,哭者如哭其私親。嶺南封州父老[2],亦相率具祭,都中及四方皆畫像以祀,飲食必祝[3]。

【注】
[1] 陝州,治所在今河南三門峽市陝州區,轄境相當於河南三門峽市、陝縣、洛寧、澠池、靈寶及山西平陸、芮城、運城東北地區。
[2] 封州,今屬廣東封開一帶。
[3] 祝,禱祝。

　　光孝友忠信,恭儉正直,居處有法,動作有禮。在洛時,每往夏縣展墓[1],必過其兄旦,旦年將八十,奉之如嚴父,保之如嬰兒。自少至老,語未嘗妄,自言:"吾無過人者,但平生所爲,未嘗有不可對人言者耳。"誠心自然,天下敬信,陝、洛間皆化其德,有不善,曰:"君實得無知之乎?"

【注】
[1] 夏縣,即今山西夏縣。展墓,察看祖墓。展,檢查,察看。

　　光於物澹然無所好,於學無所不通,惟不喜釋、老,曰:"其微言不能出吾書[1],其誕吾不信也。"洛中有田三頃,喪妻,賣田以葬,惡衣菲身以終其身。

【注】

〔1〕微言,含義深遠精微的言辭。

　　紹聖初[1],御史周秩首論光誣謗先帝,盡廢其法。章惇、蔡卞請發冢斲棺[2],帝不許,乃令奪贈諡,仆所立碑。而惇言不已。追貶清遠軍節度副使,又貶崖州司户參軍。徽宗立,復太子太保。蔡京擅政[3],復降正議大夫,京撰《姦黨碑》,令郡國皆刻石。長安石工安民當鐫字,辭曰:"民愚人,固不知立碑之意。但如司馬相公者,海内稱其正直,今謂之姦邪,民不忍刻也。"府官怒,欲加罪,泣曰:"被役不敢辭,乞免鐫安民二字於石末,恐得罪於後世。"聞者愧之。

　　靖康元年[4],還贈諡,建炎中[5],配饗哲宗廟庭。

【注】

〔1〕紹聖,宋哲宗年號(1094—1098)。

〔2〕章惇(1035—1105),建州浦城(今屬福建)人,字子厚,初參與王安石變法,爲編修三司條例官,司馬光執政後被貶。紹聖元年(1094)被起用,任尚書左僕射,倡"紹述"之説,對王安石新法有所繼承,徽宗即位後被貶逐。蔡卞(1058—1117),字元度,興化仙游(今屬福建)人,王安石女婿,參與王安石變法,任侍御史,後與章惇倡"紹述"之説,與其兄蔡京政見頗多不合,爲京所詆。

〔3〕蔡京(1047—1126),字元長,興化仙游人,蔡卞之兄。元祐年間,投司馬光所好,廢新法,紹聖年間,又附章惇倡"紹聖之述"。徽宗即位後,勾結童貫,得任右僕射,後升爲太師,以恢

復新法爲名,加重對人民的盤剝,排擠異己,大興土木,被人民所痛恨。

〔4〕靖康,宋欽宗年號(1126—1127)。

〔5〕建炎,宋高宗年號(1127—1130)。

選自《宋史》卷三百三十六

王 安 石（1021—1086）

王安石字介甫，撫州臨川人[1]。父益[2]，都官員外郎。安石少好讀書，一過目終身不忘。其屬文動筆如飛，初若不經意，既成，見者皆服其精妙。友生曾鞏攜以示歐陽脩[3]，脩爲之延譽。擢進士上第，簽書淮南判官。舊制，秩滿許獻文求試館職[4]，安石獨否。再調知鄞縣[5]，起堤堰，決陂塘，爲水陸之利；貸穀與民，出息以償，俾新陳相易，邑人便之。通判舒州[6]。文彥博爲相[7]，薦安石恬退，乞不次進用，以激奔競之風。尋召試館職，不就。脩薦爲諫官，以祖母年高辭。脩以其須禄養言於朝，用爲羣牧判官，請知常州。移提點江東刑獄，入爲度支判官[8]，時嘉祐三年也。

【注】

[1] 撫州臨川，今屬江西撫州市。
[2] 益，王益（？—1039），歷任地方小官吏，後卒於通判江寧（今江蘇南京）任上。
[3] 曾鞏（1019—1083），字子固，南豐（今江西南豐縣）人。北宋文學家，官至中書舍人。歐陽脩，見本書《石介》傳注。
[4] 館職，宋以史館、昭文館、集賢院爲三館，通名崇文院，又建秘閣，屬官無定員，通稱館職。一般由文學之士改選授職，其地位爲時人歆羨。

〔5〕鄞縣，今屬浙江寧波市鄞州區。
〔6〕舒州，治所在今安徽潛山，轄境相當今安徽安慶、潛山一帶。
〔7〕文彥博（1006—1097），字寬夫，汾州介休（今屬山西）人，官至宰相，反對王安石變法。前後任事約五十年，元祐五年退職，封潞國公。
〔8〕度支判官，即三司度支判官，協助三司使掌朝廷財政收支。

  安石議論高奇，能以辯博濟其説，果於自用，慨然有矯世變俗之志〔1〕。於是上萬言書〔2〕，以爲："今天下之財力日以困窮，風俗日以衰壞，患在不知法度，不法先王之政故也〔3〕。法先王之政者，法其意而已。法其意，則吾所改易變革，不至乎傾駭天下之耳目，囂天下之口〔4〕，而固已合先王之政矣。因天下之力以生天下之財，收天下之財以供天下之費，自古治世，未嘗以財不足爲公患也，患在治財無其道爾。在位之人才既不足，而間巷草野之間亦少可用之才，社稷之託，封疆之守，陛下其能久以天幸爲常，而無一旦之憂乎？願監苟且因循之弊，明詔大臣，爲之以漸，期合於當世之變。臣之所稱，流俗之所不講，而議者以爲迂闊而熟爛者也。"後安石當國，其所注措，大抵皆祖此書。

【注】

〔1〕矯世變俗，糾正世情，變化風俗。矯，匡正。
〔2〕萬言書，係指王安石嘉祐三年（1058）《上仁宗皇帝言事書》，有萬餘言，故稱萬言書。這是王安石變法的綱領，但不爲仁宗重視。
〔3〕法先王，原是先秦儒家提出的政治主張，即要傚法先王治世，

而這裏王安石託古爲了改制。

〔4〕囂,衆口讒毁。

俄直集賢院[1]。先是,館閣之命屢下,安石屢辭;士大夫謂其無意於世,恨不識其面,朝廷每欲畀以美官,惟患其不就也。明年,同修起居注[2],辭之累日。閣門吏齎敕就付之[3],拒不受;吏隨而拜之,則避於廁;吏置敕於案而去,又追還之;上章至八九,乃受。遂知制誥[4],糾察在京刑獄[5],自是不復辭官矣。

【注】

〔1〕直集賢院,集賢院之屬官,掌秘書圖籍等事。
〔2〕起居注,皇帝日常生活言行的記録。
〔3〕閣門吏,閣通"閤",内閣的小官吏。
〔4〕知制誥,掌起草詔令、參與機密事宜之官員。
〔5〕糾察在京刑獄,督責糾正京城的刑獄。

有少年得鬬鶉,其儕求之不與[1],恃與之昵輒持去,少年追殺之。開封當此人死[2],安石駁曰:"按律,公取、竊取皆爲盗。此不與而彼攜以去,是盗也;追而殺之,是捕盗也,雖死當勿論。"遂劾府司失入。府官不伏,事下審刑、大理[3],皆以府斷爲是。詔放安石罪,當詣閤門謝[4]。安石言:"我無罪。"不肯謝。御史舉奏之,置不問。

【注】

〔1〕儕,同輩相知者。

〔2〕開封,開封府。
〔3〕審刑,刑部審核刑獄之司。大理,即大理寺,掌刑獄之官署。
〔4〕當詣閤門謝,應當到内閣去謝罪。

　　時有詔舍人院無得申請除改文字[1],安石争之曰:"審如是,則舍人不得復行其職,而一聽大臣所爲,自非大臣欲傾側而爲私,則立法不當如此。今大臣之弱者不敢爲陛下守法;而彊者則挾上旨以造令,諫官、御史無敢逆其意者,臣實懼焉。"語皆侵執政,由是益與之忤。以母憂去,終英宗世,召不起。

【注】
〔1〕舍人,官名,任起舉詔令之職,參與機密。通常以有文學資望者充任。

　　安石本楚士[1],未知名於中朝,以韓、吕二族爲巨室[2],欲藉以取重。乃深與韓絳、絳弟維及吕公著交[3],三人更稱揚之,名始盛。神宗在潁邸[4],維爲紀室,每講說見稱,輒曰:"此非維之説,維之友王安石之説也。"及爲太子庶子[5],又薦自代。帝由是想見其人,甫即位,命知江寧府。

【注】
〔1〕王安石出生江西,後又隨父在南方住所,這些地方在戰國時都屬楚地,故説"楚士"。
〔2〕韓、吕,即下文説的韓絳、韓維兄弟和吕公著。

〔3〕韓絳(1012—1088),字子華,開封雍丘(今河南杞縣)人。官歷御史中丞、參知政事,曾代王安石爲相,雖與王安石政見有分歧,但私交甚厚,曾屢薦安石。韓維(1017—1098),字持國,曾知開封府。呂公著,見本書《司馬光》傳注。
〔4〕潁,神宗未即位時封潁王。潁邸,潁王府。
〔5〕太子庶人,太子侍從之官。

數月,召爲翰林學士兼侍講[1]。熙寧元年四月,始造朝。入對,帝問爲治所先,對曰:"擇術爲先。"帝曰:"唐太宗何如?"曰:"陛下當法堯、舜,何以太宗爲哉?堯、舜之道,至簡而不煩,至要而不迂,至易而不難。但末世學者不能通知,以爲高不可及爾。"帝曰:"卿可謂責難於君,朕自視眇躬[2],恐無以副卿此意。可悉意輔朕,庶同濟此道。"

【注】
〔1〕翰林學士,翰林院屬官,宋制實爲皇帝的顧問兼秘書,權柄甚重,一般由有文學資望的朝臣充任。侍講,爲皇帝講解經義,以備諮詢之官。
〔2〕眇躬,渺小瘦弱。

一日講席,羣臣退,帝留安石坐,曰:"有欲與卿從容論議者。"因言:"唐太宗必得魏徵[1],劉備必得諸葛亮[2],然後可以有爲,二子誠不世出之人也。"安石曰:"陛下誠能爲堯、舜,則必有皋、夔、稷、离[3];誠能爲高宗[4],則必有傅說[5]。彼二子皆有道者所羞,何是道哉?以天下之大,人民之衆,百年承平,學者不爲不多。然常患無人可以助治者,以陛下擇術未明,推誠未至,雖有皋、夔、稷、离、傅説之賢,亦將爲小人所蔽,卷懷而去爾。"帝曰:"何世無小人,雖堯、舜之時,不能無四凶[6]。"安石曰:"惟能辨四凶而誅之,此其所以爲堯、舜也。若使四凶得肆其讒慝,則皋、夔、稷、离亦安肯苟食其禄以終身乎?"

【注】

[1] 魏徵(580—643),唐初大臣,素以直諫敢言見稱。
[2] 劉備(161—223),字玄德,涿郡涿縣(今屬河北)人,三國時蜀漢的建立者,公元221—223年在位。諸葛亮,本書有傳。
[3] 皋,即皋陶,傳説中東夷族領袖,舜的刑法官;夔,舜時樂官;稷,即后稷,周族始祖,曾爲堯舜時代農官;离,亦作契,商族始祖,曾助禹治水,被舜封爲司徒,掌管教化。
[4] 高宗,即武丁,商代國王,在位五十九年,致力於治,較爲賢明。
[5] 傅説,武丁大臣,佐武丁治國有方。
[6] 四凶,古代傳説中被舜所流放的四人或四族首領,即共工、驩兜、三苗、鯀。

登州婦人惡其夫寢陋[1],夜以刃斲之,傷而不死。獄上,朝議者皆當之死,安石獨援律辨證之,爲合從謀殺傷,減二等論。帝從安石説,且著爲令[2]。

【注】

[1] 登州,治所在今山東蓬萊,轄境相當今山東蓬萊、黃縣、栖霞、海陽以東地區。
[2] 著爲令,寫成法令。

二年二月,拜參知政事[1]。上謂曰:"人皆不能知卿,以爲卿但知經術[2],不曉世務[3]。"安石對曰:"經術正所以經世務,但後世所謂儒者,大抵皆庸人,故世俗皆以爲經術不可施於世務爾。"上問:"然則卿所施設以何先?"安石曰:"變風俗、立法度,最方今之所急也。"上以爲然。於是設制置三司條例司[4],命與知樞密院事陳升之同領[5]。安石令其黨呂惠卿任其事[6]。而農田水利、青苗、均輸、保甲、免役、市易、保馬、方田諸役相繼並興,號爲新法,遣提舉官四十餘輩[7],頒行天下。

【注】

〔1〕參知政事,副宰相。
〔2〕經術,經學,儒術。
〔3〕世務,亦言時務,即世事,指當世有關國民生計的大事。
〔4〕制置三司條例司,主持變法的專設機構,掌制定和頒布新法。一年後併入中書。
〔5〕樞密院,與中書省並稱"二府",同爲最高國務機關,管理軍事機密、邊院等。陳升之,字暘叔,建州建陽(今屬遼寧)人,官至中書門下平章事。
〔6〕呂惠卿(1032—1111),字吉甫,泉州晉江(今屬福建)人。熙寧變法初,極得王安石信任,成爲王安石得力助手,後因個人權欲而與王安石不和,元祐年間遭貶。
〔7〕提舉官,被派到各地督責執行新法的官員。

青苗法者,以常平糴本作青苗錢[1],散與人户,令出息二分,春散秋斂。均輸法者,以發運之職改爲均輸,假以錢貨，凡上供之物，皆得徙貴就賤，用近易遠，預知在京倉庫所當辦者，得以便宜蓄買。保甲之法，籍鄉村之民，二丁取一，十家爲保，保丁皆授以弓弩，教之戰陣。免役之法，據家貲高下，各令出錢雇人充役，下至單丁、女户，本來無役者，亦一概輸錢，謂之助役錢。市易之法，聽人賒貸縣官財貨[2]，以田宅或金帛爲抵當，出息十分之二，過期不輸，息外每月更加罰錢百分之二。保馬之法，凡五路義保願養馬者，户一匹，以監牧見馬給之，或官與其直，使自市，歲一閱其肥瘠，死病者補償。方田之法，以東、西、南、北各千步，當四十一頃六十六畝一百六十步爲一方，歲以九月，令、佐分地計量，驗地土肥瘠，定其色號，分爲五等，以地之等，均定稅數。又有免行錢者，約京師百物諸行利入厚薄，皆令納錢，與免行戶祇應。自是四方爭言農田水利，古陂廢堰，悉務興復。又令民封狀增價以買坊場，又增茶鹽之額，又設措置河北糴便司，廣積糧穀於臨流州縣，以備饋運。由是賦斂愈重，而天下騷然矣。

【注】

[1] 以常平糴本，憑藉國家所掌握的常平倉之錢糧作爲借貸的資本。

[2] 縣官財貨，由縣官掌握的國家財貨。

御史中丞呂誨論安石過失十事[1]，帝爲出誨，安石薦呂公著代之。韓琦疏諫至[2]，帝感悟，欲從之，安石求去。司馬光答詔，有"士夫沸騰，黎民騷動"之語，安石怒，抗章自辨,帝爲巽辭謝,令呂惠卿諭旨,韓絳又勸帝留之。安石入謝,因爲上言中外大臣、從官、臺諫、朝士朋比之情,且曰:"陛下欲以先王之正道勝天下流俗,故與天下流俗相爲重輕。流俗權重,則天下之人歸流俗;陛下權重,則天下之人歸陛下。權者與物相爲重輕,雖千鈞之物,所加損不過銖兩而移。今姦人欲敗先王之正道,以沮陛下之所爲。於是陛下與流俗之權適爭輕重之時,加銖兩之力,則用力至微,而天下之權,已歸於流俗矣,此所以紛紛也。"上以爲然,安石乃視事,琦説不得行。

【注】

〔1〕呂誨(1014—1071),字獻可,河南開封(今開封市)人,官至御史中丞,因反對新法遭貶。

〔2〕韓琦(1008—1075),字稚圭,相州安陽(今屬河南)人,曾力主慶曆變法,官至宰相。熙寧變法初期,他出判相州(今河南安陽),後來反對王安石推行青苗法。

　　安石與光素厚,光援朋友責善之義,三詒書,反復勸之,安石不樂。帝用光副樞密,光辭未拜而安石出,命遂寢。公著雖爲所引,亦以請罷新法出潁州[1]。御史劉述、劉琦、錢顗、孫昌齡、王子韶、程顥、張戩、陳襄、陳薦、謝景溫、楊繪、劉摯[2],諫官范純仁、李常、孫覺、胡宗愈皆不得其言[3],相繼去。驟用秀州推官李定爲御史[4],知制誥宋敏求、李大臨、蘇頌封還詞頭[5],御史林旦、薛昌朝、范育論定不孝,皆罷逐。翰林學士范鎮三疏言青苗,奪職致仕。

惠卿遭喪去，安石未知所託，得曾布[6]，信任之，亞於惠卿。

【注】

〔1〕潁州，即安徽阜陽。

〔2〕王子韶，字聖美，太原（今屬山西）人。熙寧初爲監察御史里行，對王安石變法持中立態度，後因御史中丞吕公著反對新法，御史臺改組而遭貶。謝景溫，字帥直，富陽（今浙江富陽）人。與王安石友善，熙寧初被擢爲侍御中雜事，因受蘇頌等劾、李定之累而遭貶。

〔3〕范純仁，字堯夫，蘇州吳縣（今屬江蘇）人，范仲淹之子。熙寧初官兵部員外郎兼起居舍人，因反對新法遭貶，元祐初進吏部尚書。孫覺，字莘老，高郵（今江蘇高郵市）人。熙寧二年詔知諫院，同修起居注，因反對新法遭貶，元祐年間除龍圖閣學士兼侍講。

〔4〕秀州，今浙江嘉興。推官，知州屬官，掌勘問刑獄。李定（？—1187），字資深，揚州（今屬江蘇）人。少受學王安石，熙寧二年拜太子中允，監察御史里行。因庶母仇氏死而匿不爲服，爲新法反對者攻訐爲"不孝"。

〔5〕詞頭，朝廷命官任職的諭旨。封還詞頭，即辭官。

〔6〕曾布（1136—1107），字子宣，建昌軍南豐（今屬江西）人。參加王安石變法、任三司使，後見宋神宗懷疑新法，竟全面否定市易法，引起變法派的分裂。

三年十二月，拜同中書門下平章事[1]。明年春，京東、河北有烈風之異，民大恐。帝批付中書，令省事安静以應天變,放遣兩路募夫,責監司、郡守不以上聞者,安石執不下。

【注】

〔1〕同中書門下平章事,即宰相。

開封民避保甲,有截指斷腕者,知府韓維言之,帝問安石,安石曰:"此固未可知,就令有之,亦不足怪。今士大夫睹新政,尚或紛然驚異;況於二十萬戶百姓,固有蠢愚爲人所惑動者,豈應爲此遂不敢一有所爲邪?"帝曰:"民言合而聽之則勝,亦不可不畏也。"

東明民或遮宰相馬訴助役錢[1],安石白帝曰:"知縣賈蕃乃范仲淹之婿,好附流俗,致民如是。"又曰:"治民當知其情僞利病,不可示姑息,若縱之使妄經省臺,鳴鼓邀駕,恃衆僥倖,則非所以爲政。"其強辯背理率類此。

【注】

〔1〕東明,今河南蘭考以北、長垣以南的惱里、東壩頭一帶。

帝用韓維爲中丞,安石憾曩言,指爲善附流俗以非上所建立,因維辭而止。歐陽脩乞致仕,馮京請留之[1],安石曰:"脩附麗韓琦,以琦爲社稷臣。如此人,在一郡則壞一郡,在朝廷則壞朝廷,留之安用?"乃聽之。富弼以格青苗解使相[2],安石謂不足以阻姦,至比之共、鯀[3]。靈臺郎尤瑛言天久陰,星失度,宜退安石,即黜隸英州[4]。唐坰本以安石引薦爲諫官[5],因請對極論其罪,謫死。文彥博言市易與下爭利,致華嶽山崩。安石曰:"華山之變,殆天意爲小人發。市易之起,自爲細民久困,以抑兼并爾,於官何利焉。"閟其奏,出彥博守魏。於是呂公著、韓維,安石藉以立聲譽者也;歐陽脩、文彥博,薦己者也;富弼、韓琦,用爲侍從者也;司馬光、范鎮,交友之善者也:悉排斥不遺力。

【注】

[1] 馮京(1021—1094),字當世,鄂州咸寧(今屬湖北)人,時爲參知政事。
[2] 使相,以宰相官銜(同平章事)加予節度使、留守等,以爲榮典,稱使相,實際上不預政事。
[3] 共,傳説中堯之臣,試授工師之職,後被舜稱之四凶之一流放。鯀,傳説中原始部落首領,號崇伯,奉堯命治水九年無成,被舜殺死於羽山。
[4] 英州,今廣東英德。
[5] 唐坰,熙寧初官太子中允知諫院,後疑王安石抑己,遂與之反目,極力攻訐新黨而遭貶。

　　禮官議正太廟太祖東嚮之位[1],安石獨定議還僖祖於祧廟[2],議者合爭之,弗得。上元夕,從駕乘馬入宣德門,衛士訶止之,策其馬。安石怒,上章請逮治。御史蔡確言[3]:"宿衛之士,拱扈至尊而已,宰相下馬非其處,所應訶止。"帝卒爲杖衛士,斥内侍,安石猶不平。王韶開熙河奏功[4],帝以安石主議,解所珮玉帶賜之。

【注】

〔1〕太廟,帝王祖廟;太祖,開國之君廟號。

〔2〕僖祖,宋太祖趙匡胤之高祖父趙僖。祧廟,遠祖廟,即高祖之祖廟。

〔3〕蔡確,字持正,泉州晉州(今屬福建)人。熙寧初爲監察御史里行,元豐五年拜尚書右僕射兼中書侍郎,權重一時,後遭貶,卒於貶所。

〔4〕王韶(1030—1081),字子純,江州德安(今屬江西九江)人。留心於西北邊防事,因有戰功官樞密副使。

　　七年春,天下久旱,饑民流離,帝憂形於色,對朝嗟嘆,欲盡罷法度之不善者。安石曰:"水旱常數,堯、湯所不免,此不足招聖慮,但當修人事以應之。"帝曰:"此豈細事,朕所以恐懼者,正爲人事之未修爾。今取免行錢太重,人情咨怨,至出不遜語。自近臣以至后族,無不言其害。兩宮泣下〔1〕,憂京師亂起,以爲天旱更失人心。"安石曰:"近臣不知爲誰,若兩宮有言,乃向經、曹佾所爲爾〔2〕。"馮京曰:"臣亦聞之。"安石曰:"士大夫不逞者以京爲歸,故京獨聞此言,臣未之聞也。"監安上門鄭俠上疏〔3〕,繪所見流民扶老攜幼困苦之狀,爲圖以獻,曰:"旱由安石所致。去安石,天必雨。"俠又坐竄嶺南。慈聖、宣仁二太后流涕謂帝曰〔4〕:"安石亂天下。"帝亦疑之。遂罷爲觀文殿大學士、知江寧府,自禮部侍郎超九轉爲吏部尚書。

【注】

〔1〕兩宮,見前注。這裏指慈聖、宣仁二太后。

〔2〕向經，字審禮，河內（今屬河南沁陽）人，神宗向皇后之父。曹佾，字公伯，真定（今屬河北正定）人，宋仁宗曹皇后之父。
〔3〕鄭俠（1041—1119），字介夫，福州福清（今屬福建）人。開始與王安石友善，由安石薦任監安上門，後反對新法遭貶。
〔4〕慈聖，宋仁宗慈聖光獻曹皇后。宣仁，英宗宣仁聖烈高皇后（1032—1093），亳州蒙城（今屬安徽）人。元豐八年，宋神宗死，她以太皇太后名義聽政，重用舊黨，廢除王安石新法，爲舊黨所稱頌。

呂惠卿服闋，安石朝夕汲引之，至是，白爲參知政事，又乞召韓絳代己。二人守其成模，不少失，時韓絳爲"傳法沙門"〔1〕，惠卿爲"護法善神"。而惠卿實欲自得政，忌安石復來，因鄭俠獄陷其弟安國〔2〕，又起李士寧獄以傾安石。絳覺其意，密白帝請召之。八年二月，復拜相，安石承命，即信道來。《三經義》成〔3〕，加尚書左僕射兼門下侍郎，以子雱爲龍圖閣直學士〔4〕。雱辭，惠卿勸帝允其請，由是嫌隙愈著。惠卿爲蔡承僖所擊，居家俟命。雱風御史中丞鄧綰〔5〕，復彈惠卿與知華亭縣張若濟爲姦利事，置獄鞫之，惠卿出守陳〔6〕。

【注】
〔1〕沙門，依照佛教戒律出家修道的人。
〔2〕安國，字平甫，王安石之弟。熙寧初，授崇文院校書，秘閣校理，政見與其兄不合，爲舊黨引爲同調。
〔3〕《三經義》，王安石修撰的《詩》、《書》和《周禮義》，這是熙寧變法的理論依據。

〔4〕雱(1044—1076),字元澤。熙寧四年任太子中允、崇政殿說書,參加修撰《三經新義》,爲其父變法的重要助手。
〔5〕鄧綰(1028—1086),字文豹,成都雙流(今屬四川)人。熙寧初爲個人昇官騙取王安石信任,官至御史中丞,後爲王安石所察,貶爲外任。
〔6〕陳,陳州,今屬河南淮陽。

十日,彗出東方[1],詔求直言,及詢政事之未協於民者。安石率同列疏言:"晉武帝五年[2],彗出軫[3],十年,又有孛[4]。而其在位二十八年,與《乙巳占》所期不合。蓋天道遠,先王雖有官占,而所信者人事而已。天文之變無窮,上下傅會,豈無偶合。周公、召公[5],豈欺成王哉。其言中宗享國日久[6],則曰'嚴恭寅畏,天命自度,治民不敢荒寧'。其言夏、商多歷年所,亦曰'德'而已。裨竈言火而驗[7],欲禳之,國僑不聽[8],則曰'不用吾言,鄭又將火'。僑終不聽,鄭亦不火。有如裨竈,未免荒誕,況今星工哉?所傳占書,又世所禁,謄寫譌誤,尤不可知。陛下盛德至善,非特賢於中宗,周、召所言,則既閱而盡之矣,豈須愚瞽復有所陳。竊聞兩宮以此爲憂,望以臣等所言,力行開慰。"帝曰:"聞民間殊善新法。"安石曰:"祁寒暑雨,民猶怨咨,此無庸恤。"帝曰:"豈若並祁寒暑雨之怨亦無邪?"安石不悅,退而屬疾卧,帝慰勉起之。其黨謀曰:"今不取上素所不喜者暴進用之,則權輕,將有窺人間隙者。"安石是其策。帝喜其出,悉從之。時出師安南,諜得其露布[9],言:"中國作青苗、助役之法,窮困生民。我今出兵,欲相拯濟。"安石怒,自草敕牓詆之。

【注】

〔1〕彗,即彗星,俗名掃帚星。古人認爲彗星出現,天將降災。
〔2〕晉武帝(236—290),即司馬炎,晉朝建立者,公元266—290年在位。
〔3〕軫,星宿名,二十八宿之一,朱雀七宿的末一宿,有四星。彗出軫,即彗星出現在軫區。
〔4〕孛,星芒四出掃射的現象,後即以爲彗星的別稱。
〔5〕周公,周武王之弟,本書有傳。召公名奭,曾佐武王滅商,成王時任太保,協助周公輔弼成王。
〔6〕中宗,指商代國王,居於庇(今山東費縣),在位七十五年,商由此中興,被稱爲中宗祖乙。
〔7〕裨竈,春秋時鄭國大夫,以善占侯著稱。昭公十七年,天現彗,裨竈認爲鄭將火,建議子産用玉珪禳祭,子産未聽。
〔8〕國僑,即子産,本書有傳。
〔9〕露布,亦作"露板",文書不加檢討,公開宣佈之意。

華亭獄久不成[1],雱以屬門下客呂嘉問[2]、練亨甫共議,取鄧綰所列惠卿事,雜他書下制獄,安石不知也。省吏告惠卿於陳,惠卿以狀聞,且訟安石曰:"安石盡棄所學,隆尚縱橫之末數,方命矯令,罔上要君。此數惡力行於年歲之間,雖古之失志倒行而逆施者,殆不如此。"又發安石私書曰"無使上知"者。帝以示安石,安石謝無有,歸以問雱,雱言其情,安石咎之。雱憤恚,疽發背死。安石暴綰罪,云"爲臣子弟求官及薦臣婿蔡卞"[3],遂與亨甫皆得罪。綰始以附安石居言職,及安石與吕惠卿相傾,縮極力助攻惠卿。上頗厭安石所爲,縮懼失勢,屢留之於上,其言無所顧忌;亨甫險薄,諂事雱以進,至是皆斥。

【注】

〔1〕華亭獄,即前文所謂惠卿與華亭縣張若濟爲姦利事。

〔2〕吕嘉問,字望之,壽州(今安徽壽縣)人,吕夷簡重孫。熙寧初,爲條例司屬官,權户部判官,積極參與新法,爲從祖吕公弼所惡,號爲"家賊"。

〔3〕蔡卞(1158—1117),字元度,興化仙游(今屬福建)人。北宋末年姦相蔡京之弟,從安石學,爲其婿。元豐中爲崇政殿説書、侍御史,積極參與熙寧新法。紹聖年間拜尚書左丞,後與其兄蔡京政見不合,求去。

安石之再相也,屢謝病求去,及子雱死,尤悲傷不堪,力請解幾務。上益厭之,罷爲鎮南軍節度使、同平章事、判江寧府。明年,改集禧觀使,封舒國公。屢乞還將相印。元豐二年,復拜左僕射、觀文殿大學士。換特進[1],改封荆。哲宗立,加司空[2]。

【注】

〔1〕特進,爲文散官之第二階,相當於正二品,無實職。

〔2〕司空,工部尚書的別稱。

元祐元年[1],卒,年六十六,贈太傅[2]。紹聖中[3],諡曰文,配享神宗廟庭。崇寧三年,又配食文宣王廟[4],列於顔、孟之次，追封舒王。欽宗時[5]，楊時以爲言，詔停之。高宗用趙鼎、呂聰問言[6]，停宗廟配享，削其王封。

【注】

〔1〕元祐，宋哲宗趙煦年號（1086—1094）。
〔2〕太傅，輔弼國君和太子的官，後多爲大官加銜，無實職。
〔3〕紹聖，宋哲宗趙煦年號（1094—1098）。
〔4〕文宣王廟，即孔廟。
〔5〕欽宗（1100—1161），即趙恒。宣和七年接受其父徽宗傳位，在位一年四個月，一味向金兵屈辱求和，排斥主戰派，致使汴京城破，爲金兵所俘，後死於五國城（今黑龍江依蘭）。
〔6〕高宗（1107—1187），即趙構。在位期間，以向金兵屈辱求和爲主，曾殺害抗金將領岳飛，割棄秦嶺、淮河以北土地，向金稱臣納貢。
〔7〕趙鼎（？—1147），字元鎮，解州聞喜（今屬山西）人。崇寧五年進士，後隨高宗南渡，拜御史丞相。因與秦檜政見不合，排擠出朝，後死於貶所。

　　初，安石訓釋《詩》、《書》、《周禮》，既成，頒之學官，天下號曰"新義"。晚居金陵，又作《字說》，多穿鑿傅會。其流入於佛、老。一時學者，無敢不傳習，主司純用以取士，士莫得自名一說，先儒傳注，一切廢不用。黜《春秋》之書，不使列於學官、至戲目爲"斷爛朝報"。

　　安石未貴時，名震京師，性不好華腴，自奉至儉，或衣垢不澣，面垢不洗，世多稱其賢。蜀人蘇洵獨曰[1]："是不近人情者，鮮不爲大姦慝。"作《辨姦論》以刺之[2]，謂王衍、盧杞合爲一人[3]。

【注】

〔1〕蘇洵(1009—1066)，字明允，眉山(今四川眉山)人。官至秘書省校書郎，他和其子蘇軾、蘇轍均爲宋時著名的文學家，合稱爲"三蘇"，爲唐宋八大家之一。
〔2〕《辨姦論》，一説是南宋邵伯温冒充蘇洵所作，全文對王安石及其變法進行全盤否定。
〔3〕王衍(256—311)，字夷甫，琅琊臨沂(今屬山東)人。西晉大臣，出自士族，曾爲中書令、太尉等職，喜清談而誤國，後爲石勒所殺。盧杞，字子良，滑州靈昌(今河南滑縣西南)人。唐大臣，官至宰相，曾陷害楊炎、顔真卿，排斥宰相宋鎰等，執政期間，加重民賦，怨聲四起，後被貶職。

安石性强忮，遇事無可否，自信所見，執意不回。至議變法，而在廷交執不可，安石傅經義，出己意，辯論輒數百言，衆不能詘。甚者謂"天變不足畏，祖宗不足法，人言不足恤"。罷黜中外老成人幾盡，多用門下儇慧少年。久之，以旱引去，洎復相，歲餘罷，終神宗世不復召，凡八年，子雱。

論曰：朱熹嘗論安石"以文章節行高一世，而尤以道德經濟爲己任。被遇神宗，致位宰相，世方仰其有爲，庶幾復見二帝三王之盛。而安石乃汲汲以財利兵革爲先務，引用凶邪，排擯忠直，躁迫强戾，使天下之人，囂然喪其樂生之心。卒之羣姦嗣虐，流毒四海，至於崇寧、宣和之際，而禍亂極矣。"此天下之公言也。昔神宗欲命相，問韓琦曰：

"安石何如？"對曰："安石爲翰林學士則有餘，處輔弼之地則不可。"神宗不聽，遂相安石。嗚呼！此雖宋氏之不幸，亦安石之不幸也。

選自《宋史》卷三百二十七

吕大臨（約1042—約1090）

大臨字與叔。學於程頤，與謝良佐、游酢、楊時在程門，號"四先生"。通六經，尤邃於《禮》。每欲掇習三代遺文舊制[1]，令可行，不爲空言以拂世駭俗。

【注】
[1] 掇，拾取，引申爲選取。

其論選舉曰："古之長育人才者，以士衆多爲樂；今之主選舉者，以多爲患。古以聘禮士，常恐士之不至；今以法待士，常恐士之競進。古今豈有異哉，蓋未之思爾。夫爲國之要，不過得人以治其事，如爲治必欲得人，惟恐人才之不足，而何患於多。如治事皆任其責，惟恐士之不至，不憂其競進也。今取人而用，不問其可任何事；任人以事，不問其才之所堪。故入流之路不勝其多[1]，然爲官擇士則常患乏才；待次之吏歷歲不調，然考其職事則常患不治。是所謂名實不稱，本末交戾[2]。如此而欲得人而事治，未之有也。今欲立士規以養德厲行，更學制以量才進藝，定試法以區別能否，修辟法以興能備用[3]，嚴舉法以核實得人，制考法以責任考功，庶幾可以漸復古矣。"

【注】

〔1〕入流，官階在九品以內的叫流內，九品以外的叫流外，九品以外的官員進入九品內叫入流。

〔2〕戾，倒逆。

〔3〕辟，徵召。

富弼致政於家[1]，爲佛氏之學。大臨與之書曰："古者三公無職事，惟有德者居之，內則論道於朝，外則主政於鄉。古之大人當是任者，必將以斯道覺斯民，成己以成物，豈以爵位進退、體力盛衰爲之變哉？今大道未明，人趨異學，不入於莊，則入於釋。疑聖人爲未盡善，輕禮義爲不足學，人倫不明，萬物憔悴，此老成大人惻隱存心之時[2]。以道自任，振起壞俗，在公之力，宜無難矣。若夫移精變氣，務求長年，此山谷避世之士獨善其身者之所好，豈世之所以望於公者哉？"弼謝之。

【注】

〔1〕富弼（1004—1083），字彥國，河南洛陽人。宋仁宗慶曆二年（1042）赴契丹，允許增加歲幣。次年任樞密副使，與范仲淹建議整頓朝政，旋被排擠居外。至和二年（1055）與文彥博同任宰相，在位七年，無所興革。神宗即位，力主對遼妥協，並反對變法。致政於家，即是指他歸還政事、退居洛陽的時候。

〔2〕老成大人，指年高有德，行爲高尚的人。存心，猶言居心，語出《孟子·盡心上》："存其心，養其性，所以事天也。"

元祐中，爲太學博士，遷秘書省正字。范祖禹薦其好學修身如古人[1],可備勸學,未及用而卒。

【注】

〔1〕范祖禹(1041—1098),北宋人,官至翰林學士。司馬光撰《資治通鑑》,舉祖禹參修纂事,歷時十五年,又以其所得著《唐鑑》十二卷。

選自《宋史》卷三百四十

蘇　　軾（1037—1101）

　　蘇軾字子瞻，眉州眉山人[1]。生十年，父洵游學四方[2]，母程氏親授以書，聞古今成敗，輒能語其要。程氏讀東漢《范滂傳》[3]，慨然太息，軾請曰："軾若爲滂，母許之否乎？"程氏曰："汝能爲滂，吾顧不能爲滂母邪？"

【注】

〔1〕眉州，轄境在今四川省，治所在今四川眉山。
〔2〕洵，蘇洵（1009—1066），字明允，北宋散文家。嘉祐年間，得歐陽脩譽，以文章著名於世，有《嘉祐集》。
〔3〕范滂（137—169），東漢人。曾爲清詔使，有意澄清吏治，後因得罪宦官，被殺。滂母與訣，曰："汝今得與李（膺）杜（密）齊名，死亦何恨！"

　　比冠，博通經史，屬文日數千言，好賈誼、陸贄書[1]。既而讀《莊子》，嘆曰："吾昔有見，口未能言，今見是書，得吾心矣。"嘉祐二年，試禮部。方時文磔裂詭異之弊勝，主司歐陽脩思有以救之[2]，得軾《刑賞忠厚論》，驚喜，欲擢冠多士[3]，猶疑其客曾鞏所爲[4]，但置第二；復以《春秋》對義居第一，殿試中乙科。後以書見脩，脩語梅聖俞曰[5]："吾當避此人出一頭地。"聞者始譁不厭，久乃信服。

【注】

〔1〕賈誼,西漢政論家、文學家,本書有傳。陸贄(754—805),字敬輿,蘇州嘉興(今屬浙江)人,唐大曆進士。德宗即位,任爲翰林學士,參與機謀,貞元八年(792)任宰相,後罷相。有《翰苑集》(又稱《陸宣公奏議》)。

〔2〕歐陽脩(1007—1072),字永叔,號醉翁、六一居士,吉水(今屬江西)人,北宋文學家、史學家。天聖進士,曾任樞密副使、參知政事,是北宋古文運動的領袖。曾與宋祁合修《新唐書》,並獨撰《新五代史》,有《歐陽文忠集》。

〔3〕擢冠多士,提拔於衆多的士子之上。

〔4〕曾鞏(1019—1083),字子固,南豐(今屬江西)人,北宋散文家。嘉祐進士,嘗奉召編校史館書籍,官至中書舍人。有《元豐類稿》。

〔5〕梅聖俞,即梅堯臣(1002—1060),宣城(今屬安徽)人,北宋詩人。少時應進士不第,歷任州縣官屬。中年後賜進士出身,授國子監直講,官至尚書都官員外郎。有《宛陵先生文集》。

丁母憂。五年,調福昌主簿。歐陽脩以才識兼茂,薦之祕閣[1]。試六論,舊不起草,以故文多不工。軾始具草,文義粲然。復對制策[2],入三等。自宋初以來,制策入三等,惟吳育與軾而已矣。

【注】

〔1〕祕閣,指尚書省。

〔2〕制策,即皇帝有事書策(竹簡)詢問羣臣,後科舉考試用對策。

除大理評事、簽書鳳翔府判官[1]。關中自元昊叛,民貧役重,岐下歲輸南山木栰[2],自渭入河,經砥柱之險,衙吏踵破家。軾訪其利害,爲修衙規,使自擇水工以時進止,自是害減半。

【注】

[1] 鳳翔府,治所在今陝西鳳翔。
[2] 岐,即岐山,今陝西岐山縣。南山,即秦嶺終南山。

　　治平二年[1],入判登聞鼓院[2]。英宗自藩邸聞其名[3],欲以唐故事召入翰林[4],知制誥。宰相韓琦曰:"軾之才,遠大器也,他日自當爲天下用。要在朝廷培養之,使天下之士莫不畏慕降伏,皆欲朝廷進用,然後取而用之,則人人無復異辭矣。今驟用之,則天下之士未必以爲然,適足以累之也。"英宗曰:"且與修注如何?"琦曰:"記注與制誥爲鄰,未可遽授。不若於館閣中近上帖職與之[5],且請召試。"英宗曰:"試之未知其能否,如軾有不能邪?"琦猶不可,及試二論,復入三等,得直史館。軾聞琦語,曰:"公可謂愛人以德矣。"

【注】

[1] 治平,宋英宗年號(1064—1067)。
[2] 登聞鼓院,宋設登聞鼓院,掌收臣民奏章。
[3] 藩邸,諸侯王的府第。
[4] 故事,先例,舊日的典章制度。
[5] 館閣,崇文院有昭文館(亦稱弘文館)、史館、集賢館,稱爲三館,又有秘閣、龍圖閣、天章閣,統稱館閣。帖職,猶言兼職,宋

館院的值班官員叫館職,以他官兼任的叫帖職。

會洵卒,賻以金帛,辭之,求贈一官,於是贈光禄丞。洵將終,以兄太白早亡,子孫未立,妹嫁杜氏,卒未葬,屬軾。軾既除喪,即葬姑。後官可蔭,推與太白曾孫彭。

熙寧二年,還朝。王安石執政,素惡其議論異己,以判官告院。四年,安石欲變科舉、興學校,詔兩制、三館議[1]。軾上議曰:

【注】

[1] 兩制,即内制(翰林學士帶知制誥)和外制(其他官員帶知制誥)。三館,宋設廣文、大學、律學三館,以爲教育士子的機構。

"得人之道,在於知人;知人之法,在於責實。使君相有知人之明,朝廷有責實之政,則胥史皂隸未嘗無人,而況於學校貢舉乎?雖因今之法,臣以爲有餘。使君相不知人,朝廷不責實,則公卿侍從常患無人,而況學校貢舉乎?雖復古之制,臣以爲不足。夫時有可否,物有廢興,方其所安,雖暴君不能廢,及其既厭,雖聖人不能復。故風俗之變,法制隨之,譬如江河之徙移,彊而復之,則難爲力。

"慶曆固嘗立學矣,至於今日,惟有空名僅存。今將變今之禮,易今之俗,又當發民力以治官室,斂民財以食游士。百里之內,置官立師,獄訟聽於是,軍旅謀於是,又簡不率教者屛之遠方,則無乃徒爲紛亂,以患苦天下邪?若乃無大更革,而望有益於時,則與慶曆之際何異?故臣謂今之學校,特可因仍舊制,使先王之舊物,不廢於吾世足矣。至於貢舉之法[1],行之百年,治亂盛衰,初不由此。陛下視祖宗之世,貢舉之法,與今爲孰精?言語文章,與今爲孰優?所得人才,與今爲孰多?天下之事,與今爲孰辦?較此四者之長短,其議決矣。

【注】
[1] 貢舉之法,古有鄉舉里選之制。又諸侯貢士,得人有賞,失人有罰。至漢始合貢舉之名,渾稱爲貢舉。漢高祖十一年下求賢之詔;武帝元光元年始令郡國舉孝廉各一人,貢舉之法始此。

"今所欲變改不過數端:或曰鄉舉德行而略文詞,或曰專取策論而罷詩賦,或欲兼採譽望而罷封彌[1],或欲經生不帖墨而考大義,此皆知其一,不知其二者也。願陛下留意於遠者、大者,區區之法何預焉。臣又切有私憂過計者。夫性命之說,自子貢不得聞[2],而今之學者,恥不言性命,讀其文,浩然無當而不可窮;觀其貌,超然無著而不可挹,此豈真能然哉?蓋中人之性,安於放而樂於誕耳[3]。陛下亦安用之?"

【注】

〔1〕封彌,科舉考試爲防止舞弊,將試卷糊封姓名,另編字號。

〔2〕子貢(前520—?),姓端木,名賜,孔子弟子。他能言善辯,相傳曾勸阻齊國伐魯,並在吴、越、晋諸國之間游説,使互爲牽制。故司馬遷有"故子貢一出,存魯,亂齊,破吴,强晋而霸越"的評説。

〔3〕放誕,浮夸,虚無。指老莊或方士的玄言。

議上,神宗悟曰:"吾固疑此,得軾議,意釋然矣。"即日召見,問:"方今政令得失安在？雖朕過失,指陳可也。"對曰:"陛下生知之性,天縱文武[1],不患不明,不患不勤,不患不斷,但患求治太急,聽言太廣,進人太鋭。願鎮以安静,待物之來,然後應之。"神宗悚然曰:"卿三言,朕當熟思之。凡在館閣,皆當爲朕深思治亂,無有所隱。"軾退,言於同列。安石不悦,命權開封府推官[2],將困之以事。軾決斷精敏,聲聞益遠。會上元敕府市浙燈[3],且令捐價。軾疏言:"陛下豈以燈爲悦？此不過以奉二宫之歡耳。然百姓不可户曉,皆謂以耳目不急之玩,奪其口體必用之資。此事至小,體則甚大,願追回前命。"即詔罷之。

【注】

〔1〕天縱,上天所賦予。

〔2〕權,代理或攝守官職。

〔3〕上元,農曆正月十五日爲上元節;十五夜爲元宵。

時安石創行新法,軾上書論其不便,曰:

"臣之所欲言者,三言而已。願陛下結人心,厚風俗,存紀綱。人主之所恃者人心而已,如木之有根,燈之有膏,魚之有水,農夫之有田,商賈之有財。失之則亡,此理之必然也。自古及今,未有和易同衆而不安,剛果自用而不危者。陛下亦知人心之不悦矣。

"祖宗以來,治財用者不過三司[1]。今陛下不以財用付三司,無故又創制置三司條例一司,使六七少年,日夜講求於內,使者四十餘輩,分行營幹於外。夫制置三司條例司,求利之名也;六七少年與使者四十餘輩,求利之器也。造端宏大,民實驚疑;創法新奇,吏皆惶惑。以萬乘之主而言利,以天子之宰而治財,論說百端,喧傳萬口,然而莫之顧者,徒曰:'我無其事,何恤於人言。'操罔罟而入江湖[2],語人曰:'我非漁也。'不如捐罔罟而人自信。驅鷹犬而赴林藪,語人曰:'我非獵也。'不如放鷹犬而獸自馴。故臣以爲欲消讒慝而召和氣[3],則莫若罷條例司。

【注】

〔1〕三司,即鹽鐵司、度支使、戶部使,爲專掌財賦之官。
〔2〕罔罟,魚網。罔,通"網"。罟,網的總稱。《易·繫辭下》:"結繩而爲網罟。"
〔3〕讒慝,指惡言惡念。

"今君臣宵旰[1],幾一年矣,而富國之功,茫如捕風,徒聞內帑出數百萬緡[2],祠部度五千餘人耳[3]。

以此爲術,其誰不能?而所行之事,道路皆知其難。汴水濁流,自生民以來,不以種稻。今欲陂而清之,萬頃之稻,必用千頃之陂,一歲一淤,三歲而滿矣。陛下遂信其説,即使相視地形,所在鑿空[4],訪尋水利,妄庸輕剽,率意爭言。官司雖知其疏[5],不敢便行抑退,追集老少,相視可否。若非灼然難行,必須且爲興役。官吏苟且順從,真謂陛下有意興作,上糜帑廩,下奪農時,隄防一開,水失故道,雖食議者之肉,何補於民!臣不知朝廷何苦而爲此哉?

【注】

〔1〕宵旰,即"宵衣旰食"的省稱。意即天未明就起來穿衣,傍晚才進食。比喻勤於政務。
〔2〕内帑,内庫,國庫。
〔3〕祠部,官名,屬於禮部,專掌祠祀、天文、卜筮、醫藥及僧尼之事。度,批准出家爲僧尼。
〔4〕鑿空,捏造,憑空立論。
〔5〕官司,百官。

"自古役人,必用鄉户。今者徒聞江、浙之間,數郡顧役,而欲措之天下。單丁、女户,蓋天民之窮者也,而陛下首欲役之,富有四海,忍不加恤!自楊炎爲兩税[1],租調與庸既兼之矣[2],奈何復欲取庸?萬一後世不幸有聚斂之臣,庸錢不除,差役仍舊,推所從來,則必有任其咎者矣。青苗放錢,自昔有禁。今陛下始立成法,每歲常行。雖云不許抑配,而數世之後,暴君汙吏,陛下能保之與?計願請之户,必皆孤貧不濟之人,鞭撻已急,則繼之逃亡,不還,則均及鄰保,勢有必至,異日天下恨之,國史記之,曰'青苗錢自陛下始',豈不惜哉!且常平之法,可謂至矣。今欲變爲青苗,壞彼成此,所喪逾多,虧官害民,雖悔何及!

【注】

〔1〕楊炎(727—781),字公南,別號小楊山人,鳳翔天興(今陝西鳳翔)人。唐德宗時,任門下侍郎同平章。建中元年(780),指出改革賦税制度,廢除租庸調制,改行以資産多寡爲標準的"兩税法"。主要内容是:各地州縣官按舊徵户税數,照丁、産定户等,分夏秋兩次征税;租庸調折錢並入兩税徵收等。

〔2〕租、調、庸,爲唐前期在均田制基礎上實行的賦役制度。租,田租。調,户調。庸,力庸。武德七年(624)規定:每丁每年繳"租"粟二石;"調"隨鄉土所産每丁繳絹、綾、絁各二丈,或繳麻布二丈四尺;"庸"是代替力役的賦税,每丁每年服勞役二十日,不服役的每日折納絹三尺。

"昔漢武帝以財力匱竭,用賈人桑羊之説[1],買賤賣貴,謂之均輸。於時商賈不行,盜賊滋熾,幾至於亂。孝昭既立,霍光順民所欲而予之,天下歸心,遂以無事。不意今日此論復興。立法之初,其費已厚,縱使薄有所獲,而征商之額,所損必多。譬之有人爲其主畜牧,以一牛易五羊。一牛之失,則隱而不言;五羊之獲,則指爲勞績。今壞常平而言青苗之功,虧商税而取均輸之利,何以異此?臣竊以爲過矣。議者必謂:"民可與樂成,難與慮始。"故陛下堅執不顧,期於必行。此乃戰國貪功之人,行險僥倖之説[2],未及樂成,而怨已起矣。臣之所願陛下結人心者,此也。

【注】

[1] 桑羊,即桑弘羊(前152—前80),洛陽(今河南洛陽東)人。商人家庭出身,十三歲入宮充漢武帝侍中。元狩三年(前120)受命理財,負責和總管國家財經凡四十年。參與制訂並積極推行鹽、鐵、酒官營,均輸平準,算緡,告緡,禁止有市籍的商人及其家屬佔有土地,統一鑄幣權,並將銅收歸國有等。

[2] 行險僥倖,靠冒險或偶然機會獲取利益。

"國家之所以存亡者,在道德之淺深,不在乎强與弱;曆數之所以長短者,在風俗之薄厚,不在乎富與貧。人主知此,則知所輕重矣。故臣願陛下務崇道德而厚風俗,不願陛下急於有功而貪富强。愛惜風俗,如護元氣。聖人非不知深刻之法可以齊衆,勇悍之夫可以集事,忠厚近於迂闊,老成初若遲鈍。然終不肯以彼易此者,知其所得小,而所喪大也。仁祖持法至寬,用人有敍,專務掩覆過失,未嘗輕改舊章。考其成功,則日未至。以言乎用兵,則十出而九敗;以言乎府庫,則僅足而無餘。徒以德澤在人,風俗知義,故升遐之日[1],天下歸仁焉。議者見其末年吏多因循,事不振舉,乃欲矯之以苛察,齊之以智能,招來新進勇銳人，以圖一切速成之效。未享其利，澆風已成[2]。多開驟進之門，使有意外之得，公卿侍從跬步可圖，俾常調之人舉生非望，欲望風俗之厚，豈可得哉？近歲樸拙之人愈少，巧進之士益多。惟陛下哀之救之，以簡易爲法，以清淨爲心，而民德歸厚。臣之所願陛下厚風俗者，此也。

【注】

〔1〕升遐，稱帝王的死。
〔2〕澆風，浮薄的社會風氣。

"祖宗委任臺諫[1]，未嘗罪一言者。縱有薄責，旋即超升，許以風聞，而無官長，言及乘輿，則天子改容；事關廊廟[2]，則宰相待罪。臺諫固未必皆賢，所言亦未必皆是。然須養其銳氣，而借之重權者，豈徒然哉？將以折姦臣之萌也。今法令嚴密，朝廷清明，所謂姦臣，萬無此理。然養貓以去鼠，不可以無鼠而養不捕之貓；畜狗以防盜，不可以無盜而畜不吠之狗。陛下得不上念祖宗設此官之意，下爲子孫萬世之防？臣聞長老之談，皆謂臺諫所言，常隨天下公議。公議所與，臺諫亦與之；公議所擊，臺諫亦擊之。今者物論沸騰，怨讟交至[3]，公議所在，亦知之矣。臣恐自兹以往，習慣成風，盡爲執政私人，以致人主孤立，紀綱一廢，何事不生！臣所以願陛下存紀綱者，此也。"

【注】

〔1〕臺諫,唐宋以掌糾彈之御史爲臺官,以掌建言之給事中、諫議大夫等爲諫官。
〔2〕廊廟,指朝廷。
〔3〕怨讟,怨恨,毀謗。

軾見安石贊神宗以獨斷專任,因試進士發策,以"晉武平吳以獨斷而克[1],苻堅伐晉以獨斷而亡,齊桓專任管仲而霸,燕噲專任子之而敗[2],事同而功異"爲問。安石滋怒,使御史謝景溫論奏其過,窮治無所得,軾遂請外,通判杭州。高麗入貢,使者發幣於官吏,書稱甲子。軾却之曰:"高麗於本朝稱臣,而不稟正朔,吾安敢受!"使者易書稱熙寧,然後受之。

【注】

〔1〕晉武,即晉武帝司馬炎(236—290),司馬昭死,嗣爲晉王。後廢魏稱帝,時蜀漢已滅,遂大舉伐吳,統一全國。
〔2〕燕噲專任子之而敗,燕噲(?—前314),戰國時燕國君,公元前320—前318年在位。燕王噲三年(前318),把君位讓給相國子之,後太子起兵叛亂,齊宣王乘機攻佔燕國,他和子之都被殺。

時新政日下,軾於其間,每因法以便民,民賴以安。徙知密州[1]。司農行手實法,不時施行者以違制論。軾謂提舉官曰:"違制之坐,若自朝廷,誰敢不從?今出於司農,是擅造律也。"提舉官驚曰:"公姑徐之。"未幾,朝廷知法害民,罷之。

【注】

〔1〕密州,轄境在今山東省內,治所即今山東諸城。

有盜竊發,安撫司遣三班使臣領悍卒來捕,卒凶暴恣行,至以禁物誣民,入其家爭鬬殺人,且畏罪驚潰,將爲亂。民奔訴軾,軾投其書不視,曰:"必不至此。"散卒聞之,少安,徐使人招出戮之。

徙知徐州。河決曹村,泛於梁山泊,溢於南清河,匯於城下,漲不時洩,城將敗,富民爭出避水。軾曰:"富民出,民皆動摇,吾誰與守?吾在是,水決不能敗城。"驅使復入。軾詣武衛營,呼卒長曰:"河將害城,事急矣,雖禁軍且爲我盡力。"卒長曰:"太守猶不避塗潦,吾儕小人,當效命。"率其徒持畚鍤以出[1],築東南長堤,首起戲馬臺,尾屬於城。雨日夜不止,城不沈者三版[2]。軾廬於其上,過家不入,使官吏分堵以守,卒全其城。復請調來歲夫增築故城,爲木岸,以虞水之再至。朝廷從之。

【注】

〔1〕畚,古代用草繩做成的盛器,後編竹爲之,即畚箕。鍤,即鐵鍬。
〔2〕沈,通"沉"。三版,古代八尺曰版,即二十四尺。

徙知湖州[1],上表以謝。又以事不便民者不敢言,以詩託諷,庶有補於國。御史李定、舒亶、何正臣摭其表語,並媒蘖所爲詩以爲訕謗[2]，逮赴臺獄，欲置之死，鍛鍊久之不決。神宗獨憐之，以黃州團練副使安置[3]。軾與田父野老，相從溪山間，築室於東坡，自號"東坡居士"。

【注】

[1] 湖州，轄境在今浙江省内。
[2] 媒蘖，醖釀之意。比喻構陷誣害。
[3] 黃州，轄境在今湖北長江以北地區，治所在今湖北黃岡。

三年，神宗數有意復用，輒爲當路者沮之。神宗嘗語宰相王珪、蔡確曰[1]："國史至重，可命蘇軾成之。"珪有難色。神宗曰："軾不可，姑用曾鞏。"鞏進《太祖總論》，神宗意不允，遂手扎移軾汝州，有曰："蘇軾黜居思咎，閱歲滋深，人材實難，不忍終棄。"軾未至汝[2]，上帝自言飢寒，有田在常，願得居之。朝奏，夕報可。

【注】

[1] 蔡確，字持正，泉州晉江（今屬福建）人。曾支持王安石推行新法，歷任知制誥、御史中丞、參知政事、尚書右僕射兼中書侍郎。元祐間遭貶，死於貶所。
[2] 汝州，轄境在今河南省，治所在今河南臨汝。

道過金陵，見王安石，曰："大兵大獄，漢、唐滅亡之兆。祖宗以仁厚治天下，正欲革此。今西方用兵，連年不解，東南數起大獄，公獨無一言以救之乎？"安石曰："二事皆惠卿啓之，安石在外，安敢言？"軾曰："在朝則言，在外則不言，事君之常禮耳。上所以待公者非常禮,公所以待上者,豈可以常禮乎?"安石厲聲曰:"安石須説。"又曰:"出在安石口,入在子瞻耳。"又曰:"人須是知行一不義,殺一不辜,得天下弗爲,乃可。"軾戲曰:"今之君子,爭減半年磨勘[1],雖殺人亦爲之。"安石笑而不言。

【注】

[1] 磨勘,定期勘驗官員政績,以定升遷。

至常,神宗崩,哲宗立,復朝奉郎、知登州[1],召爲禮部郎中。軾舊善司馬光、章惇[2]。時光爲門下侍郎,惇知樞密院,二人不相合,惇每以譴侮困光,光苦之。軾謂惇曰:"司馬君實時望甚重[3]。昔許靖以虛名無實,見鄙於蜀先主,法正曰:'靖之浮譽,播流四海,若不加禮,必以賤賢爲累。'先主納之,乃以靖爲司徒。許靖且不可慢,況君實乎?"惇以爲然,光賴以少安。

【注】

[1] 登州,轄境在今山東省,治所在今山東牟平。
[2] 章惇(1035—1105),字子厚,北宋建州浦城(今屬福建)人,舉進士。初爲王安石所任用,爲編修三司條例官,後舊黨復辟,被貶黜。紹聖元年(1094),哲宗親政,又被起用,恢復青苗、免役等法。徽宗時遭貶。
[3] 司馬君實,即司馬光。

遷起居舍人。軾起於憂患,不欲驟履要地,辭於宰相蔡確,確曰:"公徊翔久矣[1],朝中無出公右者。"軾曰:"昔林希同在館中,年且長。"確曰:"希固當先公耶?"卒不許。元祐元年,軾以七品服入侍延和,即賜銀緋,遷中書舍人。

【注】

[1] 徊翔,鳥盤旋飛行。喻仕途之升降遷徙。

初,祖宗時,差役行久生弊,編户充役者不習其役,又虐使之,多致破産,狹鄉民至有終歲不得息者。王安石相神宗,改爲免役,使户差高下出錢雇役,行法者過取,以爲民病。司馬光爲相,知免役之害,不知其利,欲復差役,差官置局,軾與其選。軾曰:"差役、免役,各有利害。免役之害,掊斂民財[1],十室九空,斂聚於上而下有錢荒之患[2]。差役之害,民常在官,不得專力於農,而貪吏猾胥得緣爲姦。此二害輕重,蓋略等矣。"光曰:"於君何如?"軾曰:"法相因則事易成,事有漸則民不驚。三代之法,兵農爲一,至秦始分爲二,及唐中葉,盡變府兵爲長征之卒[3]。自爾以來,民不知兵,兵不知農,農出穀帛以養兵,兵出性命以衛農,天下便之。雖聖人復起,不能易也。今免役之法,實大類此。公欲驟罷免役而行差役,正如罷長征而復民兵,蓋未易也。"光不以爲然。軾又陳於政事堂,光忿然。軾曰:"昔韓魏公刺陝西義勇[4],公爲諫官,争之甚力,韓公不樂,公亦不顧。軾昔聞公道其詳,豈今日作相,不許軾盡言耶?"光笑之。尋除翰林學士。

【注】

〔1〕掊斂,猶聚斂。

〔2〕斂,賦稅。

〔3〕府兵,西魏大統年間(535—551)宇文泰所建。共二十四軍,由六柱國分領,下設十二大將軍、二十四開府。軍士由各級將領統率,另立户籍,與民户有別。唐初凡被揀點充當府兵的,平日務農,農隙教練,徵發時自備兵器資糧,分番輪流宿衛京師,防守邊境。長征之卒,又稱"長征健兒"、"官健",唐代軍士的名稱。起先資糧自備,且輪换,唐開元二十五年(737)以後,成爲長期戍守的職業兵。

〔4〕韓魏公,即韓琦(1008—1075),字稚圭,相州安陽(今屬河南)人,仁宗時進士。曾一次奏罷宰相、參政四人。寶元三年(1040)出任陝西安撫使,慶曆三年(1043)任樞密副使,與范仲淹、富弼等同時登用,嘉祐年間任宰相。神宗即位後,出判相州(今河南安陽)、大名府等地。曾屢次上疏反對王安石變法。

二年,兼侍讀。每進讀至治亂興衰、邪正得失之際,未嘗不反復開導,覬有所啓悟。哲宗雖恭默不言。輒首肯之。嘗讀祖宗《寶訓》,因及時事,軾歷言:"今賞罰不明,善惡無所勸沮。又黃河勢方北流。而彊之使東,夏人入鎮戎〔1〕,殺掠數萬人,帥臣不以聞。每事如此,恐寖成衰亂之漸。"

【注】

〔1〕鎮戎,州名,轄境在今寧夏固遠一帶。

軾嘗鎖宿禁中[1],召入對便殿,宣仁后問曰:"卿前年爲何官?"曰:"臣爲常州團練副使。"曰:"今爲何官?"曰:"臣今待罪翰林學士[2]。"曰:"何以遽至此?"曰:"遭遇太皇太后、皇帝陛下[3]。"曰:"非也。"曰:"豈大臣論薦乎?"曰:"亦非也。"軾驚曰:"臣雖無狀,不敢自他途以進。"曰:"此先帝意也。先帝每誦卿文章,必嘆曰'奇才,奇才!'但未及進用卿耳。"軾不覺哭失聲,宣仁后與哲宗亦泣,左右皆感涕。已而命坐賜茶,徹御前金蓮燭送歸院。

【注】

[1] 鎖,拘繫。

[2] 待罪,大臣對帝王陳奏時自謙之詞,意謂身居其職而力不勝任,必將獲罪。

[3] 遭遇,遭逢,泛指經歷。

三年,權知禮部貢舉。會大雪苦寒,士坐庭中,噤未能言。軾寬其禁約,使得盡技。巡鋪內侍每摧辱舉子[1],且持曖昧單詞[2],誣以爲罪,軾盡奏逐之。

【注】

[1] 內侍,官名。

[2] 單詞,無相對質之詞,片面之詞。

四年,積以論事,爲當軸者所恨[1]。軾恐不見容,請外拜龍圖閣學士、知杭州。未行,諫官以前相蔡確知安州[2]，作詩借郝處俊事以譏太皇太后。大臣議遷之嶺南。軾密疏："朝廷若薄確之罪，則於皇帝孝治爲不足；若深罪確，則於太皇太后仁政爲小累。謂宜皇帝敕置獄逮治，太皇太后出手詔赦之，則於仁孝兩得矣。"宣仁后心善軾言而不能用。軾出郊，用前執政恩例，遣內侍賜龍茶、銀合，慰勞甚厚。

【注】
〔1〕當軸，比喻官居要職，指主持政事。
〔2〕安州，轄境在今四川省安縣及其附近地區。

既至杭，大旱，饑疫並作。軾請於朝，免本路上供米三之一，復得賜度僧牒[1]，易米以救飢者。明年春，又減價糶常平米，多作饘粥藥劑，遣使挾醫分坊治病，活者甚衆。軾曰："杭，水陸之會，疫死比他處常多。"乃裒羨緡得二千[2]，復發橐中黃金五十兩，以作病坊，稍畜錢糧待之。

【注】
〔1〕度僧牒，即度牒，舊時度僧（准許出家）歸政府掌握，經審查合格得度後，政府所發給的證明文件，稱爲"度牒"。有度牒可免除賦稅、勞役。官府可出售度牒，以充軍政費用。
〔2〕裒，聚集；羨，盈餘。

杭本近海，地泉鹹苦，居民稀少。唐刺史李泌始引西湖水作六井，民足於水。白居易又浚西湖水入漕河，自河入田，所溉至千頃，民以殷富。湖水多葑，自唐及錢氏，歲輒浚治，宋興，廢之，葑積爲田，水無幾矣。漕河失利，取給江潮，舟行市中，潮又多淤，三年一淘，爲民大患，六井亦幾於廢。軾見茅山一河專受江潮，鹽橋一河專受湖水，遂浚二河以通漕。復造堰閘，以爲湖水畜洩之限，江潮不復入市。以餘力復完六井，又取葑田積湖中，南北徑三十里，爲長堤以通行者。吴人種菱，春輒芟除，不遺寸草。且募人種菱湖中，葑不復生。收其利以備修湖，取救荒餘錢萬緡、糧萬石，及請得百僧度牒以募役者。堤成，植芙蓉、楊柳其上，望之如畫圖，杭人名爲蘇公堤。

杭僧净源[1]，舊居海濱，與舶客交通，舶至高麗，交譽之。元豐末，其王子義天來朝[2]，因往拜焉。至是，净源死，其徒竊持其像，附舶往告。義天亦使其徒來祭，因持其國母二金塔，云祝兩宮壽。軾不納，奏之曰："高麗久不入貢，失賜予厚利，意欲求朝，未測吾所以待之厚薄，故因祭亡僧而行祝壽之禮。若受而不答，將生怨心；受而厚賜之，正墮其計。今宜勿與知，從州郡自以理却之。彼庸僧猾商，爲國生事，漸不可長，宜痛加懲創。"朝廷皆從之。未幾，貢使果至，舊例使所至吴越七州，費二萬四千餘緡。軾乃令諸州量事裁損，民獲交易之利，無復侵撓之害矣。

【注】

〔1〕净源（1011—1088），宋代華嚴宗學者，俗姓楊，先世是泉州晉水（今福建省晉江市）人。出家受具足戒後到處參學，初從五台承遷學《華嚴經》，繼從橫海明覃學李通玄的《新華嚴經論》，

其後回到南方,師事長水子璿,聽《楞嚴經》、《圓覺經》及《大乘起信論》。撰有《仁王經疏》、《金獅子章雲間類解》、《肇論中吳集解》等十多種著作。

〔2〕義天(1009—1101),朝鮮僧人,高麗王朝文宗第四子,俗名王煦。元豐八年(1085)入宋,上表請傳華嚴宗教義,先後從淨源、從諫、圓照、了元等學法。在宋三年後,歸國。刊印帶回的全部佛典(一千卷),著有《新編諸宗教藏總錄》等。

　　浙江潮自海門東來,勢如雷霆,而浮山峙於江中,與漁浦諸山犬牙相錯,洄洑激射,歲敗公私船不可勝計。軾議自浙江上流地名石門,並山而東,鑿爲漕河,引浙江及溪谷諸水二十餘里以達於江。又並山爲岸,不能十里以達龍山大慈浦,自浦北折抵小嶺,鑿嶺六十五丈以達嶺東古河,浚古河數里達於龍山漕河,以避浮山之險,人以爲便。奏聞,有惡軾者力沮之,功以故不成。

　　軾復言:"三吳之水[1],瀦爲太湖,太湖之水,溢爲松江以入海。海日兩潮,潮濁而江清,潮水常欲淤塞江路,而江水清駛,隨輒滌去,海口常通,則吳中少水患。昔蘇州以東,公私船皆以篙行,無陸挽者。自慶曆以來,松江大築挽路,建長橋以扼塞江路,故今三吳多水,欲鑿挽路、爲千橋,以迅江勢。"亦不果用,人皆以爲恨。軾二十年間再蒞杭,有德於民,家有畫像,飲食必祝。又作生祠以報。

【注】

〔1〕三吳,從《水經注》當以吳郡、吳興、會稽爲三吳;從《通典》、《元

和郡縣志》，以吴郡、吴興、丹陽爲三吴。

六年，召爲吏部尚書，未至。以弟轍除右丞，改翰林承旨。轍辭右丞，欲與兄同備從官，不聽。軾在翰林數月，復以讒請外，乃以龍圖閣學士出知潁州。先是，開封諸縣多水患，吏不究本末，決其陂澤，注之惠民河，河不能勝，致陳亦多水。又將鑿鄧艾溝與潁河並，且鑿黄堆欲注之於淮。軾始至潁，遣吏以水平準之，淮之漲水高於新溝幾一丈，若鑿黄堆，淮水顧流潁地爲患。軾言於朝，從之。

郡有宿賊尹遇等，數劫殺人，又殺捕盜吏兵。朝廷以名捕不獲，被殺家復懼其害，匿不敢言。軾召汝陰尉李直方曰[1]：“君能禽此，當力言於朝，乞行優賞；不獲，亦以不職奏免君矣。”直方有母且老，與母訣而後行。乃緝知盜所，分捕其黨與，手戟刺遇，獲之。朝廷以小不應格，推賞不及。軾請以己之年勞[2]，當改朝散郎階，爲直方賞，不從。其後吏部爲軾當遷，以符會其考，軾謂已許直方，又不報。

【注】

〔1〕汝陰，今安徽阜陽。
〔2〕年勞，指任職的年歲及勞績，爲銓選官吏的主要根據。

七年，徙揚州。舊發運司主東南漕法，聽操舟者私載物貨，征商不得留難。故操舟者輒富厚，以官舟爲家，補其弊漏，且周船夫之乏，故所載率皆速達無虞。近歲一切禁而不許,故舟弊人困,多盜所載以濟飢寒,公私皆病。軾請復舊,從之。未閱歲,以兵部尚書召兼侍讀。

是歲,哲宗親祀南郊,軾爲鹵簿使,導駕入太廟。有赭繖犢車并青蓋犢車十餘爭道,不避儀仗。軾使御營巡檢使問之,乃皇后及大長公主。時御史中丞李之純爲儀仗使,軾曰:"中丞職當肅政,不可不以聞之。"純不敢言,軾於車中奏之。哲宗遣使賫疏馳白太皇太后,明日,詔整肅儀衛,自皇后而下皆毋得迎謁。尋遷禮部兼端明殿、翰林侍讀兩學士,爲禮部尚書。高麗遣使請書,朝廷以故事盡許之。軾曰:"漢東平王請諸子及《太史公書》[1],猶不肯予。今高麗所請,有甚於此,其可予乎?"不聽。

【注】

[1] 諸子,指先秦儒、墨、名、法、陰陽、道家,此處指他們的著作。《太史公書》,即司馬遷的《史記》。

八年,宣仁后崩,哲宗親政。軾乞補外,以兩學士出知定州[1]。時國是將變[2],軾不得入辭。既行,上書言:"天下治亂,出於下情之通塞。至治之極,小民皆能自通;迨於大亂,雖近臣不能自達。陛下臨御九年,除執政、臺諫外,未嘗與羣臣接。今聽政之初,當以通下情、除壅蔽爲急務[3]。臣日侍帷幄,方當戍邊,顧不得一見而行,況疏遠小臣欲求自通,難矣。然臣不敢以不得對之故,不效愚忠。古之聖人將有爲也,必先處晦而觀明,處靜而觀動,則萬物之情,畢陳於前。陛下聖智絶人,春秋鼎盛。臣願虛心循理，一切未有所爲，默觀庶事之利害，與羣臣之邪正。以三年爲期，俟得其實，然後應物而作。使既作之後，天下無恨，陛下亦無悔。由此觀之，陛下之有爲，惟憂太蚤，不患稍遲，亦已明矣。臣恐急進好利之臣，輒勸陛下輕有改變，故進此説，敢望陛下留神，社稷宗廟之福，天下幸甚。"

【注】

〔1〕定州，轄境在今河北省，治所在今河北定州。
〔2〕國是，國家大計。
〔3〕壅蔽，遮蓋。指人主受蒙蔽而視聽不明。

定州軍政壞弛，諸衛卒驕惰不教，軍校蠶食其廩賜，前守不敢誰何。軾取貪汙者配隸遠惡，繕修營房，禁止飲博，軍中衣食稍足，乃部勒戰法[1]，衆皆畏伏。然諸校業業不安，有卒史以贓訴其長，軾曰："此事吾自治則可，聽汝告，軍中亂矣。"立決配之，衆乃定。

【注】

〔1〕部勒，部署約束。

會春大閲[1]，將吏久廢上下之分，軾命舉舊典，帥常服出帳中，將吏戎服執事。副總管王光祖自謂老將，恥之，稱疾不至。軾召書吏使爲奏，光祖懼而出，訖事，無一慢者。定人言："自韓琦去後，不見此禮至今矣。"契丹久和，邊兵不可用,惟沿邊弓箭社與寇爲鄰[2],以戰射自衛,猶號精銳。故相龐籍守邊[3],因俗立法。歲久法弛,又爲保甲所撓。軾奏免保甲及兩稅折變科配[4],不報。

【注】
〔1〕閱,軍事檢閱。
〔2〕弓箭社,北宋邊地人民的自衛武裝組織。
〔3〕龐籍(988—1063),字醇之,單州成武(今屬山東)人,北宋大臣。西夏入侵時,他以龍圖閣直學士知延州(今陝西延安),修築城寨,募民耕種,加強防禦。皇祐三年(1051)爲宰相,後封潁國公。
〔4〕科配,猶攤派,多指臨時增加的租稅。

紹聖初,御史論軾掌內外制日,所作詞命,以爲譏斥先朝。遂以本官知英州,尋降一官,未至,貶寧遠軍節度副使,惠州安置。居三年,泊然無所蔕芥[1],人無賢愚,皆得其歡心。又貶瓊州別駕[2],居昌化。昌化,故儋耳地[3],非人所居,藥餌皆無有。初僦官屋以居[4],有司猶謂不可,軾遂買地築室,儋人運甓畚土以助之。獨與幼子過處,著書以爲樂,時時從其父老游,若將終身。

【注】
〔1〕蔕芥,果蒂,草芥。比喻內心的疙瘩,心有所憾。
〔2〕瓊州,轄境在今海南島。
〔3〕儋耳,古部族名。
〔4〕僦,租賃。

徽宗立，移廉州[1]，改舒州團練副使，徙永州[2]。更三大赦，遂提舉玉局觀，復朝奉郎。軾自元祐以來，未嘗以歲課乞遷[3]，故官止於此。建中靖國元年，卒於常州，年六十六。

【注】
〔1〕廉州，轄境在今廣西，治所在今廣西合浦。
〔2〕永州，轄境在今廣西、湖南，治所在今湖南永州。
〔3〕歲課，按年徵收的捐稅。

　　軾與弟轍，師父洵爲文，既而得之於天。嘗自謂："作文如行雲流水，初無定質，但常行於所當行，止於所不可不止。"雖嬉笑怒罵之辭，皆可書而誦之。其體渾涵光芒，雄視百代，有文章以來，蓋亦鮮矣。洵晚讀《易》，作《易傳》未究，命軾述其志。軾成《易傳》，復作《論語說》；後居海南，作《書傳》；又有《東坡集》四十卷、《後集》二十卷、《奏議》十五卷、《内制》十卷、《外制》三卷、《和陶詩》四卷。一時文人如黃庭堅、晁補之、秦觀、張耒、陳師道[1]，舉世未之識，軾待之如朋儕，未嘗以師資自予也。

【注】
〔1〕黃庭堅（1045—1105），字魯直，號山谷道人、涪翁，分寧（今江西修水）人，北宋詩人、書法家。治平進士，曾任著作佐郎等，有《山谷集》、《山谷精華錄》和行書、草書傳世。晁補之（1053—1110），字无咎，號歸來子，鉅野（今屬山東）人，北宋文

學家。元豐進士，曾任吏部員外郎、禮部郎中、兼國史編修等職，有《雞肋集》、《晁氏琴趣外篇》。秦觀（1049—1100），字少游、太虛，號淮海居士，高郵（今屬江蘇）人，北宋詞人。曾任秘書省正字，兼國史院編修等職，有《淮海集》。張耒（1054—1114），字文潛，號柯山，楚州淮陰（今屬江蘇）人，北宋詩人。熙寧進士，曾任太常少卿等職，有《張右史文集》。陳師道（1053—1102），字履常、無己，號後山居士，彭城（今江蘇徐州）人，北宋詩人。元祐時因蘇軾等推薦，爲徐州教授，後任太學博士、秘書省正字等職，有《後山先生集》。

　　自爲舉子至出入侍從，必以愛君爲本，忠規讜論[1]，挺挺大節，羣臣無出其右。但爲小人忌惡擠排，不使安於朝廷之上。

　　高宗即位，贈資政殿學士，以其孫符爲禮部尚書。又以其文寘左右，讀之終日忘倦，謂爲文章之宗，親製集贊，賜其曾孫嶠。遂崇贈太師，諡文忠。軾三子：邁、迨、過，俱善爲文。邁，駕部員外郎。迨，承務郎。

【注】
〔1〕讜論，正直之論。

選自《宋史》卷三百三十八

謝　良　佐（約1050—1103）

　　謝良佐字顯道，壽春上蔡人[1]。與游酢、呂大臨、楊時在程門[2]，號"四先生"。登進士第。建中靖國初[3]，官京師，召對，忤旨去。監西京竹木場，坐口語繫詔獄[4]，廢爲民。良佐記問該贍[5]，對人稱引前史，至不差一字。事有未徹[6]，則顙有泚[7]。與程頤別一年，復來見，問其所進，曰："但去得一'矜'字爾。"頤喜，謂朱光庭曰[8]："是子力學，切問而近思者也。"所著《論語説》行於世[9]。

【注】
〔1〕壽春上蔡，今屬河南省。
〔2〕游酢、呂大臨、楊時，本書均有傳。程門，指程顥、程頤門下。
〔3〕建中靖國，宋徽宗年號(1101)。
〔4〕口語，毀謗。繫詔獄，繫，拘囚；詔獄，奉詔令關押犯人的牢獄。
〔5〕記問該贍，學問淵博。
〔6〕徹，結束，完了。
〔7〕顙有泚，顙，額頭；泚，出汗。
〔8〕朱光庭，字公掞，偃師(今屬河南)人。元祐時，司馬光薦爲右正言，乞罷新法，爲"洛黨"重要成員。
〔9〕謝良佐另有《上蔡語録》行世。

選自《宋史》卷四百二十八《道學二》

程　　頤 (1033—1107)

程頤字正叔。年十八,上書闕下[1],欲天子黜世俗之論,以王道爲心[2]。游太學,見胡瑗問諸生以顏子所好何學[3],頤因答曰:

【注】
[1] 闕下,朝廷。
[2] 王道,儒家提倡的所謂以"仁義道德"治理天下的政治主張。
[3] 顏子所好何學,《論語》之《雍也》篇和《先進》篇都提及:"有顏回者好學,不幸短命死矣,今也則亡。"這裏是以顏子喜愛什麼學問爲題考課諸太學生。

"學以至聖人之道也。聖人可學而至歟?曰:然。學之道如何?曰:天地儲精[1],得五行之秀者爲人,其本也真而靜[2],其未發也[3],五性具焉,曰仁、義、禮、智、信。形既生矣,外物觸其形而動其中矣,其中動而七情出焉,曰喜、怒、哀、樂、愛、惡、欲。情既熾而益蕩,其性鑿矣[4]。是故覺者約其情使合於中[5],正其心,養其性;愚者則不知制之,縱其情而至於邪僻[6],梏其性而亡之[7]。

【注】
[1] 精,精氣。

〔2〕其本也真而静,人的本(天)性是真實而静定的。
〔3〕未發,天地之精氣尚未和具體人形相結合的階段。
〔4〕其性鑿,天性遭到斲喪。
〔5〕約其情使合於中,約束情欲,使其合符中正之道即仁、義、禮、智、信等儒家道德規范。
〔6〕縱其情而至於邪僻,放縱情欲而走上邪惡的道路。
〔7〕梏其性而亡之,《孟子·告子上》:"平旦之氣,其好惡與人相近者幾希,則其旦晝之所爲,有梏亡之矣。"梏亡,因受束縛而致喪失。

"然學之道,必先明諸心〔1〕,知所養,然後力行以求至,所謂'自明而誠'也〔2〕。誠之之道,在乎信道篤,信道篤則行之果,行之果則守之固,仁義忠信不離乎心,造次必於是,顛沛必於是〔3〕,出處語默由於是,久而弗失,則居之安〔4〕,動容周旋中禮〔5〕,而邪僻之心無自生矣。

【注】
〔1〕心,天地之心或道心。程頤認爲心有道心和人心之分,道心是至善的,包涵仁、義、禮、智、信,人心則是邪僻的。明心,使道心不受外物的蒙蔽。
〔2〕"自明而誠",《禮記·中庸》:"自誠明謂之性,自明誠謂之教,誠則明矣,明則誠矣。"
〔3〕造次必於是,顛沛必於是,出自《論語·里仁》。造次,匆忙急促。顛沛,困苦流離。
〔4〕居之安,語出《孟子·離婁下》。意謂安於道而不動摇。
〔5〕動容周旋中禮,語出《孟子·盡心下》。意謂動作儀容一舉一

動處處都符合禮。

"故顏子所事,則曰:'非禮勿視,非禮勿聽,非禮勿言、非禮勿動。'[1]仲尼稱之,則曰:'得一善則拳拳服膺而弗失之矣。'[2]又曰:'不遷怒、不貳過。'[3]'有不善未嘗不知,知之未嘗復行。'[4]此其好之篤,學之得其道也。然聖人則不思而得[5],不勉而中;顏子則必思而後得,必勉而後中。其與聖人相去一息,所未至者守之也,非化之也[6]。以其好學之心,假之以年,則不日而化矣。

【注】

[1] 語出《論語·顏淵》。
[2] 語出《禮記·中庸》。拳拳,牢握不捨。
[3] 語出《論語·雍也篇》。貳過,犯同樣的錯誤。
[4] 語出《周易·繫辭下》。
[5] 聖人,指孔子。
[6] 化,消化,改變。

"後人不達[1],以謂聖本生知,非學可至,而爲學之道遂失。不求諸己,而求諸外,以博聞強記、巧文麗辭爲工,榮華其言,鮮有至於道者。則今之學,與顏子所好異矣。"

瑗得其文,大驚異之,即延見[2],處以學職。呂希哲首以師禮事頤[3]。

【注】

〔1〕達,通達。

〔2〕延見,邀請見面。延,邀請。

〔3〕吕希哲,字原明,壽州(今安徽壽縣)人。吕公著之子,其父卒後始爲兵部員外郎,崇寧黨禍時遭貶。

治平、元豐間[1],大臣屢薦,皆不起[2]。哲宗初,司馬光、吕公著共疏其行義曰:"伏見河南府處士程頤[3],力學好古,安貧守節,言必忠信,動遵禮法。年逾五十,不求仕進,真儒者之高蹈,聖世之逸民[4]。望擢以不次,使士類有所矜式[5]。"詔以爲西京國子監教授[6],力辭。

【注】

〔1〕治平,宋英宗年號(1064—1066)。元豐,宋神宗年號(1078—1085)。

〔2〕不起,推辭,不就。

〔3〕處士,尚未取得功名,没有官職的學者。

〔4〕逸民,避世隱居的有識之士。

〔5〕矜式,榜樣,楷模。

〔6〕西京,洛陽。

尋召爲秘書省校書郎[1],既入見,擢崇政殿説書[2]。即上疏言:"習與智長,化與心成。今夫人民善教其子弟者,亦必延名德之士,使與之處,以熏陶成性。况陛下春秋之富[3],雖睿聖得於天資,而輔養之道不可不至。大率一日之中,接賢士大夫之時多,親寺人宫女之時少[4],則氣質變化,自然而成。願選名儒入侍勸講,講罷留之分直[5],以備訪問,或有小失,隨事獻規[6],歲月積久,必能養成聖德。"頤每進講,色甚莊,繼以諷諫。聞帝在宮中盥而避蟻,問:"有是乎?"曰:"然,誠恐傷之爾。"頤曰:"推此心以及四海,帝王之要道也[7]。"

【注】

[1] 秘書省,官署名,典司圖籍;校書郎,掌校勘書籍、訂正訛誤之文職官員。
[2] 崇政殿,舊名簡賢講武、皇帝閱事之所;説書,爲皇帝講論文史,備其顧問之官員。
[3] 況陛下春秋之富,時哲宗年方九歲,故有此説。
[4] 寺人,宮中供使令主人;宮女,宮中供使唤之女子。
[5] 直,通"值",值班。
[6] 規,規勸、諷諫。
[7] 要道,關鍵。

　　神宗喪未除,冬至,百官表賀,頤曰:"節序變遷,時思方切,乞改賀爲慰。"既除喪[1],有司請開樂置宴,頤又言:"除喪而用吉禮,尚當因事張樂,今特設宴,是喜之也。"皆從之。帝嘗以瘡疹不御邇英累日[2],頤詣宰相問安否,且曰:"上不御殿,太后不當獨坐[3]。且人主有疾,大臣可不知乎?"翌日,宰相以下始奏請問疾。

【注】

[1] 除喪,亦稱"除服"。守喪期滿,除去喪服。

〔2〕邇英,邇英閣,在崇政殿西南,侍臣講讀之所。
〔3〕太后,即宣仁太后(1032—1093),宋英宗后,亳州蒙城(今屬安徽)人。元豐八年宋神宗死,哲宗即位時,年僅八歲,她以太皇太后名義聽政,故有"不當獨坐"說。

蘇軾不悅於頤,頤門人賈易、朱光庭不能平[1],合攻軾。胡宗愈、顧臨詆頤不宜用[2],孔文仲極論之[3],遂出管勾西京國子監[4]。久之,加直秘閣[5],再上表辭。董敦逸復摭其有怨望語[6],去官。紹聖中,削籍竄涪州[7]。李清臣尹洛,即日迫遣之,欲入別叔母亦不許,明日贐以銀百兩,頤不受。徽宗即位,徙峽州[8],俄復其官,又奪於崇寧[9],卒年七十五。

【注】
〔1〕賈易(1031—1103),字明叔,無爲(今安徽無爲市)人,時任右諫議大夫,向與蘇軾交惡,黨同程頤,後名列崇寧黨籍,遭貶。朱光庭,字公掞,河南偃師人,元祐年間遷爲左司諫,後遭貶。
〔2〕胡宗愈,字完夫,常州晉陵(今江蘇常州市)人,元祐初爲御史中丞,後名列崇寧黨籍。顧臨,字子敦,會稽(今浙江紹興)人,通經學,長於訓詁,官歷刑、兵、吏三部侍郎兼侍讀,紹聖年間遭貶。
〔3〕孔文仲,字經父,臨江新喻(今江西新餘)人。元祐初爲左諫議大夫。
〔4〕管勾,主持,管理。
〔5〕秘閣,昭文館、集賢院、史館之書庫。直秘閣,官名,書庫屬官。
〔6〕董敦逸,字夢授,吉州永豐(今江西吉安市)人。元祐年間爲監

察御史。摭,拾取。
〔7〕削籍,革職;竄,流放。涪州,今四川涪陵。
〔8〕峽州,今屬湖北宜昌市。
〔9〕崇寧,宋徽宗年號(1102—1106)。

  頤於書無所不讀,其學本於誠,以《大學》、《語》、《孟》、《中庸》爲標指〔1〕,而達於六經〔2〕。動止語默,一以聖人爲師,其不至乎聖人不止也。張載稱其兄弟從十四五時,便脱然欲學聖人〔3〕,故卒得孔、孟不傳之學,以爲諸儒倡。其言之旨,若布帛菽粟然,知德者尤尊崇之。嘗言:"今農夫祁寒暑雨〔4〕,深耕易耨,播種五穀,吾得而食之;百工技藝,作爲器物,吾得而用之;介胄之士〔5〕,被堅執鋭,以守土宇,吾得而安之。無功澤及人,而浪度歲月,晏然爲天地間一蠹〔6〕,唯綴緝聖人遺書〔7〕,庶幾有補爾。"於是著《易》、《春秋傳》以傳於世。《易傳序》曰:

【注】
〔1〕《語》,《論語》。《孟》,《孟子》。
〔2〕六經,六部儒家經典,包括《詩》、《書》、《禮》、《易》、《春秋》和《樂》。
〔3〕脱然,輕快,喜愛。
〔4〕祁寒,大寒。祁,大。
〔5〕介胄,披甲戴盔。介,甲;胄,頭盔。
〔6〕晏然,平静,安逸。
〔7〕綴緝,補綴編輯。

"《易》,變易也,隨時變易以從道也[1]。其爲書也,廣大悉備,將以順性命之理[2],通幽明之故,盡事物之情,而示開物成務之道也[3]。聖人之憂患後世,可謂至矣。去古雖遠,遺經尚存,然而前儒失意以傳言[4],後學誦言而忘味[5],自秦而下,蓋無傳矣。予生千載之後,悼斯文之湮晦,將俾後人沿流而求源,此《傳》所以作也[6]。"

【注】

[1] 從道,順從道的原則。
[2] 性命,《易·乾》:"乾道變化,各正性命。"儒家認爲人、物之性都是天賦的,人性是天帝或天理在人身上的體現。性與命是統一的,所謂"在天爲命,在人爲性"(《二程遺書》卷十八)。
[3] 開物成務,語出《易·繫辭上》:"夫《易》開物成務,冒天下之道,如斯而已者也。"後即以"開物成務"謂通曉萬物之理,並據此把事情辦好。
[4] 失意,丟失主旨。
[5] 忘味,沒有真正體味領會。
[6] 《傳》,指《周易程氏傳》,凡四卷,是反映程頤思想的最重要的一部著作。

"《易》有聖人之道四焉:以言者尚其辭,以動者尚其變,以制器者尚其象[1],以卜筮者尚其占[2]。'吉凶消長之理、進退存亡之道備於辭,推辭考卦可以知變,象與占在其中矣。'君子居則觀其象而玩其辭[3],動則觀其變而玩其占',得於辭不達其意者有矣,未有不得於辭而能通其意者也。至微者理也,至著者象也。體用一源,顯微無間[4],觀會通以行其曲禮,則辭無所不備。故善學者,求言必自近,易於近者,非知言者也。予所傳者辭也,由辭以得意,則在乎人焉。"

【注】
[1] 象,象徵。《周易》用卦、爻等符號象徵自然變化和人事咎。
[2] 卜筮者尚其占,《周易》原爲筮(算卦)之書,故有是説。占,預測,卜問。
[3] 玩,探索,研究。
[4] 體用一源,顯微無間,意謂本體和作用是統一的,明顯和幽微是緊密聯繫的。體和微是指理,用和顯是指象。

《春秋傳序》曰:

"天之生民,必有出類之才起而君長之[1],治之而争奪息,導之而生養遂,教之而倫理明,然後人道立,天道成,地道平。二帝而上[2],聖賢世出,隨時有作,順乎風氣之宜,不先天以開人,名因時而立政。暨乎三王迭興[3],三重既備,子、丑、寅之建正[4],忠、質、文之更尚,人道備矣,天運周矣。聖王既不復作,有天下者雖欲倣古之迹,亦私意妄爲而已。事之繆,秦以建亥爲正[5];道之悖,漢專以智力持世,豈復知先王之道也。

【注】

〔1〕出類之才,超羣絕倫的人材。

〔2〕二帝,堯、舜。

〔3〕三王,夏禹、商湯、周文王。

〔4〕建正,確定正月(一年之始)。周代建子,以農曆十一月爲正月;殷代建丑,以農曆十二月爲正月;夏代建寅,以農曆正月一日爲一年之始。

〔5〕以建亥爲正,以農曆十月爲正月,作一年之始。

"夫子當周之末,以聖人不復作也,順天應時之治不復有也,於是作《春秋》,爲百王不易之大法。所謂'考諸三王而不繆,建諸天地而不悖,質諸鬼神而無疑,百世以俟聖人而不惑'者也。先儒之傳,游、夏不能贊一辭〔1〕,辭不待贊者也,言不能與於斯爾〔2〕。斯道也,唯顔子嘗聞之矣。'行夏之時,乘殷之輅,服周之冕,樂則韶舞〔3〕',此其準的也。後世以史視《春秋》,謂褒善貶惡而已,至於經世之大法,則不知也。

【注】

〔1〕游、夏,孔子門徒。游,即子游(前506—?),春秋時吳國人,言氏,名偃。擅長文學,提倡以禮樂爲教。夏,即子夏(前507—?),春秋時晉國溫(今河南溫縣西南)人,卜氏,名商。主張以《春秋》治世;提出"死生有命,富貴在天"、"學而優則仕"等命題,對後世影響甚大。

〔2〕不能與於斯爾,不能和孔子的精神保持一致。

〔3〕語出《論語·衛靈公》篇。意謂行夏的曆法,乘殷代的車子,戴

周代的禮帽,奏《韶》、《舞》之樂。《韶》,古代歌頌虞舜的一種樂舞;《舞》即《武》,歌頌周武王的樂舞。

"《春秋》大義數十,其義雖大,炳如日星,乃易見也。惟其微辭隱義、時措從宜者,爲難知也。或予或奪,或進或退,或微或顯,而得乎義理之安,文質之中,寬猛之宜,是非之公,乃制事之權衡,揆道之模範也。夫觀百物然後識化工之神[1],聚衆材然後知作室之用,於一事一義欲窺聖人之用心,非上智不能也。故學《春秋》者,必優游涵泳,默識心通,然後能造其微也[2]。後王知《春秋》之義,則雖德非禹、湯,尚可以法三代之治。

【注】
[1] 化工,自然創造或生長萬物的功能。
[2] 造其微,探討其中的微言大義。

"自秦而下,其學不傳,予悼夫聖人之志不明於後世也,故作《傳》以明之,俾後之人通其文而求其義,得其意而法其用,則三代可復也。是《傳》也,雖未能極聖人之蘊奧[1],庶幾學者得其門而入矣。"

【注】
[1] 極聖人之蘊奧,窮極聖人言語中蘊藏的深奧精妙之義。

平生誨人不倦，故學者出其門最多，淵源所漸，皆爲名士。洺人祠頤於北巖，世稱爲伊川先生，嘉定十三年，賜謚曰正公。淳祐元年，封伊陽伯，從祀孔子廟庭。

門人劉絢、李籲、謝良佐、游酢、張繹、蘇昞皆班班可書[1]，附於左。呂大鈞、大臨見《大防傳》[2]。

【注】

[1] 劉絢，字質夫，常山（今浙江常山）人，曾爲太學博士，深受程顥賞識。李籲，字端伯，洛陽（今屬河南）人，曾爲秘書省校書郎，程頤認爲其才器可造，他死後，程頤曾祭文悼念。張繹，字思叔，河南壽安（今河南宜陽）人，極得程頤賞識。蘇昞，字秀明，武功（今陝西武功）人，先受業張載，後從二程學，曾爲太常博士，坐元符上書入邪籍，編管繞州。謝良佐、游酢，本書有傳。

[2] 呂大鈞，字和叔，藍田（今屬陝西）人。先受業張載，後從二程游，對井田、兵制有所研究。

選自《宋史》卷四百二十七《道學一》

蘇　　轍（1039—1112）

　　蘇轍字子由，年十九，與兄軾同登進士科，又同策制舉。仁宗春秋高，轍慮或倦於勤，因極言得失，而於禁廷之事，尤爲切至，曰：

　　"陛下即位三十餘年矣，平居靜慮，亦嘗有憂於此乎？無憂於此乎？臣伏讀制策，陛下既有憂懼之言矣。然臣患不敏，竊意陛下有其言耳，未有其實也。往者寶元、慶曆之間[1]，西夏作難[2]，陛下晝不安坐，夜不安席，天下皆謂陛下憂懼小心，如周文王。然自西方解兵，陛下棄置憂慮之心，二十年矣。古之聖人，無事則深憂，有事則不懼。夫無事而深憂者，所以爲有事之不懼也。今陛下無事則不憂，有事則大懼，臣以爲憂樂之節易矣。臣疏遠小臣，聞之道路，不知信否？

【注】

[1] 寶元（1038—1039）、慶曆（1041—1048），均爲宋仁宗年號。
[2] 西夏作難，指康定元年（1040）和慶曆元、二年（1041—1042），西夏每一年都對北宋發動一兩次大規模的軍事侵犯，常把宋軍打得大敗。宋軍主將劉平、石元孫爲西夏所俘，葛懷敏死於陣中，每次將士死傷及被俘均達萬人。官私廬舍被西夏軍隊焚燬，人民和牲畜被屠掠的，不計其數。

"近歲以來,宮中貴姬至以千數,歌舞飲酒,優笑無度,坐朝不聞咨謨,便殿無所顧問。三代之衰,漢、唐之季[1],女寵之害,陛下亦知之矣。久而不止,百蠹將由之而出。內則蠱惑之所污,以傷和伐性;外則私謁之所亂[2],以敗政害事。陛下無謂好色於內,不害外事也。今海內窮困,生民愁苦,而宮中好賜不爲限極,所欲則給,不問有無。司會不敢爭[3],大臣不敢諫,執契持敕,迅若兵火。國家內有養士、養兵之費,外有契丹、西夏之奉,陛下又自爲一阱以耗其遺餘,臣恐陛下以此得謗,而民心不歸也。"

【注】

〔1〕季,末。
〔2〕私謁,以私事謁見請託。
〔3〕司會,官名,主管財政經濟。

策入,轍自謂必見黜。考官司馬光第以三等,范鎮難之。蔡襄曰[1]:"吾三司使也。司會之言,吾愧之而不敢怨。"惟考官胡宿以爲不遜,請黜之。仁宗曰:"以直言召人,而以直言棄之,天下其謂我何?"宰相不得已,寘之下等,授商州軍事推官。時父洵被命修《禮書》,兄軾簽書鳳翔判官。轍乞養親京師。三年,軾還,轍爲大名推官。逾年,丁父憂。服除,神宗立已二年,轍上書言事,召對延和殿。

【注】

〔1〕蔡襄,字君謨,興化仙游(今屬福建)人,舉進士。歷任西京留守推官、館閣校勘、知諫院、直史館、福建路轉運使、翰林學士等職。敢直言,精吏事,工於書,爲北宋大書法家。

時王安石以執政與陳升之領三司條例,命轍爲之屬。吕惠卿附安石,轍與論多相牾。安石出青苗書使轍熟議,曰:"有不便,以告勿疑。"轍曰:"以錢貸民,使出息二分,本以救民,非爲利也。然出納之際,吏緣爲姦,雖有法不能禁,錢入民手,雖良民不免妄用;及其納錢,雖富民不免逾限。如此,則恐鞭箠必用,州縣之事不勝煩矣。唐劉晏掌國計[1],未嘗有所假貸。有尤之者,晏曰:'使民僥倖得錢,非國之福;使吏倚法督責,非民之便。吾雖未嘗假貸,而四方豐凶貴賤,知之未嘗逾時,有賤必糴,有貴必糶,以此四方無甚貴、甚賤之病,安用貸爲?'晏之所言,則常平法耳。今此法見在而患不修,公誠能有意於民,舉而行之,則晏之功可立俟也。"安石曰:"君言誠有理,當徐思之。"自此逾月不言青苗。

【注】

〔1〕劉晏(718—780),字士安,曹州南華(今山東東明)人,唐代理財家。歷任度支郎中兼侍御史、户部侍郎、吏部尚書同平章事、轉運常平鹽鐵鑄錢使、租庸青苗使等職,負責國家財經凡二十年。德宗即位後,被楊炎陷害而死。

会河北轉運判官王廣廉奏乞度僧牒數千爲本錢，於陝西漕司私行青苗法，春散秋斂，與安石意合，於是青苗法遂行。安石因遣八使之四方，訪求遺利。中外知其必迎合生事，皆莫敢言。轍往見陳升之曰："昔嘉祐末，遣使寬恤諸路，各務生事，還奏多不可行，爲天下笑。今何以異此？"又以書抵安石，力陳其不可。安石怒，將加以罪，升之止之，以爲河南推官。會張方平知陳州，辟爲教授。三年，授齊州掌書記。又三年，改著作佐郎。復從方平簽書南京判官。居二年，坐兄軾以詩得罪，謫監筠州鹽酒稅，五年不得調。移知績溪縣。

哲宗立，以秘書省校書郎召。元祐元年，爲右司諫。宣仁后臨朝，用司馬光、呂公著，欲革弊事，而舊相蔡確、韓縝、樞密使章惇皆在位，窺伺得失，轍皆論去之。呂惠卿始諂事王安石，倡行虐政以害天下。及勢均力敵，則傾陷安石，甚於仇讎，世尤惡之。至是，自知不免，乞宫觀以避貶竄[1]。轍具疏其姦，以散官安置建州[2]。

【注】
〔1〕宫觀，官名。本爲崇奉道教而設，用來安置閒散官員，無實職。
〔2〕散官，有官名而無固定職事的官。

司馬光以王安石雇役之害，欲復差役，不知其害相半於雇役。轍言："自罷差役僅二十年，吏民皆未習慣。况役法關涉衆事，根芽盤錯，行之徐緩，乃得審詳。若不窮究首尾，忽遽便行，恐既行之後，別生諸弊。今州縣役錢，例有積年寬剩，大約足支數年，且依舊雇役，盡今年而止。催督有司審議差役，趁今冬成法，來年役使鄉戶。但使既行之後，無復人言，則進退皆便。"

光又以安石私設《詩》、《書》新義考試天下士〔1〕，欲改科舉，別爲新格。轍言："進士來年秋試，日月無幾，而議不時決。詩賦雖小技，比次聲律，用功不淺。至於治經，誦讀講解，尤不輕易。要之，來年皆未可施行。乞來年科場，一切如舊，惟經義兼取注疏及諸家論議，或出己見，不專用王氏學，仍罷律義，令舉人知有定論，一意爲學，以待選試，然後徐議元祐五年以後科舉格式，未爲晚也。"光皆不能從。

【注】

〔1〕王安石熙寧變法時，曾對科舉的内容進行改革。熙寧四年(1071)二月，罷詩賦及明經諸科，以經義論策試進士。六年(1073)三月，置經義局，修《詩》、《書》、《周禮》三經義。王安石提舉，吕惠卿兼修撰，王雱兼同修撰。八年(1075)六月，將王安石的《新經詩義》二十卷、《新經書義》十三卷、《新經周禮義》二十二卷(即《周官新義》)頒行天下學宫。

初，神宗以夏國内亂，用兵攻討，乃於熙河增蘭州，於延安增安疆、米脂等五砦。二年，夏遣使賀登位，使還，未出境，又遣使入境。朝廷知其有請蘭州、五砦地意，大臣議棄守未決。轍言曰："頃者西人雖至，疆場之事，初不自言。度其狡心，蓋知朝廷厭兵，確然不請，欲使此議發自朝廷，得以爲重。朝廷深覺其意,忍而不予,情得勢窮,始來請命,一失此機,必爲後悔。彼若點集兵馬,屯聚境上,許之則畏兵而予,不復爲恩;不予則邊釁一開,禍難無已。間不容髮,正在此時,不可失也。況今日之事,主上妙年,母后聽斷,將帥吏士,恩情未接,兵交之日,誰使效命?若其羽書沓至[1],勝負紛然,臨機決斷,誰任其責?惟乞聖心以此反復思慮,早賜裁斷,無使西人別致猖狂。"於是朝廷許還五砦,夏人遂服。遷起居郎、中書舍人。

【注】

[1] 羽書,軍事文書,摘鳥羽以示緊急。

朝廷議回河故道,轍爲公著言:"河決而北,自先帝不能回。今不因其舊而修其未至,乃欲取而回之,其爲力也難,而爲責也重,是謂智勇勢力過先帝也。"公著悟,竟未能用。進户部侍郎。轍因轉對[1],言曰:"財賦之原,出於四方,而委於中都。故善爲國者,藏之於民,其次藏之州郡。州郡有餘,則轉運司常足;轉運司既足,則户部不困。唐制,天下賦税,其一上供,其一送使,其一留州。比之於今,上供之數可謂少矣。然每有緩急,王命一出,舟車相銜,大事以濟。祖宗以來,法制雖殊,而諸道蓄藏之計,猶極豐厚。是以斂散及時,縱捨由己,利柄所在,所爲必成。自熙寧以來,言利之臣,不知本末之術,欲求富國,而先困轉運司。轉運司既困,則上供不繼;上供不繼,而户部亦憊矣。兩司既困,故内帑别藏,雖積如丘山,而委爲朽壤,無益於算也。"

【注】
〔1〕轉對,百官輪次奏事,言時政闕失。

尋又言:

"臣以祖宗故事考之,今日本部所行,體例不同,利害相遠,宜隨事措置,以塞弊原。謹具三弊以聞:其一曰分河渠案以爲都水監,其二曰分冑案以爲軍器監,其三曰分修造案以爲將作監。三監皆隸工部,則本部所專,其餘無幾,出納損益,制在他司。頃者[1],司馬光秉政,知其爲害,嘗使本部收攬諸司利權。當時所收,不得其要,至今三案猶爲他司所擅,深可惜也。

【注】
〔1〕頃,近來。

"蓋國之有財,猶人之有飲食。飲食之道,當使口司出納,而腹制多寡。然後分布氣血,以養百骸,耳目賴之以爲聰明,手足賴之以爲力。若不專任口腹,而使手足、耳目得分治之,則雖欲求一飽不可得矣,而況於安且壽乎!今户部之在朝廷,猶口腹也,而使他司分治其事,何以異此?自數十年以來,羣臣每因一事不舉,輒入建他司。利權一分,用財無藝[1]。他司以辦事爲效,則不恤財之有無;戶部以給財爲功,則不問事之當否。彼此各營一職,其勢不復相知,雖使戶部得材智之臣,終亦無益,能否同病,府庫卒空。今不早救,後患必甚。

【注】

〔1〕無藝,無準則,無法度,無限度。

"昔嘉祐中,京師頻歲大水,大臣始取河渠案置都水監。置監以來,比之舊案,所補何事?而大不便者,河北有外監丞,侵奪轉運司職事。轉運司之領河事也,郡之諸埽,埽之吏兵、儲蓄,無事則分,有事則合[1]。水之所向,諸埽趨之,吏兵得以併功,儲蓄得以併用。故事作之日,無暴斂傷財之患,事定之後,徐補其闕,兩無所妨。自有監丞,據法責成,緩急之際,諸埽不相爲用,而轉運司不勝其弊矣。此工部都水監爲戶部之害,一也。

【注】

〔1〕埽,用來治水堵口的器材,泛指護堤。此句謂州郡各護岸工事,護岸的吏員兵士及儲備物資,沒事就分散,有事就合作。

"先帝一新官制,並建六曹[1],隨曹付事,故三司故事多隸工曹,名雖近正而實非利。昔胄案所掌,今內爲軍器監而上隸工部,外爲都作院而上隸提刑司,欲有興作，户部不得與議。訪聞河北道近歲爲羊渾脱，動以千計。渾脱之用，必軍行乏水，過渡無船，然後須之。而其爲物，稍經歲月，必至蠹敗。朝廷無出兵之計，而有司營戢[2]，不顧利害，至使公私應副，虧財害物。若專在轉運司，必不至此。此工部都作院爲户部之害，二也。

【注】

〔1〕六曹，指吏、户、禮、兵、刑、工六部。
〔2〕戢，收藏，聚集。

"昔修造案掌百工之事，事有緩急，物有利害，皆得專之。今工部以辦職爲事，則緩急利害，誰當議之？朝廷近以箔場竹箔，積久損爛，創令出賣，上下皆以爲當。指揮未幾，復以諸處營造，歲有科制，遂令般運堆積，以破出賣之計。臣不知將作見工幾何，一歲所用幾何？取此積彼，未用之間，有無損敗，而遂爲此計。本部雖知不便，而以工部之事，不敢復言。此工部將作監爲户部之害，三也。

凡事之類此者多矣，臣不能遍舉也。故願明詔有司，罷外水監丞，舉河北河事及諸路都作院皆歸轉運司，至於都水、軍器、將作三監，皆兼隷户部，使定其事之可否，裁其費之多少，而工部任其功之良苦，程其作之遲速。苟可否、多少在户部，則傷財害民，户部無所逃其責矣。苟良苦、遲速在工部，則敗事乏用，工部無所辭其譴矣。制出於一,而後天下貧富,可責之户部矣。"

哲宗從之,惟都水仍舊。

朝廷以吏部元豐所定吏額,比舊額數倍,命轍量事裁減。吏有白中孚曰:"吏額不難定也。昔之流内銓,今侍郎左選也,事之煩劇,莫過此矣。昔銓吏止十數,而今左選吏至數十,事不加舊而用吏至數倍,何也?昔無重法、重禄,吏通賕賂,則不欲人多以分所得。今行重法、給重禄,賕賂比舊爲少,則不忌人多而幸於少事。此吏額多少之大情也。舊法,日生事以難易分七等,重者至一分,輕者至一釐以下,積若干分而爲一人。今若取逐司兩月事定其分數,則吏額多少之限,無所逃矣。"轍曰:"此輩吏身計所係也。若以分數爲人數,必大有所損,將大致紛訴,雖朝廷亦不能守。"乃具以白宰執,請據實立額,俟吏之年滿轉出,或事故死亡者勿補,及額而止。不過十年,羡額當盡[1]。功雖稍緩,而見吏知非身患,不復怨矣。吕大防命諸司吏任永壽與省吏數人典之[2],遂背轍議以立額,日裁損吏員,復以好惡改易諸局次。永壽復以贓刺配,大防略依轍議行之。代軾爲翰林學士,尋權吏部尚書。使契丹,館客者侍讀學士王師儒能誦洵、軾之文及轍《茯苓賦》,恨不得見全集。使還,爲御史中丞。

【注】

〔1〕羡,盈餘。

〔2〕吕大防(1027—1097),字微仲,京兆藍田(今屬陜西)人。北宋

仁宗時進士，歷任知縣、知州。哲宗元祐年間（1086—1093），官至尚書左僕射，與范純仁、劉摯等同時執政，廢除新法；哲宗親政後被貶。

　　自元祐初，一新庶政[1]，至是五年矣。人心已定，惟元豐舊黨分布中外[2]，多起邪説以搖撼在位，呂大防、劉摯患之[3]，欲稍引用，以平夙怨，謂之"調停"。宣仁后疑不決，轍面斥其非，復上疏曰：

【注】
[1] 庶政，各種政務。
[2] 元豐舊黨，元豐八年（1083）哲宗即位，高太后聽政，任司馬光爲門下侍郎，次年（元祐元年）盡廢王安石新法。此處所説的"舊黨"，實際上不是指反對變法的舊黨，而是指神宗元豐年間執政、但當時已被罷免的屬於王安石一派的新黨。
[3] 劉摯（1030—1098），字莘老，北宋永静軍東光（今屬河北）人。嘉祐進士，官監察御史里行，以反對新法被謫。元祐年間與呂大防同時執政；哲宗親政後被貶。

　　"臣近面論，君子小人不可並處，聖意似不以臣言爲非者。然天威咫尺，言詞迫遽，有所不盡，臣而不言，誰當救其失者！親君子，遠小人，則主尊國安；疏君子，任小人，則主憂國殆。此理之必然。未聞以小人在外，憂其不悅而引之於內，以自遺患也。故臣謂小人雖不可任以腹心，至於牧守四方，奔走庶務，無所偏廢可也。若遂引之於內，是猶患盜賊之欲得財，而導之於寢室,知虎豹之欲食肉,而開之以坰牧[1],無是理也。且君子小人,勢同冰炭,同處必爭。一爭之後,小人必勝,君子必敗。何者?小人貪利忍恥,擊之則難去,君子潔身重義,沮之則引退。古語曰:"一薰一蕕,十年尚猶有臭。"[2]蓋謂此矣。

【注】

[1] 坰,郊野。
[2] 一薰一蕕,十年尚猶有臭,語本《左傳·僖公四年》。十年有臭,言善易消,惡難除。

"先帝聰明聖智,疾頹靡之俗,將以綱紀四方,比隆三代。而臣下不能將順,造作諸法,上逆天意,下失民心。二聖因民所願,取而更之,上下忻慰。則前者用事之臣,今朝廷雖不加斥逐,其勢亦不能復留矣。尚賴二聖慈仁,宥之於外,蓋已厚矣。而議者惑於說,乃欲招而納之,與之共事,謂之'調停'。此輩若返,豈肯但已哉?必將戕害正人,漸復舊事,以快私忿。人臣被禍,蓋不足言,臣所惜者,祖宗朝廷也。惟陛下斷自聖心,勿爲流言所惑,勿使小人一進,後有噬臍之悔[1],則天下幸甚。"

【注】

[1] 噬臍,比喻後悔已晚。

疏入,宣仁后命宰執讀於簾前[1],曰:"轍疑吾君臣兼用邪正,其言極中理。"諸臣從而和之,"調停"之説遂已。

【注】
[1] 宰執,宰相、參知政事、左右丞、樞密使、副使的合稱。

轍又奏曰:
"竊見方今天下雖未大治,而祖宗綱紀俱在,州郡民物粗安。若大臣正己平心,無生事要功之意,因弊修法,爲安民靖國之術,則人心自定,雖有異黨,誰不歸心?向者異同反覆之心,蓋亦不足慮矣。但患朝廷舉事,類不審詳[1]。曩者,黄河北流,正得水性,而水官穿鑿,欲導之使東,移下就高,汩五行之理[2]。及陛下遣使按視,知不可爲,猶或固執不從。經今累歲,回河雖罷,減水尚存,遂使河朔生靈,財力俱困。今者西夏、青唐[3],外皆臣順,朝廷招來之厚,惟恐失之。而熙河將吏創築二堡,以侵其膏腴,議納醇忠,以奪其節鉞,功未可覩,爭已先形。朝廷雖知其非,終不明白處置,若遂養成邊釁,關陝豈復安居?如此二事,則臣所謂宜正己平心,無生事要功者也。

【注】
[1] 類,大抵,大都。
[2] 汩,擾亂,混亂。

〔3〕青唐，即今青海西寧，宋初爲吐蕃所據。

"昔嘉祐以前，鄉差衙前[1]，民間常有破産之患。熙寧以後，出賣坊場以雇衙前，民間不復知有衙前之苦。及元祐之初，務於復舊，一例復差。官收坊場之錢，民出衙前之費，四方驚顧，衆議沸騰。尋知不可，旋又復雇。去年之秋，又復差法。又熙寧雇役之法，三等人户，並出役錢，上户以家産高强，出錢無藝，下户昔不充役，亦遭出錢。故此二等人户，不免咨怨。至於中等，昔既已自差役，今又出錢不多，雇法之行最爲其便。罷行雇法，上下二等，欣躍可知，唯是中等則反爲害。且如畿縣中等之家，例出役錢三貫，若經十年，爲錢三十貫而已。今差役既行，諸具手力，最爲輕役；農民在官，日使百錢，最爲輕費。然一歲之用，已爲三十六貫，二年役滿，爲費七十餘貫。罷役而歸，寬鄉得閑三年[2]，狹鄉不及一歲[3]。以此較之，則差役五年之費，倍於雇役十年。賦役所出，多在中等。如此條目，不便非一，故天下皆思雇役而厭差役，今五年矣。如此二事，則臣所謂宜因弊修法，爲安民靖國之術者也。

【注】

〔1〕衙前，宋代的官役之一，主管運送官物或看管府庫糧倉，或管理州縣官食物。

〔2〕寬鄉，隋唐行均田制時稱公地多、人口少的地方爲"寬鄉"。後世用來稱地廣人稀的地方。

〔3〕狹鄉,隋唐行均田制時稱人口多、公地少的地方爲"狹鄉"。後世用來稱地狹人稠的地方。

"臣以聞見淺狹,不能盡知當今得失。然四事不去,如臣等輩猶知其非,而況於心懷異同,志在反覆,幸國之失,有以藉口者乎?臣恐如此四事,彼已默識於心,多造謗議,待時而發,以搖撼衆聽矣。伏乞宣諭宰執,事有失當,改之勿疑,法或未完,修之無倦。苟民心既得,則異議自消。陛下端拱以享承平〔1〕,大臣逡巡以安富貴〔2〕,海內蒙福,上下攸同,豈不休哉!"

【注】
〔1〕端拱,謂帝王斂手無爲而治。
〔2〕逡巡,原指欲進不進、遲疑不決的樣子,此處指悠閒自在。

大臣恥過,終莫肯改。
六年,拜尚書右丞,進門下侍郎。初,夏人來賀登極,相繼求和,且議地界。朝廷許約,地界已定,付以歲賜。久之,議不決。明年,夏人以兵襲涇原,殺掠弓箭手數千人,朝廷忍之不問,遣使往賜策命。夏人受禮倨慢,以地界爲辭,不復入謝,再犯涇原。四年,來賀坤成節〔1〕,且議地界。朝廷先以歲賜與之,地界又未決。夏人乃於疆事多方侵求,熙河將佐范育、种誼等,遂背約侵築質孤、勝如二堡,夏人即平蕩之。育等又欲以兵納趙醇忠,及擅招其部人千餘,朝廷却而不受,西邊騷然。轍乞罷育、誼,別擇老將以守熙河。宣仁后以爲然,大臣竟主育、誼,不從。

【注】

〔1〕坤成節,古代的節日,用來祭地祇。

　　轍又面奏:"人君與人臣,事體不同。人臣雖明見是非,而力所不加,須至且止;人君於事,不知則已,知而不能行,則事權去矣。臣今言此,蓋欲陛下收攬威柄,以正君臣之分而已。若專聽所謂,不以漸制之,及其太甚,必加之罪,不免逐去。事至如此,豈朝廷美事?故臣欲保全大臣,非欲害之也。"

　　六年,熙河奏:"夏人十萬騎壓通遠軍境,挑掘所爭崖巉,殺人三日而退。乞因其退,急移近裏堡砦於界[1],乘利而往,不須復守誠信。"下大臣會議。轍曰:"當先定議欲用兵耶,不用耶?"呂大防曰:"如合用兵,亦不得不用。"轍曰:"凡用兵,先論理之曲直。我若不直,兵決不當用。朝廷須與夏人議地界,欲用慶曆舊例[2],以彼此見今住處當中爲直,此理最簡直。夏人不從,朝廷遂不固執。蓋朝廷臨事,常患先易後難,此所謂先易者也。既而許於非所賜城砦,依綏州例,以二十里爲界,十里爲堡鋪,十里爲草地。要約纔定,朝廷又要兩砦界首侵夏地,一抹取直,夏人見從。又要夏界更留草地十里,夏人亦許。凡此所謂後難者也。今欲於定西城與隴諾堡一抹取直,所侵夏地凡百數十里。隴諾祖宗舊疆,豈所謂非所賜城砦耶?此則不直,致寇之大者也。"劉摯曰:"不用兵雖美,然事有須用兵者,亦不可不用也。"轍奏曰:"夏兵十萬壓熙河境上,不於他處,專於所爭處殺人、掘崖巉,此意可見,此非西人之罪,皆朝廷不直之故。熙河輒敢生事,不守誠信,臣欲詰責帥臣耳。"後屢因邊兵深入夏地,宣仁后遂從轍議。

【注】

〔1〕堡寨,防衛用的城堡和木柵。
〔2〕慶曆舊例,指慶曆四年(1044),北宋與西夏所訂的和議。當時西夏表示:"兩失和好,遂歷七年,立誓自今,願藏盟府。其前日所掠將校民戶,各不復還。自此有邊人逃亡,亦毋得襲逐。臣近以本國城寨進納朝廷,其栲栳、鐮刀、南安、承平故地及他邊境蕃漢所居,乞畫中為界,於內聽築城堡。凡歲賜銀、綺、絹、茶二十五萬五千,乞如常數,臣不復以他相干。……"(《宋史》卷四百八十五《夏國傳》)

時三省除李清臣吏部尚書[1],給事中范祖禹封還詔書,且言姚勔亦言之。三省復除蒲宗孟兵部尚書。轍奏:"前除清臣,給諫紛然[2],爭之未定。今又用宗孟,恐不便。"宣仁后曰:"奈闕官何?"轍曰:"尚書闕官已數年,何嘗闕事?今日用此二人,正與去年用鄧溫伯無異。此三人者,非有大惡,但昔與王珪、蔡確輩並進,意思與今日聖政不合。見今尚書共闕四人,若並用似此四人,使黨類互進,恐朝廷自是不安靜矣。"議遂止。

【注】

〔1〕李清臣,字邦直,安陽(今屬河南)人。宋神宗時任編修官,歷

任知制誥、翰林學士、吏部尚書、尚書左丞、中書侍郎等職。哲宗親政後,他主張恢復青苗、免役法。

〔2〕給諫,即"給事中"的別稱,常在皇帝左右侍從,備顧問應對等事。

紹聖初,哲宗起李清臣爲中書舍人,鄧潤甫爲尚書左丞。二人久在外,不得志,稍復言熙、豐事以激怒哲宗意[1]。會廷試進士,清臣撰策題,即爲邪説。轍諫曰:

【注】

〔1〕熙、豐事,即熙寧、元豐年間進行變法的事。

"伏見御試策題,歷詆近歲行事,有紹復熙寧、元豐之意。臣謂先帝以天縱之才,行大有爲之志,其所設施,度越前古,蓋有百世不可改者。在位近二十年,而終身不受尊號。裁損宗室,恩止袒免[1],減朝廷無窮之費。出賣坊場,顧募衙前,免民間破家之患。黜罷諸科誦數之學,訓練諸將慵惰之兵。置寄禄之官[2],復六朝之舊,嚴重禄之法,禁交謁之私。行淺攻之策以制西夏,收六色之錢以寬雜役。凡如此類,皆先帝之睿算,有利無害,而元祐以來,上下奉行,未嘗失墜也。至於其他,事有失當,何世無之。父作之於前,子救之於後,前後相繼,此則聖人之孝也。

【注】

〔1〕袒免,古代喪服之輕者。恩止袒免,意謂喪事從簡。

〔2〕寄禄官,官階名。宋制,官分階官和職事官,如"吏部尚書同中書門下平章事","吏部尚書"是階官名,餘爲職事官名。階官有名銜而無職事,只作爲銓敍和升遷的依據,稱爲寄禄官。

"漢武帝外事四夷,内興宫室,財用匱竭,於是修鹽鐵、榷酤、均輸之政[1],民不堪命,幾至大亂。昭帝委任霍光[2],罷去煩苛,漢室乃定。光武、顯宗以察爲明,以讖決事,上下恐懼,人懷不安。章帝即位,深鑒其失,代之以寬厚、愷悌之政[3],後世稱焉。本朝真宗右文偃武,號稱太平,而羣臣因其極盛,爲天書之説。章獻臨御,攬大臣之議,藏書梓宫,以泯其迹;及仁宗聽政,絶口不言。英宗自藩邸入繼,大臣創濮廟之議[4]。及先帝嗣位,或請復舉其事,寢而不答,遂以安静。夫以漢昭、章之賢,與吾仁宗、神宗之聖,豈其薄於孝敬而輕事變易也哉?臣不勝區區,願陛下反覆臣言,慎勿輕事改易。若輕變九年已行之事,擢任累歲不用之人,人懷私忿,而以先帝爲辭,大事去矣。"

【注】

〔1〕指漢武帝任用桑弘羊,實行經濟改革措施。鹽鐵,指鹽鐵由政府經營。榷酤,即"榷酒",由政府控制酒的産銷。均輸,指朝廷在大農下設管採運的均輸官,派屬吏往産地徵發多餘産品運到長安供應各部門,並把各地原由大商人運銷的産品,改由政府控制,運往外地出售。

〔2〕霍光(?—前68),字子孟,河東平陽(今山西臨汾西南)人,武帝時,任奉都都尉。昭帝年幼即位,與桑弘羊受武帝遺詔輔

政,封博陸侯。廢立皇帝,前後執政凡二十年。

〔3〕愷悌,和樂簡易。

〔4〕濮廟之議,宋仁宗無嗣,死後以濮王之子趙曙繼位,是爲英宗。即位次年,詔議崇奉生父濮王典禮,議久不定。

哲宗覽奏,以爲引漢武方先朝,不悦。落職知汝州。居數月,元豐諸臣皆會於朝[1],再責知袁州。未至,降朝議大夫、試少府監,分司南京,筠州居住。三年,又責化州別駕,雷州安置,移循州。徽宗即位,徙永州、岳州,已而復太中大夫,提舉鳳翔上清太平宫。崇寧中,蔡京當國,又降請朝大夫,罷祠,居許州,再復太中大夫致仕。築室於許,號潁濱遺老,自作傳萬餘言,不復與人相見。終日默坐,如是者幾十年。政和二年,卒,年七十四。追復端明殿學士。淳熙中,謚文定。

【注】

〔1〕北宋元祐八年(1093),高太后死,哲宗親政。次年改年號爲紹聖,表示"紹述"(繼承)神宗的新法。起用新黨,貶斥舊黨,恢復青苗、免役等法。《宋史》卷四七一《章惇傳》載此事説:"哲宗親政,有復熙寧、元豐之意,首起惇(章惇)爲尚書左僕射兼門下侍郎。於是'紹述'爲國是,凡元祐所革,一切復之。引蔡卞、林希、黃履、來之邵、張商英、周秩、翟思、上官均居要地,任言責,協謀朋姦,報復仇怨,小大之臣,無一得免,死者禍及其孥。甚至詆宣仁后,謂元祐之初,老姦擅國,又請發司馬光、吕公著冢,斬其棺。哲宗不聽。"故此中説"元豐諸臣皆會於朝"。

轍性沉静簡潔，爲文汪洋澹泊，似其爲人，不願人知之，而秀傑之氣終不可掩，其高處殆與兄軾相迫。所著《詩傳》、《春秋傳》、《古史》、《老子解》、《欒城文集》並行於世。三子：遲、适、遜。族孫元老。

　　　　　　　　　選自《宋史》卷三百三十九

游　　酢（1053—1123）

游酢字定夫，建州建陽人[1]。與兄醇以文行知名，所交皆天下士。程頤見之京師，謂其資可以進道。程顥興扶溝學[2]，招使肄業，盡棄其學而學焉。第進士，調蕭山尉。近臣薦其賢，召爲太學錄。遷博士，以奉親不便，求知河清縣[3]。范純仁守潁昌府[4]，辟府教授。純仁入相，復爲博士，簽書齊州、泉州判官[5]。晚得監察御史，歷知漢陽軍，和舒濠三州而卒。

【注】

[1] 建州，轄境相當今福建南平以上的閩江流域。
[2] 扶溝，縣名，在河南中部。
[3] 知，主持，執掌。知河清縣，即當河清縣的長官。
[4] 范純仁，字堯夫，蘇州吳縣（今屬江蘇）人。歷宮殿中侍御史、侍御史、同知諫院、同修起居注。反對王安石推行新法，出知外州。元祐時，拜尚書右僕射兼中書侍郎；哲宗親政後遭貶。
[5] 簽書，官名，宋太平興國四年（979）以兵部員外郎石熙載爲樞密直學士簽書樞密院事，簽書之名由此始。

選自《宋史》卷四百二十八《道學二》

南 宋

楊　　時（1053—1135）

　　楊時字中立，南劍將樂人[1]。幼穎異，能屬文，稍長，潛心經史。熙寧九年，中進士第。時河南程顥與弟頤講孔、孟絕學於熙、豐之際，河、洛之士翕然師之。時調官不赴，以師禮見顥於穎昌[2]，相得甚懽。其歸也，顥目送之曰："吾道南矣。"四年而顥死，時聞之，設位哭寢門[3]，而以書赴告同學者[4]。至是，又見程頤於洛，時蓋年四十矣。一日見頤，頤偶瞑坐，時與游酢侍立不去，頤既覺，則門外雪深一尺矣。關西張載嘗著《西銘》[5]，二程深推服之，時疑其近於兼愛，與其師頤辯論往復，聞理一分殊之說，始豁然無疑。

【注】
[1] 南劍將樂，今屬福建。南劍，州名。
[2] 穎昌，府名，轄境相當於今河南許昌、漯河等地。
[3] 寢門，泛指内室的門。
[4] 赴告，諸侯以崩薨禍福相告。
[5] 關西，泛指函谷關或潼關以西地區。

　　杜門不仕者十年，久之，歷知瀏陽、余杭、蕭山三縣，皆有惠政，民思之不忘。張舜民在諫垣[1]，薦之，得荆州教授。時安於州縣，未嘗求聞達，而德望日重，四方之士不遠千里從之游,號曰龜山先生。

【注】

〔1〕諫垣,諫官官署。

時天下多故,有言於蔡京者[1],以爲事至此必敗,宜以舊德老成置諸左右,庶幾猶可及,時宰是之。會有使高麗者,國主問龜山安在,使回以聞。召爲秘書郎,遷著作郎。及面對,奏曰:

【注】

〔1〕蔡京(1047—1126),字元長,北宋興化仙游(今屬福建)人。熙寧進士,曾知開封府,任户部尚書。崇寧元年(1102)爲右僕射,後任太師。以恢復新法爲名,盤剥百姓,排斥異己。

"堯、舜曰'允執厥中'[1],孟子曰'湯執中'[2],《洪範》曰'皇建其有極'[3],歷世聖人由斯道也。熙寧之初,大臣文六藝之言以行其私,祖宗之法紛更殆盡[4]。元祐繼之,盡復祖宗之舊,熙寧之法一切廢革[5]。至紹聖、崇寧抑又甚焉[6],凡元祐之政事著在令甲,皆焚之以滅其迹。自是分爲二黨,縉紳之禍至今未殄。臣願明詔有司,條具祖宗之法,著爲綱目,有宜於今者舉而行之,當損益者損益之,元祐、熙、豐姑置勿問,一趨於中而已。"

【注】

〔1〕允執厥中,語出《尚書·大禹謨》:"人心惟危,道心惟微,惟精惟一,允執厥中。"
〔2〕湯執中,語出《孟子·離婁下》:"湯執中,立賢無方。"意謂商湯能守而不失,無過不及,惟賢則立,不問其類。
〔3〕皇建其有極,語出《尚書·洪範》。孔穎達疏:"皇,大也;極,中也;施政教,治下民,當使大得其中,無有邪僻。"
〔4〕此指熙寧年間,宋神宗任用王安石進行變法。
〔5〕此指宋哲宗元祐年間,哲宗雖已即位,但高太后聽政,掌實權。她任用舊黨司馬光、呂公著、呂大防等人,廢除王安石新法,恢復舊制,並罷斥堅持新法的章惇等人。舊稱"元祐更化"。
〔6〕此指高太后死後,哲宗親政,改年號爲"紹聖",起用新黨章惇、曾布等,貶斥舊黨呂大防、劉摯等恢復王安石變法時所采取的一些措施。崇寧年間,宋徽宗亦以恢復新法相榜。

　　朝廷方圖燕雲[1],虛內事外,時遂陳時政之弊,且謂:"燕雲之師宜退守內地,以省轉輸之勞,募邊民爲弓弩手,以殺常勝軍之勢。"又言:"都城居四達之衢,無高山巨浸以爲阻衛,士人懷異心,緩急不可倚仗。"執政不能用[2]。登對,力陳君臣警戒,正在無虞之時,乞爲《宣和會計錄》,以周知天下財物出入之數。徽宗首肯之。

【注】

〔1〕燕雲,燕指契丹所建的燕京,雲指雲州。北宋末年,燕雲成爲宋人所企圖收復的北部失地的泛稱。

〔2〕執政，主管某一事務的人，這裏指皇帝。

除邇英殿説書。聞金人入攻，謂執政曰："今日事勢如積薪已然，當自奮勵，以竦動觀聽[1]。若示以怯懦之形，委靡不振，則事去矣。昔汲黯在朝，淮南寢謀[2]。論黯之才，未必能過公孫弘輩也，特其直氣可以鎮壓姦雄之心爾。朝廷威望弗振，使姦雄一以弘輩視之，則無復可爲也。要害之地，當嚴爲守備，比至都城，尚何及哉？近邊州軍宜堅壁清野，勿與之戰，使之自困。若攻戰略地，當遣援兵追襲，使之腹背受敵，則可以制勝矣。"且謂："今日之事，當以收人心爲先。人心不附，雖有高城深池，堅甲利兵，不足恃也。免夫之役，毒被海内，西城聚斂，東南花石[3]，其害尤甚。前此蓋嘗罷之，詔墨未乾，而花石供奉之舟已銜尾矣。今雖復申前令，而禍根不除，人誰信之？欲致人和，去此三者，正今日之先務也。"

【注】

〔1〕竦，震動。

〔2〕汲黯(？—前112)，字長孺，濮陽(今河南濮陽西南)人。西漢武帝時，任東海太守，繼爲主爵都尉。淮南指淮南王劉安。《漢書·張馮汲鄭傳》稱："淮南王謀反，憚黯，曰：'黯好直諫，守節死義；至説公孫弘等，如發蒙耳。'"

〔3〕東南花石，指宋徽宗在東京(今河南開封)建立"壽山艮岳"。崇寧四年(1105)，使朱勔主持蘇杭應奉局，凡民間一石一本可用的，即直入其家，破墻拆屋，劫往東京。這種運送花石的船隊，號爲"花石綱"。

金人圍京城,勤王之兵四集,而莫相統一。時言:"唐九節度之師不立統帥,雖李、郭之善用兵,猶不免敗衂[1]。今諸路烏合之衆,臣謂當立統帥,一號令,示紀律,而後士卒始用命。"又言:"童貫爲三路大帥[2],敵人侵疆,棄軍而歸,孥戮之有餘罪,朝廷置之不問,故梁方平、何灌皆相繼而遁。當正典刑,以爲臣子不忠之戒。童貫握兵二十餘年,覆軍殺將,馴至今日,比聞防城仍用閹人[3],覆車之轍,不可復蹈。"疏上,除右諫議大夫兼侍講。

【注】

[1] 此謂在平定"安史之亂"中立有大功的唐大將李光弼、郭子儀,在打仗中也有失利的情況。衂,損傷,挫敗。
[2] 童貫(1054—1126),字道夫,開封人,北宋宦官。初任供奉官,在杭州爲徽宗搜括書畫奇巧,與蔡京互相勾結。後在西北監軍,掌兵權約二十年,權傾一時。
[3] 比,近來。

敵兵初退,議者欲割三鎮以講和,時極言其不可,曰:"河朔爲朝廷重地[1],而三鎮又河朔之要藩也。自周世宗迄太祖、太宗[2],百戰而後得之,一旦棄之北庭,使敵騎疾驅,貫吾腹心,不數日可至京城。今聞三鎮之民以死拒之,三鎮拒其前,吾以重兵躡其後[3],尚可爲也。若种師道、劉光世皆一時名將[4],始至而未用,乞召問方略。"疏上,欽宗詔出師,而議者多持兩端,時抗疏曰:"聞金人駐磁、相[5],破大名,劫虜驅掠,無有紀極[6],誓墨未乾,而背不旋踵[7],吾雖欲專守和議,不可得也。夫越數千里之遠,犯人國都,危道也。彼見勤王之師四面而集,亦懼而歸,非愛我而不攻。朝廷割三鎮二十州之地與之,是欲助寇而自攻也。聞肅王初與之約,及河而返,今挾之以往,此敗盟之大者。臣竊謂朝廷宜以肅王爲問,責其敗盟,必得肅王而後已。"時太原圍閉數月,而姚古擁兵逗留不進,時上疏乞誅古以肅軍政,拔偏裨之可將者代之。不報[8]。

【注】

[1] 河朔,泛指黃河以北地區。
[2] 周世宗,即柴榮(921—959),後周皇帝,曾改革政治,整頓軍事,獎勵生產,並攻伐北漢、後蜀、南唐、契丹,收復二十餘州,奠定了北宋統一的基礎。
[3] 躡,追蹤。
[4] 种師道(1060—1126),北宋末年名將,抵禦西夏有功。劉光世(1089—1142),南宋將領,禦金無能。
[5] 磁、相,即磁州(今河北邯鄲一帶)、相州(今河北邢臺一帶)。
[6] 紀極,終極,限度。
[7] 旋踵,轉足之間,形容迅速。
[8] 報,回答。

李綱之罷[1],太學生伏闕上書,乞留綱與种師道,軍民集者數十萬,朝廷欲防禁之。吳敏乞用時以靖太學,時得召對,言:"諸生伏闕紛紛,忠於朝廷,非有他意,但擇老成有行誼者爲之長貳[2],則將自定。"欽宗曰:"無逾於卿。"遂以時兼國子祭酒。首言:"三省政事所出,六曹分

治,各有攸司。今乃別辟官屬,新進少年,未必賢於六曹長貳。"又言:

【注】
〔1〕李綱(1083—1140),字伯紀,邵武(今屬福建)人,北宋末任太常少卿。靖康元年(1126),金兵初圍開封時,堅決主戰,反對遷都,以尚書右丞任親征行營使,擊退金兵。不久即被投降派所排斥。罷,被免官。
〔2〕貳,副職。

"蔡京用事二十餘年,蠹國害民,幾危宗社,人所切齒,而論其罪者,莫知其所本也。蓋京以繼述神宗爲名,實挾王安石以圖身利,故推尊安石,加以王爵,配饗孔子廟庭。今日之禍,實安石有以啓之。

"謹按安石挾管、商之術,飾六藝以文姦言[1],變亂祖宗法度。當時司馬光已言其危害當見於數十年之後,今日之事,若合符契[2]。其著爲邪說以塗學者耳目,而敗壞其心術者,不可縷數,姑即一二事明之。

【注】
〔1〕飾,整頓,整治。
〔2〕符契,猶符節,即朝廷用作憑證的信物。符以竹、木或金屬爲之,上書文字,剖分爲二,各執其一,使用時以兩片相合爲驗。

"昔神宗嘗稱美漢文惜百金以罷露臺,安石乃言:'陛下若能以堯、舜之道治天下,雖竭天下以自奉不爲過,守財之言非正理。'曾不知堯、舜茅茨土階,禹曰'克儉於家'[1],則竭天下以自奉者,必非堯、舜之道。其後王黼以應奉花石之事,竭天下之力,號爲享上,實安石有以倡之也。其釋《鳧鷖》守成之詩[2],於末章則謂:'以道守成者,役使羣衆,泰而不爲驕,宰制萬物,費而不爲侈,孰弊弊然以愛爲事。'[3]詩之所言,正謂能持盈則神祇祖考安樂之[4],而無後艱爾。自古釋之者,未有泰而不爲驕、費而不爲侈之説也。安石獨倡爲此説,以啓人主之侈心。後蔡京輩輕費妄用,以侈靡爲事。安石邪説之害如此。

"伏望追奪王爵,明詔中外,毁去配享之像,使邪説淫辭不爲學者之惑。"

【注】

[1]"克儉於家",語本《尚書·大禹謨》:"帝曰:來禹,降水儆予,成允成功,惟汝賢。克勤於邦,克儉於家,不自滿假,惟汝賢。"言禹惡衣薄食,卑其宫室而盡力爲民執心,謙沖不自盈大。
[2]鳧鷖,《詩·大雅》篇名。《詩序》説是歌頌周成王能"守成"。
[3]弊弊,辛苦疲憊貌。
[4]持盈,保守成業。神祇,天地之神。祖考,祖先。

疏上,安石遂降從祀之列[1]。士之習王氏學取科第者,已數十年,不復知其非,忽聞以爲邪説,議論紛然。諫官馮澥力主王氏,上疏詆時。會學官中有紛爭者,有旨學官並罷,時亦罷祭酒。

【注】

〔1〕配享、從祀,都指以賢哲附祭於孔廟。兩者在唐代以前無別,至宋始分。宋時文廟典禮,顏淵、曾參、子思、孟軻稱配享;閔子騫、冉伯牛等十哲以下稱從祀。

時又言:"元祐黨籍中,惟司馬光一人獨襃顯,而未及呂公著、韓維、范純仁、呂大防、安燾輩。建中初言官陳瓘已襃贈[1],而未及鄒浩。"於是元祐諸臣皆次第牽復[2]。

【注】

〔1〕建中,即建中靖國,宋徽宗年號(1101)。言官,言諫議之官。
〔2〕牽復,指復位,復原。

尋四上章乞罷諫省,除給事中,辭,乞致仕[1],除徽猷閣直學士、提舉嵩山崇福宮[2]。時力辭直學士之命,改除徽猷閣待制、提舉崇福宮。陛辭,猶上書乞選將練兵,爲戰守之備。

【注】

〔1〕致仕,辭官歸居。
〔2〕提舉,掌管。

高宗即位,除工部侍郎。陛對言:"自古聖賢之君,未有不以典學爲務[1]。"除兼侍讀。乞修《建炎會計錄》,乞恤勤王之兵,乞寬假言者。連章丐外,以龍圖閣直學士提舉杭州洞霄宮。已而告老,以本官致仕,優游林泉,以著書講學爲事。卒年八十三,謚文靖。

【注】

〔1〕典學,《書·說命下》:"念終始典於學。"疏:"念終念始,常在於學。"相傳這是殷代傅說勉勵高宗學習的話。後因稱帝王子孫入學爲典學。

時在東郡,所交皆天下士,先達陳瓘、鄒浩皆以師禮事時[1]。暨渡江,東南學者推時爲程氏正宗。與胡安國往來講論尤多[2]。時浮沉州縣四十有七年,晚居諫省,僅九十日,凡所論列皆切於世道,而其大者,則闢王氏經學,排靖康和議,使邪說不作。凡紹興初崇尚元祐學術,而朱熹、張栻之學得程氏之正,其源委脈絡皆出於時。

子迪,力學通經,亦嘗師程頤云。

【注】

〔1〕先達,前輩。
〔2〕胡安國(1074—1138),字康侯,福建崇安人。南宋經學家,長於春秋學,係出孫復再傳。撰有《春秋傳》三十卷,輒借《春秋》議論政治。

選自《宋史》卷四二八《道學二》

胡　　宏（1105—1155）

宏字仁仲，幼事楊時、侯仲良，而卒傳其父之學。優游衡山下餘二十年[1]，玩心神明[2]，不舍晝夜。張栻師事之[3]。

紹興間上書，其略曰：

【注】
[1] 優游，優閒自得。
[2] 玩心神明，研習冥索。
[3] 張栻，本書有傳。

"治天下有本，仁也。何謂仁？心也。心官茫茫，莫知其鄉[1]，若爲知其體乎？有所不察則不知矣。有所顧慮，有所畏懼，則雖有能知能察之良心，亦浸消亡而不自知，此臣之所大憂也。夫敵國據形勝之地，逆臣僭位於中原，牧馬駸駸[2]，欲爭天下。臣不是懼，而以良心爲大憂者，蓋良心充於一身，通於天地，宰制萬事，統攝億兆之本也。察天理莫如屏欲，存良心莫如立志。陛下亦有朝廷政事不干於慮，便嬖智巧不陳於前[3]，妃嬪佳麗不幸於左右時矣。陛下試於此時沉思静慮，方今之世，當陛下之身，事孰爲大乎？

孰爲急乎？必有歉然而餒，惻然而痛，坐起彷徨不能自安者，則良心可察，而臣言可信矣。

【注】

〔1〕鄉，地方，處所。
〔2〕駸駸，馬行疾。
〔3〕便嬖，統治者親近寵愛的小臣。

"昔舜以匹夫爲天子，瞽叟以匹夫爲天子父[1]，受天下之養，豈不足於窮約哉[2]？而瞽叟猶不悅。自常情觀之，舜可以免矣，而舜蹙然有憂之，舉天下之大無足以解憂者。徽宗皇帝身享天下之奉幾三十年。欽宗皇帝生於深宮，享乘輿之次[3]，以至爲帝。一旦劫於讎敵，遠適窮荒，衣裘失司服之制[4]，飲食失膳夫之味，居處失宮殿之安、妃嬪之好，動無威嚴，辛苦墊隘[5]。其願陛下加兵敵國，心目睽睽，猶飢渴之於飲食。庶幾一得生還，父子兄弟相持而泣，歡若平生。引領東望，九年於此矣。夫以疏賤，念此痛心，當食則噎，未嘗不投箸而起，思欲有爲，況陛下當其任乎？而在廷之臣，不能對揚天心[6]，充陛下仁孝之志；反以天子之尊，北面讎敵。陛下自念，以此事親，於舜何如也？

【注】

〔1〕瞽叟，傳說爲舜父之別名。

〔2〕約,窮困,節儉。
〔3〕乘輿,皇帝坐的車子。
〔4〕司服,官名,主管王之吉凶衣服。
〔5〕墊隘,極度疲困,困苦。
〔6〕對揚,對答頌揚。天心,天帝之心。

"且羣臣智謀淺短,自度不足以成大事,故欲偷安江左,貪圖寵榮,皆爲身謀爾。陛下乃信之,以爲必恃是可以進撫中原,展省陵廟[1],來歸兩宮,亦何誤耶!

【注】
〔1〕展省,參拜。

"萬世不磨之辱,臣子必報之讎,子孫之所以寢苫枕戈,弗與共天下者也;而陛下顧慮畏懼,忘之不敢以爲讎。臣下僭逆,有明目張膽顯爲負叛者,有協贊亂賊爲之羽翰者,有依隨兩端欲以中立自免者,而陛下顧慮畏懼,寬之不敢以爲討。守此不改,是祖宗之靈,終天暴露,無與復存也;父兄之身,終天困辱,而求歸之望絶也;中原士民,没身涂炭,無所赴愬也。陛下念亦及此乎?

"王安石輕用己私,紛更法令,棄誠而懷詐,興利而忘義,尚功而悖道,人皆知安石廢祖宗法令,不知其並與祖宗之道廢之也。邪説既行,正論屏棄,故姦諛敢挾紹述之義以逞其私[1],下誣君父,上欺祖宗,誣謗宣仁,廢遷隆祐。使我國家君臣父子之間,頓生疵癘[2],三綱廢壞,神化之道泯然將滅。遂使敵國外橫,盜賊內訌,王師傷敗,中原陷沒,二聖遠栖於沙漠,皇輿僻寄於東吳,囂囂萬姓[3],未知攸底[4],禍至酷也。

【注】

〔1〕紹述,繼承。特指宋哲宗親政後繼承宋神宗所實行的新法。
〔2〕疵癘,災害疫病。
〔3〕囂囂,衆多之狀。
〔4〕攸,所。

"若猶習於因循,憚於更變,亡三綱之本性,昧神化之良能,上以利勢誘下,下以智術干上。是非由此不公,名實由此不核,賞罰由此失當,亂臣賊子由此得志,人紀由此不修,天下萬事倒行逆施,人欲肆而天理滅矣。將何以異於先朝,求救禍亂而致升平乎?"

末言:

"陛下即位以來,中正邪佞,更進更退,無堅定不易之誠。然陳東以直諫死於前[1],馬伸以正論死於後,而未聞誅一姦邪,黜一諛佞,何攉中正之力,而去姦邪之難也?此雖當時輔相之罪,然中正之士乃陛下腹心耳目,奈何以天子之威,握億兆之命,乃不能保全二三腹心耳目之臣以自輔助,而令姦邪得而殺之,於誰責而可乎?臣竊痛心,傷陛下威權之不在己也。"

【注】

〔1〕陳東(1086—1127),字少陽,鎮江丹陽人,北宋徽宗時入太學。宣和七年(1125)上書請誅蔡京等六賊,以謝天下。次年金兵迫開封,又屢次上書。欽宗罷免李綱,對金求和,他率太學生並京城居民十餘萬人,伏闕上書,要求抵抗。高宗即位後,又三次上書,斥主和派黃潛善、汪伯彥的罪惡,請求重用李綱,爲高宗所殺。

高閌爲國子司業;請幸太學,宏見其表,作書責之曰:

"太學,明人倫之所在也。昔楚懷王不返[1],楚人憐之,如悲親戚。蓋忿秦之以彊力詐其君,使不得其死,其憯勝於加之以刃也[2]。太上皇帝劫制於彊敵,生往死歸,此臣子痛心切骨,卧薪嘗膽,宜思所以必報也。而柄臣乃敢欺天罔人,以大讎爲大恩乎?

【注】

〔1〕楚懷王(?—前296),戰國時楚國君,疏遠屈原,國政腐敗,先後爲秦、齊所敗。後聽張儀計,入朝於秦,被留,死於秦。
〔2〕憯,慘痛。

"昔宋公爲楚所執,及楚子釋之,孔子筆削《春秋》[1],乃曰:'諸侯盟于薄[2],釋宋公。'不許楚人制中國之命也。太母天下之母,其縱釋乃在金人,此中華之大辱,臣子所不忍言也,而柄臣乃敢欺天罔人,以大辱爲大恩乎?

【注】
〔1〕筆削,删改。
〔2〕薄,即亳,商湯時都城,在今河南商丘附近。

"晉朝廢太后,董養游太學,升堂嘆曰:'天人之理既滅,大亂將作矣。'則引遠而去。今閣下目見讎滅理,北面敵國以苟宴安之事,猶偃然爲天下師儒之首。既不能建大論,明天人之理以正君心;乃阿諛柄臣,希合風旨[1],求舉太平之典,又爲之詞云云,欺天罔人孰甚焉!"

【注】
〔1〕希合風旨,迎合皇帝的心意。

宏初以蔭補右承務郎,不調。秦檜當國,貽書其兄寅,問二弟何不通書[1],意欲用之。寧作書止敍契好而已。宏書辭甚厲,人問之,宏曰:"政恐其召,故示之以不可召之端。"檜死,宏被召,竟以疾辭,卒於家。

【注】
〔1〕二弟,指胡宏、胡寧。

著書曰《知言》。張栻謂其言約義精,道學之樞要,制治之蓍龜也〔1〕。有詩文五卷,《皇王大紀》八十卷。

【注】
〔1〕蓍龜,謂卜筮,引申爲借鑒。

選自《宋史》卷四三五《儒林五》

康　與　之（南宋初）

《昨夢録》一卷（編修程晉芳家藏本）。

宋康與之撰。與之字伯可，又字敍聞，號退軒，滑州人[1]。故自署曰箕山。此書末有小傳，乃稱爲嘉禾人[2]。蓋南渡後流寓也[3]。建炎初[4]，上《中興十策》[5]，爲汪伯彦、黃潛善所抑[6]，不得用。及秦檜當國[7]，乃附合求進，擢爲臺郎。後遂專以歌詞供奉，廁身優伶之班[8]，大爲士論所不齒。所撰《頤庵樂府》五卷，爲談藝者所輕，世不甚傳。今亦未見其本。其僅存者惟是編。皆追述北宋軼聞，以生於滑台，目睹汴都之盛[9]，故以"昨夢"爲名。所記黃河卷掃事、竹牛角事、老君廟畫壁事[10]，亦可資考證。其西北邊城貯猛火油事，《遼史》先有是説，然疑皆傳間附會，終遼宋之世，均未聞用此油火攻致勝。且所產之地在高麗東，高麗去中國至近，亦不聞產此異物也。至開封尹李倫被攝事，連篇纍牘，殆如傳奇[11]。又唐人小説之末流，益無取矣。

【注】

〔1〕滑州，州治在今河南滑縣東。

〔2〕嘉禾，今福建南平市建陽區。

〔3〕趙宋本定都開封，疆域東南到海，西到今甘肅，北到今天津、

河北霸縣、山西雁門關一綫與遼接界,史稱北宋。靖康元年(1126),金兵攻入開封,次年四月俘去徽宗、欽宗和趙氏宗室、后妃等數千人。宋高宗趙構在南京(今河南商丘)稱帝,後建都臨安(今浙江杭州),史稱南宋。因對宋廷南遷而言"南渡"。

〔4〕建炎,南宋高宗年號(1127—1130)。

〔5〕《中興十策》構設了一個純以農業爲主,按口授田,自力耕織,均占財富,無戰爭和剝削的烏托邦社會。反映了作者的社會理想。

〔6〕汪伯彥(1069—1141),字廷俊,祁門(今屬安徽)人。北宋末年知相州,康王(高宗)到河北,他率兵保護,遂受信任。高宗即位後,任知樞密院事,旋進右僕射,與黃潛善同居相位,專權自恣,主謀逃避東南,不作戰守之計,爲當時投降派的主要人物。黃潛善(?—1129),字茂和,邵武(今屬福建)人。北宋末年知河間府,康王(高宗)開大元帥府,被委以副元帥。高宗即位後,任右僕射,逐李綱、殺陳東等,主謀南遷揚州,次年進左僕射,與汪伯彥同居相位。因循苟安,不作戰備,爲當時投降派的主要人物。

〔7〕秦檜(1090—1155),字會之,江寧(治今南京市)人。北宋末任御史中丞,靖康二年(1127)被俘到北方,成爲金太宗的親信。建炎四年(1130)被遣歸,紹興年間兩任宰相,前後執政十九年。殺岳飛,貶逐張浚、趙鼎等多人,主持和議,決定向金稱臣納幣,爲當時投降派的首領。

〔8〕廁身,置身。優伶,古代以樂舞戲謔爲業的藝人的統稱。

〔9〕汴都,亦作汴京,指北宋的國都東京開封府(今河南開封)。

〔10〕老君,即太上老君,道教對老子的尊稱。最早見於《魏書·釋老志》。

〔11〕傳奇,小說體裁之一,以其情節多奇特、神異,故名。一般用以指唐宋時用文言寫成的短篇小說。《四庫全書總目》將康與之的《昨夢錄》編在"子部小說家存目"。

選自《四庫全書總目》卷一四三

李　侗（1093—1163）

　　李侗字愿中,南劍州劍浦人[1]。年二十四,聞郡人羅從彥得河、洛之學[2],遂以書謁之,其略曰:

【注】

[1] 南劍州劍浦,今福建南平市。
[2] 羅從彥(1072—1135),字仲素,南劍(今屬福建)人。楊時弟子,人稱豫章先生,著有《豫章文集》。河、洛之學,河、洛指黃河與洛水流域地區,二程在河南聚徒授學,後人稱之爲"洛學"。

　　"侗聞之,天下有三本焉,父生之,師教之,君治之,闕其一則本不立。古之聖賢莫不有師,其肄業之勤惰,涉道之淺深,求益之先後,若存若亡,其詳不可得而考。惟洙、泗之間[1],七十二弟子之徒,議論問答,具在方册[2],有足稽焉,是得夫子而益明矣。孟氏之後,道失其傳,枝分派别,自立門户,天下真儒不復見於世。其聚徒成羣,所以相傳授者,句讀文義而已爾,謂之熄焉可也。

【注】

[1] 洙泗,古時洙、泗二水在曲阜附近,孔子居於洙泗之間,教授弟子。後人因以洙泗作爲儒家的代稱。

〔2〕方册，典籍。

　　"其惟先生服膺龜山先生之講席有年矣[1]，況嘗及伊川先生之門[2]，得不傳之道於千五百年之後，性明而修，行完而潔，擴之以廣大，體之以仁恕，精深微妙，各極其至，漢、唐諸儒無近似者。至於不言而飲人以和[3]，與人並立而使人化，如春風發物，蓋亦莫知其所以然也。凡讀聖賢之書，粗有識見者，孰不願得授經門下，以質所疑，至於異論之人，固當置而勿論也。

【注】
〔1〕龜山先生，指楊時，本書有傳。
〔2〕伊川先生，指程頤，本書有傳。
〔3〕飲人以和，語出《莊子·則陽》。謂使人自得其和，後作施恩澤之意。

　　"侗之愚鄙，徒以習舉子業，不得服役於門下，而今日拳拳欲求教者，以謂所求有大於利祿也。抑侗聞之，道可以治心，猶食之充飽，衣之禦寒也。人有迫於飢寒之患者，皇皇焉為衣食之謀，造次顛沛[1]，未始忘也。至於心之不治，有沒世不知慮，豈愛心不若口體哉，弗思甚矣。

【注】
〔1〕造次，倉促，急遽。

"侗不量資質之陋,徒以祖父以儒學起家,不忍墜箕裘之業[1],孜孜矻矻爲利禄之學,雖知真儒有作,聞風而起,固不若先生親炙之得於動静語默之間[2],目擊而意全也。今生二十有四歲,茫乎未有所止[3],燭理未明而是非無以辨[4],宅心不廣而喜怒易以摇[5],操履不完而悔吝多[6],精神不充而智巧襲,揀焉而不净,守焉而不敷,朝夕恐懼,不啻如飢寒切身者求充飢禦寒之具也。不然,安敢以不肖之身爲先生之累哉。"

【注】
〔1〕箕裘,謂克承父業、世業。
〔2〕親炙,親自傳授。
〔3〕止,指學業上的歸向。
〔4〕燭理,洞察義理。
〔5〕宅心不廣,心境不廣闊。
〔6〕操履,操行。

　　從之累年,授《春秋》、《中庸》、《語》、《孟》之説。從彥好静坐,侗退入室中,亦静坐。從彥令静中看喜怒哀樂未發前氣象,而求所謂"中"者,久之,而於天下之理該攝洞貫,以次融釋,各有條序,從彥亟稱許焉。
　　既而退居山田,謝絶世故餘四十年,食飲或不充,而怡然自適。事親孝謹,仲兄性剛多忤,侗事之得其懽心。閨門内外,夷愉肅穆[1],若無人聲,而衆事自理。親戚有貧不能婚嫁者,則爲經理振助之。與鄉人處,飲食言笑,終日油油如也。

【注】

〔1〕夷愉,和樂。

其接後學,答問不倦,雖隨人淺深施教,而必自反身自得始。故其言曰:"學問之道不在多言,但默坐澄心,體認天理。若是,雖一毫私欲之發,亦退聽矣。"又曰:"學者之病,在於未有洒然冰解凍釋處。如孔門諸子,羣居終日,交相切磨,又得夫子爲之依歸,日用之間觀感而化者多矣。恐於融釋而不脱落處,非言説所及也。"又曰:"讀書者知其所言莫非吾事,而即吾身以求之,則凡聖賢所至而吾所未至者,皆可勉而進矣。若直求之文字,以資誦説,其不爲玩物喪志者幾希。"又曰:"講學切在深潛縝密,然後氣味深長,蹊徑不差。若概以理一,而不察其分之殊,此學者所以流於疑似亂真之説而不自知也。"嘗以黄庭堅之稱濂溪周茂叔"胸中灑落,如光風霽月[1]",爲善形容有道者氣象,嘗諷誦之,而顧謂學者存此於胸中,庶幾遇事廓然,而義理少進矣。

【注】

〔1〕黄庭堅(1045—1105),字魯直,號山谷道人、涪翁,分寧(今江西修水)人,北宋詩人、書法家。濂溪周茂叔,即周敦頤,本書有傳。

其語《中庸》曰:"聖門之傳是書,其所以開悟後學無遺策矣[1]。然所謂'喜怒哀樂未發謂之中'者,又一篇之指要也。若徒記誦而已,則亦奚以爲哉？必也體之於身,實見是理,若顔子之嘆[2],卓然若有所見,而不違乎心目之間,然後擴充而往,無所不通,則庶乎其可以言《中庸》矣。"其語《春秋》曰:"《春秋》一事各是發明一例,如觀山水,徒步而形勢不同,不可以拘以一法。然所以難言者,蓋以常人之心推測聖人,未到聖人灑然處,豈能無失耶？"

【注】

〔1〕遺策,失算。
〔2〕顔子,即顔淵(前521—前490),孔子學生。貧居陋巷,簞食瓢飲,而不改其樂。顔子之嘆是他對大道的讚嘆:"顔淵喟然嘆曰:'仰之彌高,鑽之彌堅;瞻之在前,忽焉在後。'"(《論語·子罕》)。

侗既閑居,若無意當世,而傷時憂國,論事感激動人。嘗曰:"今日三綱不振,義利不分。三綱不振,故人心邪僻,不堪任用,是致上下之氣間隔,而中國日衰。義利不分,故自王安石用事,陷溺人心,至今不自知覺。人趨利而不知義,則主勢日孤,人主當於此留意,不然,則是所謂'雖有粟,吾得而食諸'也。"

是時吏部員外郎朱松與侗爲同門友,雅重侗,遣子熹從學,熹卒得其傳。沙縣鄧迪嘗謂松曰:"愿中如冰壺秋月,瑩徹無瑕,非吾曹所及。"松以爲知言。而熹亦稱侗:

"姿稟勁特,氣節豪邁,而充養完粹,無復圭角[1],精純之氣達於面目,色溫言厲,神定氣和,語默動靜,端詳閒泰,自然之中若有成法。平日恂恂,於事若無甚可否,及其酬酢事變[2],斷以義理,則有截然不可犯者。"又謂自從侗學,辭去復來,則所聞益超絕。其上達不已如此。

【注】

〔1〕圭角,猶言鋒芒。無復圭角,即不露鋒芒。
〔2〕恂恂,謙和謹慎的樣子。酬酢,指交際應酬。

侗子友直、信甫皆舉進士,試吏旁郡,更請迎養。歸道武夷,會閩帥汪應辰以書幣來迎,侗往見之,至之日疾作,遂卒,年七十有一。

信甫仕至監察御史,出知衢州,擢廣東、江東憲[1],以特立不容於朝云。

【注】

〔1〕憲,指朝廷委駐各行省的高級官吏。

選自《宋史》卷四二八《道學二》

薛 季 宣（1134—1173）

薛季宣字士龍，永嘉人[1]。起居舍人徽言之子也[2]。徽言卒時，季宣始六歲，伯父敷文閣待制弼收鞠之[3]。從弼宦游，及見渡江諸老[4]，聞中興經理大略。喜從老校、退卒語[5]，得岳、韓諸將兵間事甚悉[6]。年十七，起從荊南帥辟書寫機宜文字，獲事袁溉。溉嘗從程頤學，盡以其學授之。季宣既得溉學，於古封建、井田、鄉遂、司馬法之制[7]，靡不研究講畫，皆可行於時。

【注】
[1] 永嘉，今屬浙江。
[2] 起居舍人，中書省負責錄記皇帝言行之官職。其名稱與職事迭有變更。
[3] 收鞠，收留撫育。鞠，撫養，教育。
[4] 渡江諸老，追隨南宋政權的原北宋官吏。
[5] 老校，老兵。退卒，退伍士兵。
[6] 岳、韓，南宋初年抗金名將岳飛、韓世忠。
[7] 司馬法，古代兵書，原一百五十篇，現存五篇。

金兵之未至也，武昌令劉錡鎮鄂渚[1]。季宣白錡，以武昌形勢直淮、蔡[2]，而兵寡勢弱，宜早爲備，錡不聽。及兵交，稍稍資季宣計畫[3]。未幾，汪澈宣諭荊襄[4]，而金兵趨江上,詔成閔還師入援。季宣又説澈以閔既得蔡,有破竹之勢,宜守便宜勿遣,而令其乘勝下潁昌[5],道陳、汝[6],趨汴都[7],金内顧且驚潰,可不戰而屈其兵矣。澈不聽。

【注】

〔1〕武昌,今湖北鄂城。劉琦(1098—1162),字信叔,德順軍(治今甘肅静寧)人。南宋初年名將,嘗從張浚抗金有功,官至東京副留守,後受秦檜排擠,憂憤而死。
〔2〕直淮、蔡,直達兩淮和蔡州,淮,即今安徽兩淮;蔡,蔡州,今屬河南。淮、蔡地區時爲金兵所控制。
〔3〕資,采用。
〔4〕宣諭荆襄,巡視並籌措穩定荆襄地區的形勢。荆襄,今屬湖北。
〔5〕潁昌,府名,治所長社(今河南許昌市)。
〔6〕道陳、汝,取道陳州、汝州。陳,今河南汝陽;汝,今河南臨汝。
〔7〕趨汴都,奔汴梁。汴都,北宋都城汴梁,今開封市。

時江、淮仕者聞金兵且至,皆預遣其奴而繫馬於庭以待。季宣獨留家,與民期曰:"吾家即汝家,即有急,吾與汝偕死。"民亦自奮。縣多盜,季宣患之,會有伍民之令[1],乃行保伍法,五家爲保,二保爲甲,六甲爲隊,因地形便合爲總[2],不以鄉爲限,總首、副總首領之。官族、士族、富族皆附保,蠲其身[3],俾輸財供總之小用。諸總必有圃以習射[4],禁蒱博雜戲,而許以武事角勝負,五日更至庭閲之,而賞其尤者;不幸死者予棺,復其家三年[5]。鄉置樓,盜發,伐鼓舉烽,瞬息遍百里。縣治、白鹿磯、安樂口皆置戍[6]。復請於宣諭司[7],得戰艦十,甲三百,羅落之。守計定,訖兵退,人心不搖。

【注】
〔1〕會有伍民之令,正好頒發編制百姓的詔令。伍,編制,武裝。
〔2〕總,單位。
〔3〕蠲其身,免除本人的勞役。蠲,免除。
〔4〕圃,軍事訓練的場所。
〔5〕復其家,免除全家的徭役。復,免除。
〔6〕縣治、白鹿磯、安樂口,今均屬湖北。
〔7〕宣諭司,鎮撫一方(路)的軍政官署。

樞密使王炎薦於朝,召爲大理寺主簿,未至,爲書謝炎曰:"主上天資英特,羣臣無將順緝熙之具[1],幸得遭時,不能格心正始,以建中興之業,徒僥倖功利,夸言以眩俗,雖復中夏,猶無益也。爲今之計,莫若以仁義紀綱爲本。至於用兵,請俟十年之後可也。"

【注】
〔1〕緝熙,光明。

時江、湖大旱,流民北渡江,邊吏復奏淮北民多款塞者[1],宰相虞允文白遣季宣行淮西,收以實邊[2]。季宣爲表廢田,相原隰[3],復合肥三十六圩,立二十二莊於黃州故治東北[4],以户授屋,以丁授田,頒牛及田器穀種各有差,廪其家,至秋乃至。凡爲户六百八十有五,分處合肥、黄州間,並邊歸正者振業之。季宣謂人曰:"吾非爲今日之利也。合肥之圩,邊有警,因以斷栅江[5],保巢湖[6]。黄州地直蔡衝,諸莊輯則西道有屏蔽矣。"光州守宋端友招集北歸者止五户[7],而雜舊户爲一百七十,奏以幸賞,季宣按得其實而劾之。時端友爲環列附託難撼[8],季宣奏上,孝宗怒,屬大理治,端友以憂死。

【注】

[1] 款塞,原指外族前來求通中國,此處指淮北之民向往歸順南宋。款,叩;塞,塞門。
[2] 實邊,充實邊境力量。
[3] 原,平整高田;隰,低下的水田。
[4] 黄州,今湖北黄岡市北。
[5] 栅江,今安徽無爲以東、蕪湖以西。
[6] 巢湖,今安徽巢湖。
[7] 光州,今安徽黄川。
[8] 爲環列附託難撼,謂廣交朝廷權貴而難以動摇其地位。

季宣還,言於孝宗曰:"左右之人進言者,其情不可不察也。託正以行邪,僞直以售佞,薦退人物,曾非誦言,游揚中傷,乃自不意。一旦號令雖自中出,而其權已歸私門矣。故齊威之霸[1],不在阿、即墨之誅賞[2],而在毁譽者之刑。臣觀近政,非無阿、即墨之誅賞,奈何毁譽之人自若乎?"帝曰:"朕方圖之。"

【注】

〔1〕齊威,即齊威王(？—前320),戰國時齊國國君。在位期間,頗留意政治,使國力得到增強。
〔2〕阿、即墨,均爲齊大夫。阿大夫爲人貪鄙,巴結權貴,朝中爲之稱譽者甚多;即墨大夫清廉剛正,得罪權貴,反遭誹謗。齊威王查實之後,誅阿,賞即墨。

　　季宣又進言曰:"曰城淮郡,以臣所見,合肥板幹方立,中使督視,卒卒成之。臣行過郡,一夕風雨,墮樓五堵,歷陽南壁闕[1],而居巢庫陋如故[2],乃聞有靡錢巨萬而成城四十餘丈者。陛下安取此!然外事無足道,咎根未除,臣所深憂。左右近侍,陰擠正士而陽稱道之,陛下儻因貌言而聽之,臣恐石顯、王鳳、鄭注之智中也[3]。"又言:"近或以好名棄士大夫,夫好名特爲臣子學問之累,人主爲社稷計,唯恐士不好名,誠人人好名畏義,何鄉不立?"帝稱善,恨得季宣晚,遂進兩官,除大理正。

【注】

〔1〕歷陽,今屬安徽,治所相當於和縣以東。
〔2〕居巢,即今安徽巢縣。
〔3〕石顯(？—前32),字君房,漢濟南人。宣帝時,以中書官爲僕射,元帝時爲中書令,爲人外巧慧而內陰險,先後譖殺大臣多人。王鳳(？—前22),字孝卿,西漢東平陵(今山東濟南東)人。妹王政君爲元帝皇后,以外戚爲大司馬、大將軍、領尚書事,獨擅朝政,內外官吏俱出其門下。鄭注(？—835),唐大臣,絳州翼城(今山西翼城東)人,本姓魚。爲唐文宗所信任,

推行榷茶法，企圖誅滅宦官，被誅。

自是，凡奏請論薦皆報可。以虞允文諱闕失，不樂之。居七日，出知湖州[1]。會戶部以歷付場務[2]，錙銖皆分隸經總制，諸郡束手無策，季宣言於朝曰："自經總制立額，州縣鑿空以取贏，雖有奉法吏思寬弛而不得騁。若復額外征其強半，郡調度顧安所出？殆復巧取之民，民何以勝！"戶部譙責愈急，季宣爭之愈強，臺諫交疏助之，乃收前令。

【注】

〔1〕湖州，治所在今浙江吳興。
〔2〕戶部，掌管全國土地、戶籍、賦稅、財政收支等事務之官署。

改知常州[1]，未上，卒，年四十。季宣於《詩》、《書》、《春秋》、《中庸》、《大學》、《論語》皆有訓義，藏於家。其雜著曰《浪語集》。

【注】

〔1〕常州，治所在今江蘇常州市。

選自《宋史》卷四三四《儒林四》

陸九齡 (1132—1180)

陸九齡字子壽。八世祖希聲，相唐昭宗，孫德遷，五代末避亂居撫州之金溪[1]。父賀，以學行爲里人所宗，嘗採司馬氏冠、昏、喪、祭儀行於家，生六子，九齡其第五子也。幼穎悟端重，十歲喪母，哀毁如成人。稍長，補郡學弟子員。

【注】
[1] 撫州之金溪，今江西金溪。

時秦檜當國，無道程氏學者，九齡獨尊其説。久之，聞新博士學黄、老，不事禮法，慨然嘆曰："此非吾所願學也。"遂歸家，從父兄講學益力。是時，吏部員外郎許忻有名中朝，退居臨川，少所賓接，一見九齡，與語大悦，盡以當代文獻告之。自是九齡益大肆力於學，繙閲百家，晝夜不倦，悉通陰陽、星曆、五行、卜筮之説。

性周謹，不肯苟簡涉獵。入太學，司業汪應辰舉爲學録[1]。登乾道五年進士第。調桂陽軍教授[2]，以親老道遠，改興國軍[3]，未上，會湖南茶寇剽廬陵[4]，聲摇旁郡，人心震攝。舊有義社以備寇[5]，郡從衆請以九齡主之，門人多不悦，九齡曰："文事武備，一也。古者有征討，公卿即爲將帥，比閭之長[6]，則五兩之率也。士而恥此，則豪俠武斷者專之矣。"遂領其事,調度屯禦皆有法。寇雖不至,而郡縣倚以爲重。暇則與鄉之子弟習射,曰:"是固男子之事也。"歲惡,有剽劫者過其門,必相戒曰:"是家射多命中,無自取死。"

【注】

〔1〕司業,國子監的副長官,協助祭酒,掌儒學訓導王政。汪應辰,見本書《呂祖謙》傳注。學錄,國子監所屬學官,機行學規,協助博士教學。

〔2〕桂陽軍,治所在平陽(今湖南桂陽),轄境相當於湖南桂陽、藍山、嘉禾、臨武等縣地。

〔3〕興國軍,治所在永興(今湖北陽新),轄境相當於今湖北陽新、恩口、通山等地。

〔4〕廬陵,今江西吉安市。

〔5〕義社,鄉村中的地主武裝。

〔6〕比閭,相挨居住的二十五家。比,緊密;閭,二十五家。

　　及至興國,地濱大江,俗儉嗇而鮮知學。九齡不以職閒自佚,益嚴規矩,肅衣冠,如臨大衆,勸綏引翼〔1〕,士類興起,不滿歲,以繼母憂去。服除,調全州教授〔2〕。未上,得疾。一日晨興,坐床上與客語,猶以天下學術人才爲念。至夕,整襟正卧而卒,年四十九。寶慶二年〔3〕,特贈朝奉國、直秘閣,賜諡文達。

【注】

〔1〕勸綏引翼,謂勸善止惡,以資輔政。綏,通"妥",停止;翼,

輔助。

〔2〕全州,即今湖南全州。

〔3〕寶慶,宋理宗趙昀年號(1225—1227)。

　　九齡嘗繼其父志,益修禮學,治家有法。閭門百口,男女以班各供其職,閨門之內嚴若朝廷。而忠敬樂易,鄉人化之,皆遜弟焉,與弟九淵相爲師友,和而不同,學者號"二陸"。有來問學者,九齡從容啓告,人人自得,或未可與語,則不發,嘗曰:"人之惑有難以口舌爭者,言之激,適固其意;少需,未必不自悟也。"

　　廣漢張栻與九齡不相識,晚歲以書講學,期以世道之重。吕祖謙常稱之曰:"所志者大,所據者實。有肯綮之阻[1],雖積九仞之功不敢遂;有毫釐之偏,雖立萬夫之表不敢安。公聽並觀,却立四顧,弗造於至平至粹之地,弗措也。"兄九韶。

【注】

〔1〕肯綮,原指筋骨結合的地方,引申爲要害、關鍵之處。

選自《宋史》卷四三四《儒林四》

張　　栻 (1133—1180)

　　張栻字敬夫,丞相浚子也[1]。穎悟夙成,浚愛之,自幼學,所教莫非仁義忠孝之實。長師胡宏[2],宏一見,即以孔門論仁親切之旨告之。栻退而思,若有得焉,宏稱之曰:"聖門有人矣。"栻益自奮厲,以古聖賢自期,作《希顏錄》[3]。

【注】

〔1〕浚,即張浚(1097—1164),字德遠,漢州綿竹(今屬四川)人。官至宰相,因力主抗金,受秦檜排擠在外近二十年。孝宗即位後,重被起用,符離失利後,又被主和派排擠去職。

〔2〕胡宏,本書有傳。

〔3〕《希顏錄》,主要是輯錄《論語》、《孟子》、《中庸》及後人書中有關顏淵言行的記載。初編於紹興二十九年,至孝宗乾道九年改畢。

　　以蔭補官,辟宣撫司都督府書寫機宜文字,除直祕閣。時孝宗新即位,浚起謫籍,開府治戎,參佐皆極一時之選。栻時以少年,內贊密謀,外參庶務,其所綜畫,幕府諸人皆自以爲不及也。間以軍事入奏,因進言曰:"陛下上念宗社之讎恥,下閔中原之塗炭,惕然於中,而思有以振之。臣謂此心之發,即天理之所存也。願益加省察,而稽古親賢以自輔,無使其或少息,則今日之功可以必成,而因循之弊可革矣。"孝宗異其言，於是遂定君臣之契。

浚去位，湯思退用事[1]，遂罷兵講和。金人乘間縱兵入淮甸[2]，中外大震，廟堂猶主和議[3]，至敕諸將無得輒稱兵。時浚已沒，栻營葬甫畢，即拜疏言："吾與金人有不共戴天之讎，異時朝廷雖嘗興縞素之師，然旋遣玉帛之使，是以講和之念未忘於胸中，而至忱惻怛之心無以感格於天人之際，此所以事屢敗而功不成也。今雖重爲羣邪所誤，以蹙國而召寇，然亦安知非天欲以是開聖心哉。謂宜深察此理，使吾胸中了然無纖芥之惑，然後明詔中外，公行賞罰，以快軍民之憤，則人心悅，士氣充，而敵不難却矣。繼今以往，益堅此志，誓不言和，專務自强，雖折不撓，使此心純一，則退以歲月，亦何功之不濟哉？"疏入，不報。

【注】

[1] 湯思退（？—1164），字進之。處州（浙江麗水）人。羽附秦檜，檜死後兩度爲相，力主向金兵投降議和，爲士人不齒。
[2] 金人乘間縱兵入淮甸，隆興二年（1164）十月，金兵得湯思退軍事密報，乘宋軍無備而渡過淮河發動進攻，宋軍大敗。
[3] 廟堂，朝廷。

久之，劉珙薦於上，除知撫州[1]，未上，改嚴州[2]。時宰相虞允文以恢復自任，然所以求者類非其道，意栻素論當與己合，數遣人致殷勤，栻不答。入奏，首言："先王所以建事立功無不如志者，以其胸中之誠有以感格天人之心，而與之無間也。今規畫雖勞,而事功不立。陛下誠深察之日用之間,念慮云爲之際,亦有私意之發以害吾之誠者乎?有則克而去之,使吾中扃洞然無所間雜,則見義必精,守義必固,而天人之應將不待求而得矣[3]。夫欲復中原之地,先有以得中原之心,欲得中原之心,先有以得吾民之心。求所以得吾民之心者,豈有他哉?不盡其力,不傷其財而已矣。今日之事,固當以明大義、正人心爲本。然其所施有先後,則其緩急不可以不詳,所務有名實,則其取舍不可以不審,此又明主所宜深察也。"

【注】

〔1〕撫州,今江西撫州市。
〔2〕嚴州,今屬浙江梅城一帶。
〔3〕天人之應,關於天與人關係的神秘説教。認爲天能干預人事,賞功罰禍;人的行爲也會觸怒或感動上天。

明年,召爲吏部侍郎,兼權起居郎侍立官。時宰方謂敵勢衰弱可圖,建議遣泛使往責陵寢之故[1],士大夫有憂其無備而召兵者,輒斥去之。栻見上,上曰:"卿知敵國事乎?"栻對曰:"不知也。"上曰:"金國饑饉連年,盜賊四起。"栻曰:"金人之事,臣雖不知,境中之事,則知之矣。"上曰:"何也?"栻曰:"臣切見比年諸道多水旱,民貧日甚,而國家兵弱財匱,官吏誕謾[2],不足倚賴。正使彼實可圖,臣懼我之未足以圖彼也。"上爲默然久之。栻因出所奏疏讀之曰:"臣竊謂陵寢隔絶,誠臣子不忍言之至痛,然今未能奉辭以討之[3]，又不能正名以絶之[4]，乃欲卑詞厚禮以求於彼，則於大義已爲未盡。而異論者猶以爲憂，則其淺陋畏怯，固益甚矣。然臣竊揆其心意，或者亦有以見我未有必勝之形，而不能不憂也歟。蓋必勝之形，當在於早正素定之時，而不在於兩陣決機之日。"上爲竦聽改容。栻復讀曰："今日但下哀痛之詔，明復讎之義，顯絶金人，不與通使。然後修德立政，用賢養民，選將帥，練甲兵，通內修外攘、進戰退守以爲一事，且必治其實而不爲虛文，則必勝之形隱然可見，雖有淺陋畏怯之人，亦且奮躍而争先矣。"上爲嘆息褒諭，以爲前始未聞此論也。其後因賜對反復前説，上益嘉嘆，面諭："當以卿爲講官，冀時得晤語也。"

【注】

〔1〕陵寝之故，宋徽宗與宋欽宗於靖康二年(1127)爲金兵所俘，後都死於五國城（今黑龍江依蘭）。遂葬於此，故有此説。
〔2〕誕謾，亦作"儃僈"，荒誕，放縱。
〔3〕奉辭，敬奉天命。
〔4〕正名，匡正大義。

會史正志爲發運使[1]，名爲均輸[2]，實盡奪州縣財賦，遠近騷然，士大夫争言其害，栻亦以爲言。上曰："正志謂但取之諸郡，非取之於民也。"栻曰："今日州郡財賦大抵無餘，若取之不已，而經用有闕，不過巧爲名色以取之於民耳。"上矍然曰："如卿之言，是朕假手於發運使以病吾民也。"旋閱其實,果如栻言,即詔罷之。

【注】
〔1〕發運使,置於江南、淮南、兩浙、荊湖等路總鹽漕事務之官員。
〔2〕均輸,統一徵收、買賣和運輸貨物,供皇室之用。

兼侍講,除左司員外郎。講《詩·葛覃》,進説:"治生於敬畏,亂起於驕淫。使爲國者每念稼穡之勞,而其后妃不忘織紝之事,則心不存者寡矣。"因上陳祖宗自家刑國之懿,下斥今日興利擾民之害。上嘆曰:"此王安石所謂'人言不足恤'者,所以爲誤國也。"

知閤門事張説除簽書樞密院事[1],栻夜草疏極諫其不可,且詣朝堂,質責宰相虞允文曰:"宦官執政,自京、黼始[2],近習執政,自相公始。"允文慚憤不堪。栻復奏:"文武誠不可偏,然今欲右武以均二柄[3],而所用乃得如此之人,非惟不足以服文吏之心,正恐反激武臣之怒。"孝宗感悟,命得中寝。然宰相實陰附説,明年出栻知袁州[4],申説前命,中外喧嘩,説竟以謫死。

【注】
〔1〕閤門事,掌殿廷傳宣之事,係皇帝之近習之臣。
〔2〕京,即蔡京。黼,即王黼(1079—1126),開封祥符(河南開封)人,字將明。曾代蔡京爲相,爲人貪黷無厭,爲士人切齒。因蔡京勾結宦官童貫、楊戩,王黼勾結宦者梁師成等,狼狽爲姦,把持朝政,故有是説。
〔3〕右武,抬高武臣地位。因閤門事通常由武臣充職,故是説。二

柄,指賞與罰。
〔4〕袁州,今江西宜春。

栻在朝未期歲,而召對至六七,所言大抵皆修身務學,畏天恤民,抑僥倖,屏讒諛,於是宰相益憚之,而近習尤不悦。退而家居累年,孝宗念之,詔除舊職,知靜江府[1],經略安撫廣南西路。所部荒殘多盜,栻至,簡州兵,汰冗補闕,籍諸州黥卒伉健者爲效用[2],日習月按,申嚴保伍法。諭溪峒酋豪弭怨睦鄰[3],毋相殺掠,於是羣蠻帖服。朝廷買馬横山,歲久弊滋,邊氓告病,而馬不時至。栻究其利病六十餘條,奏革之,諸蠻感悦,爭以善馬至。

【注】

〔1〕靜江府,今廣西桂林。
〔2〕伉健,高大健壯。伉,高大。
〔3〕溪峒酋豪,廣西一帶少數民族的豪右大族和首領。

孝宗聞栻治行,詔特進秩[1],直寶文閣,因任。尋除祕閣修撰、荆湖北路轉運副使[2]。改知江陵府[3],安撫本路。一日去貪吏十四人。荆湖北多盜,府縣往往縱釋以病良民,栻究首劾大吏之縱賊者,捕斬奸民之舍賊者[4],令其黨得相捕告以除罪,羣盜皆遁去。郡頻邊屯,主將與帥守每不相下,栻以禮遇諸將,得其歡心,又加恤士伍,勉以忠義,隊長有功輒補官,士咸感奮。並淮奸民出塞爲盜者,捕得數人,有北方亡奴亦在盜中。栻曰:"朝廷未能正名討敵,無使疆埸之事其曲在我。"命斬之以徇於境,而縛其亡奴歸之。北人嘆曰:"南朝有人。"

【注】
〔1〕進秩,增加俸祿。秩,俸祿。
〔2〕荊湖北路,治所相當於湖北省南部。
〔3〕江陵府,隸屬於荊湖北路,即今荊州。
〔4〕舍賊,留宿賊人。

信陽守劉大辯怙勢希賞[1],廣招流民,而奪見户熟田以興之。栻劾大辯詐諼[2],所招流民不滿百,而虛增其數十倍,請論其罪,不報。章累上,大辯易他郡,栻自以不得其職求去。詔以右文殿修撰提舉武夷山冲佑觀。病且死,猶手疏勸上親君子遠小人,信任防一己之偏,好惡公天下之理。天下傳誦之。栻有公輔之望,卒時年四十有八。孝宗聞之,深為嗟悼,四方賢士大夫往往出涕相弔,而江陵、静江之民尤哭之哀。嘉定間[3],賜諡曰宣。淳祐初[4],詔從祀孔子廟。

【注】
〔1〕信陽,今河南信陽市。
〔2〕詐諼,欺詐。
〔3〕嘉定,宋寧宗年號(1208—1223)。
〔4〕淳祐,宋理宗年號(1241—1252)。

栻為人表裏洞然,勇於從義,無毫髮滯吝。每進對,必自盟於心，不可以人主意悦輒有所隨順。孝宗嘗言伏節死義之臣難得，栻對："當於犯顏敢諫中求之。若平時不能犯顏敢諫，他日何望其伏節死義？"孝宗又言難得辦事之臣，栻對："陛下當求曉事之臣，不當求辦事之臣。若但求辦事之臣，則他日敗陛下事者，未必非此人也。"栻自言：前後奏對忤上旨雖多，而上每念之，未嘗加怒者，所謂可以理奪云爾。

其遠小人尤嚴。爲都司日[1]，肩輿出，遇曾覿[2]，覿舉手欲揖，栻急掩其窗櫺[3]，覿慚，手不得下。所至郡，暇日召諸生告語。民以事至庭，必隨事開曉。具爲條教，大抵以正禮俗、明倫紀爲先。斥異端，毀淫祠，而崇社稷山川古先聖賢之祀，舊典所遺，亦以義起也。

【注】

[1] 都司，亦作"都事"，宋代尚書設有左右司都事，負責收發文件、稽察缺失及監印等事務。
[2] 曾覿，宦官。詳見本書《朱熹》傳注。
[3] 窗櫺，即窗簾。櫺，窗上的木格。

栻聞道甚早，朱熹嘗言："己之學乃銖積寸累而成，如敬夫，則於大本卓然先有見者也。"所著《論語孟子説》[1]、《太極圖説》、《洙泗言仁》、《諸葛忠武侯傳》、《經世紀年》，皆行於世。栻之言曰："學莫先於義利之辨。義者，本心之當爲，非有爲而爲也。有爲而爲，則皆人欲，非天理。"此栻講學之要也。

子焯。

【注】

〔1〕《論語孟子説》,即《論語解》和《孟子説》的合稱。《論語解》十卷,成書於孝宗乾道九年(1173),《孟子説》亦於同年成書。

選自《宋史》卷四二九《道學三》

吕　祖　謙（1137—1181）

　　吕祖謙字伯恭，尚書右丞好問之孫也[1]。自其祖始居婺州[2]。祖謙之學本之家庭，有中原文獻之傳[3]。長從林之奇、汪應辰、胡憲游[4]，既又友張栻、朱熹，講索益精。

【注】

〔1〕好問，即吕好問，字舜徒。靖康元年任御史中丞，靖康二年，金兵滅北宋，立張邦昌，以吕好問攝門下省。張邦昌取消尊號後，吕好問歸南宋，任尚書右丞，後爲人彈劾不能守節遭貶，知宣州。
〔2〕婺州，金華。
〔3〕中原文獻之傳，以研究歷史文獻，汲取其中道德學問的一種傳統。
〔4〕林之奇，字少穎，一字拙齋，侯官（今屬福建）人。官至宗正丞，學術上成就不大，著作有《拙齋記問》。汪應辰，字聖錫，信州玉山（今屬江西）人。官至吏部尚書，因力主抗金，與秦檜不和，長期受排擠。學術上"博綜百家"，頗爲雜博。胡憲，字原仲，崇安（屬福建）人。官至秘書正字，因反對和議，曾爲秦檜排擠。學術上尊親二程，又喜佛老，無創見。

　　初，蔭補入官，後舉進士，復中博學宏詞科[1]，調南外宗教。丁內艱,居明招山[2],四方之士爭趨之。除太學博士,時中都官待次者例補外,添差教授嚴州,尋復召爲博士兼國史院編修官、實錄院檢討官。輪對,勉孝宗留意聖學。且言:"恢復大事也,規模當定,方略當審。陛下方廣攬豪傑,共集事功,臣願精加考察,使之確指經畫之實,孰爲先後,使嘗試僥倖之説不敢陳於前,然後與一二大臣定成算而次第行之,則大義可伸,大業可復矣。"

【注】

〔1〕博學宏詞科,王朝臨時設置的考試科目,爲制科之一種。由大臣薦舉,不分仕與未仕,定期在殿廷考試,錄取者授以翰林官。
〔2〕明招山,在今浙江武義縣境内。

召試館職。先是,召試者率前期從學士院求問目,獨祖謙不然,而其文特典美。嘗讀陸九淵文喜之,而未識其人。考試禮部[1],得一卷,曰:"此必江西小陸之文也。"揭示,果九淵,人服其精鑒,父憂免喪,主管台州崇道觀[2]。

【注】

〔1〕考試禮部,主持禮部考試。
〔2〕台州,今浙江臨海。

越三年,除秘書郎、國史院編修官、實錄院檢討官[1]。以修撰李燾薦,重修《徽宗實錄》。書成進秩,面對,言曰:"夫治道體統,上下內外不相侵奪而後安。鄉者,陛下以大臣不勝任而兼行其事，大臣亦皆親細務而行有司之事，外至監司、守令職任，率爲其上所侵而不能令其下。故豪猾玩官府[2]，郡縣忽省部，掾屬凌長吏[3]，賤人輕柄臣。平居未見其患，一旦有急，誰與指麾而伸縮之邪？如曰臣下權任太重，懼其不能無私，則有給、舍以出納焉，有臺諫以救正焉，有侍從以詢訪焉。儻得端方不倚之人分處之，自無專恣之慮，何必屈至尊以代其勞哉？人之關鬲脈絡少有壅滯，久則生疾。陛下於左右雖不勞操制，苟玩而弗慮，則聲勢浸長，趨附浸多，過咎浸積，內則懼爲陛下所遣而益思壅蔽，外則懼爲公議所疾而益肆詆排。願陛下虛心以求天下之士，執要以總萬事之機。勿以圖任或誤而謂人多可疑，勿以聰明獨高而謂智足遍察，勿詳於小而忘遠大之計，勿忽於近而忘壅蔽之萌。"

【注】

〔1〕實録院，專編前一代皇帝政令的機構檢討官，掌修國史，位次編修。
〔2〕豪猾，强横狡猾而不守法紀的人。
〔3〕掾屬，衙門中的小吏。

又言："國朝治體，有遠過前代者，有視前代爲未備者。夫以寬大忠厚建立規模，以禮遜節義成就風俗。此所謂遠過前代者也。故於俶擾艱危之後，駐蹕東南逾五十年[1]，無纖豪之虞，則根本之深可知矣。然文治可觀而武績未振，名勝相望而幹略未優，故雖昌熾盛大之時，此病已見。

是以元昊之難[2],范、韓皆極一時之選,而莫能平殄[3],則事功之不競從可知矣。臣謂今日治體視前代未備者,固當激厲而振起,遠過前代者,尤當愛護而扶持。"

【注】

〔1〕駐蹕,皇帝出行,途中停留暫住,或沿途禁止通行。駐,停留,駐扎;蹕,禁止通行。
〔2〕元昊之難,指西夏國主元昊對北宋的多次侵犯。
〔3〕范,指范仲淹。韓,指韓琦。范、韓二人曾鎮守西北邊陲,防禦西夏,故有此說。

遷著作郎,以末疾請祠歸。先是,書肆有書曰《聖宋文海》,孝宗命臨安府校正刊行。學士周必大言《文海》去取差謬,恐難傳後,盍委館職銓擇,以成一代之書。孝宗以命祖謙。遂斷自中興以前,崇雅黜浮,類為百五十卷,上之,賜名《皇朝文鑑》[1]。

【注】

〔1〕《皇朝文鑑》,又名《宋文鑑》,一百五十卷,內容乃從宋朝文人學士之文集選錄,分類編纂。

詔除直秘閣。時方重職名,非有功不除,中書舍人陳騤駁之。孝宗批旨云:"館閣之職,文史為先。祖謙所進,採取精詳,有益治道,故以寵之,可即命詞。"騤不得已草制。尋主管沖祐觀。明年,除著作郎兼國史院編修官。卒,年四十五,諡曰成。

祖謙學以關、洛爲宗[1]，而旁稽載籍，不見涯涘。心平氣和，不立崖異，一時英偉卓犖之士皆歸心焉。少卞急，一日，誦孔子言"躬自厚而薄責於人"，忽覺平時忿懥渙然冰釋。朱熹嘗言："學如伯恭方是能變化氣質。"其所講畫，將以開物成務，既卧病，而任重道遠之意不衰。居家之政，皆可爲後世法。修《讀詩記》、《大事記》[2]，皆未成書。考定《古周易》、《書說》、《閫範》、《官箴》、《辨志錄》、《歐陽公本末》[3]，皆行於世。晚年會友之地曰麗澤書院，在金華城中；既歿，郡人即而祠之。子延年。

【注】

[1] 關，指關學，以張載學說爲主；洛，洛學，以二程學說爲主。

[2] 《讀詩記》，三十二卷，解說《詩經》。其特點是"兼總衆說"而"融合貫通"。《大事記》，十二卷，內附通釋二卷，解題十二卷。採用《左傳》體例，本擬歷輯自春秋至五代，實自周敬王三十九年至漢武帝征和三年（前481—前90）。

[3] 《古周易》，一卷，以上下經、十翼各爲一篇，復古本之舊，很得朱熹推崇，《朱子本義》即用此本。《書說》，三十五卷，前二十二卷爲門人編，後十三卷則是呂祖謙本人撰寫。《閫範》，一卷，係呂祖謙作的家訓。《官箴》原爲呂祖謙伯祖呂本中所作，後由呂祖謙編定，凡一卷。《辨志錄》，不見於《東華文集》，存疑。

選自《宋史》卷四三四《儒林四》

唐 仲 友（1135—1187）

　　唐仲友，字與政，金華人也[1]。侍御史堯封之子。侍御以清德有直聲。先生兄弟，皆自教之。

【注】
〔1〕金華，今屬浙江。

　　成紹興二十一年進士[1]，兼中宏辭，通判建康府[2]。上萬言書，論時政，孝宗納之[3]。召試，除著作郎。疏陳正心誠意之學。出知信州[4]，以善政聞，移知台州[5]。嘗條具荒政之策，請以司馬光舊説，令富室有蓄積者，官給印歷，聽其舉貸，量出利息，俟年豐，官爲收索，示以必信，不可誑誘。從之。鋤治姦惡甚嚴。晦翁爲浙東提刑[6]，劾之，時先生已擢江西提刑，晦翁劾之愈力，遂奉祠[7]。

【注】
〔1〕紹興，宋高宗年號（公元1131—1162）。
〔2〕建康府，南宋置，治所在今江蘇南京市。
〔3〕孝宗（1127—1194），南宋皇帝，名昚，1162—1189年在位。即位初，力主抗金，隆興元年（1163）敗於符離，乃與金重訂和約。淳熙十六年（1189）傳位於趙惇（光宗）。
〔4〕信州，宋承唐置，治所在今江西上饒市。

〔5〕台州，宋承唐置，治所在臨海（今屬浙江）。
〔6〕晦翁，即朱熹，本書有傳。
〔7〕奉祠，宋代五品以上官員，不能任事，或年老退休，多被任爲宮觀使、提舉、提點、主管宮觀等官，無職事，但領俸禄，叫"奉祠"。

　　先生素伉直，既處摧挫，遂不出，益肆力於學。上自象緯、方輿、禮樂、刑政、軍賦、職官〔1〕，以至一切掌故，本之經史，參之傳記，旁通午貫，極之繭絲牛毛之細，以求見先王製作之意，推之後世，可見之施行。其言曰："不專主一説，苟同一人，隱之於心，稽之於聖經〔2〕。合者取之，疑者闕之。"又曰："三代治法，悉載於經，灼可見諸行事，後世以空言視之，所以治不如古。"痛闢佛老〔3〕，斥當時之言心學者〔4〕。從游嘗數百人。

【注】
〔1〕象緯，天文星象之學。方輿，猶"輿地"，舊時稱地理學爲方輿之學。
〔2〕稽，考。聖經，謂聖人之書，儒家經典。
〔3〕闢，辯駁之意。佛老，佛教和道教。
〔4〕心學，南宋陸九淵、明王守仁把"心"看作宇宙萬物的本原，認爲"聖人之學，心學也"（王守仁《象山全集序》），故後人稱此學派爲"心學"。

　　初，晦翁之與先生交奏也〔1〕。或曰：東萊向嘗不喜先生〔2〕，晦翁因申其意。陳直卿曰：説齋恃才〔3〕，頗輕晦翁。而同甫尤與説齋不相下〔4〕。同甫遊台，狎一妓，欲得之，屬說齋以脫籍[5],不遂,恨之。乃告晦翁曰:"渠謂公尚不識字[6],如何爲監司。"晦翁銜之,遂以部内有冤獄,乞再按台[7]。既至,說齋出迎稍遲,晦翁益以同甫之宮爲信,立索印,擿其罪具奏[8],說齋亦馳疏自辯。王魯公淮在中書[9],說齋姻家也。晦翁疑其右之[10],連疏持之。孝宗以問,魯公對曰:"秀才爭閒氣耳。"於是說齋之事遂解,而晦翁門下士,由是並詆魯公,非公論也。或曰:是時台州倅高文虎譖之東萊[11],東萊轉告晦翁。案東萊最和平,無忮忌,且是時下世已一年矣。同甫與晦翁書曰:"近日台州之事,是非毀譽參半。"且言有拖泥帶水之意,似未盡以晦翁之所行爲至當。同甫又曰:"平生不曾說人是非,與政乃見疑相譖,真足當田光之死[12]。"則當時蓋有此疑,而同甫亟自白也,是皆失其實矣。文虎小人之尤,殆曾出於其手。然予觀晦翁所以糾先生者,忿急峻厲,如極惡大懟[13],而反覆於官妓嚴蕊一事。謂其父子逾濫,則不免近於誣抑,且傷□□□。且蕊自台移獄於越[14],備受箠楚[15],一語不承。其答獄吏云:"身爲賤妓,縱與太守有濫,罪不至死。但不欲爲妄言,以污君子,有死不能也。"於是岳商卿持憲節卒釋之,然則先生之誣可白矣。又以在官嘗刊荀、揚諸子爲之罪,則亦何足見之彈事[16]。晦翁雖大賢,於此終疑其有未盡當者。且魯公賢者,前此固力薦晦翁之人也,至是或以姻家之故,稍費調停,然謂其從此因嗾鄭丙、陳賈以毀道學[17],豈其然乎。丙、賈或以此爲逢迎,魯公豈聽之。夷考其生平,足以白其不然也。蓋先生爲人,大抵特立自信,故雖以東萊、同甫,絶不過從。其簡傲或有之。晦翁亦素多卞急[18]，兩賢相厄，以致參辰[19]，不足爲先生概其一生。近世好立異功者，則欲左袒先生而過推之[20]，皆非也。

【注】

〔1〕交奏，指朱熹上奏參劾及唐仲友上疏自辯一事。

〔2〕東萊，即呂祖謙（1137—1181），本書有傳。

〔3〕說齋，唐仲友號。

〔4〕同甫，既陳亮（1143—1194），本書有傳。

〔5〕脫籍，古之官妓，名隸樂籍，從良嫁人或不再爲妓，須取得主管官員批准，除去樂籍中的名字，稱爲"脫籍"。

〔6〕渠，他。

〔7〕按，巡行。

〔8〕摭，拾取。

〔9〕王淮，南宋大臣，金華（今屬浙江）人，官至左丞相。

〔10〕右，助。

〔11〕倅，副職。譖，進讒言，說人的壞話。

〔12〕田光（？—前227），戰國燕處士，爲人智深而勇毅，薦荆軻於燕太子丹以謀刺秦王政。丹對他說："願先生勿泄也。"他嘆道："夫爲行而使人疑之，非節俠也。"遂自刎而死。

〔13〕憨，姦惡。

〔14〕越，越州，隋置，治所在會稽（今浙江紹興）。南宋時升爲紹興府。

〔15〕箠楚，杖刑。

〔16〕彈，糾劾。

〔17〕嗾，慫恿別人做壞事。

〔18〕卞急,言性情躁急。
〔19〕参辰,同"参商"。参、商兩星此出則彼落,兩不相見,比喻彼此乖離,不和睦。
〔20〕左袒,謂偏助一方。

先生之書,雖不盡傳,就其所傳者窺之,當在艮齋、止齋之下[1],較之水心則稍淳[2],其淺深蓋如此。所著曰《六經解》一百五十卷、《孝經解》一卷、《九經發題》一卷、《諸史精義》百卷、《陸宣公奏議解》十卷、《經史難答》一卷、《乾道祕府羣書新錄》八十三卷、《天文詳辯》三卷、《地理詳辯》三卷、《愚書》一卷、《説齋文集》四十卷,尚有《故事備要》、《辭料雜錄》諸種,而其尤著者曰《帝王經世圖譜》十卷[3]。周益公曰:"此備六經之指趣,爲百世之軌範者也。"又嘗取韓子之文合於道者三十六篇,定爲《韓子》二卷。

【注】
〔1〕艮齋,謝諤的號。止齋,陳傅良的號,本書有傳。
〔2〕水心,葉適的號,本書有傳。
〔3〕《帝王經世圖譜》,據《四庫全書簡明目錄》:"十六卷,原本久佚,今從永樂大典錄出。其書分類纂言,而各係以圖譜,於先聖大經大法,成綜括貫串,故以帝王經世爲名。其所辯訂,亦皆精確,非空談心法者所能及也。"

選自《宋元學案》卷六十《説齋學案》

陸九淵(1139—1193)

陸九淵字子靜。生三四歲,問其父天地何所窮際,父笑而不答。遂深思,至忘寢食。及總角[1],舉止異凡兒,見者敬之。謂人曰:"聞人誦伊川語,自覺若傷我者。"又曰:"伊川之言,奚爲與孔子、孟子之言不類?近見其間多有不是處。"初讀《論語》,即疑有子之言支離[2]。他日讀古書,至"宇宙"二字,解者曰:"四方上下曰宇,往古來今曰宙。"忽大省曰:"宇宙內事乃己分內事,己分內事乃宇宙內事。"又嘗曰:"東海有聖人出焉,此心同也[3],此理同也。至西海、南海、北海有聖人出,亦莫不然。千百世之上有聖人出焉,此心同也,此理同也。至於千百世之下有聖人出,此心此理,亦無不同也。"

【注】

[1] 總角,泛指兒童時代。
[2] 有子(前518—?),春秋末魯國人,有氏,名若,孔子門徒。曾提出"禮之用,和爲貴","孝弟也者其爲仁之本歟"等觀點,孔子死後,因他"狀似孔子",曾一度爲孔門弟子所特別尊重。
[3] 心,在陸九淵著作中,雖有幾義,但主要是指意識,並以它作爲世界的本原。

後登乾道八年進士第[1]。至行在,士爭從之游。言論感發,聞而興起者甚衆。教人不用學規,有小過,言中其情,或至流汗。有懷於中而不能自曉者,爲之條析其故,悉如其心。亦有相去千里,聞其大概而得其爲人。嘗曰:"念慮之不正者,頃刻而知之,即可以正。念慮之正者,頃刻而失之,即爲不正。有可以形迹觀者,有不可。以形迹觀人,則不足以知人。必以形迹繩人,則不足以救之。"初調隆興靖安縣主簿[2]。丁母憂。服闋,改建寧崇安縣[3]。以少師史浩薦[4],召審察[5],不赴。侍從復薦,除國子正,教諸生無異在家時。除敕令所刪定官。

【注】

[1] 乾道,宋孝宗年號(1165—1173)。
[2] 隆興靖安縣,今江西靖安。主簿,知縣佐官,典領文書。
[3] 建寧崇安縣,今福建崇安縣。
[4] 少師,太子之輔導官,一般爲大官加銜,無實職。
[5] 審察,館職,負責審查校勘書籍。

九淵少聞靖康間事[1],慨然有感於復讎之義。至是,訪知勇士,與議恢復大略。因輪對,遂陳五論:一論讎恥未復,願博求天下之俊傑,相與舉論道經邦之職;二論願致尊德樂道之誠;三論知人之難;四論事當馴致而不可驟;五論人主不當親細事。帝稱善。未幾,除將作監丞,爲給事中王信所駁[2],詔主管台州道崇觀。還鄉,學者輻湊[3],每開講席,户外屨滿,耆老扶杖觀聽。自號象山翁,學者稱象山先生。嘗謂學者曰:"汝耳自聰,目自明,事父自能孝,事兄自能弟,本無欠缺,不必它求,在乎自立而已。"又曰:"此道與溺於利欲之人言猶易,與溺於意見之人言却難。"或勸九淵著書,曰:"六經注我,我注六經[4]。"又曰:"學苟知道,六經皆我注解。"

【注】

[1] 靖康間事,指宋欽宗靖康元年(1126),金滅北宋,擄走徽宗、欽宗之事。
[2] 給事中,門下省之要職,掌駁正政令之違失,地位低於侍中及門下侍郎之下。
[3] 輻湊,聚集。
[4] 六經注我,我注六經,意謂儒家經典的六經都是我(自己)的行動依據,我的行爲都是六經的注脚。

　　光宗即位[1],差知荊門軍[2]。民有訴者,無早暮皆得造於庭,復令其自持狀以追,爲立期,皆如約而至,即爲酌情决之,而多所勸釋。其有涉人倫者[3],使自毁其狀,以厚風俗。唯不可訓者,始置之法。其境内官吏之貪廉,民俗之習尚善惡,皆素知之。有訴人殺其子者,九淵曰:"不至是。"及追究,其子果無恙。有訴竊取而不知其人,九淵出二人姓名,使捕至,訊之伏辜,盡得所竊物還訴者,且宥其罪使自新。因語吏以某所某人爲暴,翌日有訴遇奪掠者,即其人也,乃加追治,吏大驚,郡人以爲神。申嚴保伍之法,盜賊或發,擒之不逸一人,羣盜屏息。

【注】

〔1〕光宗,即宋光宗趙惇,1190—1194年在位。
〔2〕荆門軍,今湖北荆門。
〔3〕人倫,儒家提倡的君臣、父子、夫婦等相互間應當遵守的行爲準則。

　　荆門爲次邊而無城。九淵以爲:"郡居江、漢之間[1],爲四集之地,南捍江陵[2],北援襄陽[3],東護隨、郢之脅[4],西當光化、夷陵之衝[5],荆門固則四鄰有所恃,否則有背脅腹心之虞。由唐之湖陽以趨山[6],則其涉漢之處已在荆門之脅;由鄧之鄧城以涉漢[7],則其趨山之處已在荆門之腹,自此之外,間道之可馳,漢津之可涉,坡陀不能以限馬[8],灘瀨不能以濡軌者[9],所在尚多。自我出奇制勝,徵敵兵之腹脅者,亦正在此。雖四山環合,易於備禦,而城池闕然,將誰與守?"乃請於朝而城之,自是民無邊憂。罷關市吏譏察而減民税[10],商賈畢集,税入日增。舊用銅錢,以其近邊,以鐵錢易之,而銅有禁,復令貼納。九淵曰:"既禁之矣,又使之輸邪?"盡蠲之。故事,平時教軍伍射,郡民得與,中者均賞,薦其屬不限流品[11]。嘗曰:"古者無流品之分,而賢不肖之辨嚴;後世有流品之分,而賢不肖之辨略。"每旱,禱即雨,郡人異之。逾年,政行令修,民俗爲變,諸司交薦。丞相周必大嘗稱荆門之政,以爲躬行之效。

【注】

〔1〕江漢、泛指漢水流域,湖北中部。

〔2〕南捍江陵,江陵,今湖北荆州市,地處荆門的南面,故有"南捍"之説。
〔3〕襄陽,即今湖北襄陽,地處荆門的北面。
〔4〕隨,今湖北隨縣。郢,郢州,今湖北紀南東南。隨、郢均位於荆門東面。
〔5〕光化,即今湖北光化,地處荆門西北。夷陵,今湖北宜昌,地處荆門西南。
〔6〕湖陽,今屬河南,治所相當於湖陽鎮一帶,地處荆門北面。
〔7〕鄧城,今屬湖北,地處襄陽西北。
〔8〕陀,山崗,坡陀,有一定坡度的山。
〔9〕瀨,從沙石上流過的急水。灘瀨,淺急的河流。
〔10〕譏,通"稽",計算,檢驗。譏察,即稽察。
〔11〕流品,等級。

一日,語所親曰:"先教授兄有志天下[1],竟不得施以没。"又謂家人曰:"吾將死矣。"又告僚屬曰:"某將告終。"會禱雪,明日,雪。乃沐浴更衣端坐,後二日日中而卒。會葬者以千數,諡文安。

【注】
〔1〕先教授兄,指陸九齡,本書有傳。

初,九淵嘗與朱熹會鵝湖[1],論辨所學多不合。及熹守南康[2],九淵訪之,熹與至白鹿洞[3],九淵爲講君子小人喻義利一章,聽者至有泣下。熹以爲切中學者隱微深痼之病。至於無極而太極之辨[4],則貽書往來論難不置焉。

門人楊簡、袁燮、舒璘、沈煥能傳其學云。

【注】

〔1〕鵝湖,今江西上饒鵝湖寺。淳熙二年(1175)初夏,在呂祖謙的安排下,朱熹和陸九淵、陸九齡等在鵝湖就治學方法進行了激烈的辯論。
〔2〕南康,軍、路、府名。治所在星子(今縣),轄境相當今江西星子、永修、都昌等縣地。
〔3〕白鹿洞,即白鹿洞書院,地處江西廬山五老峰東南。
〔4〕無極而太極之辯,朱熹和陸九淵對周敦頤《太極圖說》"無極而太極"的分歧在於對"太極"訓解不同。朱熹訓"極"爲"至極","太極"爲"理"的總和,故用"無極"來形容。陸九淵則認爲"極"爲"中","太極"即"理",無須用"無極"形容。

選自《宋史》卷四三四《儒林四》

陳　亮（1143—1194）

陳亮字同父,婺州永康人[1]。生而目光有芒,爲人才氣超邁,喜談兵,論議風生,下筆數千言立就。嘗考古人用兵成敗之迹,著《酌古論》,郡守周葵得之,相與論難,奇之,曰:"他日國士也。"請爲上客。及葵爲執政,朝士白事,必指令揖亮,因得交一時豪俊,盡其議論。因授以《中庸》、《大學》,曰:"讀此書可精性命之説[2]。"遂受而盡心焉。

【注】
〔1〕婺州永康,今浙江永康。
〔2〕性命之説,儒家經典中關於人的本性與天命關係的學説。

隆興初[1],與金人約和,天下忻然幸得蘇息,獨亮持不可。婺州方以解頭薦,因上《中興五論》,奏入不報。已而退修於家,學者多歸之,益力學著書者十年。
先是,亮嘗圜視錢塘,喟然嘆曰:"城可灌爾!"蓋以地下於西湖也。至是,當淳熙五年[2],孝宗即位蓋十七年矣。亮更名同,詣闕上書曰[3]:

【注】
〔1〕隆興,宋孝宗年號(1163—1164)。
〔2〕淳熙,宋孝宗年號(1174—1189)。

〔3〕闕,指帝王所居之處。

"臣惟中國天地之正氣也,天命所鍾也,人心所會也,衣冠禮樂所萃也,百代帝王之所相承也。挈中國衣冠禮樂而寓之偏方,雖天命人心猶有所係,然豈以是爲可久安而無事也!天地之正氣鬱遏而久不得騁,必將有所發泄,而天命人心固非偏方所可久係也。

"國家二百年太平之基,三代之所無也;二聖北狩之痛[1],漢、唐之所未有也。方南渡之初,君臣上下痛心疾首,誓不與之俱生,卒能以奔敗之餘,而勝百戰之敵。及秦檜倡邪議以沮之,忠臣義士斥死南方,而天下之氣惰矣。三十年之餘,雖江北流寓皆抱孫長息於東南,而君父之大讎一切不復關念,自非海陵送死淮南[2],亦不知兵戈爲何事也。況望其憤故國之恥,而相率以發一矢哉!

【注】

〔1〕二聖北狩之痛,事指公元1126年宋徽宗、欽宗被金軍所俘。
〔2〕海陵,指金海陵王完顏亮,於金正隆六年(1161)率師侵宋,兵敗身死。

"丙午、丁未之變[1],距今尚以爲遠,而海陵之禍,蓋陛下即位之前一年也。獨陛下奮不自顧,志於殄滅,而天下之人安然如無事。時方口議腹非,以陛下爲喜功名而不恤後患,雖陛下亦不能以崇高之勢而獨勝之,隱忍以至於今,又十有七年矣。

【注】
〔1〕丙午、丁未之變,指靖康元年(1126)與次年,金滅北宋的事件。

"昔春秋時,君臣父子相戕殺之禍,舉一世皆安之。而孔子獨以爲三綱既絕,則人道遂爲禽獸,皇皇奔走,義不能以一朝安。然卒於無所遇,而發其志於《春秋》之書,猶能以懼亂臣賊子。今舉一世而忘君父之大讎,此豈人道所可安乎?使學者知學孔子之道,當道陛下以有爲,決不沮陛下以苟安也。南師之不出〔1〕,於今幾年矣,豈無一豪傑之能自奮哉?其勢必有時而發泄矣。苟國家不能起而承之,必將有承之者矣。不可恃衣冠禮樂之舊,祖宗積累之深,以爲天命人心可以安坐而久係也。"皇天無親,惟德是輔,民心無常,惟惠之懷"〔2〕。自三代聖人皆知其爲甚可畏也。

【注】
〔1〕南師,指南宋軍隊。
〔2〕語出《尚書·周書·蔡仲之命》。

"春秋之末,齊、晉、秦、楚皆衰,吳、越起於小邦,遂伯諸侯。黃池之會〔1〕,孔子所甚痛也,可以明中國之無人矣。此今世儒者之所未講也。今金源之植根既久[2],不可以一舉而遂滅;國家之大勢未張,不可以一朝而大舉。而人情皆便於通和者,勸陛下積財養兵,以待時也。臣以爲通和者,所以成上下之苟安,而爲妄庸兩售之地,宜其爲人情之所甚便也。自和好之成十有餘年,凡今日之指畫方略者[3],他日將用之以坐籌也;今日之擊毬射雕者,他日將用之以決勝也。府庫充滿,無非財也;介冑鮮明,無非兵也。使兵端一開,則其迹敗矣。何者?人才以用而見其能否,安坐而能者不足恃也。兵食以用而見其盈虛,安坐而盈者不足恃也。而朝廷方幸一旦之無事,庸愚齷齪之人皆以守格令、行文書[4],以奉陛下之使令,而陛下亦幸其易制而無他也。徒使度外之士擯棄而不得騁,日月蹉跎而老將至矣。臣故曰,通和者所以成上下之苟安,而爲妄庸兩售之地也[5]。

【注】

〔1〕黄池,春秋時地名,在今河南封丘縣西南。
〔2〕金源,金國之別稱。
〔3〕方略,計謀策略。
〔4〕格令,規定的條文。
〔5〕兩售,指妄庸小人使用兩面派手段以逞其姦,均獲利於敵對的雙方。

"東晉百年之間,南北未嘗通和也,故其臣東西馳騁,多可用之才。今和好一不通,朝野之論常如敵兵之在境,惟恐其不得和也,雖陛下亦不得而不和矣。昔者金人草居野處,往來無常,能使人不知所備,而兵無日不可出也。今也城郭宮室、政教號令,一切不異於中國,點兵聚糧,文移往反,動涉歲月,一方有警,三邊騷動,此豈能歲出師以擾我乎?然使朝野常如敵兵之在境,乃國家之福,而英雄所用以爭天下之機也,執事者胡爲速和以惰其心乎?

"晉、楚之戰於鄢也[1],欒書以爲[2]:'楚自克庸以來[3],其君無日不討國人而訓之:"于!民生之不易,禍至之無日,戒懼之不可以忽。"在軍,無日不討軍實而申儆之:"于!勝之不可保,紂之百克而卒無後。"'晉、楚之弭兵於宋也,子罕以爲:'兵,所以威不軌而昭文德也,聖人以興,亂人以廢,廢興存亡昏明之術,皆兵之由也。而求去之,是以誣道蔽諸侯也。'夫人心之不可惰,兵威之不可廢,故雖成、康太平[4],猶有所謂四征不庭、張皇六師者,此李沆所以深不願真宗皇帝之與遼和親也[5]。況南北角立之時,而廢兵以惰人心,使之安於忘君父之大讎,而置中國於度外,徒以使妄庸之人,則執事者之失策亦甚矣。陛下何不明大義而慨然與金絕也?

【注】

〔1〕鄢,古地名,今河南滎陽北。
〔2〕欒書(?—前573),即欒武子,春秋時晉國大夫。
〔3〕庸,商時侯國。曾隨周武王伐紂,春秋時爲楚所滅。

〔4〕成、康,指周成王與周康王。《史記•周本記》:"故成康之際,天下安寧,刑錯四十餘年不用。"後因稱政治清明之世爲成康之世。
〔5〕李沆(947—1004),北宋真宗時爲宰相。

　　"貶損乘輿,却御正殿,痛自克責,誓必復讎,以勵羣臣,以振天下之氣,以動中原之心,雖未出兵,而人心不敢惰矣。東西馳騁,而人才出矣。盈虛相補,而兵食見矣。狂妄之辭不攻而自息,懦庸之夫不却而自退縮矣。當有度外之士起,而惟陛下之所欲用矣。是雲合響應之勢,而非可安坐所致也。臣請爲陛下陳國家立國之本末,而開今日大有爲之略;論天下形勢之消長,而決今日大有爲之機,惟陛下幸聽之。

　　"唐自肅、代以後[1],上失其柄,藩鎮自相雄長,擅其土地人民,用其甲兵財賦,官爵惟其所命,而人才亦各盡心於其所事,卒以成君弱臣彊、正統數易之禍。藝祖皇帝一興[2],而四方次第平定,藩鎮拱手以趨約束,使列郡各得自達於京師。以京官權知,三年一易,財歸於漕司,而兵各歸於郡。朝廷以一紙下郡國,如臂之使指,無有留難。自筦庫微職[3],必命於朝廷,而天下之勢一矣。故京師嘗宿重兵以爲固,而郡國亦各有禁軍,無非天子所以自守其地也。兵皆天子之兵,財皆天子之財,官皆天子之官,民皆天子之民,紀綱總攝,法令明備,郡縣不得以一事自專也。士以尺度而取,官以資格而進,不求度外之奇才,不慕絕世之雋功。天子蚤憂勤於其上，以義理廉恥嬰士大夫之心，以仁義公恕厚斯民之生，舉天下皆由於規矩準繩之中，而二百年太平之基從此而立。

【注】

〔1〕肅、代，指唐肅宗（李亨）和代宗（李豫）。
〔2〕藝祖，有文德材藝之祖，後代帝王以藝祖爲太祖的通稱。唐高祖（李淵）、宋太祖（趙匡胤）和金太祖（完顏阿骨打）等皆有此稱。這裏指宋太祖。
〔3〕筦，同"管"。

"然契丹遂以猖狂恣睢[1]，與中國抗衡，儼然爲南北兩朝，而頭目手足渾然無別。微澶淵一戰[2]，則中國勢浸微，根本雖厚而不可立矣。故慶曆增幣之事[3]，富弼以爲朝廷之大恥[4]，而終身不敢自論其勞。蓋契丹征令，是主上之操也；天子供貢，是臣下之禮也。契丹之所以卒勝中國者，其積有漸也。立國之初，其勢固必至此。故我祖宗常嚴廟堂而尊大臣，寬郡縣而重法令。於文法之內，未嘗折困天下之富商巨室；於格律之外，有以容奬天下之英偉奇傑，皆所以助立國之勢，而爲不虞之備也。

【注】

〔1〕恣睢，狂妄、兇暴。
〔2〕澶淵，又名澶州，故城在今河南濮陽市西。1004年宋、遼在這裏交戰，宋勝，但宋真宗卑屈求和，與遼訂立了每年輸遼銀十

萬兩、絹二十萬匹的"澶淵之盟"。
〔3〕慶曆增幣之事,指慶曆二年(1042),宋仁宗屈從遼國的壓力,同意增加親納給遼的歲幣。
〔4〕富弼(1004—1083),字彥國,河南洛陽人。慶曆二年(1042)赴契丹,允許增加歲幣。次年任樞密副使,至和二年(1055),與文彥博同任宰相,在位七年,後反對王安石變法。

"慶曆諸臣亦嘗憤中國之勢不振矣,而其大要,則使羣臣爭進其説,更法易令,而廟堂輕矣;嚴按察之權,邀功生事,而郡縣又輕矣。豈惟於立國之勢無所助,又從而朘削之[1],雖微章得象、陳執中以排沮其事。亦安得而不自沮哉!獨其破去舊例,以不次用人,而勸農桑,務寬大,爲有合於因革之宜,而其大要已非矣。此所以不能洗契丹平視中國之恥,而卒發神宗皇帝之大憤也。

【注】
〔1〕朘削,削弱減少。

"王安石以正法度之説,首合聖意,而其實則欲籍天下之兵盡歸於朝廷,別行教閲以爲彊也;括郡縣之利盡入於朝廷,別行封樁以爲富也。青苗之政,惟恐富民之不困也;均輸之法,惟恐商賈之不折也。罪無大小,動輒興獄,而士大夫緘口畏罪矣。西北兩邊至使内臣經畫,而豪傑恥於爲役矣。徒使神宗皇帝見兵財之數既多,銳然南北征伐,卒乖聖意,而天下之勢實未嘗振也。彼蓋不知朝廷立國之勢,正患文爲之太密,事權之太分,郡縣太輕於下而委瑣不足恃[1],兵財太關於上而重遲不易舉。祖宗惟用前四者以助其勢,而安石竭之不遺餘力,不知立國之本末者,真不足以謀國也。元祐、紹聖一反一復[2],而卒爲金人侵侮之資,尚何望其振中國以威四裔哉[3]?

【注】

[1] 委瑣,拘小節,務瑣碎。
[2] 元祐、紹聖,宋哲宗年號(1086—1098)。
[3] 裔,邊遠的地方。四裔,四方。

"南渡以來,大抵遵祖宗之舊,雖微有因革增損,不足爲輕重有無。如趙鼎諸臣固已不究變通之理[1],況秦檜盡取而沮毀之,忍恥事讎,飾太平於一隅以爲欺,其罪可勝誅哉!陛下憤王業之屈於一隅,勵志復讎,不免籍天下之兵以爲彊,括郡縣之利以爲富。加惠百姓,而富人無五年之積;不重征稅,而大商無巨萬之藏,國勢日以困竭。臣恐尺籍之兵[2],府庫之財不足以支一旦之用也。陛下蚤朝晏罷,冀中興日月之功,而以繩墨取人,以文法莅事;聖斷裁制中外,而大臣充位;胥吏坐行條令,而百司逃責,人才日以闒茸[3]。臣恐程文之士,資格之官,不足當度外之用也。藝祖經畫天下之大略,太宗已不能盡用,今其遺意,豈無望於陛下也!陛下苟推原其意而行之,可以開社稷數百年之基,而況於復故物乎!不然,維持之具既窮,臣恐祖宗之積累亦不足恃也。陛下試令臣畢陳於前,則今日大有爲之略必知所處矣。

【注】

〔1〕趙鼎(1085—1147);解州聞喜人,1106年中進士,宋高宗時爲相。
〔2〕尺籍,古代書寫軍令的簿册,亦泛稱軍籍。
〔3〕闒茸,品格卑賤。

"夫吴,蜀天地之偏氣,錢塘又吴之一隅。當唐之衰,錢鏐以閭巷之雄[1],起王其地,自以不能獨立,常朝事中國以爲重。及我宋受命,俶以其家入京師[2],而自獻其土。故錢塘終始五代,被兵最少,而二百年之間,人物日以繁盛,遂甲於東南。及建炎、紹興之間[3],爲六飛所駐之地,當時論者,固已疑其不足以張形勢而事恢復矣。秦檜又從而備百司庶府,以講禮樂於其中,其風俗固已華靡,士大夫又從而治園囿臺榭,以樂其生於干戈之餘,上下晏安,而錢塘爲樂國矣。一隙之地本不足以容萬乘,而鎮壓且五十年,山川之氣蓋亦發泄而無餘矣。故穀粟、桑麻、絲枲之利,歲耗於一歲,禽獸、海鱉、草木之生,日微於一日,而上下不以爲異也。公卿將相大抵多江、浙、閩、蜀之人,而人才亦日以凡下,場屋之士以十萬數,而文墨小異,已足以稱雄於其間矣。陛下據錢塘已耗之氣,用閩、浙日衰之士,而欲鼓東南習安脆弱之衆,北向以争中原,臣是以知其難也。

【注】

〔1〕錢鏐(852—932),唐昭宗時拜鎮海鎮東軍節度使。唐亡,稱吳越國王,爲十國之一。
〔2〕俶,即錢俶(929—988),五代時吳越國君,錢鏐之孫。宋平江南,他出兵策應。
〔3〕建炎、紹興,宋高宗(趙構)年號(1127—1162)。

"荆、襄之地,在春秋時,楚用以虎視齊、晉,而齊、晉不能屈也。及戰國之際,獨能與秦争帝。其後三百年,而光武起於南陽[1],同時共事,往往多南陽故人。又二百餘年,遂爲三國交據之地,諸葛亮由此起輔先主[2],荆楚之士從之如雲,而漢氏賴以復存於蜀:周瑜、魯肅、吕蒙、陸遜、陸抗、鄧艾、羊祜皆以其地顯名[3]。又百餘年,而晉氏南渡,荆、雍常雄於東南,而東南往往倚以爲彊,梁竟以此代齊。及其氣發泄無餘,而隋、唐以來遂爲偏方下州。五代之際,高氏獨常臣事諸國。本朝二百年之間,降爲荒落之邦。北連許、汝,民居稀少,土産卑薄,人才之能通姓名於上國者,如晨星之相望;況至於建炎、紹興之際,羣盜出没於其間,而被禍尤極;以迄於今,雖南北分畫交據,往往又置於不足用,民食無所從出,而兵不可由此而進。

議者或以爲憂，而不知其勢之足用也。其地雖要爲偏方，然未有偏方之氣五六百年而不發泄者，況其東通吳會[4]，西連巴蜀，南極湖湘，北控關洛，左右伸縮，皆足以爲進取之機。今誠能開墾其地，洗濯其人，以發泄其氣而用之，使足以接關洛之氣，則可以爭衡於中國矣，是亦形勢消長之常數也。

【注】

[1] 光武，東漢光武帝劉秀。

[2] 諸葛亮，本書有傳。先主，指劉備。

[3] 周瑜（175—210），字公瑾，廬山舒縣（今安徽舒城）人。魯肅（172—217），字子敬，臨淮東城（今安徽定遠東南）人。吕蒙（178—219），字子明，汝南富陂（今安徽阜陽西南）人。陸遜（183—245），字伯言，吳郡吳縣（今江蘇蘇州）人。陸抗（226—274），字幼節，吳郡吳縣人。以上均爲漢末三國時孫吳名將。鄧艾（197—264），字士載，義陽棘陽（今河南新野東北）人，三國時魏將。羊祜（221—278），字叔子，泰山南城（今山東費縣西南）人，西晉大臣，策劃滅吳。

[4] 吳會，唐以後，多稱蘇州爲吳會。

"陛下慨然移都建業[1]，百司庶府皆以草創，軍國之儀皆以簡略，又作行宮於武昌，以示不敢寧居之意；常以江、淮之師爲金人侵軼之備，而精擇一人之沈鷙有謀、開豁無他者[2]，委以荊、襄之任，寬其文法，聽其廢置，撫摩振厲於三數年之間，則國家之勢成矣。

【注】

〔1〕建業,其地在今江蘇南京市。
〔2〕沈鷙,深沉勇猛。

"石晉失盧龍一道[1],以成開運之禍[2],蓋丙午、丁未歲也[3]。明年藝祖皇帝始從郭太祖征伐[4],卒以平定天下。其後契丹以甲辰敗於澶淵,而丁未、戊申之間,真宗皇帝東封西祀,以告太平,蓋本朝極盛之時也。又六十年,而神宗皇帝實以丁未歲即位,國家之事於此一變矣。又六十年丙午、丁未,遂爲靖康之禍[5]。天獨啓陛下於是年,而又啓陛下以北向復讎之志。今者去丙午、丁未,近在十年間矣。天道六十年一變,陛下可不有以應其變乎?此誠今日大有爲之機,不可苟安以玩歲月也。

【注】

〔1〕石晉,指五代石敬瑭所建的後晉政權。盧龍,古地名,今河北唐山、承德一帶。
〔2〕開運,五代後晉出帝年號(944—946)。
〔3〕丙午、丁未,公元946、947年。
〔4〕藝祖皇帝,指宋太祖趙匡胤(927—976),他原是後周殿前都點檢,領宋州歸德軍節度使。公元960年發動陳橋兵變,即帝位。郭太祖,指後周太祖郭威(904—954),乾祐四年(951)代後漢稱帝。
〔5〕靖康之禍,靖康元年冬(1126),金軍攻破東京(今河南開封),次年四月,俘去徽宗、欽宗。

"臣不佞，自少有驅馳四方之志，嘗數至行都，人物如林，其論皆不足以超人意，臣是以知陛下大有爲之志孤矣。辛卯、壬辰之間，始退而窮天地造化之初，考古今沿革之變，以推極皇帝王伯之道[1]，而得漢、魏、晉、唐長短之由，天人之際昭昭然可考而知也。始悟今世之儒士自以爲得正心誠意之學者，皆風痹不知痛癢之人也。舉一世安於君父之讎，而方低頭拱手以談性命，不知何者謂之性命乎？陛下接之而不任以事，臣於是服陛下之仁。又悟今世之才臣自以爲得富國彊兵之術者，皆狂惑以肆叫呼之人也。不以暇時講究立國之本末，而方揚眉伸氣以論富強，不知何者謂之富彊乎？陛下察之而不敢盡用，臣於是服陛下之明。陛下厲志復讎足以對天命，篤於仁愛足以結民心，而又仁明足以照臨羣臣一偏之論，此百代之英主也。今乃委任庸人，籠絡小儒，以遷延大有爲之歲月，臣不勝憤悱，是以忘其賤而獻其愚。陛下誠令臣畢陳於前，豈惟臣區區之願，將天地之神、祖宗之靈，實與聞之。"

【注】

[1] 皇帝王伯，《管子·真法》篇："明一者皇，察道者帝，通德都王，謀得兵勝者霸。"霸，通"伯"，指諸侯。

書奏，孝宗赫然震動，欲牓朝堂以勵羣臣[1]，用种放故事[2]，召令上殿，將擢用之。左右大臣莫知所爲，惟曾覿知之，將見亮，亮恥之，逾垣而逃。覿以其不詣己，不悅。大臣尤惡其直言無諱，交沮之，乃有都堂審察之命。宰相臨以上旨，問所欲言，皆落落不少貶，又不合。

【注】

〔1〕牓，張貼。
〔2〕种放(956—1015)，字明逸(一作名逸)，自號雲溪醉侯，北宋洛陽人。不應科舉，隱居終南山，講學授徒。真宗咸平五年(1002)被召入京，授左司諫。後屢隱屢仕，官至工部侍郎。

待命十日，再詣闕上書曰：

"恭惟皇帝陛下勵志復讎，不肯即於一隅，是有大功於社稷也。然坐錢塘浮侈之隅以圖中原，則非其地；用東南習安之衆以行進取，則非其人。財止於府庫，則不足以通天下之有無；兵止於尺籍，則不足以兼天下之勇怯。是以遷延之計遂行，而陛下大有爲之志乘矣。此臣所以不勝忠憤，齊沐裁書，獻之闕下，願得望見顏色，陳國家立國之本末，而開大有爲之略；論天下形勢之消長，而決大有爲之機，務合於藝祖經畫天下之本旨。然待命八日，未有聞焉。臣恐天下豪傑有以測陛下之意向，而雲合響應之勢不得而成矣。"

又上書曰：

"臣妄意國家維持之具，至今日而窮，而藝祖皇帝經畫天下之大指，猶可恃以長久，苟推原其意而變通之，則恢復不足爲矣。然而變通之道有三：有可以遷延數十年之策,有可以爲百五六十年之計,有可以復開數百年之基。事勢昭然而效見殊絕,非陛下聰明度越百代,決不能一二而聽之。臣不敢泄之大臣之前,而大臣拱手稱旨以問,臣亦姑取其大體之可言者三事以答之。

"其一曰:二聖北狩之痛,蓋國家之大恥,而天下之公憤也。五十年之餘,雖天下之氣銷鑠頹墮,不復知讎恥之當念,正在主上與二三大臣振作其氣,以泄其憤,使人人如報私讎,此《春秋》書衛人殺州吁之意也。

"其二曰:國家之規模,使天下奉規矩準繩以從事,羣臣救過之不給,而何暇展布四體以求濟度外之功哉!

"其三曰:藝祖皇帝用天下之士人,以易武臣之任事者,故本以儒立國,而儒道之振,獨優於前代。今天下之士熟爛委靡,誠可厭惡,正在主上與二三大臣反其道以教之,作其氣而養之,使臨事不至乏才,隨才皆足有用,則立國之規模不至戾藝祖之本旨,而東西馳騁以定禍亂,不必專在武臣也。

"臣所以爲大臣論者,其略如此。"

書既上,帝欲官之,亮笑曰:"吾欲爲社稷開數百年之基,寧用以博一官乎!"亟渡江而歸。日落魄醉酒,與邑之狂士飲,醉中戲爲大言,言涉犯上。一士欲中亮[1],以其事首刑部。侍郎何澹嘗爲考試官,黜亮,亮不平,語數侵澹,澹聞而嗛之[2],即繳狀以聞。事下大理[3],笞掠亮無完膚,誣服爲不軌。事聞,孝宗知爲亮,嘗陰遣左右廉知其事。及奏入取旨,帝曰:"秀才醉後妄言,何罪之有!"劃其牘於地,亮遂得免。

【注】
[1] 中,中傷。
[2] 嗛,懷恨。
[3] 大理,即大理寺,北齊以後掌刑獄的機構。

居無何,亮家僮殺人於境,適被殺者嘗辱亮父次尹,其家疑事由亮。聞于官,笞榜僮,死而復蘇者數,不服。又囚亮父於州獄。而屬臺官論亮情重,下大理。時丞相淮知帝欲生亮,而辛棄疾、羅點素高亮才[1],援之又力,復得不死。

【注】
[1] 辛棄疾(1140—1207),字幼安,號稼軒,歷城(今山東濟南)人。二十一歲參加抗金義軍,不久即歸南宋,歷任湖北、江西、湖南、福建、浙東安撫使等職。爲宋代的大詞人,著有《稼軒長短句》。

亮自以豪俠屢遭大獄,歸家益厲志讀書,所興益博。其學自孟子後惟推王通[1],嘗曰:"研窮理義之精微,辨析古今之同異,原心於秒忽[2],較禮於分寸,以積累爲工,以涵養爲正,睟面盎背[3],則於諸儒誠有愧焉。至於堂堂之陳,正正之旗,風雨雲雷交發而並至,龍蛇虎豹變現而出沒,推倒一世之智勇,開拓萬古之心胸,自謂差有一日之長。"亮意蓋指朱熹、呂祖謙等云。

高宗崩,金遺使來弔,簡慢。而光宗由潛邸判臨安府[4],亮感孝宗之知,至金陵視形勢,復上疏曰:

【注】

〔1〕王通,隋代思想家,本書有傳。
〔2〕秒忽,喻極其細微。
〔3〕睟面盎背,謂有德者之儀態。
〔4〕潛邸,指帝王未正皇儲名份以前所居的第宅。

"有非常之人,然後可以建非常之功。求非常之功,而用常才、出常計、舉常事以應之者,不待知者而後知其不齊也。秦檜以和誤國二十餘年,而天下之氣索然無餘矣。陛下慨然有削平宇內之志,又二十餘年,天下之士始知所向,其有功於宗朝社稷者,非臣區區所能誦說其萬一也。高宗皇帝春秋既高,陛下不欲大舉,驚動慈顏,抑心俯首以至色養,聖孝之盛,書冊之所未有也。今者高宗既已祔廟[1],天下之英雄豪傑皆仰首以觀陛下舉動,陛下其忍使二十年間所以作天下之氣者,一旦而復索然乎?

【注】

〔1〕祔,新死者附祭於先祖。祔廟,意謂新死。

"天下不可以坐取也,兵不可以常勝也,驅馳運動又非年高德尊者之所宜也。東宮居曰監國,行曰撫軍,陛下何以不於此時而命東宮爲撫軍大將軍,歲巡建業,使之兼統諸司,盡護諸將,置長史司馬以專其勞;而陛下於宅憂之餘,運用人才,均調天下,以應無窮之變?此肅宗所以命廣平王之故事也。

"高宗與金有父兄之讎,生不能以報之,則死必有望於子孫,何忍以升遐之哀告諸讎哉!遺留、報謝,三使繼遣,金帛寶貨,千兩連發。而金人僅以一使,如臨小邦,哀祭之辭寂寥簡慢,義士仁人痛切心骨,豈以陛下之聖明智勇而能忍之乎!

"陛下倘以大義爲當正,撫軍之言爲可行,則當先經理建業而後使臨之。縱今歲未爲北舉之謀,而爲經理建康之計[1],以振動天下而與金絶,陛下之初志亦庶幾於少伸矣!陛下試一聽臣,用其喜怒哀樂之權鼓動天下。"

【注】

[1] 建康,即建業,西晉愍帝(司馬鄴)避諱而改。

大略欲激孝宗恢復,而是時孝宗將内禪[1],不報。由是在廷交怒,以爲狂怪。

先是,鄉人會晏,末胡椒特置亮羹胾中[2],蓋村俚敬待異禮也。同坐者歸而暴死,疑食異味有毒,已入大理。會吕興、何念四毆吕天濟且死,恨曰:"陳上舍使殺我[3]。"

縣令王恬實其事,臺官諭監司選酷吏訊問,無所得,取入大理,衆意必死。少卿鄭汝諧閱其單辭,大異曰:"此天下奇材也。國家若無罪而殺士,上干天和,下傷國脈矣。"力言於光宗,遂得免。

【注】

〔1〕内禪,指皇帝未死時傳位於繼承者。
〔2〕胾,大塊的肉。
〔3〕陳上舍,即陳亮。

未幾,光宗策進士,問以禮樂刑政之要,亮以君道師道對,且曰:"臣竊嘆陛下之於壽皇涖政二十有八年之間[1],寧有一政一事之不在聖懷?而問安視寢之餘,所以察辭而觀色,因此而得彼者其端甚衆,亦既得其機要而見諸施行矣。豈徒一月四朝而以爲京邑之美觀也哉!"時光宗不朝重華宮,羣臣更進迭諫,皆不聽,得亮策乃大喜,以爲善處父子之間。奏名第三,御筆擢第一[2]。既知爲亮,則大喜曰:"朕擢果不謬。"孝宗在南内,寧宗在東宮,聞知皆喜,故賜第告詞曰:"爾蚤以藝文首賢能之書,旋以論奏動慈宸之聽。親閲大對,嘉其淵源,擢置舉首,殆天留以遺朕也。"授僉書建康府判官廳公事。未至官,一夕,卒。

【注】

〔1〕壽皇,指宋孝宗因光宗尊號爲至尊壽皇聖帝,故宋人文章常以此稱之。

〔2〕擢,選拔。

　　亮之既第而歸也,弟充迎拜於境,相對感泣。亮曰:"使我他日而貴,澤首逮汝,死之日各以命服見先人於地下足矣。"聞者悲傷其意。然志存經濟,重許可,人人見其肺肝。與人言,必本於君臣父子之義,雖爲布衣,薦士恐弗及。家僅中産,晦人寒士衣食之,久不衰。卒之後,吏部侍郎葉適請於朝,命補一子官,非故典也。端平初〔1〕,諡文毅,更與一子官。

【注】
〔1〕端平,宋理宗年號(1234—1236)。

選自《宋史》卷四三六《儒林六》

蔡 元 定（1135—1198）

　　蔡元定字季通，建州建陽人[1]。生而穎悟，八歲能詩，日記數千言。父發，博覽羣書，號牧堂老人，以程氏《語錄》、邵氏《經世》、張氏《正蒙》授元定[2]，曰："此孔、孟正脈也。"元定深涵其義。既長，辨析益精。登西山絕頂[3]，忍飢啖薺讀書。

【注】
〔1〕建州建陽，今福建省南平市建陽區。
〔2〕程氏《語錄》，爲宋程顥、程頤所著，收入《二程全書》。邵氏《經世》，即宋邵雍所著《皇極經世》，凡十二卷。張氏《正蒙》，爲宋張載所著，編入《張子全書》。
〔3〕西山，在福建省建陽縣北六十餘里。

　　聞朱熹名[1]，往師之。熹扣其學，大驚曰："此吾老友也，不當在弟子列。"遂與對榻講論諸經奧義，每至夜分。四方來學者，熹必俾先從元定質正焉。太常少卿尤袤、祕書少監楊萬里聯疏薦於朝[2]，召之，堅以疾辭。築室西山，將爲終焉之計。

【注】
〔1〕朱熹，本書有傳。

〔2〕尤袤(1127—1194),字迫之,號遂初居士,無錫(今屬江蘇)人。官至禮部尚書兼侍讀,作品多已散失,後人輯有《梁溪遺稿》。楊萬里(1127—1206),字廷秀,號誠齋,吉水(今屬江西)人。詩與尤袤、范成大、陸游齊名,著有《誠齋集》一百三十二卷,附錄一卷。

　　時韓侂冑擅政[1],設僞學之禁[2],以空善類[3]。臺諫承風[4],專肆排擊,然猶未敢誦言攻朱熹。至沈繼祖、劉三傑爲言官,始連疏詆熹,併及元定。元定簡學者劉礪曰:"化性起僞,烏得無罪!"未幾,果謫道州[5]。州縣捕元定甚急,元定聞命,不辭家即就道。熹與從游者數百人餞別蕭寺中,坐客興嘆,有泣下者。熹微視元定,不異平時,因喟然曰:"友朋相愛之情,季通不挫之志,可謂兩得矣。"元定賦詩曰:"執手笑相別,無爲兒女悲。"衆謂宜緩行。元定曰:"獲罪於天,天可逃乎?"杖屨同其子沆行三千里,脚爲流血,無幾微見言面。

【注】

〔1〕韓侂冑(1151—1207),字節夫,桐州安陽(今屬河南)人。寧宗時,以外戚執政十三年,權位居左右丞相之上。
〔2〕設僞學之禁,宋寧宗時,韓侂冑主政,欲除異己,斥道學爲僞學,罷遂理學家,削朱熹官,貶蔡元定於道州。史稱"慶元黨禁"。
〔3〕以空善類,意謂朝廷正士爲之一空。
〔4〕臺諫,唐宋時爲兩官,掌侍從規諫,專主糾劾官吏。
〔5〕道州,宋承唐置,治所在今湖南道縣。

至舂陵[1],遠近來學者日衆,州士子莫不趨席下以聽講說。有名士挾才簡傲,非笑前修者,亦心服謁拜,執弟子禮甚恭。人爲之語曰:"初不敬,今納命。"愛元定者謂宜謝生徒[2],元定曰:"彼以學來,何忍拒之?若有禍患,亦非閉門塞竇所能避也。"貽書訓諸子曰:"獨行不愧影,獨寢不愧衾,勿以吾得罪故遂懈。"一日,謂沉曰:"可謝客,吾欲安靜,以還造化舊物。"閱三日卒。侂胄既誅,贈迪功郎,賜諡文節。

【注】

〔1〕舂陵,今屬湖南省。
〔2〕宜謝生徒,應當謝絕新來的學者。

元定於書無所不讀,於事無所不究。義理洞見大原,下至圖書、禮樂、制度,無不精妙。古書奇辭奧義,人所不能曉者,一過目輒解。熹嘗曰:"人讀易書難,季通讀難書易。"熹疏釋《四書》及爲《易》、《詩傳》[1]、《通鑑綱目》[2],皆元定往復參訂;《啓蒙》一書[3],則屬元定起稿。嘗曰:"造化微妙,惟深於理者能識之,吾與季通言而不厭也。"及葬,以文誄之曰[4]:"精謂之識,卓絕之才,不可屈之志,不可窮之辯,不復可得而見矣。"學者尊之曰西山先生。

【注】

〔1〕《四書》,即《大學》、《中庸》、《論語》、《孟子》。朱熹著有《四書

章句集注》。《四庫全書簡明目録》:"《大學章句》一卷,《論語集注》十卷,《孟子集注》七卷,《中庸章句》一卷。"《易》,指朱熹所著《周易本義》,凡四卷。《詩傳》,指朱熹所著《詩集傳》,凡八卷。

〔2〕《通鑑綱目》,朱熹因司馬光《通鑑》而作綱目,仿《春秋》之例,以綱爲經,以目爲傳,凡五十九卷。

〔3〕《啓蒙》,指朱熹所著《易學啓蒙》。

〔4〕誄,上對下的哀祭文體。

其平生問學,多寓於熹書集中。所著書有《大衍詳説》、《律吕新書》、《燕樂原辯》、《皇極經世》、《太玄潛虚指要》、《洪範解》、《八陣圖説》[1],熹爲之序。

子淵、沉,皆躬耕不仕。淵有《周易訓解》[2]。

【注】

〔1〕《律吕新書》,二卷,上卷爲律吕本源,凡十三篇;下卷爲律吕辯證,凡十篇。《燕樂原辯》,已佚,僅《宋史·樂志》録存數百字,稱《燕樂書》。

〔2〕《周易訓解》,見本書《蔡淵》傳注。

選自《宋史》卷四三四《儒林四》

朱　　熹（1130—1200）

朱熹字元晦，一字仲晦，徽州婺源人[1]。父松字喬年，中進士第。胡世將、謝克家薦之，除祕書省正字[2]。趙鼎都督川陝、荆、襄軍馬[3]，招松爲屬，辭。鼎再相，除校書郎，遷著作郎。以御史中丞常同薦，除度支員外郎，兼史館校勘，歷司勳、吏部郎。秦檜決策議和[4]，松與同列上章，極言其不可。檜怒，風御史論松懷異自賢，出知饒州[5]，未上，卒。

【注】

〔1〕徽州婺源，今江西婺源縣。

〔2〕正字，掌校典籍，刊正文章，亦文士出身之官資，地位略低於校書郎。

〔3〕趙鼎(1085—1147)，字元鎮，解州聞喜(今屬山西)人。紹興初年兩度爲宰相，因與秦檜意見不和被罷奉國軍節度使。旋謫居潮州，後因秦檜脅迫不已，不食而死。

〔4〕秦檜(1090—1155)，字會之。江寧(今南京市)人。北宋末年任御史中丞，靖康二年(1127)被金兵擄至北方，遂成金之親信，爲金遣歸。紹興時兩度爲宰相，前後執政凡十九年，力主投降，爲高宗寵信，殺岳飛貶逐張浚、趙鼎等大臣，爲民所痛恨。

〔5〕饒州，治所在鄱陽(今江西波陽)，轄境相當於今江西景德鎮、

樂平、波陽、余干、萬年等地。

熹幼穎悟,甫能言[1],父指天示之曰:"天也。"熹問曰:"天之上何物?"松異之。就傅,授以《孝經》[2],一閱,題其上曰:"不若是,非人也。"嘗從羣兒戲沙上,獨端坐以指畫沙,視之,八卦也[3]。年十八貢於鄉,中紹興十八年進士第[4]。主泉州同安簿[5],選邑秀民充弟子員,日與講説聖賢修己治人之道,禁女婦之爲僧道者。罷歸請祠[6],監潭州南嶽廟[7]。明年,以輔臣薦,與徐度、吕廣問、韓元吉同召,以疾辭。

【注】

[1] 甫,開始。

[2]《孝經》,孔子後學託名孔子與曾參關於孝道的問答,凡十八章,儒家列爲經典之一。旨在宣揚"孝"爲治天下的"至德要道"。

[3] 八卦,《周易》中八種基本圖形,用"—"和"--"兩種符號組成,以"—"爲陽,以"--"爲陰。名稱是乾(☰)坤(☷)震(☳)巽(☴)坎(☵)離(☲)艮(☶)兑(☱)。象徵天、地、雷、風、水、火、山、澤八種自然現象。

[4] 紹興,宋高宗年號(1131—1162)。

[5] 泉州同安,今屬福建厦門市同安區。

[6] 請祠,亦作"奉祠"。宋代五品以上的官員,不能任事,或年老退休,多被任爲宫觀使、提舉、提點、主管宫觀等官,無職事,但領俸禄。

[7] 潭州,今湖南長沙。

孝宗即位，詔求直言。熹上封事言："聖躬雖未有過失，而帝王之學不可以不熟講。朝政雖未有缺遺，而修攘之計不可以不早定。利害休戚雖不可遍舉。而本原之地不可以不加意。陛下毓德之初，親御簡策，不過諷誦文辭，吟詠情性，又頗留意於老子、釋氏之書。夫記誦詞藻、非所以探淵源而出治道；虛無寂滅[1]，非所以貫本末而立大中。帝王之學，必先格物致知[2]，以極夫事物之變，使義理所存，纖悉畢照，則自然意誠心正[3]，而可以應天下之務。"次言："修攘之計不時定者，講和之説誤之也。夫金人於我，有不共戴天之讎，則不可和也明矣。願斷以義理之公，閉關絕約，任賢使能，立紀綱，厲風俗。數年之後，國富兵強，視吾力之強弱，觀彼釁之淺深，徐起而圖之。"次言："四海利病，係斯民之休戚，斯民休戚，係守令之賢否。監司者守令之綱，朝廷者監司之本也。欲斯民之得其所，本原之地亦在朝廷而已。今之監司，姦贓狼籍，肆虐以病民者，莫非宰執、臺諫之親舊賓客[4]。其已失勢者，既接見其交私之狀而斥去之；尚在勢者，豈無其人，顧陛下無自而知之耳。"

【注】

[1] 虛無寂滅，因道家倡虛無，佛氏主寂滅，故以此指代佛老學説。
[2] 格物致知，語出《禮記·大學》："致知在格物，物格而後知至。"通常是指推究事物之理，獲得知識，朱熹講的格物致知除了上述的因素外，還有另一層意思即要在修心養性上下功夫。
[3] 意誠心正，見本書《程顥》傳注。

〔4〕宰執,朝廷宰相和執政官員。臺諫,朝廷居言路要職的官員,通常是指御史。

隆興元年,復召。入對,其一言:"大學之道在乎格物以致其知。陛下雖有生知之性,高世之行[1],而未嘗隨事以觀理,即理以應事。是以舉措之間動涉疑貳,聽納之際未免蔽欺,平治之效所以未著[2]。"其二言:"君父之讎不與共戴天。今日所當爲者,非戰無以復讎,非守無以制勝。"且陳古先聖王所以强本折衝、威制遠人之道[3]。時相湯思退方倡和議[4],除熹武學博士待次。乾道元年,促就職,既至而洪適爲相,復主和,論不合,歸。

【注】

〔1〕高世之行,超越世人的舉動。
〔2〕平治,即治國平天下。
〔3〕折衝,折還敵方的戰車,意謂抵禦敵人。
〔4〕湯思退(?—1164),字進之,處州(今浙江麗水)人。原附秦檜,官至權參知政事。秦檜死後兩度爲相,力主向金兵投降議和。

三年,陳俊卿、劉珙薦爲樞密院編修官[1],待次。五年,丁内艱。六年,工部侍郎胡銓以詩人薦[2],與王庭珪同召,以未終喪辭。七年,既免喪,復召,以禄不及養辭。九年,梁克家相[3],申前命,又辭。克家奏熹屢召不起,宜蒙褒録,執政俱稱之,上曰:"熹安貧守道,廉退可嘉。"特改合入官,主管台州崇道觀。熹以求退得進,於義未安,再辭。淳熙元年,始拜命。二年,上欲獎用廉退,以勵風俗,龔茂良行丞相事,以熹名進,除祕書郎,力辭,且以手書遺茂良。言一時權倖。羣小乘間讒毀,乃因熹再辭,即從其請,主管武夷山沖佑觀。

【注】

〔1〕陳俊卿(1113—1186),字應求,興化(今江蘇興化市)人。紹興八年進士,官至同中書門下平章事兼樞密使。

〔2〕胡詮(1102—1180),字邦衡,號澹庵。廬陵(今江西吉安)人。官歷國史院編修官、權兵部侍郎等職。他力斥和議,曾因彈劾秦檜遭貶。

〔3〕梁克家(1128—1187),字叔子,泉州晉江(今屬福建)人。官至右丞相兼樞密使。

五年,史浩再相[1],除知南康軍,降旨便道之官,熹再辭,不許。至郡,興利除害,值歲不雨,講求荒政[2],多所全活。訖事,奏乞"依格推賞納粟人"。間詣郡學,引進士子與之講論。訪白鹿洞書院遺址[3],奏復其舊,為學規俾守之。明年夏,大旱,詔監司、郡守條其民間利病,遂上疏言:

【注】

〔1〕史浩(1106—1194),字直翁,明州鄞縣(今浙江寧波)人。曾兩度爲相,力主與金兵和議。

〔2〕荒政,救濟災荒以穩定政權的措施。

〔3〕白鹿洞書院,原址在江西廬山五老峰東南。唐李渤隱居讀書於此,嘗蓄一白鹿自娛,人稱白鹿先生。後李渤於其地建臺榭,遂以白鹿洞名。南唐時在此處建學館,宋初稱爲白鹿洞書院。爲當時四大書院之一。

"天下之務,莫大於恤民,而恤民之本,在人君正心術以立紀綱[1]。蓋天下之紀綱不能以自立,必人主之心術公平正大,無偏黨反側之私,然後有所繫而立。君心不能以自正,必親賢臣,遠小人,講明義理之歸,閉塞私邪之路,然後乃可得而正。

【注】
〔1〕心術,心計,亦可泛指思想。

"今宰相、臺省、師傅、賓友、諫諍之臣皆失其職[1],而陛下所與親密謀議者,不過一二近習之臣。上以蠱惑陛下之心志,使陛下不信先王之大道,而說於功利之卑說[2],不樂莊士之讜言[3],而安於私褻之鄙態[4]。下則招集天下士大夫之嗜利無恥者,文武彙分,各入其門。所喜則陰爲引援,擢置清顯,所惡則密行媒毀,公肆擠排。交通貨賂,所盜者皆陛下之財。命卿置將,所竊者皆陛下之柄。陛下所謂宰相、師傅、賓友、諫諍之臣,或反出入其門牆,承望其風旨;其幸能自立者亦不過齪齪自守,而未嘗敢一言以斥之;其甚畏公論者,乃能略警逐其徒黨之一二,既不能深有所傷,而終亦不敢正言以擣其囊橐窟穴之所在。勢成威立,中外靡然向之[5],使陛下之號令黜陟不復出於朝廷,而出於一二人之門,名為陛下獨斷,而實此一二者陰執其柄。"

【注】

[1] 臺省,御史臺和中書省的簡稱,泛指朝廷中執政官員。
[2] 功利之卑說,這是相對義理之說而言的,從孔子起就有義利之辯,儒家歷來重義輕利。朱熹繼承了這一傳統觀點,故貶功利之說為卑說。
[3] 讜,正直。
[4] 暬,親近。
[5] 中外,朝廷內外。

且云:"莫大之禍,必至之憂,近在朝夕,而陛下獨未之知。"上讀之,大怒曰:"是以我為亡也。"熹以疾請祠,不報。

陳俊卿以舊相守金陵,過闕入見,薦熹甚力。宰相趙雄言於上曰[1]:"士之好名,陛下疾之愈甚,則人之譽之愈眾,無乃適所以高之。不若因其長而用之,彼漸當事任,能否自見矣。"上以為然,乃除熹提舉江西常平茶鹽公事。旋錄救荒之勞,除直祕閣,以前所奏納粟人未推賞,辭。

【注】

[1] 趙雄(1129—1193),字溫叔,資州(四川資中)人,官至宰相。

會浙東大饑,宰相王淮奏改熹提舉浙東平茶鹽公事[1],即日單車就道,復以納粟人未推賞,辭職名。納粟賞行,遂受職名。入對,首陳災異之由與修德任人之說,次言:"陛下即政之初,蓋嘗選建英豪,任以政事。不幸其間不能盡得其人,是以不復廣求賢哲,而姑取軟熟易制之人以充其位。於是左右私褻使令之賤,始得以奉燕閒,備驅使,而宰相之權日輕。又慮其勢有所偏,而因重以壅己也,則時聽外廷之論,將以陰察此輩之負犯而操切之。陛下既未能循天理[2],公聖心,以正朝廷之大體,則固已失其本矣,而又欲兼聽士大夫之言,以爲駕馭之術,則士大夫之進見有時,而近習之從容無間。士大夫之禮貌既莊而難親,其議論又苦而難入,近習便辟側媚之態既足以蠱心志[3],其胥史狡獪之術又足以眩聰明[4]。是以雖欲微抑此輩,而此輩之勢日重,雖欲兼採公論,而士大夫之勢日輕。重者既挾其重,以竊陛下之權,輕者又借力於所重,以爲竊位固寵之計。日往月來,浸淫耗蝕,使陛下之德業日隳,綱紀日壞,邪佞充塞,貨賂公行,兵愁民怨,盜賊間作,災異數見,饑饉荐臻。羣小相挺[5],人人皆得滿其所欲,惟有陛下了無所得,而顧乃獨受其弊。"上爲動容。所奏凡七事,其一二事手書以防宣洩。

【注】

〔1〕 王淮(?—1189),字季海,婺州金華(浙江金華)人。紹興十五年進士,官至宰相,不喜理學,主張禁革之。
〔2〕 天理,泛指一切倫理綱常。
〔3〕 便辟側媚,行事乖張,諂媚求寵。

〔4〕眩,眼花,引爲違亂。
〔5〕挺,引誘,篡取。

熹始拜命,即移書他郡,募米商,蠲其征[1],及至,則客舟之米已輻輳[2]。熹日鉤訪民隱[3],按行境内,單車屏徒從,所至人不及知。郡縣官吏憚其風采,至自引去,所部肅然。凡丁錢、和買、役法、榷酤之政[4],有不便於民者,悉釐而革之。於救荒之餘,隨事處畫,必爲經久之計。有短熹者謂其疏於爲政,上謂王淮曰:"朱熹政事却有可觀。"

【注】
〔1〕募米商,蠲其征,招募(他郡)米商,免除税賦。蠲,同"捐",除去,減免。征,賦税。
〔2〕輻湊,集聚。
〔3〕鉤,探取。
〔4〕和買,又稱和市,這是官府以購買爲名掠奪民財的變相賦税,唐前期産生,至宋盛行。榷酤,政府所行酒買賣,泛指一切管制酒業取得酒利的措施。

熹以前後奏請多所見抑,幸而從者,率稽緩後時,蝗旱相仍,不勝憂憤,復奏言;"爲今之計,獨有斷自聖心,沛然發號,責躬求言,然後君臣相戒,痛自省改。其次惟有盡出内庫之錢,以供大禮之費爲收糴之本,詔户部免徵舊負,詔漕臣依條檢放租税[1],詔宰臣沙汰被災路分州軍監司、守臣之無狀者[2],遴選賢能,責以荒政,庶幾猶足下結人心,消其乘時作亂之意。不然,臣恐所憂者不止於飢殍,而將在於盜賊；蒙其害者不止於官吏，而上及於國家也。"

【注】
〔1〕漕臣，主管征糧運往京師的官員。
〔2〕無狀，無政績。

　　知台州唐仲友與王淮同里爲姻家[1]，吏部尚書鄭丙、侍御史張大經交薦之[2]，遷江西提刑，未行。熹行部至臺，訟仲友者紛然，按得其實，章三上，淮匿不以聞。熹論愈力，仲友亦自辯，淮乃以熹章進呈，上令宰屬看詳，都司陳庸等，乞令浙西提刑委清強官究實，仍令熹速往旱傷州郡相視。熹時留台未行，既奉詔，益上章論，前後六上，淮不得已，奪仲友江西新命以授熹，辭不拜，遂歸，且乞奉祠。

【注】
〔1〕唐仲友，本書有傳。
〔2〕鄭丙，字少融，福州長樂（今屬福建）人。紹興十五年進士，首抨"道學""欺世盜名"，主張禁絕。

　　時鄭丙上疏詆程氏之學以沮熹，淮又擢太府寺丞陳賈爲監察御史[1]。賈面對，首論近日縉紳有所謂"道學"者，大率假名以濟僞，願考察其人，擯棄勿用。蓋指熹也。十年，詔以熹累乞奉祠，可差主管台州崇道觀，既而連奉雲臺、鴻慶之祠者五年。十四年，周必大相[2]，除熹提點江西刑獄公事，以疾辭，不許，遂行。

【注】

〔1〕太府寺丞,太府寺卿之佐官。太府寺,掌財貨出納貿易之事,以供應皇室用度開支。

〔2〕周必大(1126—1204),字子充,一字洪道,自號平園老叟,吉州廬陵(今江西吉安)人。官至宰相,著作有《益國周文忠公全集》。

十五年,淮罷相,遂入奏,首言近年刑獄失當,獄官當擇其人。次言"經總制錢"之病民,及江西諸州科罰之弊。而其末言:"陛下即位二十七年,因循荏苒,無尺寸之效可以仰酬聖志。嘗反覆思之,無乃燕閒蠖濩之中,虛明應物之地,天理有所未純,人欲有所未盡,是以爲善不能充其量,除惡不能去其根,一念之頃,公私邪正、是非得失之機,交戰於其中。故體貌大臣非不厚[1],而便嬖側媚得以深被腹心之寄;寤寐英豪非不切,而柔邪庸繆得以久竊廊廟之權。非不樂聞公議正論,而有時不容;非不壁讒説殄行[2],而未免誤聽;非不欲報復陵廟讎恥,而未免畏怯苟安;非不愛養生靈財力,而未免嘆息愁怨。願陛下自今以往,一念之頃必謹而察之:此爲天理耶,人欲耶? 果天理也,則敬以充之,而不使其少有壅閼;果人欲也,則敬以克之,而不使其少有凝滯。推而至於言語動作之間,用人處事之際,無不以是裁之,則聖心洞然,中外融澈,無一毫之私欲得以介乎其間,而天下之事將惟陛下所欲爲,無不如志矣。"是行也,有要之於路,以爲"正心誠意"之論上所厭聞,戒勿以爲言。熹曰:"吾平生所學,惟此四字,豈可隱默以欺吾君乎？"及奏，上曰："久不見卿，浙東之事，朕自知之，今當處卿清要[3]，不復以州縣爲煩也[4]。"

【注】

〔1〕體貌，以禮相待。
〔2〕堅，通"疾"。憎恨。
〔3〕清要，清淨而又重要的職位。
〔4〕不復以州縣爲煩，意謂不再委任朱熹爲州縣之官，避免具體政務的麻煩。

時曾覿已死[1]，王抃亦逐[2]，獨內侍甘昪尚在[3]，熹力以爲言。上曰："昪乃德壽所薦[4]，謂其有才耳。"熹曰："小人無才，安能動人主。"翌日，除兵部郎官，以足疾丐祠。本部侍郎林栗嘗與熹論《易》、《西銘》不合，劾熹："本無學術，徒竊張載、程頤緒餘，謂之'道學'。所至輒攜門生數十人，妄希孔、孟歷聘之風，邀索高價，不肯供職，其僞不可掩。"上曰："林栗言似過。"周必大言"熹上殿之日，足疾未瘳，勉強登對"。上曰："朕亦見其跛曳。"左補闕薛叔似亦奏援熹，乃令依舊職江西提刑。太常博士葉適上疏與栗辨，謂"其言無一實者，謂之道學一語，無實尤甚，往日王淮表裏臺諫，陰廢正人，蓋用此術"。詔："熹昨入對，所論新任職事，朕諒其誠，復從所請，可疾速之任。"會胡晉臣除御史，首論"栗執拗不通，喜同惡異，無事而指學者爲黨"，乃黜栗知泉州。熹再辭免，除直寶文閣，主管西京嵩山崇福宮。未逾月再召，熹又辭。

始，熹嘗以爲口陳之說有所未盡，乞具封事以聞，至是投匭進封事曰[5]：

【注】

〔1〕曾覿（？—1171），字純甫，曾深得孝宗信任，參與朝中機密，權重一時。後貶死嶺外。
〔2〕王抃（？—1184），曾爲孝宗寵信，權殿前司事，權重一時。後貶爲福州觀察使卒。
〔3〕甘昇，內侍押班，深爲孝宗寵信，用事達二十年，權勢頗重。後廢死。
〔4〕德壽，即宋高宗。
〔5〕匭，小箱子，匣子。封事，臣下上書奏事，防有洩漏，用袋封緘，稱之封事。

"今天下大勢，如人有重病，內自心腹，外達四支，無一毛一髮不受病者。且以天下之大本與今日之急務，爲陛下言之：大本者，陛下之心；急務則輔翼太子，選任大臣，振舉綱紀，變化風俗，愛養民力，修明軍政，六者是也。

"古先聖王兢兢業業，持守此心，是以建師保之官，列諫諍之職，凡飲食、酒漿、衣服、次舍、器用、財賄與夫宦官、宮妾之政，無一不領於冢宰[1]。使其左右前後，一動一靜，無下制以有司之法，而無纖芥之隙、瞬息之頃，得以隱其毫髮之私。陛下所以精一克復而持守其心，果有如此功乎？所以修身齊家而正其左右,果有如此之效乎？宮省事禁,臣固不得而知,然爵賞之濫,貨賂之流,閭巷竊言,久已不勝其籍籍,則陛下所以修之家者,恐其未有以及古之聖王也。

【注】
〔1〕冢宰,宰相。

"至於左右便嬖之私[1],恩遇過當,往者淵、覿、說、抃之徒勢焰熏灼[2],傾動一時,今已無可言矣。獨有前日臣所面陳者,雖蒙聖慈委曲開譬,然臣之愚,竊以爲此輩但當使之守門傳命,供掃除之役,不當假借崇長,使得逞邪媚、作淫巧於內,以蕩上心,立門庭、招權勢於外,以累聖政。臣聞之道路,自王抃既逐之後,諸將差除,多出此人之手。陛下竭生靈膏血以奉軍旅,顧乃未嘗得一溫飽,是皆將帥巧爲名色,奪取其糧,肆行貨賂於近習,以圖進用,出入禁闥腹心之臣,外交將帥,共爲欺蔽,以至於此。而陛下不悟,反寵暱之,以是爲我之私人,至使宰相不得議其制置之得失,給諫不得論其除授之是非,則陛下所以正其左右者,未能及古之聖王又明矣。

【注】
〔1〕便嬖,皇帝所親近寵愛的小臣。
〔2〕淵、覿、說、抃,即龍大淵、曾覿、張說、王抃,四人均爲孝宗便嬖之臣。

"至於輔翼太子,則自王十朋、陳良翰之後[1],宫僚之選號爲得人,而能稱其職者,蓋已鮮矣。而又時使邪佞儇薄、闒冗庸妄之輩,或得參錯於其間,所謂講讀,亦姑以應文備數,而未聞其有箴規之效。至於從容朝夕、陪侍遊燕者,又不過使臣官者數輩而已。師傅、賓客既不復置,而詹事、庶子有名無實[2],其左右春坊遂直以使臣掌之[3],既無以發其隆師親友、尊德樂義之心,又無以防其戲慢媟狎、奇衺雜進之害。宜討論前典,置師傅、賓客之官,罷去春坊使臣,而使詹事、庶子各復其職。

【注】

[1] 王十朋(1112—1171),温州樂清(今屬浙江)人,字龜齡。紹興二十七年進士,官至侍御史,龍圖閣學士。屢次進言整頓朝政,力圖北伐恢復失地。
[2] 詹事,輔導太子的官之長,其職别相當於丞相。庶子,太子宫官之一,地位低於詹事。
[3] 左右春坊,太子官署之名。

"至於選任大臣,則以陛下之聰明,豈不知天下之事,必得剛明公正之人而後可任哉?其所以常不得如此之人,而反容鄙夫之竊位者,直以一念之間,未能徹其私邪之蔽,而燕私之好,便嬖之流,不能盡由於法度,若用剛明公正之人以爲輔相,則恐其有以妨吾之事、害吾之人,而不得肆。是以選擇之際,常先排擯此等，而後取凡疲懦軟熟、平日不敢直言正色之人而揣摩之，又於其中得其至庸極陋、決可保其不至於有所妨者，然後舉而加之於位。是以除書未出[1]，而物色先定，姓名未顯，而中外已逆知其決非天下第一流矣。

【注】
[1] 除書，升遷授職的詔書。

"至於振肅紀綱，變化風俗，則今日宮省之間，禁密之地，而天下不公之道，不正之人，顧乃得以窟穴盤據於其間。而陛下目見耳聞，無非不公不正之事，則其所以熏烝銷鑠，使陛下好善之心不著，疾惡之意不深，其害已有不可勝言者矣。及其作姦犯法，則陛下又未能深割私愛，而付諸外廷之議，論以有司之法，是以紀綱不正於上，風俗頹弊於下，其爲患之日久矣。而浙中爲尤甚。大率習爲軟美之態、依阿之言，以不分是非、不辨曲直爲得計，甚者以金珠爲脯醢，以契券爲詩文[1]，宰相可啗則啗宰相[2]，近習可通則通近習，惟得之求，無復廉恥。一有剛毅正直、守道循理之士出乎其間，則羣譏衆排，指爲"道學"，而加以矯激之罪[3]。十數年來，以此二字禁錮天下之賢人君子，復如昔時所謂元祐學術者[4]，排擯詆辱，必使無所容其身而後已。此豈治世之事哉？

【注】

〔1〕契券,即田契。
〔2〕啗,通"啖",利誘。
〔3〕矯激,矯正。
〔4〕元祐學術,元祐初年,哲宗即位,高太后聽政,司馬光執政,廢王安石新學,推崇以二程學説爲主的舊學。元祐八年,哲宗親政,起用新黨,貶斥舊黨,二程學説亦被斥爲元祐學術遭禁。

"至於爱養民力,修明軍政,則自虞允文之爲相也〔1〕,盡取版曹歲入窠名之必可指擬者〔2〕,號爲歲終羨餘之數,而輸之内帑〔3〕。顧以其有名無實,積累掛欠、空載簿籍、不可催理者,撥還版曹,以爲内帑之積,將以備他日用兵進取不時之須。然自是以來二十餘年,内帑歲入不知幾何,而認爲私貯,典以私人,宰相不得以式貢均節其出入,版曹不得以簿書勾考其在亡,日銷月耗,以奉燕私之費者,蓋不知其幾何矣,而曷嘗聞其能用此錢以易敵人之首,如太祖之言哉?徒使版曹經費闕乏日甚,督促日峻,以至廢去祖宗以來破分良法,而必以十分登足爲限;以爲未足,則又造爲比較監司、郡守殿最之法,以誘脅之。於是中外承風,競爲苛急,此民力之所以重困也。

【注】

〔1〕虞允文(1110—1174),字彬甫,隆州仁壽(今屬四川)人。官至宰相,力主抗金,曾協助吴璘收復陜西州郡數處。

〔2〕版曹，户籍。
〔3〕内帑，國庫銀錢。

"諸將之求進也，必先掊剋士卒，以殖私利，然後以此自結於陛下之私人，而蘄以姓名達於陛下之貴將[1]。貴將得其姓名，即以付之軍中，使自什伍以上節次保明，稱其材武堪任將帥，然後具奏牘而言之陛下之前。陛下但見等級推先，案牘具備，則誠以爲公薦而可以得人矣，而豈知其論價輸錢，已若晚唐之債帥哉？夫將者，三軍之司命，而其選置之方乖剌如此，則彼智勇材略之人，孰肯抑心下首於宦官、宫妾之門，而陛下之所得以爲將帥者，皆庸夫走卒，而猶望其修明軍政，激勵士卒，以彊國勢，豈不誤哉！

【注】
〔1〕蘄，通"祈"，祈求。

"凡此六事，皆不可緩，而本在於陛下之一心。一心正則六事無不正，一有人心私欲以介乎其間，則雖欲憊精勞力，以求正夫六事者，亦將徒爲文具，而天下之事愈至於不可爲矣。"
疏入，夜漏下七刻，上已就寢，亟起秉燭，讀之終篇。明日，除主管太一宫，兼崇政殿説書。熹力辭，除祕閣修撰，奉外祠。
光宗即位，再辭職名，仍舊直寳文閣，降詔獎諭。居數月,除江東轉運副使,以疾辭,改知漳州[1]。奏除屬縣無名之賦七百萬,減輕總制錢四百萬。以習俗未知禮,採古喪葬嫁娶之儀,揭以示之,命父老解説,以教子弟。土俗崇信釋氏,男女聚僧廬爲傳經會,女不嫁者爲庵舍以居,熹悉禁之。常病經界不行之害,會朝論欲行泉、汀、漳三州經界[2],熹乃訪事宜,擇人物及方量之法上之。而土居豪右侵漁貧弱者以爲不便,沮之。宰相留正,泉人也,其里黨亦多以爲不可行。布衣吳禹圭上書訟其擾人,詔且需後,有旨先行漳州經界。明年,以子喪請祠。

【注】
[1] 漳州,今屬福建漳州。
[2] 經界,田地的界劃丈量。

時史浩入見,請收天下人望,乃除熹祕閣修撰,主管南京鴻慶宮。熹再辭,詔:"論撰之職,以寵名儒。"乃拜命。除荆湖南路轉運副使,辭。漳州經界竟報罷,以言不用自劾。除知靜江府,辭,主管南京鴻慶宮。未幾,差知潭州[1],力辭。黃裳爲嘉王府翊善,自以學不及熹,乞召爲宮僚,王府直講彭龜年亦爲大臣言之。留正曰:"正非不知熹,但其性剛,恐到此不合,反爲累耳。"熹方再辭,有旨:"長沙巨屏,得賢爲重。"遂拜命。會洞獠擾屬郡,熹遣人諭以禍福,皆降之。申敕令,嚴武備,戢姦吏,抑豪民。所至興學校,明教化,四方學者畢至。

【注】

〔1〕潭州，今湖南長沙。

寧宗即位，趙汝愚首薦熹及陳傅良[1]，有旨赴行在奏事。熹行且辭，除焕章閣待制、侍講，辭，不許。入對，首言："乃者，太皇太后躬定大策，陛下寅紹丕圖，可謂處之以權，而庶幾不失其正。自頃至今三月矣，或反不能無疑於逆順名實之際，竊爲陛下憂之。猶有可諉者，亦曰陛下之心，前日未嘗有求位之計，今日未嘗忘思親之懷，此則所以行權而不失其正之根本也。充未嘗求位之心，以盡負罪引慝之誠，充未嘗忘親之心，以致温清定省之禮，而大倫正，大本立矣。"復面辭待制、侍講，上手劄："卿經術淵源，正資勸講，次對之職，勿復勞辭，以副朕崇儒重道之意。"遂拜命。

【注】

〔1〕趙汝愚（1140—1196），字子直，饒州余干（今屬江西）人。官至右丞相，在執政期間，力倡理學，薦用理學人物，後遭貶。

會趙彦逾按視孝宗山陵，以爲土肉淺薄，下有水石。孫逢吉覆按，乞別求吉兆。有旨集議，臺史憚之，議中輟。熹竟上議狀言："壽皇聖德[1]，衣冠之藏，當博訪名山，不宜偏信臺史，委之水泉沙礫之中。"不報。時論者以爲上未還大内[2]，則名體不正而疑議生；金使且來，或有窺伺。有旨修葺舊東宫，爲屋三數百間，欲徙居之。熹奏疏言：

【注】

〔1〕壽皇,即孝宗。

〔2〕上未還大内,孝宗死,寧宗父光宗有疾,寧宗以太子身份代父服喪,遂即位於重華宫之素幄,故有此説。

"此必左右近習倡爲此説以誤陛下,而欲因以遂其姦心。臣恐不惟上帝震怒,災異數出,正當恐懼修省之時,不當興此大役,以咈譴告警動之意;亦恐畿甸百姓飢餓流離,陷於死亡之際,或能怨望忿切,以生他變。不惟無以感格太上皇帝之心[1],以致未有進見之期,亦恐壽皇在殯,因山未卜,几筵之奉不容少弛,太皇太后、皇太后皆以尊老之年[2],煢然在憂苦之中,晨昏之養尤不可闕。而四方之人,但見陛下亟欲大治宫室,速得成就,一旦翩然委而去之,以就安便,六軍萬民之心將有扼腕不平者矣。前鑒未遠,甚可懼也。"

【注】

〔1〕太上皇帝,即光宗。

〔2〕太皇太后,宋高宗吴皇后,開封人,孝宗崩,被尊爲太皇太后。皇太后,即宋孝宗謝皇后,丹陽人,孝宗崩,被尊爲皇太后。

"又聞太上皇后懼忤太上皇帝聖意,不欲其聞太上之稱,又不欲其聞内禪之説[1],此又慮之過者。殊不知若但如此,而不爲宛轉方便,則父子之間,上怨怒而下憂恐，將何時而已。父子大倫，三綱所繫，久而不圖，亦將有借其名以造謗生事者，此又臣之所大懼也。願陛下明詔大臣，首罷修葺東宮之役，而以其工料回就慈福、重華之間[2]，草創寢殿一二十間，使粗可居。若夫過宮之計，則臣又願陛下下詔自責，減省輿衛，入宮之後，暫變服色，如唐肅宗之改服紫袍，執控馬前者，以伸負罪引慝之誠，則太上皇帝雖有忿怒之情，亦且霍然消散，而歡意浹洽矣。

【注】

〔1〕內禪之說，宋寧宗即位是趙汝愚、韓侂胄等人趁光宗病，密奏宋高宗吳太皇太后而擁立，實出光宗李皇后之意，故有此說。

〔2〕慈福，即慈福宮，爲高宗吳皇后居所。重華，即重華宮，爲孝宗生前居所。

　　"至若朝廷之紀綱，則臣又願陛下深詔左右，勿預朝政。其實有勳庸而所得褒賞未愜衆論者，亦詔大臣公論其事，稽考令典，厚報其勞。而凡號令之弛張，人才之進退，則一委之二三大臣，使之反復較量，勿循己見，酌取公論，奏而行之。有不當者，繳駁論難，擇其善者稱制臨決，則不惟近習不得干預朝權，大臣不得專任己私，而陛下亦得以益明習天下之事，而無所疑於得失之算矣。

　　"若夫山陵之下，則願黜臺史之說，別求草澤，以營新宮，使壽皇之遺體得安於內，而宗社生靈皆蒙福於外矣。"

疏入不報,然上亦未有怒熹意也。每以所講編次成帙以進,上亦開懷容納。

熹又奏勉上進德云:"願陛下日用之間,以求放心爲之本[1],而於玩經觀史[2],親近儒學,益用力焉。數召大臣,切劘治道,羣臣進對,亦賜温顔,反復詢訪,以求政事之得失,民情之休戚,而又因以察其人才之邪正短長,庶於天下之事各得其理。"熹奏:"禮經敕令,子爲父,嫡孫承重爲祖父,皆斬衰三年[3];嫡子當爲其父後,不能襲位執喪,則嫡孫繼統而代之執喪。自漢文短喪,歷代因之,天子遂無三年之喪。爲父且然,則嫡孫承重可知。人紀廢壞,三綱不明,千有餘年,莫能釐正。壽皇聖帝至性自天,易月之外,猶執通喪,朝衣朝冠皆用大布,所宜著在方册,爲萬世法程。間者,遺誥初頒,太上皇帝偶違康豫,不能躬就喪次。陛下以世嫡承大統,則承重之服著在禮律,所宜遵壽皇已行之法。一時倉卒,不及詳議,遂用漆紗淺黃之服,不惟上違禮律,且使壽皇已行之禮舉而復墜,臣竊痛之。然既往之失不及追改,唯有啓殯發引,禮當復用初喪之服。"

【注】

[1] 放心,語出《孟子·告子上》:"學問之道無他,求其放心而已矣。"放心,外逸放失的善心。

[2] 玩,玩味研習。

[3] 斬衰,即服喪。衰,通"縗",喪服中最重的一種,其服用最粗的麻布做成,不緝邊,使斷處外露,以示無飾。

會孝宗祔廟[1]，議宗廟迭毀之制，孫逢吉、曾三復首請併祧僖、宣二祖[2]，奉太祖居第一室，祫祭則正東向之位[3]。有旨集議：僖、順、翼、宣四祖祧主[4]，宜有所歸。自太祖首尊四祖之廟，治平間，議者以世數寖遠，請遷僖祖於夾室。後王安石等奏，僖祖有廟，與稷、契無異，請復其舊。時相趙汝愚雅不以復祀僖祖爲然，侍從多從其說。吏部尚書鄭僑欲且祧宣祖而祔孝宗。熹以爲藏之夾室，則是以祖宗之主下藏於子孫之夾室，神宗復奉以爲始祖，已爲得禮之正，而合於人心，所謂有舉之而莫敢廢者乎。又擬爲廟制以辨，以爲物豈有無本而生者。廟堂不以聞，即毀撤僖、宣廟室，更創別廟以奉四祖。

【注】

[1] 祔，新死者附祭於先祖。祔廟，新死。
[2] 祧，遠祖廟，此處指祀。僖，宋太祖趙匡胤高祖趙朓，曾仕唐爲幽都令。宣，宋太祖趙匡胤之父趙弘殷，曾爲後周檢校司徒。
[3] 祫祭，天子諸侯宗廟祭禮之一，集遠近祖先的神主於太祖廟大合祭。
[4] 順，趙朓之子趙珽。翼，趙珽之子趙敬。

始，寧宗之立，韓侂胄自謂有定策功，居中用事。熹憂其害政，數以爲言，且約吏部侍郎彭龜年共論之[1]。會龜年出護使客[2]。熹乃上疏斥言左右竊柄之失，在講筵復申言之。御批云："憐卿耆艾，恐難立講，已除卿宮觀。"汝愚袖御筆還上，且諫且拜；内侍王德謙徑以御筆付熹，熹諫争留,不可。樓鑰、陳傅良旋封還録黃[3],修注官劉光祖、鄧駉封章交上[4]。熹行,被命除寶文閣待制,與州郡差遣,辭。尋除知江陵府,辭,仍乞追還新舊職名,詔依舊煥章閣待制,提舉南京鴻慶宫。慶元元年初[5],趙汝愚既相,收召四方知名之士,中外引領望治,熹獨惕然以侂胄用事爲慮。既屢爲上言,又數以手書啓汝愚,當用厚賞酬其勞,勿使得預朝政,有"防微杜漸,謹不可忽"之語。汝愚方謂其易制,不以爲意。及是,汝愚亦以誣逐,而朝廷大權悉歸侂胄矣。

【注】

[1] 彭龜年,字子壽,臨江軍清江(今屬湖北)人。與朱熹友善,曾爲太學博士,集英殿等官。著有《經解》、《祭儀》、《五奏録》等。
[2] 出護使客,彭龜年此時充任金國弔祭接送伴使。
[3] 録黃,記録皇帝詔命的册籍。因此册籍多用黃緞,故稱。
[4] 封章,封還皇帝失宜的詔命。
[5] 慶元,宋寧宗年號(1195—1200)。

熹始以廟議自劾,不許,以疾再乞休致,詔:"辭職謝事,非朕優賢之意,依舊祕閣修撰。"二年,沈繼祖爲監察御史,誣熹十罪[1],詔落職罷祠,門人蔡元定亦送道州編管。四年,熹以年近七十,申乞致仕,五年,依所請。明年卒,年七十一。疾且革,手書屬其子在及門人范念德、黄榦,拳拳以勉學及修正遺書爲言。翌日,正坐整衣冠,就枕而逝。

【注】

〔1〕誣熹十罪，據《慶元黨》、《四朝聞見録》丁集載，十罪分别爲"不孝其親"，"不敬於君"，"不忠於國"，"辭職名玩侮朝廷"，"（趙）汝愚既死，朝野交慶，熹……哭之於野"，"誘引尼姑二人以爲寵妾"，"家婦不夫而自孕，諸子盗牛而宰殺"，"匿藏赦書，而斷徒刑者甚多，……妄行經界"，"據范染祖業之山，以廣其居而反加罪於其身，發掘崇安弓手父母之墳，以葬其母，而不恤其暴露"。

熹登第五十年，仕於外者僅九考，立朝才四十日。家故貧，少依父友劉子羽，寓建之崇安〔1〕，後徙建陽之考亭，簞瓢屢空〔2〕，晏如也。諸生之自遠而至者，豆飯藜羹，率與之共，往往稱貸於人以給用，而非其道義則一介不取也。

【注】

〔1〕崇安，今福建武夷山市。
〔2〕簞瓢屢空，指生活貧困。語出《論語·雍也篇》："一簞食，一瓢飲，在陋巷，人不堪其憂，回也不改其樂。"《論語·先進篇》："回也其庶乎，屢空"。簞，盛飯的竹器。

自熹去國，侂胄勢益張。何儋爲中司，首論專門之學，文詐沽名，乞辨真僞。劉德秀仕長沙，不爲張栻之徒所禮〔1〕，及爲諫官，首論留正引僞學之罪。"僞學"之稱，蓋自此始。太常少卿胡紘言："比年僞學猖獗，圖爲不軌，望宣諭大臣，權住進擬。"遂召陳賈爲兵部侍郎。未幾，熹有奪職之命。劉三傑以前御史論熹、汝愚、劉光祖、徐誼之徒，前日之僞黨,至此又變而爲逆黨。即日除三傑右正言。右諫議大夫姚愈論道學權臣結爲死黨,窺伺神器。乃命直學士院高文虎草詔諭天下,於是攻僞日急,選人餘嚞至上書乞斬熹。

【注】
〔1〕張栻,本書有傳。

方是時,士大夫繩趨尺步、稍以儒名者,無所容其身。從游之士,特立不顧者,屏伏丘壑;依阿巽懦者,更名他師,過門不入,甚至變易衣冠,狎遊市肆,以自別其非黨。而熹日與諸生講學不休,或勸以謝遣生徒者,笑而不答。有籍田令陳景思者,故相康伯之孫也,與侂胄有姻連,勸侂胄勿爲已甚,侂胄意亦漸悔,熹既没,將葬,言者謂:四方僞徒期會,送僞師之葬,會聚之間,非妄談時人短長,則謬議時政得失,望令守臣約束。從之。

嘉泰初[1],學禁稍弛。二年,詔:"朱熹已致仕,除華文閣待制,與致仕恩澤。"後侂胄死,詔賜熹遺表恩澤,諡曰文。尋贈中大夫,特贈寶謨閣直學士。理宗寶慶三年[2],贈太師,追封信國公,改徽國。

【注】
〔1〕嘉泰,宋寧宗年號(1201—1204)。
〔2〕理宗(1205—1264),即趙昀,初名與莒,爲寧宗嗣子,1224—1264年在位。他尊崇理學,縱情聲色,在蒙古大舉進

攻之下,束手無策,致使疆土日削,國勢益危。

　　始,熹少時,慨然有求道之志。父松病亟,嘗屬熹曰:"籍溪胡原仲、白水劉致中、屏山劉彥沖三人,學有淵源,吾所敬畏,吾即死,汝往事之,而惟其言之聽。"三人,謂胡憲、劉勉之、劉子翬也。故熹之學既博求之經傳,復遍交當世有識之士。延平李侗老矣[1],嘗學於羅從彥[2],熹歸自同安,不遠數百里,徒步往從之。

【注】

〔1〕李侗,本書有傳。
〔2〕羅從彥(1072—1135),字仲素,南劍(今屬福建)人。曾從楊時學,爲二程的再傳弟子,學術上無建樹。

　　其爲學,大抵窮理以致其知,反躬以踐其實[1],而以居敬爲主[2]。嘗謂聖賢道統之傳散在方册,聖經之旨不明,而道統之傳始晦。於是竭其精力,以研究聖賢之經訓。所著書有:《易本義》、《啓蒙》、《蓍卦考誤》[3]、《詩集傳》[4]、《大學中庸章句》、《或問》[5]、《論語孟子集注》[6]、《太極圖》、《通書》、《西銘解》[7]、《楚辭集注》、《辨證》[8]、《韓文考異》[9];所編次有:《論孟集議》[10]、《孟子指要》[11]、《中庸輯略》[12]、《孝經刊誤》[13]、《小學書》[14]、《通鑑綱目》[15]、《宋名臣言行録》[16]、《家禮》[17]、《近思録》[18]、《河南程氏遺書》[19]、《伊洛淵源録》[20],皆行於世。熹没,朝廷以其《大學》、《語》、《孟》、《中庸》訓説立於學官。又有《儀禮經傳通解》未脫稿[21],亦在學官。平生爲文凡一百卷,生徒問答凡八十卷,別錄十卷。

【注】

〔1〕踐其實,履行儒家倫理道德。
〔2〕居敬,語出《論語·雍也》:"居敬而行簡。"指在日常生活中嚴格以倫理綱常要求自己的拘謹態度。
〔3〕《易本義》,即《周易本義》,公元1177年作,係根據呂祖謙所校定古本《周易》經傳十二篇而作的本義。《啓蒙》,即《易學啓蒙》,1186年作成,係爲學者不明《周易本義》而作,凡四篇。《蓍卦考誤》,詳目無考,疑爲《周易參同契參異》,1197年作成。
〔4〕《詩集傳》,1177年編成,凡八卷。
〔5〕《大學中庸章句》,1189年改定。《或問》,即《大學中庸或問》,成書與《大學中庸章句》同時,作爲該書的補充。
〔6〕《論語孟子集注》,即《論語集注》與《孟子集注》。這兩部書於1177年作成,按理學觀點,取其要義。
〔7〕《太極圖》,即《太極圖説解》,1173年成,發揮其"理在氣先"、"理生氣"的宇宙生成論。《通書》,即《通書解》,成書與《太極圖説解》同,旨亦在發揮其宇宙生成論。《西銘解》,即《西銘解義》一卷,作於1172年,旨在發揮"理一發殊"的思想。
〔8〕《楚辭集注》,八卷,約成書於1195年,按《詩集傳》的體例,對賦、比、興等古詩手法進行解析。《辯證》,即《楚辭辯證》二卷,1199年作成,是對《楚辭》許多具體問題所作的考證,強調屈原"忠君愛國之誠心"。
〔9〕《韓文考異》十卷,1197年作。
〔10〕《論孟集議》,已逸,僅有目無文。

〔11〕《孟子指要》,即《孟子要略》,1192年編成。

〔12〕《中庸輯略》,今收在《朱子遺書》。

〔13〕《孝經刊誤》,一卷,1186年成,後世多指爲人附會。

〔14〕《小學書》,即《小學》,1187年成,教育兒童以"愛親敬長隆師親友之道"。

〔15〕《通鑑綱目》,即《資治通鑑綱目》,1172年編成,是司馬光所編《資治通鑑》的節本,凡五十九卷。

〔16〕《宋名臣言行錄》,即《八朝名臣言行錄》,1172年編成。據朱熹自云:"所載國朝(宋朝)名臣言行之迹,多有補於世教。"

〔17〕《家禮》即《古今家祭禮》,1174年編成,共十六篇。

〔18〕《近思錄》,1175年編成,這是朱熹與呂祖謙在朱熹的"寒泉精舍",共同研讀周敦頤、二程、張載的書之後編次的,分十四個專題,成十四卷。

〔19〕《河南程氏遺書》,編成於1168年,是將二程門人所錄的二程言行,"去取精審",成二十五卷。

〔20〕《伊洛淵源錄》,1173年編成,是把從周敦頤、邵雍、張載、二程以來的理學家,按照傳授關係,排成理學的譜系,共十四卷。

〔21〕《儀禮經傳通解》,1196年編成,共三十七卷。

理宗紹定末[1],秘書郎李心傳乞以司馬光、周敦頤、邵雍、張載、程顥、程頤、朱熹七人列於從祀,不報。淳祐元年正月[2],上視學,手詔以周、張、二程及熹從祀孔子廟。

【注】

[1] 紹定,宋理宗年號(1228—1233)。

〔2〕淳祐,宋理宗年號(1241—1252)。

　　黃榦曰:"道之正統待人而後傳,自周以來,任傳道之責者不過數人,而能使斯道章章較著者,一二人而上耳。由孔子而後,曾子、子思繼其微,至孟子而始著。由孟子而後,周、程、張子繼其絕,至熹而始著。"識者以爲知言。
　　熹子在,紹定中爲吏部侍郎。

選自《宋史》卷四二九《道學三》

陳 傅 良（1137—1203）

陳傅良字君舉,温州瑞安人[1]。初患科舉程文之弊,思出其説爲文章,自成一家,人争傳誦,從者雲合,由是其文擅當世。當是時,永嘉鄭伯熊、薛季宣皆以學行聞,而伯熊於古人經制治法,討論尤精,傅良皆師事之,而得季宣之學爲多。及入太學,與廣漢張栻、東萊吕祖謙友善。祖謙爲言本朝文獻相承條序,而主敬集義之功得於栻爲多[2]。自是四方受業者愈衆。

【注】

〔1〕温州瑞安,今浙江瑞安。
〔2〕主敬集義,理學提倡的道德修養方法。主敬,即人心擯棄其他一切思念,而與"天理"（理學原則）合一；集義,即在日常生活中,認真履行理學原則,以此積聚道義。

登進士甲科,教授泰州[1]。参知政事龔茂良才之,薦于朝,改太學録。出通判福州[2]。丞相梁克家領帥事,委成於傅良,傅良平一府曲直,壹以義。强禦者不得售其私,陰結言官論罷之。

【注】

〔1〕泰州,今江蘇泰州市。

〔2〕福州,今福建福州市。

後五年,起知桂陽軍[1]。光宗立,稍遷提舉常平茶鹽、轉運判官[2]。湖湘民無後,以異姓以嗣者,官利其貲,輒没入之。傅良曰:"絕人嗣,非政也。"復之幾二千家。轉浙西提點刑獄[3]。除吏部員外郎[4],去朝四十年,至是而歸,鬚鬢無黑者,都人聚觀嗟嘆,號"老陳郎中"。

【注】

〔1〕桂陽軍,治所在平陽(今湖南桂陽),轄境爲今湖南藍山、臨武、桂陽、嘉和等地。
〔2〕提舉常平茶鹽,負責茶鹽買賣的官員。提舉,管理專門事務的職官。轉運判官,轉運使的佐官,協助轉運使掌財賦。
〔3〕提點刑獄,掌刑獄公事的官員。
〔4〕吏部員外郎,吏部尚書的佐官。吏部,掌管全國官吏的任免、考課、昇降、調動等事務。長官爲吏部尚書。

傅良爲學,自三代、秦、漢以下靡不研究,一事一物必稽於極而後已。而於太祖開創本原,尤爲潛心。及是,因輪對,言曰:"太祖皇帝垂裕後人,以愛惜民力爲本。熙寧以來,用事者始取太祖約束,一切紛更之。諸路上供歲額,增於祥符一倍[1],崇寧重修上供格[2],頒之天下,率增至十數倍。其它雜斂,則熙寧以常平寬剩、禁軍缺額之類別項封樁,而無額上供起於元豐,經制起於宣和,總制、月樁起於紹興[3],皆迄今爲額,折帛、和賈之類又不與焉[4]。

茶引盡歸於都茶場[5]，鹽鈔盡歸於榷貨務，秋苗斗斛十八九歸於綱運，皆不在州縣。州縣無以供，則豪奪於民，於是取之斛面、折變、科敷、抑配、贓罰[6]，而民困極矣。方今之患，何但四夷？蓋天命之永不永，在民力之寬不寬耳，豈不甚可畏哉。陛下宜以救民窮爲己任，推行太祖未泯之澤，以爲萬世無疆之休。"

【注】

[1] 祥符，亦稱大中祥符，宋眞宗年號（1008—1016）。
[2] 崇寧，宋徽宗年號（1102—1106）。上供格，向朝廷貢納的規格。
[3] 紹興，宋高宗趙構年號（1131—1162）。
[4] 和買，平價交易。
[5] 引，商人運銷貨物的憑證，亦指所規定的重量單位。都茶場，朝廷專門管理茶務的機構。
[6] 科敷，朝廷對平民財物和勞役的徵發，是徭役向賦稅的轉化或合併。

且言："今天下之力竭於養兵，而莫甚於江上之軍[1]。都統司謂之御前軍馬[2]，雖朝廷不得知；總領所謂之大軍錢糧[3]，雖版曹不得與[4]。於是中外之勢分，而事權不一，施行不專，雖欲寬民，其道無由。誠使都統司之兵與向者在制置司時無異[5]，總領所之財與向者在轉運司時無異，則內外爲一體。內外一體，則寬民力可得而議矣。"帝從容嘉納，且勞之曰："卿昔安在？朕不見久矣，其以所著書示朕。"退以《周禮説》十三篇上之,遷祕書少監兼實録院檢討官、嘉王府贊讀[6]。

【注】

〔1〕江上之軍,對長江進行防守的軍隊。
〔2〕都統司,節制統領兵馬的機構,其長官爲都統制,其職份是指揮軍隊。
〔3〕總領,負責禁軍錢糧的官員。
〔4〕版曹,户部。
〔5〕制置司,掌措置捍衛疆土的軍事之機構,其長官多以安撫大使兼充,稱之制置使。
〔6〕祕書監,祕書省屬官,管圖書經籍收藏校勘等。實録院,負責記載前皇帝言行之機構。檢討官,掌修國史之官。嘉王,即宋寧宗。嘉王爲未即位之前封號。

紹熙三年,除起居舍人[1]。明年,兼權中書舍人[2]。初,光宗之妃黄氏有寵[3],李皇后妒而殺之[4]。光宗既聞之,而復因郊祀大風雨,遂震懼得心疾,自是視章疏不時。於是傅良奏曰:"一國之勢猶身也,壅底則致疾。今日遷延某事,明日阻節某人,即有姦險乘時爲利,則内外之情不接,威福之柄下移,其極至於天變不告,邊警不聞,禍且不測矣!"帝悟,會疾亦稍平,過重華宮[5]。而明年重明節,復以疾不往,丞相以下至於太學諸生力諫,不聽;而方召内侍陳源爲内侍省押班[6],傅良不草詞,且上疏曰:"陛下之不過宮者[7],特誤有所疑而積憂成疾,以至此爾。臣嘗即陛下之心反復論之,竊自謂深切,陛下亦既許之矣[8]。未幾中變,以誤爲實,而開無端之釁;以疑爲真,而成不療之疾。是陛下自貽禍也。"書奏,帝將從之,百官班立,以俟帝出。至御屏,皇后挽帝回,傅良遂趨上引裾,后叱之。傅良哭於庭,后益怒,傅良下殿徑出。詔改秘閣修撰仍兼贊讀,不受。

【注】

〔1〕紹熙,宋光宗年號(1190—1194)。起居舍人,見前注。
〔2〕中書舍人,亦稱舍人,任起草詔令之職,權柄甚重。
〔3〕黄氏,原爲德壽宮封和義郡夫人,後被孝宗賜與光宗。
〔4〕李皇后,光宗之后,字鳳娘,性悍。與孝宗不和,在太上皇孝宗病重期間,竟阻止光宗去看望孝宗,爲大臣所痛恨。
〔5〕重華宮,爲太上皇孝宗居所。
〔6〕押班,領班。
〔7〕不過宮,指光宗不去重華宮省慰孝宗。
〔8〕既許之,光宗在衆臣規諫之下,曾準備去朝拜孝宗。

寧宗即位,召爲中書舍人兼侍讀、直學士院、同實録院修撰。會詔朱熹與在外宮觀,傅良言:"熹難進易退,内批之下,舉朝驚愕,臣不敢書行。"熹於是進寶文閣待制,與郡。御史中丞謝深甫論傅良言不顧行,出提舉興國宮。明年,察官交疏,削秩罷。嘉泰二年復官,起知泉州,辭。授集英殿修撰,進寶謨閣待制,終於家,年六十七。諡文節。

傅良著述有《詩解詁》、《周禮説》、《春秋後傳》、《左氏章指》行於世。

選自《宋史》卷四三四《儒林四》

葉　　適 (1150—1223)

　　葉適字正則,温州永嘉人[1]。爲文藻思英發。擢淳熙五年進士第二人,授平江節度推官[2]。丁母憂[3]。改武昌軍節度判官。少保史浩薦於朝,召之不至,改浙西提刑司幹辦公事[4],士多從之游。參知政事龔茂良復薦之,召爲太學正。

【注】
〔1〕永嘉,今浙江永嘉縣。
〔2〕平江,宋時府名,今江蘇蘇州、常熟、崑山,上海嘉定等地。
〔3〕丁母憂,母親去世。
〔4〕浙西,南宋爲浙江西路,轄臨安、平江、鎮江三府和常、嚴、湖、秀四州。

　　遷博士,因輪對,奏曰:"人臣之義,當爲陛下建明者,一大事而已。二陵之讎未報,故疆之半未復,而言者當乘其機,當待其時。然機自我發,何彼之乘?時自我爲,何彼之待?非真難真不可也,正以我自爲難,自爲不可耳。於是力屈氣索,甘爲退伏者於此二十六年。積今之所謂難者陰沮之,所謂不可者默制之也。蓋其難有四,其不可有五。置不共戴天之讎而廣兼愛之義,自爲虛弱。此國是之難一也。國之所是既然,士大夫之論亦然。爲奇謀祕畫者止於乘機待時,忠義決策者止於親征遷都,深沉慮遠者止於固本自治。此議論難二也。環視諸臣,迭進迭退,其知此事本而可以反復論議者誰乎?抱此志意而可以策勵期望者誰乎?此人才之難三也。論者徒鑒五代之致亂[1],而不思靖康之得禍。今循守舊模,而欲驅一世之人以報君仇,則形勢乖阻。誠無展足之地。若順時增損,則其所更張動搖,關係至重。此法度之難四也。又有甚不可者,兵以多而至於弱,財以多而至於乏,不信官而信吏,不任人而任法,不用賢能而用資格:此五者舉天下以爲不可動,豈非今之實患歟!沿習牽制,非一時矣。講利害,明虛實,斷是非,決廢置,在陛下所爲耳。"讀未竟,帝蹙額曰:"朕比苦目疾,此志已泯,誰克任此,惟與卿言之耳。"及再讀,帝慘然久之。

【注】

[1] 五代,指後梁、後唐、後晉、後漢、後周。

除太常博士兼實錄院檢討官。嘗薦陳傅良等三十四人於丞相[1],後皆召用,時稱得人。會朱熹除兵部郎官,未就職,爲侍郎林栗所劾。適上疏爭曰:"栗劾熹罪無一實者,特發其私意而遂忘其欺矣!至於其中'謂之道學'一語,利害所係不獨熹。蓋自昔小人殘害忠良,率有指名,或以爲好名,或以爲立異,或以爲植黨。近創爲'道學'之目,鄭丙倡之,陳賈和之,居要津者密相付授,見士大夫有稍慕潔修者,輒以道學之名歸之,以爲善爲玷闕,以好學爲己愆,相與指目,使不得進。於是賢士惴慄[2],中材解體,銷聲滅影,穢德垢行,以避此名。栗爲待從,無以達陛下之德意志慮,而更襲用鄭丙、陳賈密相付授之說,以道學爲大罪,文致語言,逐去一夔,自此善良受禍,何所不有!伏望摧折暴橫,以扶善類。"疏入不報。

【注】
〔1〕陳傅良,南宋學者,本書有傳。
〔2〕惴慄,恐懼,顫栗。

光宗嗣位,由秘書郎出知蘄州。入爲尚書左選郎官。是時,帝以疾不朝重華宮者七月,事無鉅細皆廢不行。適見上力言:"父子親愛出於自然。浮疑私畏,似是而非,豈有事實?若因是而定省廢於上,號令愆於下,人情離阻,其能久乎!"既而帝兩詣重華宮[1],都人歡悅。適復奏:"自今宜於過宮之日,令宰執、侍從先詣起居。異時兩宮聖意有難言者,自可因此傳致,則責任有歸。不可復使近習小人增損語言,以生疑惑。"不報。而事復浸異,中外洶洶。

【注】
〔1〕詣,前往,到。

友孝宗不豫[1],羣臣至號泣攀裾以請,帝竟不往。適責宰相留正曰:"上有疾明甚。父子相見,當俟疾瘳。公不播告,使臣下輕議君父可乎?"未幾,孝宗崩,光宗不能執喪。軍士簿籍有語,變且不測。適又告正曰:"上疾而不執喪,將何辭以謝天下?今嘉王長[2],若預建參決,則疑謗釋矣。"宰執用其言,同入奏立嘉王爲皇太子,帝許之。俄得御批,有"歷事歲久,念欲退閑"之語,正懼而去,人心愈搖。知樞密院趙汝愚憂危不知所出,適告知閣門事蔡必勝曰:"國事至此,子爲近臣,庸坐視乎?"蔡許諾,與宣贊舍人傅昌朝、知內侍省關禮、知閣門事韓侂胄三人定計[3]。侂胄,太皇太后甥也。會慈福宮提點張宗尹過侂胄,侂胄覘其意以告必勝。適得之,即亟白汝愚。汝愚請必勝議事,遂遣侂胄因張宗尹、關禮以內禪議奏太皇太后,且請垂簾,許之,計遂定。翌日禫祭,太皇太后臨朝,嘉王即皇帝位,親行祭禮,百官班賀,中外晏然,凡表奏皆汝愚與適裁定,臨期取以授儀曹郎,人始知其預議焉。遷國子司業。

【注】

[1] 不豫,舊稱帝王有病。
[2] 嘉王,即趙擴(寧宗)。
[3] 韓侂胄(1151—1207),字節夫,相州安陽(今屬河南)人。寧宗時以外戚執政十三年,以樞密都承旨,加開府儀同三司,權居左右丞相之上,後加封平原郡王,任平章軍國事。斥理學,罷逐理學家。開禧二年(1206),請寧宗下詔出兵攻金,失敗後被斬首送至金廷。

汝愚既相,賞功將及適,適曰:"國危效忠,職也。適何功之有?"而侂胄恃功,以遷秩不滿望怨汝愚。適以告汝愚曰:"侂胄所望不過節鉞,宜與之。"汝愚不從。適嘆曰:"禍自此始矣!"遂力求補外。除太府卿,總領淮東軍馬錢糧[1]。及汝愚貶衡陽,而適亦爲御史胡紘所劾,降兩官罷,主管沖佑觀,差知衢州,辭。

【注】

[1] 淮東,今安徽淮河南岸一帶,習稱淮東。

起爲湖南轉運判官,遷知泉州。召入對,言於寧宗曰:"陛下初嗣大寶,臣嘗申繹《卷阿》之義爲獻[1]。天啓聖明,銷磨黨偏,人才庶幾復合。然治國以和爲體,處事以平爲極。臣欲人臣忘己體國,息心既往,圖報方來可也。"帝嘉納之。初,韓侂胄用事,患人不附,一時小人在言路者,創爲"僞學"之名[2],舉海內知名士貶竄殆盡。其後侂胄亦悔,故適奏及之,且薦樓鑰、丘崈、黃度三人[3],悉與郡。自是禁網漸解矣。

【注】

[1] 《卷阿》,《詩·大雅》篇名。
[2] 僞學,韓侂胄對理學的貶稱。
[3] 樓鑰(1137—1213),字大防,號攻媿主人,明州鄞縣人。善文,被稱爲南宋三大家之一,有《攻媿集》一百二十卷。

除權兵部侍郎,以父憂去。服除,召至。時有勸侂胄立蓋世功以固位者，侂胄然之，將啓兵端。適因奏曰："甘弱而幸安者衰，改弱而就彊者興。陛下申命大臣，先慮預算，思報積恥，規恢祖業，蓋欲改弱以就彊矣。竊謂必先審知彊弱之勢而定其論，論定然後修實政，行實德，弱可變而爲彊，非有難也。今欲改弱以就彊，爲問罪驟興之舉，此至大至重事也。故必備成而後動，守定而後戰。今或謂金已衰弱，姑開先釁，不懼後艱，求宣和之所不能，爲紹興之所不敢[1]，此至險至危事也。且所謂實政者，當經營瀕淮沿漢諸郡，各爲處所，牢實自守。敵兵至則阻於堅城，彼此策應，而後進取之計可言。至於四處御前大軍，練之使足以制敵，小大之臣，試之使足以立事，皆實政也。所謂實德者，當今賦稅雖重而國愈貧，如和買、折帛之類，民間至有用田租一半以上輸納者。況欲規恢，宜有恩澤。乞詔有司，審度何名之賦害民最甚，何等橫費裁節宜先。減所入之額，定所出之費。既修實政於上，又行實德於下。此其所以能屢戰而不屈，必勝而無敗也。"

【注】

[1] 宣和，宋徽宗年號（1119—1125）。紹興，年號，見前注。

除權工部侍郎。侂胄欲藉其草詔以動中外，改權吏部侍郎兼直學士院，以疾力辭兼職。會詔諸將四路出師，適又告侂胄宜先防江，不聽。未幾，諸軍皆敗，侂胄懼，以丘崈爲江、淮宣撫使；除適寶謨閣待制、知建康府兼沿江制置使。適謂"三國孫氏嘗以江北守江[1]，自南唐以來始失之〔2〕,建炎、紹興未暇尋繹"〔3〕。乃請於朝,乞節制江北諸州。

【注】
〔1〕三國,東漢後,魏、蜀、吳鼎足而三,史稱三國(220—280)。
〔2〕南唐,五代十國之一(937—975)。
〔3〕建炎、紹興,均爲宋高宗年號(1127—1162)。

及金兵大入,一日,有二騎舉旗若將渡者,淮民倉皇爭斫舟纜,覆溺者衆,建康震動。適謂人心一搖,不可復制,惟劫砦南人所長,乃募市井悍少并帳下願行者,得二百人,使采石將徐緯統以往。夜過半,遇金人,蔽茅葦中射之,應絃而倒;矢盡,揮刀以前,金人皆錯愕不進。黎明,知我軍寡來追,則已在舟中矣。復命石跋、定山之人劫敵營,得其俘馘以歸。金解和州圍〔1〕,退屯瓜步〔2〕,城中始安。又遣石斌賢渡宣化,夏侯成等分道而往,所向皆捷。金自滁州遁去。時羽檄旁午,而適治事如平時,軍須皆以官給,民以不擾。淮民渡江有舟,次止有寺,給錢餉米,其來如歸。兵退,進寶文閣待制,兼江、淮制置使,措置屯田,遂上堡塢之議。

【注】
〔1〕和州,州名,轄境相當今安徽和縣、含山等。
〔2〕瓜步,鎮名,在江蘇南京市六合區東南。

初，淮民被兵驚散，日不自保。適遂於墟落數十里内，依山水險要爲保塢，使復業以守，春夏散耕，秋冬入堡，凡四十七處。又度沿江地創三大堡：石跋則屏蔽采石，定山則屏蔽靖安，瓜步則屏蔽東陽、下蜀。西護歷陽，東連儀真，緩急應援，首尾聯絡，東西三百里，南北三四十里。每堡以二千家爲率，教以習射。無事則戍，以五百人一將；有警則增募新兵及抽摘諸州禁軍二千人，并堡塢内居民，通爲四千五百人，共相守戍。而制司於每歲防秋，別募死士千人，以爲劫砦焚糧之用。因言堡塢之成有四利，大要謂："敵在北岸，共長江之險，而我有堡塢以爲聲援，則敵不敢窺江，而士氣自倍，戰艦亦可以策勳。和、滁、真、六合等城或有退遁[1]，我以堡塢全力助其襲逐，或邀其前，或尾其前，制勝必矣。此所謂用力寡而收功博也。"三堡就，流民漸歸。而侂胄適誅，中丞雷孝友劾適附侂胄用兵，遂奪職。自後奉祠者凡十三年，至寶文閣學士，通議大夫。嘉定十六年[2]，卒，年七十四，贈光禄大夫，諡文定。

【注】

〔1〕和，指和州，今安徽和縣、含山等地；滁，指滁州，今安徽滁州；真，指真州，今江蘇儀徵；六合，今江蘇省南京市六合區，在長江北岸，鄰接安徽省。
〔2〕嘉定十六年，即公元1223年。

適志意慷慨，雅以經濟自負。方侂胄之欲開兵端也，以適每有大讎未復之言重之，而適自召還，每奏疏必言當審而後發，且力辭草詔。第出師之時，適能極力諫止，曉以利害禍福，則侂胄必不妄爲，可免南北生靈之禍。議者不能不爲之嘆息焉。

選自《宋史》卷四三四《儒林四》

楊　　簡 (1141—1225)

楊簡字敬仲,慈溪人[1]。乾道五年舉進士,授富陽主簿[2],會陸九淵道過富陽,問答有所契,遂定師弟子之禮。富陽民多服賈而不知學,簡興學養士,文風益振。

【注】
[1] 慈溪,今浙江慈溪。
[2] 富陽,今浙江富陽。

為紹興府司理[1],犴獄必親臨[2],端默以聽,使自吐露。越陪都,臺府鼎立,簡中平無頗,惟理之從。一府史觸怒帥,令鞫之,簡白無罪,命鞫平日,簡曰:"吏過詎能免,今日實無罪,必擿往事置之法,某不敢奉命。"帥大怒,簡取告身納之,爭愈力。常平使者朱熹薦之[3],先是,丞相史浩亦以簡薦,差浙西撫幹,白尹張杓,宜因凶歲戒不虞。乃令簡督三將兵,接以恩信,出諸葛亮正兵法肄習之,軍政大修,衆大和悅。

【注】
[1] 司理,司理參軍的簡稱,掌獄訟,為知府(州)之屬官。
[2] 犴獄,審獄。
[3] 常平使者,由朝廷派出的調節糧價、備荒賑濟之官。

改知嵊縣[1]。丁外艱,服除,知樂平縣[2],興學訓士,諸生聞其言有泣下者。楊、石二少年爲民害,簡置獄中,諭以禍福,咸感悟,願自贖。由是邑人以訟爲恥,夜無盜警,路不拾遺。紹熙五年[3],召爲國子博士[4]。二少年大帥縣民隨出境外,呼曰"楊父"。會斥丞相趙汝愚,祭酒李祥抗章辨之[5],簡上書言:"昨者危急,軍民將潰亂,社稷將傾危,陛下所親見。汝愚冒萬死易危爲安[6],人情安定,汝愚之忠,陛下所心知,不必深辨。臣爲祭酒屬,日以義訓諸生,若見利忘義,畏害忘義,臣恥之。"未幾,亦遭斥,主管崇道觀。再任,轉朝奉郎[7]。嘉泰四年[8],賜緋衣銀魚,朝散郎[9],權發遣全州[10],以言罷,主管仙都觀。

【注】

[1] 嵊縣,今浙江嵊州。

[2] 樂平縣,今江西樂平。

[3] 紹熙,宋光宗年號(1190—1194)。

[4] 國子博士,太學學官。

[5] 祭酒,國子監(太學)長官。

[6] 易危爲安,事指紹熙五年,太上皇孝宗病死,光宗不執喪禮,朝野憂患,趙汝愚臨危不懼,進兩宮疏通,與權臣密議,逼使光宗退位,擁立皇子嘉王即位,是爲寧宗。

[7] 朝奉郎,閒散官員,無實職。

[8] 嘉泰,宋寧宗年號(1201—1204)。

[9] 朝散郎,閒散官員,無實職。

[10] 全州,今湖南全州。

嘉定元年[1]，寧宗更化，授秘書郎[2]，轉朝請郎，遷秘書省著作佐郎兼權兵部郎官[3]。轉對，極言經國之要，弭災厲、消禍變之道，北境傳誦，爲之涕泣。詔以旱蝗求直言，簡上封事，言旱蝗根本，近在人心。兼考功郎官[4]，兼禮部郎官[5]，授著作郎、將作少監[6]。入對，答問往復，漏過八刻，上目送久之。兼國史院編修官兼實錄院檢討官，以面對所陳未行，求外補，知溫州。移文首罷妓籍，尊敬賢士。私鹺五百爲羣過境内，分司幹官檄永嘉尉及水砦兵捕之。巡尉不白郡，簡驚曰："是可輕動乎？萬一召亂，貽朝廷憂。兵之節制在郡將，違節制是不嚴天子命，違節制應斬。"建旗立巡尉庭下，召劊手兩行夾立，郡官盛服立西序，數其罪，命斬之，郡官交進爲致悔罪意，良久得釋，奏罷分司，其紀律如此。寓官置民田負其直[7]，簡追其隷責之而償所負。勢家第宅障官河，即日撤之，城中歡誦，名楊公河。

【注】

〔1〕嘉定，宋寧宗年號（1208—1224）。
〔2〕秘書郎，專掌圖書收藏及抄寫事務的官員。
〔3〕著作佐郎，著作郎之佐官，協助其匯編每日時事，地位略高於秘書郎。兵部郎官，兵部尚書之佐官。
〔4〕考功郎官，考工郎中之佐官，掌文武選敍、審核資格、考課之政令。
〔5〕禮部郎官，禮部尚書之佐官。
〔6〕少監，少府監，所掌事務甚雜，如百官羣表案褥、牌印朱記、祭

玉法事等均由其過問。
〔7〕置民田負其直，購買民田而没有付足價錢。直，通"值"。

帝遣使至郡譏察[1]，使於簡爲先世契[2]，出郊迎，不敢當，從間道走州入客位。簡聞之不敢入，往來傳送數四，乃驅車返。將降車，使者趨出立戟門外，簡亦趨出立使者外，頓首言曰："天使也，某不敢不肅。"使者曰："契家子，禮有常尊。"簡曰："某守臣，使者銜天子命，辱臨敝邑，天使也，某不敢不肅。"遂從西翼偕進，禮北面東上，簡行則常西，步則後，及階，莫敢升，已乃同升自西階，足踧踧莫敢就主席。使者曰："邦君之庭也，禮有常尊。"簡曰："《春秋》，王人雖微，例書大國之上，尊天子也。況今天使乎？"持之益堅，使者辭益力。如是數刻，使者知不可變，乃曰："某不敏，敢不敬承執事尊天子義。"即揖而出。既就館，簡乃以賓禮見。儀典曠絶，邦人創見之，莫不瞿然竦觀，屏息立。

【注】
〔1〕譏察，視察考核。譏，通"稽"。
〔2〕先世契，祖上友好至交。

簡在郡廉儉自將，奉養菲薄，常曰："吾敢以赤子膏血自肥乎！"閭蒼雍睦無怨爭聲，民愛之如父母，咸畫象事之。遷駕部員外郎[1]，老稚扶擁緣道，傾城哭送。入對，言："盡掃喜順惡逆之私情，善政盡舉，弊政盡除，民怨自銷，禍亂不作。"改工部員外郎[2]，轉對，又以擇賢久任爲言。遷軍器監兼工部郎官[3]，轉朝奉大夫[4]，又遷將作監兼國史院編修官兼實錄院檢討官，轉朝散大夫。

【注】

〔1〕駕部員外郎，兵部屬官，掌車輿、驛傳、馬政。
〔2〕工部員外郎，工部尚書之佐官，協助工部尚書掌各項工程、工匠、屯田、水利、交通等政令。
〔3〕軍器監，兵部屬官，掌軍事器械。
〔4〕朝奉大夫，閒散官員，無實職。下文"朝散大夫"亦同。

金人大饑，來歸者日以數千、萬計，邊吏臨淮水射之。簡戚然曰："得土地易，得人心難。薄海内外，皆吾赤子，中土故民，出塗炭，投慈父母，顧靳斗升粟而迎殺之，蘄脱死乃速得死，豈相上帝綏四方之道哉？"即日上奏，哀痛言之，不報。會有疾，請去益力，乃以直寶謨閣主管玉局觀。升直寶文閣主管明道宫、秘閣修撰主管千秋鴻禧觀。特授朝請大夫、右文殿修撰主管鴻慶宫，賜紫衣金魚。進寶謨閣待制、提舉鴻慶宫，賜金帶。

理宗即位，進寶謨閣直學士，賜金帶。寶慶元年[1]，轉朝議大夫、慈溪縣男，尋授華文閣直學士、提舉佑神觀，奉朝請。詔入見，簡屢辭。授敷文閣直學士，累加中大夫，仍提舉鴻慶宫，尋以寶謨閣學士、太中大夫致仕，卒，贈正奉大夫。

【注】

〔1〕寶慶,宋理宗年號(1225—1227)。

　　簡所著有《甲稿》、《乙稿》、《冠記》、《昏記》、《喪禮家記》、《家祭記》、《釋菜禮記》、《石魚家記》,又有《己易》、《啓蔽》等書,其論治務最急者五,其次八。一曰謹擇左右大臣、近臣、小臣;二曰擇賢以久任中外之官;三曰罷科舉而行鄉舉里選;四曰罷設法道淫;五曰治伍法,修諸葛武侯之正兵,以備不虞。其次急者有八:一曰募兵屯田,以省養兵之費;二曰限民田,以漸復井田;三曰罷妓籍,從良;四曰漸罷和買、折帛暨諸無名之賦及榷酤,而禁羣飲;五曰擇賢士教之大學,教成,使分掌諸州之學,又使各擇井里之士聚而教之,教成,使各分掌其邑里之學;六曰取《周禮》及古書,會議熟講其可行於今者行之;七曰禁淫樂;八曰修書以削邪説。此簡之志也。後咸淳間,制置使劉黻即其居作慈湖書院。門人錢時。

選自《宋史》卷四〇七

蔡　淵（南宋中期）

蔡淵,字伯静,號節齋,西山先生之長子也[1]。先生於《易》一書,沈潛反復,積之有年,精神之極,神明通之。著爲《訓解》、《意言》、《辭象》[2],分爲四卷。董氏真卿曰[3],其書經二篇,以孔子《大象》置逐卦辭之下[4],《彖傳》又置《大象》之後,《小象》置各爻辭之後[5],皆低一字,以別卦,爻辭、《繫辭》、《文言》、《説卦》、《序卦》、《雜卦》亦低一字書。又有《卦爻辭旨》論六十四卦大義,《易象意言》雜論卦爻十翼象數[6],《餘論》雜論《易》大義。

【注】
[1] 西山先生,即蔡元定。
[2] 《周易訓解》,據《四庫全書簡明目錄》爲《周易經傳訓解》：“原本四卷,今佚其二卷,惟存上經、下經。其經文以《大象》置卦下,以《彖傳》置《大象》後,以《小象》置爻辭後,皆低一字,以別卦爻。與舊本小異。其訓釋則明義理者居多。”
[3] 董真卿,元學者,著有《周易會通》十四卷。
[4] 《大象》,《易傳》中之一篇。《易傳》是《周易》中解釋經文的十篇文章,包括《彖》上下,《象》上下(即《大象》、《小象》),《繫辭》上下,《文言》,《序卦》,《説卦》,《雜卦》,亦稱《十翼》。舊傳孔子所作。據今人研究,大抵係戰國末或秦漢之際的作品。卦辭,説明《周易》六十四卦每卦要義的文辭,各卦卦名下均有

卦辭。
〔5〕爻辭,說明《周易》六十四卦中各爻要義的文辭。每卦六爻,每爻均有爻辭。
〔6〕《易象意言》,據《四庫全書簡明目錄》,蔡淵著有《易象意言》一卷:"此書闡發名理,多從師說,兼言數學,則本其家傳。其兼用互體,則取裁古義,與講學家持論又殊。"

選自《宋元學案》卷六二《西山蔡氏學案》

蔡　　沉（1167—1230）

　　沉字仲默，少從朱熹游[1]。熹晚欲著《書傳》[2]，未及爲，遂以屬沉。《洪範》之數[3]，學者久失其傳，元定獨心得之[4]，然未及論著，曰："成吾書者沉也。"沉受父師之託，沈潛反復者數十年，然後成書[5]，發明先儒之所未及。其於《洪範》數，謂："體天地之撰者《易》之象[6]，紀天地之撰者《範》之數。數始於一奇，象成於二偶。奇者數之所以立，偶者數之所以行。故二四而八，八卦之象也[7]；三三而九，九疇之數也[8]。由是八八而又八八之爲四千九十六，而象備矣；九九而又九九之爲六千五百六十一，而數周矣。《易》更四聖而象已著[9]，《範》錫神禹而數不傳[10]。後之作者，昧象數之原，窒變通之妙，或即象而爲數，或反數而擬象，牽合傅會，自然之數益晦焉。"

【注】

〔1〕朱熹，本書有傳。

〔2〕《書》，即《尚書》，儒家經典之一，爲中國上古歷史文件和部分追述古代事迹著作的匯編。相傳由孔子編選而成。

〔3〕《洪範》，《尚書》中的一篇。舊傳爲商末箕子向周武王陳述的"天地之大法"。近人或疑爲戰國時期的作品。

〔4〕元定，蔡沉之父，本書有傳。

〔5〕據《四庫全書簡明目錄》，蔡沉著《洪範皇極內篇》五卷，"借《洪

範》九數,衍爲八十一章,而配以月令節氣,欲以擬《易》。實則《太玄》之支流,特變《易》數爲《洪範》,以新耳目。"

〔6〕《易》,即《周易》。象,象徵。《周易》用卦爻等符號象徵自然變化和人事休咎。《周易·繫辭下》:"是故易者象也,象也者像也。"

〔7〕八卦,《周易》中的八種基本圖形,用陽爻"—"和陰爻"--"組合而成。它們是乾(☰)、坤(☷)、震(☳)、巽(☴)、坎(☵)、離(☲)、艮(☶)、兌(☱)。

〔8〕九疇,《尚書·洪範》中所述古代禹治大水時天帝賜給他的九種治理天下的大法。

〔9〕四聖,舊傳《周易》經伏羲畫卦、文王重卦、周公作辭、孔子作傳,四聖製作加工始成。

〔10〕錫,賜。

始,從元定謫道州,跋涉數千里,道楚、粵窮僻處,父子相對,常以理義自怡悅。元定歿,徒步護喪以還。有遺之金而義不可受者,輒謝却之曰:"吾不忍累先人也。"年僅三十,屏去舉子業,一以聖賢爲師。隱居九峰,當世名卿物色將薦用之,沉不屑就。次子抗,別有傳。

選自《宋史》卷四三四《儒林四》

真 德 秀（1178—1235）

真德秀字景元，後更爲希元，建之浦城人[1]。四歲受書，過目成誦。十五而孤，母吳氏力貧教之。同郡楊圭見而異之，使歸共諸子學，卒妻以女。

【注】
[1] 建，古地名。唐時爲建州，治所在建安（今福建建甌）；南宋時爲建寧府。浦城，今屬福建。

登慶元五年進士第[1]，授南劍州判官[2]。繼試中博學宏詞科，入閩帥募，召爲太學正，嘉定元年遷博士。時韓侂胄已誅[3]，入對，首言："權臣開邊，南北塗炭，今玆繼好，豈非天下之福。然日者以行人之遣，金人欲多歲幣之數，而吾亦曰可增；金人欲得姦臣之首，而吾亦曰可與；往來之稱謂，犒軍之金帛，根括歸明流徙之民，皆承之唯謹，得無滋嫚我乎[4]？抑善謀國者不觀敵情，觀吾政事。今號爲更化，而無以使敵情之畏服，正恐彼資吾歲略以厚其力，乘吾不備以長其謀，一旦挑爭端而吾無以應，此有識所爲寒心。"又言："侂胄自知不爲清議所貸，至誠憂國之士則名以好異，於是忠良之士斥，而正論不聞；正心誠意之學則誣以好名，於是僞學之論興，而正道不行。今日改絃更張，正當褒崇名節,明示好尚。"

【注】

〔1〕慶元,宋寧宗年號(1195—1200)。
〔2〕南劍州,五代時南唐置劍州,治所在劍浦(今福建南平市)。宋改南劍州。
〔3〕韓侂胄,見本書《葉適》傳注。
〔4〕滋嫚,同"滋蔓",滋生蔓延。常指禍患的滋長擴大。

　　召試學士院,改祕書省正字兼檢討玉牒。二年,遷校書郎。又對,言暴風、雨雹、熒惑、蝻蝗之變[1],皆贓吏所致。尋兼沂王府教授、學士院權直。三年,遷秘書郎。入對,乞開公道,窒旁蹊[2],以抑小人道長之漸;選良牧,勵戰士,以扼羣盜方張之銳。四年,選著作佐郎。同列相惎讒之[3],德秀恬不與較。宰相將用德秀,會言官觝之[4],德秀力辭。兼禮部郎官,上疏言:"金有必亡之勢,亦可為中國憂。蓋金亡則上恬下嬉,憂不在敵而在我,多事之端恐自此始。"五年,遷軍器少監,升權直。

【注】

〔1〕熒惑,即火星。由於火星呈紅色,熒熒像火,亮度常有變化;且運行情況複雜,令人迷惑,所以我國古代稱其為"熒惑"。蝻蝗,即飛蝗,害蟲。
〔2〕旁蹊,大路邊的小道。這裏喻指旁門歪道。
〔3〕惎,憎恨,怨毒。
〔4〕言官,主諫議之官。

六年,遷起居舍人,奏:"權姦擅政十有四年,朱熹、彭龜年以抗論逐,呂祖儉,周端朝以上書斥,當時近臣猶有争之者。其後呂祖泰之貶,非惟近臣莫敢言,而臺諫且出力以擠之,則嘉泰之失已深於慶元矣[1]。更化之初,羣賢皆得自奮。未幾,傅伯成以諫官論事去,蔡幼學以詞臣論事去[2],鄒應龍、許奕又繼以封駁論事去[3]。是數人者,非能大有所矯拂,已皆不容於朝。故人務自全,一辭不措。設有大安危,大利害,羣臣喑嘿如此[4],豈不殆哉! 今欲與陛下言,勤訪問、廣謀議、明黜陟三者而已。"時鈔法楮令行[5],告訐繁興,抵罪者衆,莫敢以上聞。德秀奏:"或一夫坐罪,而併籍昆弟之財;或虧陌四錢,而没入百萬之貨;至於科富室之錢,拘鹽商之舟,視産高下,配民藏楮,鬻田宅以收券者[6],雖大家不能免,尚得名便民之策?"自此籍没之産以漸給還。

【注】

[1] 嘉泰,宋寧宗年號(1201—1204)。

[2] 蔡幼學(1154—1217),字行之,一字瑞之,瑞安(今屬浙江)人。南宋大臣,著有《育德堂集》。

[3] 鄒應龍(1172—1244),字景初,泰寧(今屬福建)人。南宋大臣。

[4] 喑嘿,沉默不語。

[5] 鈔,鈔引。宋時茶、鹽、礬等物的生産運銷由政府管制,政府發給特許商人支領和運銷這類産品的證券,名"茶引"、"鹽引"、"礬引",又統稱"鈔引"。楮,紙幣。

〔6〕鬻,賣。

兼太常少卿。又言金人必亡,君臣上下當以祈天永命爲心。充金國賀登位使,及盱眙[1],聞金人内變而返。言於上曰:"臣自揚之楚[2],自楚之盱眙,沃壤無際,陂湖相連,民皆堅悍强忍,此天賜吾國以屏障大江,使强兵足食爲進取資。顧田疇不闢,溝洫不治,險要不扼,丁壯不練,豪傑武勇不收拾,一旦有警,則徒以長江爲恃;豈如及今大修墾田之政,專爲一司以領之,數年之後,積儲充實,邊民父子争欲自保,因其什伍,勒以兵法,不待糧餽,皆爲精兵。"又言邊防要事。

【注】
〔1〕盱眙,縣名,在江蘇省中西部,北臨洪澤湖。
〔2〕揚,揚州,宋承隋置,治所在江都(今江蘇揚州市)。楚,楚州,宋承隋置,治所在山陽(今江蘇淮安)。

時史彌遠方以爵禄縻天下士[1],德秀慨然謂劉爚曰:"吾徒須急引去,使廟堂知世亦有不肯爲從官之人[2]。"遂力請去,出爲秘閣修撰、江東轉運副使。山東盗起,朝廷猶與金通聘,德秀朝辭,奏:"國恥不可忘,鄰盗不可輕,幸安之謀不可恃,導諛之言不可聽,至公之論不可忽。"寧宗曰:"卿力有餘,到江東日爲朕撙節財計[3],以助邊用。"

【注】

〔1〕史彌遠(1164—1233),字同叔,明州鄞(今浙江寧波)人。南宋權臣,官太師右丞相兼樞密使,權勢日盛。嘉定十七年(1224)廢皇子竑,立趙昀(理宗)爲帝,愈加專權。他死後,理宗才親政。

〔2〕廟堂,太廟的明堂,古代帝王祭祀、議事的地方。這裏借指朝廷。

〔3〕撙節,節省。

江東旱蝗、廣德、太平爲甚[1],德秀遂與留守、憲司分所部九郡大講荒政,而自領廣德、太平。親至廣德,與太守魏峴同以便宜發廩,使教授林庠振給,竣事而還。百姓數千人送之郊外,指道傍叢冢泣曰:"此皆往歲餓死者。微公[2],我輩已相隨入此矣。"索毁太平州私創之大斛[3]。新徽州守林琰無廉聲[4],寧國守張忠恕規匿振濟米[5],皆劾之,而以李道傳攝徽。先是,都司胡槻、薛拯每諧德秀迂儒,試以事必敗,至是政譽日聞,因倡言旱傷本輕,監司好名,振贍太過,使峴劾庠以撼德秀。德秀上章自明,朝廷悟,與峴祠,授庠幹官,而道傳尋亦召還。

【注】

〔1〕廣德、太平,今皆屬安徽。
〔2〕微,無。
〔3〕太平州,宋置,治所在今安徽當涂。
〔4〕徽州,宋置,治所在今安徽歙縣。
〔5〕寧國,府名,宋置,治所在今安徽宣城。

德秀以右文殿修撰知泉州[1]。番舶畏苛征,至者歲不三四,德秀首寬之,至者驟增至三十六艘。輸租令民自概[2],聽訟惟揭示姓名,人自詣州[3]。泉多大家,爲閭里患,痛繩之。有訟田者,至焚其券不敢爭。海賊作亂。將逼城,官軍敗衄,德秀祭兵死者,乃親授方略,禽之。復徧行海濱,審視形勢,增屯要害處,以備不虞。

【注】
〔1〕泉州,宋承唐置,治所在今福建泉州市。
〔2〕概,限量。
〔3〕詣,至。

十二年,以集英殿修撰知隆興府[1]。承寬弛之後,乃稍濟以嚴。尤留意軍政,欲分鄂州軍屯武昌[2],及通廣鹽於贛與南安[3],以弭汀[4]、贛鹽寇。未及行,以母喪歸。明年,蘄、黃失守[5],盜起南安,討之數載始平,人服德秀先見。

【注】
〔1〕隆興府,宋置,治所在今江西南昌。
〔2〕鄂州,宋承唐置,治所在江夏(今湖北武昌)。武昌,今湖北鄂城。
〔3〕廣鹽,即兩廣所產之鹽。贛州,宋置,治所在贛縣(今贛州市)。南安,今江西大餘縣,
〔4〕汀,汀州,宋承唐置,治所在今福建長汀縣。
〔5〕蘄,蘄州,北周始置,南宋時治所在今湖北蘄州縣。黃,黃州,宋承隋置,治所在今湖北黃岡市。

十五年，以寶謨閣待制、湖南安撫使知潭州[1]。以"廉仁公勤"四字勵僚屬，以周惇頤、胡安國、朱熹、張栻學術源流勉其士[2]。罷榷酤[3]，除斛面米[4]，申免和糴[5]，以甦其民[6]。民艱食，既極力振贍之，復立惠民倉五萬石，使歲出糶。又易穀九萬五千石，分十二縣置社倉，以徧及鄉落。別立慈幼倉，立義阡。惠政畢舉。月試諸軍射[7]，捐其回易之利及官田租[8]。凡營中病者、死未葬者、孕者、嫁娶者，贍給有差。朝廷從壽昌朱橐請[9]，以飛虎軍戍壽昌，併致其家口，力爭止之。江華縣賊蘇師入境殺劫[10]，檄廣西共討平之。司馬遵守武岡[11]，激軍變，劾遵而誅其亂者。

【注】

[1] 潭州，宋承隋置，治所在今湖南長沙市。

[2] 周惇頤，即周敦頤，本書有傳。胡安國（1074—1138），字康候，建寧崇安（今屬福建）人。南宋經學家，撰有《春秋傳》三十卷，另有《資治通鑑舉要補遺》等。張栻（1133—1180），本書有傳。

[3] 榷酤，由政府專利以酤酒。南宋時，每遇軍用或地方需款或官賣欠虧，即加增酒價支應。

[4] 除斛面米，廢除用同一量器來量面和米，因斛只能量體積而不能稱重量。

[5] 和糴，唐貞觀、開元後，因邊數十州皆戍重兵，營田地租不足供軍，因出官錢以糴民粟，是爲和糴之始。其後配戶督限，迫蹙鞭撻，甚於稅賦，亦成厲民之政。

[6] 甦，蘇醒。

[7] 射，軍隊編制。

〔8〕回易,交易。
〔9〕壽昌,南宋時置壽昌軍,治所在武昌(今湖北鄂城)。
〔10〕江華縣,今屬湖南。
〔11〕武岡,縣名,今屬湖南。

　　理宗即位,召爲中書舍人,尋擢禮部侍郎,直學士院。入見,奏:"三綱五常[1],扶持宇宙之棟榦,尊安生民之柱石。晉廢三綱而劉、石之變興[2],唐廢三綱而安禄山之難作[3]。我朝立國,先正名分。陛下不幸處人倫之變,流聞四方,所損非淺。霅川之變[4],非濟王本志,前有避匿之跡,後聞討捕之謀,情狀本末,灼然可考。願討論雍熙追封秦王舍罪恤孤故事[5],濟王未有子息,亦惟陛下興滅繼絶。"上曰:"朝廷待濟王亦至矣。"德秀曰:"若謂此事處置盡善,臣未敢以爲然。觀舜所以處象[6],則陛下不及舜明甚。人主但當以二帝、三王爲師。"上曰:"一時倉猝耳。"德秀曰:"此已往之咎,惟願陛下知有此失而益講學進德。"次言:"霅川之獄未聞參聽於公朝,淮、蜀二閫乃出於僉論所期之外[7]。天下之事非一家之私,何惜不與衆共之。"且言:"乾道、淳熙間,有位於朝者以饋及門爲恥,受任於外者以包苴入都爲羞[8]。今饋賂公行,薰染成風,恬不知怪。"

【注】
〔1〕三綱,指君爲臣綱,父爲子綱,夫爲妻綱;五常,指仁、義、禮、智、信。儒家用以維護王朝等級制度的道德教條。
〔2〕劉,劉淵(?—310),十六國時漢國建立者,字元海,匈奴族。

晉咸寧中,代父爲左部帥。西晉末年,在離石(今屬山西)起兵反晉,稱大單于,後改稱漢帝,建都平陽(今山西臨汾西北)。後其姪劉曜即位,改國號爲趙,史稱前趙。石,石勒(274—333),十六國時後趙建立者,羯族。319年攻滅前趙,自稱趙王,史稱後趙。

〔3〕安祿山(？—757),唐叛亂者,營州柳城(今遼寧朝陽南)胡人,官至尚書左撲射。天寶十四載(755)冬,在范陽起兵叛亂,南下攻陷洛陽。次年,自稱雄武皇帝,國號燕、年號聖武。至德二載(757),其子慶緒謀奪帝位,將他殺死。

〔4〕雪川之變,據《宋史・理宗本紀》:"庚午,湖州盜潘壬、潘丙、潘甫謀立濟王竑,竑聞變,匿水竇中,盜得之,擁至州治,以黄袍加其身,守臣謝周卿率官屬入賀。……竑乃遣王元春告於朝而率州兵誅賊。彌遠奏遣殿司將彭任討之,至則盜平。又遣其客奉、天錫託宣醫治竑疾,諭旨逼竑死。"

〔5〕據《宋史・魏王廷美傳》:"雍熙元年,(秦王)廷美至房州,因憂悸成疾而卒,年三十八。上聞之,嗚咽流涕,謂宰相曰:'廷美自小剛愎,長益兇惡。朕以同氣至親不忍置之於法,俾居房陵,冀其思過。方欲推恩復舊,遽茲殞逝,痛傷奈何!'因悲泣,感動左右,遂下詔,追封廷美爲涪王,謚曰悼,爲發哀成服。"

〔6〕象,古人名,傳說舜後母所生之弟。舜父愛之,常與謀欲殺舜,舜爲天子,封之有庳。

〔7〕閫,指負軍事專責的人。僉,衆人,大家。

〔8〕包苴,即苞苴,饋贈的禮物,引申指賄賂。

又疏言:"朝廷之上,敏銳之士多於老成,雖嘗以耆艾褒傅伯成、楊簡[1],以儒學褒柴中行,以恬退用趙蕃、劉宰[2]；至忠亮敢言如陳宓、徐僑，皆未蒙錄用。"上問廉吏，德秀以知袁州趙筦夫對[3]，親擢筦夫直秘閣爲監司。具手劄入謝，因言崔與之帥蜀，楊長孺帥閩，皆有廉聲，乞廣加咨訪。

【注】
〔1〕楊簡，本書有傳。
〔2〕趙蕃(1143—1229)，字昌甫，號章泉，南宋鄭州(今屬河南)人。
〔3〕袁州，宋承隋置，治所在今江西宜春。

上初清御暑殿，德秀因經筵侍上，進曰："此高、孝二祖儲神燕閒之地[1]，仰瞻楹桷[2]，當如二祖實臨其上。陛下所居處密邇東朝，未敢遽當人主之奉。今宮閣之義浸備，以一心而受衆攻，未有不浸淫而蠹蝕者，惟學可以明此心，惟敬可以存此心，惟親君子可以維持此心。"因極陳古者居喪之法，與先帝視朝之勤。

【注】
〔1〕高、孝二祖，即宋高宗趙構(1107—1187)和宋孝宗趙昚(1127—1194)。
〔2〕楹桷，廳堂前部的柱子和方的椽子。

寧宗小祥[1]，詔羣臣服純吉，德秀爭之曰："自漢文帝率情變古，惟我孝宗方衰服三年[2]，朝衣朝冠皆以大布[3]，惜當時不併定臣下執喪之禮，此千載無窮之憾。孝宗崩,從臣羅點等議,令羣臣易月之後,未釋衰服,惟朝會治事權用黑帶公服,時序仍臨慰,至大祥始除[4]。侂胄枋政[5],始以小祥從吉。且帶不以金,鞓不以紅[6],佩不以魚,鞍轎不以文繡。此於羣臣何損?朝儀何傷?"議遂格[7]。

【注】

[1] 寧宗(1168—1227),名趙擴,南宋皇帝,1194—1224年在位。小祥,古代父母喪後週年的祭名。
[2] 衰服,喪服。古人喪服胸前當心處綴有長六寸、廣四寸的麻布,名衰,因名此衣爲衰。
[3] 大布,粗布。
[4] 大祥,古代父母喪二週年的祭禮。
[5] 枋,通"柄",權柄。
[6] 鞓,皮帶。
[7] 格,受阻。

德秀屢進讜言,上皆虛心開納,而彌遠益憚之,乃謀所以相撼,畏公議未敢發。給事中王塈、盛章始駁德秀所主濟王贈典,繼而殿中侍御史莫澤劾之,遂以煥章閣待制提舉玉隆宮。諫議大夫朱端常又劾之,落職罷祠。監察御史梁成大又劾之,請加竄殛[1]。上曰:"仲尼不爲已甚。"乃止。

【注】

[1] 竄殛,誅殺。

既歸,修《讀書記》[1],語門人曰:"此人君爲治之門,如有用我者,執此以往。"汀寇起,德秀薦陳韡有文武才於常平使者史彌忠[2],言於朝,遂起韡討平之。紹定四年[3],改職與祠。

【注】

[1]《讀書記》,據《四庫全書簡明目錄》:"亦名《西山讀書記》,六十一卷。原本分甲、乙、丙、丁四集,今惟存甲集三十七卷,皆論天人理氣之奧;乙集二十二卷,論虞夏以來名臣事迹,略仿編年之體,前有綱目一篇。稱止於五代,而書止於唐李德裕,蓋未完也;丁集二卷,皆論出處之義。"

[2] 陳韡(1178—1206),字子華,號抑齋,侯官(今福建閩侯)人。與弟韎從葉適學,官累至兵部尚書等職。

[3] 紹定,宋理宗年號(1228—1233)。

　　五年,進徽猷閣知泉州。迎者塞路,深村百歲老人亦扶杖而出,城中歡聲動地。諸邑二稅嘗預借至六七年,德秀入境,首禁預借。諸邑有累月不解一錢者,郡計赤立不可爲[1]。或咎寬恤太驟,德秀謂民困如此,寧身代其苦。決訟自卯至申未已,或勸嗇養精神,德秀謂郡弊無力惠民,僅有政平、訟理事當勉。建炎初置南外宗政司於泉,公族僅三百人,漕司與本州給之,而朝廷歲助度牒[2]。已而不復給,而增至二千三百餘人,郡坐是愈不可爲。德秀請於朝,詔給度牒百道。

【注】

[1] 赤立,空無所有。

〔2〕度牒,中國古代度僧(即准許出家)歸政府掌握,經審查合格得度後,政府所發的證明文件,稱爲"度牒"。有度牒可免除賦稅、勞役。

彌遠薨,上親政,以顯謨閣待制知福州。戒所部無濫刑橫斂,無徇私黷貨,罷市令司,曰:"物同則價同,寧有公私之異?"閩縣里正苦督賦,革之。屬縣苦貴糴,便宜發常平振之。海寇縱橫,次第禽殄之。未幾,聞金滅,京、湖帥奉露布圖上八陵〔1〕,而江、淮有進取潼關、黃河之議〔2〕,德秀以爲憂。上封事曰:"移江、淮甲兵以守無用之空城,運江、淮金穀以治不耕之廢壤,富庶之效未期,根本之弊立見。惟陛下審之重之。"

【注】

〔1〕露布,謂詔書簡牘等不緘封者。八陵,《爾稚·釋地》以東陵阸、南陵息慎、西陵威夷、北陵西隃、中陵朱滕等五方三陵,合加陵、溴梁、河憤,爲八陵。
〔2〕潼關,後漢建安中始建,西薄華山,南臨商嶺,北距黃河,東接挑林,歷代皆爲要地。

召爲户部尚書,入見,上迎謂曰:"卿去國十年,每切思賢。"乃以《大學衍義》進〔1〕,復陳祈天永命之説,謂"敬者德之聚。儀狄之酒〔2〕,南威之色〔3〕,盤遊弋射之娱〔4〕,禽獸狗馬之玩,有一於兹,皆足害敬。"上欣然嘉納,改翰林學士、知制誥,時政多所論建。逾年,知貢舉,已得疾,拜參知政事,同編修敕令、《經武要略》。三乞祠祿,上不得已,進資政殿學士、提舉萬壽觀兼侍讀,辭。疾亟,冠帶起坐,迄謝事,猶神爽不亂。遺表聞,上震悼,輟視朝,贈銀青光祿大夫。

【注】

〔1〕《大學衍義》,據《四庫全書簡明目錄》爲:"四十三卷。因《大學》之義,而敷演之,首以爲治之要、爲學之本二篇,次分四大綱:曰格物致知,曰誠意正心,曰修身,曰齊家,分子目四十有四。皆援引經訓,旁徵史事,參以先儒之論,以明法戒。大旨在正本清源,故治平之道,置而弗及焉。"

〔2〕儀狄,夏禹時之作酒者。《戰國策·魏策》:"昔者,帝要令儀狄作酒而美,進之禹,禹飲而甘之,遂疏儀狄,絶旨酒,曰:'後世必有以酒亡其國者。'"

〔3〕南威,美人名,即南之威。《戰國策·魏策》:"晉文公得南之威,三日不聽朝,遂推南之威而遠之,曰:'後世必有以色亡其國者。'"

〔4〕盤遊,遊樂,玩樂。弋射,以繩係矢而射。

德秀長身廣額,容貌如玉,望之者無不以公輔期之。立朝不滿十年,奏疏無慮數十萬言,皆切當世要務,直聲震朝廷。四方人士誦其文,想見其風采。及宦遊所至,惠政深洽,不愧其言,由是中外交頌。都城人時驚傳傾洞,奔擁出關曰:"真直院至矣!"果至,則又填塞聚觀不置。時相益以此忌之,輒擯不用,而聲愈彰。及歸朝,適鄭清之挑敵,兵民死者數十萬,中外大耗,尤世道升降治亂之機,而德秀則既衰矣。杜範方攻清之誤國,且謂其貪黷更甚於前,而德秀乃奏言:"此皆前權臣玩愒之罪,今日措置之失,譬如和、扁繼庸醫之後[1],一藥之誤,代爲庸醫受責。"其議論與範不同如此。然自侂胄立僞學之名以錮善類,凡近世大儒之書,皆顯禁以絶之。德秀晚出,獨慨然以斯文自任,講習而服行之。黨禁既開,而正學遂明於天下後世,多其力也。

【注】

〔1〕和、扁,指古醫士和,以及扁鵲。

所著《西山甲乙稿》[1]、《對越甲乙集》、《經筵講義》、《端平廟議》、《翰林詞草四六》、《獻忠集》、《江東救荒錄》、《清源雜誌》、《星沙集志》[2]。既薨,上思之不置,謚曰文忠。

【注】

〔1〕《西山甲乙稿》,疑即《西山讀書記》。
〔2〕據《四庫全書簡明目錄》記載,真德秀還有下列諸書:"《四書集編》二十六卷。中惟《大學》、《中庸》爲德秀所編,《論語》、《孟子》,則劉承輯德秀遺説以成之也。其書皆採朱子文集、語録之説,以發明《章句》、《集注》,而間附己意,以斷制異同。""《心經》一卷,集聖賢論心格言,而以諸儒議論爲之注。大旨以正心爲本,非慈湖之學,以心之精神爲聖也。""《政經》一卷,採經典論政之言爲經,而雜引事迹爲之傳。末載當時近事六條,謂之附録。又以德秀歷官公牘告諭附之。""《西山文集》五十五卷。德秀傳朱子之學,所編《文章正宗》,持論最嚴。而集中吹

噓佛老之觥者，不一而足，殆不可解。然其他著作，不失爲儒者之言。""《文章正宗》二十卷，續集二十卷，所錄皆唐以前文，分辭命、議論、敍事、詩歌四類；續集則宋代之文，僅有議論，敍事二類，猶未成之稿也。大抵以言理爲主，故其去取與古來論文者迥異。其説雖不可行，而持論甚正，亦無詞以廢之。"

選自《宋史》卷四三七《儒林七》

魏　了　翁（1178—1237）

　　魏了翁字華父，邛州蒲江人[1]。年數歲從諸兄入學，儼如成人。少長，英悟絕出，日誦千餘言，過目不再覽，鄉里稱爲神童。年十五，著《韓愈論》，抑揚頓挫，有作者風。

【注】
[1] 邛州，南朝梁始置，治所在臨邛（今四川邛崍市）。蒲江，今四川蒲江縣。

　　慶元五年，登進士弟。時方諱言道學[1]，了翁策及之。授僉書劍南西川節度判官廳公事，盡心職業。嘉泰二年，召爲國子正。明年，改武學博士。開禧元年[2]，召試學士院。韓侂胄用事[3]，謀開邊以自固，徧國中憂駭而不敢言。了翁乃言：”國家紀綱不立，國是不定，風俗苟偷，邊備廢弛，財用凋耗，人才衰弱，而道路籍籍，皆謂將有北伐之舉，人情恟恟，憂疑錯出。金地廣勢强，未可卒圖，求其在我，未見可以勝人之實。盍亦急於内修，姑遲外攘[4]。不然，舉天下而試於一擲，宗社存亡係焉，不可忽也。”策出，衆大驚。改秘書省正字。御史徐柟即劾了翁對策狂妄，獨侂胄持不可而止。

【注】

〔1〕道學,即宋儒性命義理之學。《宋史》有《道學傳》,後因有道學之稱。
〔2〕開禧,宋寧宗年號(1205—1207)。
〔3〕韓侂胄,見本書《葉適》傳注。
〔4〕遁,避、逃。

　　明年,遷校書郎,以親老乞補外,乃知嘉定府[1]。行次江陵[2],蜀大將吳曦以四川叛,了翁策其必敗。又明年曦誅,蜀平,了翁奉親還里。侂胄亦以誤國誅。朝廷收召諸賢,了翁預焉。會史彌遠入相專國事[3],了翁察其所爲,力辭召命。丁生父憂,解官心喪,築室白鶴山下,以所聞於輔廣、李燔者開門授徒,士爭負笈從之。由是蜀人盡知義理之學。

【注】

〔1〕嘉定府,南宋置,治所在龍游(今四川樂山)。
〔2〕江陵,今屬湖北。
〔3〕史彌遠,見本書《真德秀》傳注。

　　差知漢州[1]。漢號爲繁劇,了翁以化善俗爲治。首蠲積逋二十餘萬[2],除科抑賣酒之弊,嚴户婚交訐之禁;復爲文諭以厚倫止訟,其民敬奉條教不敢犯。會境内橋壞,民有壓死者,部使者以聞,詔降官一秩,主管建寧府武夷山沖佑觀[3]。未數月,復元官知眉州[4]。眉雖爲文物之邦,然其俗習法令,持吏短長,故號難治。聞了翁至,爭試以事。乃尊禮耆耉,簡拔俊秀,朔望詣學官,親爲講説,誘掖指授,行鄉飲酒禮以示教化,增貢士員以振文風。復蠹頤堰,築江鄉館,利民之事,知無不爲。士論大服,俗爲之變,治行彰聞。

【注】
〔1〕漢州,宋承唐置,治所在今四川廣漢市。
〔2〕積逋,所積下的欠租。
〔3〕建寧府。南宋置,治所在建安(今福建建甌)。
〔4〕眉州,宋承唐置,治所在今四川眉山縣。

　　嘉定四年,擢潼川路提點刑獄公事[1]。八年,兼提舉常平等事,遷轉運判官。戢吏姦,詢民瘼,舉刺不避權右,風采肅然。上疏乞與周惇頤、張載、程顥、程頤錫爵定諡[2],示學者趣向,朝論韙之,如其請。遂寧闕守[3],了翁行郡事。即具奏乞修城郭備不虞,廷議靳其費,了翁增埤浚隍,如待敵至者。後一年,潰卒攻掠郡縣,知其有備不敢逞,人始服豫防之意。十年,遷直秘閣,知瀘州[4],主管潼川路安撫司公事。丁母憂,免喪,差知潼川府。約己裕民,厥續大著。若游侣、吴泳、牟子才[5],皆蜀名士,造門受業。

【注】
〔1〕潼川路,宋重和元年(1118)置潼川府路,治所在鄲川府。潼川府,同年置,治所在鄲縣(今四川三臺)。

〔2〕周惇(敦)頤、張載、程顥、程頤,本書均有傳。
〔3〕遂寧,今屬四川。
〔4〕瀘州,南朝梁始置,治所在江陽(今四川瀘州市)。
〔5〕吳泳,字叔泳(一作叔永)號鶴林,潼川(今四川三臺)人。南宋大臣,有《鶴林集》。

　　十五年,被召入對,疏二千餘言。首論人與天地一本,必與天地相似而後可以無曠天位,並及人才、風俗五事,明白切暢。又論郡邑強幹弱枝之弊,所宜變通。蓋自了翁去國十有七年矣,至是上迎勞優渥,嘉納其言。進兵部郎中,俄改司封郎中兼國史院編修官。轉對,論江、淮、襄、蜀當分爲四重鎮[1],擇人以任,虛心以聽,假以事權,資以才用,爲聯絡守御之計。次論蜀邊墾田及實錄闕文等事,皆下其章中書。十六年,爲省試參詳官,遷太常少卿兼侍立修注官。

【注】
〔1〕江、淮,即今江蘇、安徽一帶。襄,即今湖北。蜀,即今四川。

　　十七年,遷秘書監,尋以起居人,再辭而後就列。入奏,極言事變倚伏、人心向背、疆場安危、鄰寇動靜,其幾有五,謂:"宜察時幾而共天命,尊道揆而嚴法守,集思廣益,汲汲圖之,不猶愈於坐觀事會,而聽其勢之所趨乎?"又論士大夫風俗之弊,謂:"君臣上下同心一德,而後平居有所補益,緩急有所倚仗。如人自爲謀,則天下之患有不可終窮者。今則面從而腹誹,習諛而踵陋,臣實懼焉。盍亦察人心之邪正,推世變之倚伏,開拓規模,收拾人物,庶幾臨事無乏人之嘆。"其言剴切,無所忌避,而時相始不樂矣。

寧宗崩,理宗自宗室入即位,時事忽異,了翁積憂成疾,三疏求閒不得請,遷起居郎。明年,改元寶慶[1],雷發非時,上有"朕心終夕不安"之語。了翁入對,即論:"人主之心義理所安,是之謂天,非此心之外別有所謂天地神明也。陛下盍即不安而求之,對天地,事太母,見羣臣,親講讀,皆隨事反求,則大本立而無事不可為矣。"又論:"講學不明,風俗浮淺,立朝無犯顏敢諫之忠,臨難無仗節死義之勇,願敷求碩儒,丕闡正學,圖為久安長治之計。"又請申命大臣,於除授之際,公聽並觀,然後實意所孚,善類皆出矣。

【注】

[1] 寶慶,宋理宗年號(1225—1227)。

屬濟王黜削以死[1],有司顧望,治葬弗虔。了翁每見上,請厚倫紀,以弭人言。應詔言事者十餘人,朝士惟了翁與洪咨夔、胡夢昱、張忠恕所言能引義劘上,最為切至。而了翁亦以疾求去。右正言李知孝劾夢昱竄嶺南,了翁出關餞別,遂指了翁首倡異論,將擊之,彌遠猶外示憂容。俄權尚書工部侍郎,了翁力以疾辭,乃以集英殿修撰知常德府[2]。越二日,諫議大夫朱端常遂劾了翁欺世盜名,朋邪謗國,詔降三官,靖州居住[3]。初,了翁再入朝,彌遠欲引以自助,了翁正色不撓,未嘗私謁。故三年之間,循格序遷,未嘗處以要地。了翁至靖,湖、湘、江、浙之士[4],不遠千里負書從學。乃著《九經要義》百卷[5],訂定精密,先儒所未有。

【注】

〔1〕濟王黜削以死,事見本書《真德秀》傳"霅川之變"注。
〔2〕常德府,南宋置,治所在武陵(今湖南常德市)。
〔3〕靖州,宋置,治所在靖縣(今屬湖南)。
〔4〕湖、湘、江、浙,指今湖北、湖南、江蘇、浙江一帶。
〔5〕《九經要義》,據《四庫全書簡明目錄》尚存:"《周易要義》十卷,即因孔穎達《周易正義》,刪繁舉要,以便循覽,體例頗爲簡當。""《尚書要義》十七卷,序說一卷。原本二十卷,今佚其三卷。《尚書》疏較撦實,而隨文推演,亦多支蔓,了翁刪存精要,頗便於循覽。""《儀禮要義》五十卷,刪掇鄭注、賈疏,分贐綱目,咸有條理,可以爲讀注疏者之門徑。""《春秋左傳要義》三十一卷,原本六十卷,今佚其二十九卷。其書刪削注疏,去其日月名氏之說曲,而存其徵實之要語,頗不苟於持擇。"

紹定四年復職,主管建寧府武夷山沖觀。五年,改差提舉江州太平興國宮[1],尋知遂寧府,辭不拜。進寶章閣待制、潼川路安撫使、知瀘州。瀘大藩,控制邊面二千里,而武備不修,城郭不治。了翁乃奏葺其城樓櫓雉堞,增置器械,教習牌手,申嚴軍律,興學校,蠲宿負,復社倉,創義塚,建養濟院。居數月,百廢具舉。彌遠薨,上親庶政,進華文閣待制,賜金帶,因其任。

【注】

〔1〕江州,東晉始置,治所在潯陽(今江西九江市)。

　　了翁念國家權臣相繼,内擅國柄,外變風俗,綱常淪斁,法度墮弛,貪濁在位,舉事弊蠹,不可滌濯。遂應詔上章論十弊,乞復舊典以彰新化:一曰復三省之典以重六卿[1],二曰復二府之典以集衆議[2],三曰復都堂之典以重省府[3],四曰復侍從之典以來忠告[4],五曰復經筵之典以熙聖學[5],六曰復臺諫之典以公黜陟[6],七曰復制誥之典以謹命令[7],八曰復聽言之典以通下情,九曰復三衙之典以彊主威[8],十曰復制閫之典以黜私意[9]。疏列萬言,先引故實,次陳時弊,分別利害,粲若白黑。上讀之感動,即於經筵舉之成誦。其後,舊典皆復其初。

【注】

〔1〕三省,指中書省、尚書省、門下省。《新唐書·百官志一》:"唐因隋制,以三省之長中書令、侍中(門下)、尚書令共議國政,此宰相職也。"六卿,指吏、户、禮、兵、刑、工六部尚書。
〔2〕二府,宋以中書省、樞密院爲二府。文事出中書,武事出樞密,爲當時最高國務機關。
〔3〕都堂,尚書省總辦公處的稱呼。省府,尚書省各部官署。
〔4〕侍從,宋代稱大學士至待制爲侍從官,因常在天子左右備顧問,故名。
〔5〕經筵,宋代爲皇帝講解經傳史鑑特設的講席。
〔6〕臺諫,官名,自唐以來各分職守,宋世猶然。以御史臺專司糾劾百僚,諫則掌侍從規諫,亦謂之諫院。

〔7〕制誥,帝王所下文告及命令的統稱。
〔8〕三衙,宋稱殿前司及待衛馬軍、步軍三司爲三衙,爲禁衛之署。
〔9〕閫,國門,又用以指閫外負軍事專責的人。

　　臣庶封章多乞召還了翁及真德秀,上因民望而並招之,用了翁權禮部尚書兼直學士院。入對,首乞明君子小人之辨,以爲進退人物之本,以杜姦邪窺伺之端。次論故相十失猶存,又及修身、齊家、選宗賢、建内小學等[1],皆切於上躬者[2]。他如和議不可信,北軍不可保,軍實財用不可恃,凡十餘端。復口奏利益,晝漏下四十刻而退[3]。兼同修國史兼侍讀,俄兼吏部尚書。經幃進讀[4],上必改容以聽,詢察政事,訪問人才。復條十事以獻,皆苦心空臆,直述事情,言人所難。上悉嘉納,且手詔獎諭。又奏乞收還保全彌遠家御筆,乞定趙汝愚配享寧廟,乞趣崔與之參預政事[5],乞定履畝之令以寬民力[6],乞詔從臣集議以救楮弊[7];乞儲閫才以備緩急。又因進故事:如儲人才、凝國論[8],如力圖自治之策,如下罪己之詔,如分別襄、黃二帥是非,如究見黃陂叛卒利害,如分任諸帥區處降附。

【注】

〔1〕内小學,内即宮内。小學,古人八歲入小學,教以六藝。
〔2〕躬,即身。
〔3〕漏,古代計時之器,以銅盆受水。刻,晝夜百刻。冬至晝漏四十刻,夜漏六十刻,夏至則反之,春秋二分晝夜各五十刻。歷代相傳,制法頗異。

〔4〕幃,帳子,這裏指内宫。
〔5〕崔與之(1158—1239),廣州(今屬廣東)人。封南海郡公,有《詩文集》。
〔6〕履畝,即履畝而税。
〔7〕楮,紙幣。
〔8〕凝,定。

　　還朝六閲月,前後二十餘奏,皆當時急務。上將引以共政,而忌者相與合謀排擯,而不能安於朝矣。執政遂謂近臣惟了翁知兵體國,乃以端明殿學士、同僉書樞密院事督視京湖軍馬。會江、淮督府曾從龍以憂畏卒,併以江淮付了翁,朝論大駭,以爲不可,三學亦上書爭之[1]。適邊警沓至,上心焦勞,了翁嫌於避事,既五辭弗獲,遂受命開府[2],宣押同二府奏事[3],上勉勞尤至。尋兼提舉編修《武經要略》,恩數同執政,進封臨邛郡開國侯,又賜便宜詔書如張浚故事[4]。朝辭,面賜御書唐人嚴武詩及鶴山書院四大字[5],仍賜金帶鞍馬,詔宰臣飲餞於關外。乃酌上下流之中,開幕府江州,申儆將帥[6],調遣援師,襃死事之臣,黜退懦之將,奏邊防十事。甫二旬,召爲僉書樞密院事,赴闕奏事,時以疾力辭不拜。蓋在朝諸人始謀假此命出了翁,既出則復以建督爲非,雖恩禮赫奕[7],而督府奏陳動相牽制,故遽召還,前後皆非上意也。

【注】

〔1〕三學,唐時之國子學、太學、四門學。宋時分太學爲外、内、上

三舍,亦稱三學。
〔2〕開府,謂開建府署、辟置僚屬。
〔3〕押,押班。同,同知。宋内府之二官名。
〔4〕張浚(1097—1164),字德遠,漢州綿竹(今四川綿竹)人。南宋初年名臣,力主北伐。
〔5〕嚴武,唐華州人,官至劍南東川節度使,大破吐蕃,封鄭國公。
〔6〕申儆,申飭儆戒。
〔7〕赫奕,盛美。

尋改資政殿學士、湖南安撫使、知潭州,復力辭,詔提舉臨安府洞霄宮〔1〕。未幾,改知紹興府、浙東安撫使〔2〕。嘉熙元年〔3〕,改知福州、福建安撫使〔4〕。累章乞骸骨,詔不允。疾革,復上疏。門人問疾者,猶衣冠相與酬答,且曰:"吾平生處已,澹然無營〔5〕。"復語蜀兵亂事,慼額久之。口授遺奏,少焉拱手而逝。後十日,詔以資政殿大學士、通奉大夫致仕。

【注】
〔1〕臨安府,今浙江杭州。宋高宗南渡建爲都,稱臨安府。
〔2〕紹興府,宋置,治所在今浙江紹興。
〔3〕嘉熙,宋理宗年號(1237—1240)。
〔4〕福州,宋承唐置,治所在今福建閩侯縣。
〔5〕澹,恬静。營,謀爲。

遺表聞,上震悼,輟視朝,嘆惜有用才不盡之恨。詔贈太師,諡文靖,賜第宅蘇州,累贈秦國公。

所著有《鶴山集》[1]、《九經要義》、《周易集義》、《易舉隅》、《周禮井田圖説》、《古今考》[2]、《經史雜抄》[3]、《師友雅言》。

【注】

[1] 《鶴山集》,據《四庫全書簡明目録》:"一百九卷,宋魏了翁撰。了翁研思經術,其文根柢醇正,而紆餘宕折,出以自然,無江湖游士叫囂狂躁之氣,亦無講學諸儒空闊迂腐之習。在南宋中葉,可謂不轉移於流俗矣。"

[2] 《古今考》,據《四庫全書簡明目録》:"《古今考》一卷,《續古今考》三十七卷。《古今考》,宋魏了翁撰;《續考》,元方向撰。了翁以鄭玄禮注某物即今某物者,孔、賈諸疏多不能考,欲即《漢書》本紀所載,隨文辨證,然其書未成,僅得二十條。回乃因手稿衍向續之,亦以《漢書》本文標目而推類,以盡其餘。"

[3] 《經史雜抄》,據《四庫全書簡明目録》:"《經外雜抄》三卷,宋魏了翁撰。皆雜録諸書,而略以己意標識於下。多有不載全文,但書云云字者,亦有兩互相者。蓋隨手記載,以備考證。後人得其稿本,繕寫成帙也。"

選自《宋史》卷四三七《儒林七》